Die Waffen-SS an der Ostfront

Der Rußland-Feldzug 1941-1945

Die Waffen-SS an der Ostfront

Der Rußland-Feldzug 1941-1945

CHRISTOPHER AILSBY

tosa

Bildnachweis:

Alle Fotos von Christopher Ailsby Historical Archives, ausgenommen:
Novosti Photo Library: 108-109, 130-131
TRH Pictures: 2-3, 13, 14, 60-61, 76-77, 94, 98-99, 115, 138-139, 142-143, 160-161, 167
TRH Pictures via Espadon: 112-113, 148-149

Wir waren bemüht, die Inhaber der Coverbilder-Urheberrechte ausfindig zu machen.
Sollten wir unabsichtlich bestehende Rechte verletzt haben, so bitten wir die Betroffenen,
sich mit dem Verlag in Verbindung zu setzen.

This translation of *SS: Hell on the Eastern Front* first published in 1998 is published by arrangement with Amber Books Ltd.
Aus dem Englischen von DIE TEXTWERKSTATT/Rudolf F. Kaspar
Umschlaggestaltung von Beate Dorfinger
Printed in Slovenia

INHALT

KAPITEL 1

KRIEG DER IDEOLOGIEN

Wenige Truppen waren ideologisch so stark motiviert wie die Männer der Waffen-SS, besonders die zuerst in Rußland kämpfenden. Um ihre fanatische Hingabe an die SS-Prinzipen zu verstehen, muß man sich die bescheidenen Anfänge der Einheit und ihre Entwicklung klarmachen, ihr rasches Anwachsen und ihre ideologische Indoktrination durch Theodor Eicke und seine Kollegen.

Zu Anfang des Nazismus benützte Hitler die schwerfällige Sturmabteilung (SA), hauptsächlich arbeitslose Exsoldaten, die in den Münchener Bierhallen herumlungerten und von Hitlers Freund Ernst Röhm als Schutz für Naziredner angeheuert wurden. Die SA-Leibwache wurde größer und gehorchte eher Röhm als Hitler. Dieser merkte, daß er eine ihm persönlich ergebene Elitegarde brauchte, nicht groß, doch von erprobtem Charakter und nordischem Blut. Sie würde ihm bedingungslos ergeben sein und seine Leibwache darstellen, die ihn und wichtige Mitglieder der Nazipartei schützen würde, während sie durch Deutschland reisten, um für ihre Sache zu werben.

Im März 1923 bestand die SS gerade aus zwei Männern, Josef Berchtold und Julius

Links: Adolf Hitler, deutscher Reichskanzler, inspiziert in den späten 1930ern eine Ehrengarde der **Leibstandarte.** *Rechts von ihm Reichsführer SS Heinrich Himmler.*

***Links:** Mitglieder der* **Stoßtruppe Adolf Hitler,** *des Vorläufers der SS. Gebildet im Mai 1923, stand sie unter Josef Berchtolds Kommando. Sie sollte Hitler jederzeit beschützen und ihm bedingungslos dienen. Die Einheit war in den fehlgeschlagenen Münchener Putsch vom November 1923 verwickelt, bei dem Hitler die Macht in Bayern anstrebte.*

Schreck, die sich „Stabswache" nannten. Zwei Monate später wurde eine neue Einheit, die *Stoßtruppe Adolf Hitler*, unter dem Kommando Berchtolds gebildet. Die *Stoßtruppe* war in den fehlgeschlagenen Putsch von München im November 1923 verwickelt. Ihre Führer wurden verhaftet. Hitler kam in Haft, und die Nazipartei wurde verboten.

Heinrich Himmler entkam der Verfolgung und kehrte nach Landshut zurück, wo er Anzeigenplatz für die Parteizeitung, den *Völkischen Beobachter*, verkaufte. Er war ein lokaler Parteifunktionär, der die kleine SS in seinem Bezirk befehligte. Gregor Strasser wurde im September 1926 zum Reichspropagandaleiter der Nazipartei ernannt, und Himmler begleitete ihn als Sekretär zu den Partei-Hauptquartieren.

Im April 1925 befahl Hitler seinem Chauffeur und persönlichen Leibwächter Julius Schreck, einen neuen Stoßtrupp zu bilden. Einige Wochen später erhielt dieser den Namen „Schutzstaffel". Die neue SS sollte auf nationaler Basis organisiert werden: Jede größere Stadt wurde aufgefordert, einen Führer und zehn ihrer besten Männer bereitzustellen. 1928 hatte die SS erst 280 Mitglieder. Doch Himmlers Organisationstalent war nicht verborgen geblieben. Er wurde zuerst stellvertretender Führer der SS, im Januar 1929 Reichsführer der SS im Rang eines SS-Oberführers. Er befehligte etwa 1000 Mann, und obwohl die SS noch Teil der SA war, begann er, die beiden Formationen schrittweise zu trennen.

Die SS wird größer

Beeindruckt von der großen Zahl von Bewerbern aus den Ex-Freikorps (nach dem Ersten Weltkrieg aufgestellten Privatarmeen) und von arbeitslosen Freiwilligen der Mittelklasse führte Himmler biologische Kriterien und das Konzept der rassischen Reinheit in die neuen Rekrutierungspläne ein. Die Reichswehr, die Röhm und seine SA als Rivalen sah, stand positiv zur SS. Dadurch und aufgrund von Himmlers Organisationstalent wuchs die SS an. 1930 zählte sie 2727 Mann; im Juni 1932, als die SA verboten wurde, hatte die SS schon 30.000 Mitglieder, etwa ein Zehntel der Stärke der SA.

In den frühen 1930ern verschlechterte sich die Lage in Deutschland, fast herrschte schon Bürgerkrieg. Die Sozialisten und die Kommunistische Partei führten bewaffnete Milizen ins Feld, worauf die SA und die SS mit Gewalt antworteten. Bei wilden Straßenkämpfen mit dem „Rotfrontkämpferbund" wurden einige SS-Männer getötet und ein paar hundert verwundet. Da die entscheidende Wahl von 1933 nahte, erzeugte die Nazipartei gern das Bild, das

Land sei auf dem Weg in die totale Anarchie und sie selbst habe die Lösung für alle politischen Probleme, die immer größer wurden. Als Hitler am 30. Januar 1933 Reichskanzler wurde, hatte die SS heimlich weitere 52.000 Mitglieder geworben.

Am 27. Februar 1933 brannte der Reichstag. Rudolf Diehls, Chef der späteren Gestapo, berichtete Hitler, der angebliche Täter, Marinus van der Lubbe, sei verhaftet, das Feuer Einzeltat eines geisteskranken Brandstifters. Hitler aber beschuldigte die Kommunistische Partei und begann zu toben: „Das ist ein schlaues Komplott! Jeder Kommunist muß erschossen werden. Alle kommunistischen Abgeordneten müssen noch in dieser Nacht aufgehängt werden." Zwei Tage später erließ er eine „Verordnung zum Schutz von Volk und Staat", die der SA und der SS Polizeibefugnisse gab. Etwa 25.000 SA- und 15.000 SS-Männer erhielten Feuerwaffen und schwärmten als „Hilfspolizei" aus. Die Polizeipräsidenten konnten jeden in Schutzhaft nehmen lassen, der als politischer Gegner im weitesten Sinn angesehen wurde. Der Brand des Reichstags erlaubte Hitler, politisch seine Muskeln zu zeigen. Die Hauptpersonen der linken Parteien wurden ohne Umstände ins Gefängnis oder in inoffizielle Behelfslager, die „wilden Lager", gebracht, so genannt wegen Fehlens jeder Kontrolle und der Grausamkeiten, die dort begangen wurden.

Eine Verordnung vom 26. April 1933 schuf das Geheime Staatspolizeiamt (Gestapa), später umbenannt in Geheime Staatspolizei (Gestapo). Es war eine neue Abteilung der Preußischen Staatspolizei und dem Innenministerium angeschlossen. Chef wurde Diehls. Die Gestapo (und Diehls) wurden zum Ziel von Himmlers Ehrgeiz, der sie unter seiner Herrschaft haben wollte.

Die „Nacht der langen Messer"

Die SS war in zwei verschiedene Gruppen geteilt: die Allgemeine SS, die Polizeiaufgaben erfüllte und meist in Teilzeit ausgeübt wurde, und die neugebildete Bewaffnete SS, deren Aussehen militärisch war und für die Vollzeit galt.

Den Wendepunkt im Kampf um die Vorherrschaft über die SA stellte die Ermordung ihres Chefs Ernst Röhm am 30. Juni 1934 dar. Ein Dekret vom 26. Juli würdigte die Rolle der SS bei der Säuberung der SA und verlieh ihr unabhängigen Status in der Nazipartei. Himmler

Rechts: Ein seltenes Bild der ersten SS-Freiwilligen, aufgenommen 1925. Im April dieses Jahres hatte Hitler seinem Chauffeur und persönlichen Leibwächter Julius Schreck befohlen, eine neue Einheit aufzustellen. Sie wurde die „Schutzstaffel" (SS) genannt und zählte anfangs acht Mann. So wurde die berüchtigtste Organisation der modernen Geschichte geboren.

Berlin
Hessen
Wartburg
Mecklenburg
Giessen
Kassel
Baden
Sachsen
Neisse
DEUTSCHLAND
ERWACHE

Links: Unter Himmlers Leitung wurde die SS zur Elite in Nazi-Deutschland, die nach seinen Worten „nicht einen Augenblick zögert, sondern ohne Frage jeden Befehl, der vom Führer kommt, ausführt".

ging daran, seine Theorien einer rassischen und ideologischen Eliteeinheit anzuwenden. Er weihte ihrer Vergrößerung sein Leben und gab ihr viele Facetten. Durch die SS sollte die zukünftige deutsche Elite geschaffen werden. Sie sollte garantiert arischer Abstammung sein und durch das Netzwerk der Mutterheime des Lebensborns die neue Rasse zeugen. Die SS trat in ihre zweite Phase rascher Vergrößerung. Bei Ausbruch des Zweiten Weltkriegs hatte die Allgemeine SS 240.000 Teilzeitmitglieder, die durch einen regulären Stab für den Fall innerer Streitigkeiten bereitgehalten wurden. So viele Männer der Allgemeinen SS wurden zum Dienst bei der Wehrmacht oder bei der Waffen-SS einberufen, daß es viele Einheiten der Allgemeinen SS nur noch dem Namen nach gab.

Himmlers Macht dehnt sich aus

Nachdem Hitler im Januar 1933 Reichskanzler geworden war, wurde Himmler Polizeipräsident von München. Dieser bescheidene Posten ermöglichte es ihm, schrittweise die Kontrolle über das Netzwerk der deutschen Polzei zu erlangen, außer in Preußen, wo Göring Innenminister war. Die völlige Kontrolle erhielt er schließlich 1936. Er übernahm auch die Gestapo und machte aus ihr eine europaweite Organisation. Himmler bewunderte Reinhard Heydrichs beachtliches Organisationstalent, seine totale Rücksichtslosigkeit, seinen fanatischen Antisemitismus und sein nordisches Aussehen. Er merkte, daß Heydrichs Angst, als teilweiser Jude zu gelten, ihm Macht über ihn verschaffen würde. Durch Heydrich und den Sicherheitsdienst (SD) schuf Himmler einen Geheimdienst, der sowohl innere wie äußere Operationen durchführte.

Heinrich Himmlers Mann fürs Grobe war SS-Obergruppenführer und General der Waffen-SS Theodor Eicke, der eine Schlüsselrolle bei der Ermordung Röhms und seiner Unterstützer spielte. Röhm weigerte sich sich selbst zu erschießen, und wurde von Eicke am 1. Juli 1934 zu Mittag in seiner Zelle in Stadelheim getötet. In diesem Sommer wurden die meisten illegalen, „wilden" Lager geschlossen.

Die Befehlsgewalt über die verbleibenden SA-Lager wurde von der Zivilautorität an die SS übertragen. Die Mannschaften der ersten SS-Konzentrationslager bestanden aus Mitgliedern der Allgemeinen SS. Sie standen unter Befehl des SS-Bezirks Süd, der unerwünschte Personen dort festhielt. Die Lebensbedingungen waren für die Wachen nur wenig besser als für die Gefangenen. Im Juni 1934 übernahm Eicke den Befehl. Er verbesserte die Bedingungen, hob die Moral und Disziplin seiner Männer und formulierte Dienstregeln für Wachen und Gefangene, die bis Kriegsende praktisch unverändert blieben. Als Anerkennung ernannte ihn Himmler 1934 zum Inspekteur der Konzentrationslager und Chef der SS-Totenkopfverbände.

Die militarische SS wächst

Drei Stunden nach Hindenburgs Tod am 2. August 1934 gab Goebbels die Verschmelzung der Funktion von Reichskanzler und -präsident bekannt. Hitler hatte die letzte Schranke zur unbegrenzten Macht überwunden. Nun konnte er diktieren und belohnen. Als Dank für ihre Dienste in der „Nacht der langen Messer" wurde die SS eine vom Staat bezahlte paramilitärische Streitmacht. Die Reichswehr mußte sich damit abfinden. Den Chefs der drei Truppenteile der Reichswehr wurde am 24. September 1934 offiziell die Schaffung der SS-Verfügungstruppe mitgeteilt. Sie sollte aus drei Regimentern nach Vorbild der Infanterie-Regimenter des Heeres bestehen, jedes mit drei Bataillonen, einer Mörser-Kompanie und einer Motorrad-Kompanie und unterstützt von einem Melde-Bataillon. Auch für drei Fähnrichsschulen war gesorgt. Dieser Verband sollte in Friedenszeiten, unter Kommando des Reichsführers SS stehen. Im Krieg lag die Befehlsgewalt beim Heer.

Hitler hatte bereits 1933 beschlossen, daß er eine Prätorianergarde brauchte. Der Schutz durch den Staat, durch die Reichswehr oder die Polizei schien ihm nicht zuverlässig genug. Und so verfügte er, daß unverzüglich eine neue Vollzeiteinheit der bewaffneten SS gebildet werde, deren Hauptaufgabe ausschließlich darin bestand, ihn überall in Deutschland zu begleiten. „Sepp" Dietrich, einer der engsten Vertrauten Hitlers, wurde mit der Bildung des Verbandes betraut. Hitler sollte Dietrich später als einzigartig beschreiben, „ein Mann, der zugleich schlau, energisch und brutal ist".

Dietrich ging eifrig ans Werk, und bereits am 17. März 1933 entstand der Rumpf einer neuen Garde des Hauptquartiers, genannt SS Stabswache Berlin. Sie umfaßte 120 handverlesene Freiwillige, einige davon frühere Mitglieder der *Stoßtruppe Adolf Hitler*, die dem Führer gegenüber unerschütterlich loyal waren.

Unten: Theodor Eicke, Inspekteur der Konzentrationslager und später Kommandant der* Totenkopf-*Division. Er war hart, grausam und humorlos und lehrte seine Männer unversöhnlichen Haß gegen alle Nichtnazis.

Zwei Monate danach wurde die Einheit als SS-Sonderkommando *Zossen* umgebildet und um drei Schulungs-Kompanien vergrößert. Ihre Funktionen wurden erweitert, sie konnte nun neben dem schon bestehenden Gardedienst auch als bewaffnete Polizei oder für Antiterroristenaktionen eingesetzt werden.

In den nächsten Monaten gab es noch eine Veränderung. Weitere drei Kompanien wurden als das SS-Sonderkommando *Jüterbog* geschaffen. Am 31. August 1933 wurde bei einer Versammlung die Machtergreifung durch die Nazis gefeiert. Als „Parteitag des Siegers" bekannt, bot sie Hitler Gelegenheit, die *Adolf Hitler* SS-Standarte formell anzuerkennen und die SS-Standarten einzuweihen. Diese wurden aus dem SS-Sonderkommando *Zossen* und dem SS-Sonderkommando *Jüterbog* gebildet. „Sepp" Dietrich erhielt die Fahne mit dem Namen „Adolf Hitler" auf der sie krönenden Kapsel. Die beiden Sonderkommandos erhielten das Recht, den Namen „Adolf Hitler" an einer Armbinde am linken Arm zu tragen. Die neue Formation bekam den Namen *Leibstan-darte SS Adolf Hitler*.

Hitlers Leibwache

Die feierliche Einweihung wurde im Gedenken an den Münchener Putsch vom 9. November 1933 vor der Feldherrnhalle vollzogen. Die Mitglieder der *Leibstandarte* leisteten den Treueeid auf Hitler persönlich. So waren sie seine eigene Kohorte. Theoretisch hatte Himmler den Befehl über die Einheit, doch in der Praxis hatte bei dieser Einheit nur Hitler das Sagen. Gardekommandeur „Sepp" Dietrich erreichte für die *Leibstandarte* eine Unabhängigkeit, wie sie keine andere Einheit inerhalb der SS-Organisation besaß. Himmler beklagte öfter, daß sie „ein eigenes Gesetz für sich" sei.

Die *Leibstandarte* wurde beim Röhm-Putsch und bei den Verhaftungen eingesetzt, die Häftlinge wurden in den Lichterfelde-Baracken untergebracht. Auch bei vielen der Morde war sie dabei. Die Zahl der von den Hinrichtungskommandos der *Leibstandarte* durchgeführten Erschießungen ist nicht bekannt, doch wird berichtet, daß etwa 40 Schützen beteiligt waren. Die „Bluttaufe" der *Leibstandarte* endete, als das Schießen schließlich am 2. Juli zu Ende ging. Hitler versprach Dietrich, daß die *Leibstandarte* für ihre Loyalität und Beteilungung ein voll ausgerüstetes Regiment werden sollte.

Die *Leibstandarte* wurde erneut Anfang Oktober 1934 geehrt, als sie voll motorisiert wurde. Damals benützte die Reichswehr noch hauptsächlich Pferdegespanne, und Hitlers Befehl führte zu unterdrücktem Murren in Militärkreisen. Die Politischen Bereitschaftsabteilungen wurden in Bataillone umgebildet und dann am 14. Dezember 1934 unter Himmlers Anweisungen innerhalb der *Leibstandarte* verschmolzen. Die *Leibstandarte* bestand nun aus einem Hauptquartier, drei motorisierten Infanterie-Bataillonen, einer Motorrad-Kompanie, einer Kraftwagen-Kompanie, einem Meldezug, einem Zug mit gepanzerten Wagen und einer Regimentskapelle.

SS-Rekrutierung

Wie wurden die Rekruten der SS im allgemeinen und der SS-Totenkopfverbände und SS-Verfügungstruppe im besonderen ausgewählt und indoktriniert? Junge Männer mit Universitätsbildung, Mitglieder der Hitlerjugend, wurden aufgefordert, der SS beizutreten. Viele wa-ren allein durch die Macht und die Angst vor einer Rückkehr zum Chaos und zur Unsicher-heit der Inflationsjahre motiviert. Vor allem Juristen und Ökonomen fühlten sich zum SD oder zum SS-Hauptamt, dem späteren Wirtschafts- und Verwaltungshauptamt, hingezogen. Einige gingen zur flügge werdenden SS-Verfügungstruppe, obwohl ein großer Teil von deren Offizierskader aus Soldaten mittlerer Ränge bestand, die von der Reichswehr, dem von den Bedingungen des Versailler Vertrags erlaubten kleinen deutschen Heer, stammten.

Die Offiziere waren anfangs schwer zu überzeugen. Diese Männer blieben von dem undisziplinierten Haufen, aus dem die SS in den frühen Jahren bestand, unbeeindruckt. Um der SS ein neues Image und Respekt zu verschaffen, mußte man sich bestimmten angesehenen Mitgliedern der alten deutschen Aristokratie

Oben: Reinhard Tristan Eugen Heydrich, Stellvertreter Himmlers und in der Nazipartei, wahrscheinlich das rücksichtsloseste Individuum nach Hitler. Im Zweiten Weltkrieg organisierte er im Osten die Einsatzgruppen.

diskret politisch annähern. Etliche Prominente, darunter der Großherzog von Mecklenburg und die Prinzen von Waldeck und Hess, reagierten positiv. „Säuberungsprogramme" führten zwischen 1933 und 1935 zum Ausschluß von etwa 60.000 Männern, darunter offen Kriminellen, Homosexuellen, Alkoholikern, „berufsmäßig Arbeitslosen" und überhaupt allen, die ihre rassische Reinheit nicht beweisen konnten. Die Zulassungsbedingungen wurden verschärft: Rassische Reinheit, körperliche Fitneß, eine gewisse Körpergröße und ein

Oben: Studenten bei einer Vorlesung in Nazi-Ideologie in der SS-Offiziersschule in Bad Tölz. Die SS-Ausbildungsschulen waren stark vom Inspekteur der SS-Verfügungstruppe, dem fähigen Paul Hausser, beeinflußt.

sauberes Vorstrafenregister wurden Voraussetzung. Damals entließ die *Leibstandarte* aus ihren Reihen sogar Männer, die eine Zahnfüllung hatten. 1938 kamen 12 Prozent der SS-Offiziere im Rang eines SS-Standartenführers oder höher aus der Militäraristokratie.

Eine weitere Gruppe, deren Rekrutierung Himmler mit seinen merkwürdigen ländlichen Idealen aktiv ermutigte, waren Bauernsöhne wie Walter Darré. Dieser entwickelte in einem Buch die Philosophie, daß die Deutschen sowohl Bauern wie Krieger seien. Es gebe keine klare Grenze zwischen Adel und Landvolk, jeder freie Mann sei im Prinzip adelig, da er Waffen tragen könne. Darré meinte, das Nordische sei in Deutschland im Untergehen. Dies zeige sich auch im Niedergang der Bauernschaft. Es müsse unbedingt ein neuer Adel, nicht aus Personen, sondern aus Familien, geschaffen werden. So verband er die Begriffe „Blut“ und „Boden“. Ohne Wurzeln war Rassenpolitik unmöglich. Die Erde sollte die Menschen nicht nur nähren, sondern auch körperlich und moralisch gesund erhalten. Darré faßte seine Ideen so zusammen: „Der Tod der Bauernschaft ist der Tod unseres Volkes. Aus den Furchen wächst nicht nur Brot, es wachsen auch Männer.“ Das Christentum hielt er für einen schlechten Einfluß, da es das ursprüngliche Germanentum zerstört habe. Himmler nahm diese Gedanken in die SS-Ideologie auf und wollte aus der SS eine Art Religionsgemeinschaft machen, was ihm allerdings nie gelang. Seine antichristliche Politik schreckte viele ab, die sich ansonsten gemeldet hätten und geeignet gewesen wären. Deshalb und wegen der verschärften Aufnahmebedingungen begann der Zustrom von passenden Rekruten abzunehmen.

Junges Blut für die SS

Mit 18 konnte ein Hitlerjunge SS-Bewerber werden. Auf dem Reichsparteitag desselben Jahres wurde er als SS-Anwärter aufgenommen und erhielt seine Kennkarte. Nach einer kurzen Probezeit schwor er den Treueeid auf Adolf Hitler. Mit 19 oder 20, je nachdem, wann seine Altersgruppe einberufen wurde, ging er dann zum Reichsarbeitsdienst (RAD) oder zur Wehrmacht.

Blieb er nicht bei der Wehrmacht, so kehrte er nach zwei Jahren Dienst als Offizier oder Unteroffizier zur SS zurück, immer noch als Anwärter. Nun erhielt er eine besondere weltanschauliche Schulung, in der die Prinzipien der SS genau erklärt wurden, besonders die Heiratsvorschriften und der Ehrenkodex. Erfüllte er alle Erfordernisse, so wurde der Anwärter schließlich als SS-Mann aufgenommen. In einer Feier am 9. November nach seiner Rückkehr vom Militärdienst gelobte er, daß er und seine Verwandten für immer die Grundgesetze der SS beachten würden. Der neue SS-Mann erhielt das Recht, den SS-Dolch zu tragen, und von da an durfte und mußte er seine Ehre nach dem Kodex des Schwarzen Korps verteidigen. Er verblieb bis zu einem Alter von 35 Jahren auf der Aktivenliste der Allgemeinen SS, dann wurde er auf Antrag in der Reserveliste der SS geführt.

Die SS-Totenkopfverbände

Vor dem Krieg gab es für die Rekruten der SS-Totenkopfverbände und jene der SS-Verfügungstruppe unterschiedliche Eignungsanforderungen. Für die *Leibstandarte* oder SS-Verfügungstruppe mußte man mindestens 1,80 m (später 1,85 m) groß und zwischen 17 und 22 Jahre alt sein. Bei den SS-Totenkopfverbänden betrug die Mindestgröße 1,70 m (später 1,54 m), und als Höchstalter waren 26 Jahre erlaubt.

Keine dieser Organisationen verlangte eine besondere Bildung, und vor 1938 hatten 40 Prozent der SS-Rekruten nur die Grundschule absolviert. Entscheidend war der Ariernachweis, eine gute körperliche und geistige Verfassung und ein sauberes Strafregister. Himmler prahlte 1937: „Wir nehmen nur 15 von 100 Anwärtern, die sich bewerben." Doch die Anforderungen mußten gelockert werden, wollte Himmler sein Reich weiter vergrößern. Schrittweise wurden die religiösen Standards und jene, die Körpergröße und Fitneß betrafen, ausgehöhlt, ebenso wie die Rassekriterien.

Der Dienst in den SS-Totenkopfverbänden dauerte für Unteroffiziere 12 Jahre. Da er nicht als Militärdienst zählte, ordnete Hitler an, daß die Freiwilligen aus jenen, die ihre Wehrpflicht in der Wehrmacht absolviert hatten, auszuwählen seien. Vor der Ausgabe dieses Befehls waren die meisten Männer, die für die SS-Totenkopfverbände rekrutiert wurden, im Alter von zwischen 17 und 19 Jahren, und das änderte sich auch nach 1938 kaum.

Theodor Eicke zielte darauf ab, Haß gegen die Kirchen als Feinde des Nationalsozialismus zu erzeugen. Zu diesem Zweck begann er eine heftige antireligiöse Kampagne innerhalb der SS-Totenkopfverbände, und viele Männer, die an ihrem Glauben festhielten, wurden gnadenlos schikaniert. Die Angehörigen der SS-Totenkopfverbände standen unter äußerst starkem Druck, ihre religiösen Bildungen aufzugeben, und eine große Zahl von ihnen war Ende 1936 bereits aus dem Christentum ausgetreten. Eickes Bemühungen hatten oft einen unüberbrückbaren Riß zwischen Eltern und ihren Söhnen zur Folge. Politischer Fanatismus, elitäres Denken und Kameraderie waren die Schlüssellehren Eickes.

Eicke betrachtete die SS-Totenkopfverbände als Elite innerhalb der Elitestruktur der SS. Diese Auffassung erwuchs aus der Tatsache, daß die gefährlichsten politischen Gegner des Staates in den Konzentrationslagern gefangengehalten wurden und Hitler die alleinige Verantwortung für die Bewachung und Führung der Lager den SS-Totenkopfverbänden übertragen hatte. Eicke setzte seine Prinzipien in wiederholten Anordnungen, Rundschreiben und Denkschriften durch.

Die Schulung der SS-Totenkopfverbände beruhte auf elitärem Denken, Härte und Kameradschaft, und dazu noch auf unbarmherziger Disziplin. Die geringste Übertretung der Regeln der SS hatte harte und oft brutale Bestrafung zur Folge. Jeder Monat war in drei

Unten: Felix Steiner, Schöpfer der Taktik der Waffen-SS. Als Veteran des Ersten Weltkriegs half er bei der Schaffung von SS-Soldaten, die fit, hochmotiviert und in den Grundsätzen der mobilen Kriegsführung geschult waren.

Links: SS-Totenkopf-Rekruten entspannen sich in den heißen Tagen vor Ausbruch des Zweiten Weltkriegs. Damals war der Kampfgeist der Verbände der bewaffneten SS vorzüglich, ihre Offiziere führten durch Vorbildwirkung, was im Krieg oft zu hohen Verlusten bei ihnen führte. All dies war Teil des Ethos der SS, einer geschlossenen Gemeinschaft mit ihren Regeln und Loyalitäten.

Wochen Schulung, gefolgt von einer Woche Wachdienst im Konzentrationslager aufgeteilt. Die Schulung, politische wie militärische, sollte die Haltung und das äußere Erscheinungsbild der Männer der SS-Totenkopfverbände formen. Die Teilnahme an der Lagerwache brach-te sie mit den Gefangenen und den Lagerbedin-gungen zusammen. Eicke glaubte, diese Erfah-rung werde die in seiner Schulung gelernten Lektionen unterstreichen und die Überzeugung festigen, die Gefangenen seien minderwertige, doch unerbittliche Feinde des deutschen Staates. Der Fanatismus Eickes war grenzenlos; die SS hatte einen endlosen Kampf gegen diese Feinde zu führen. Das Verhalten der SS-Totenkopfverbände zeigt, daß er eine den starren politischen Fanatismus fördernde Atmo-sphäre schuf, die die später im Krieg begangenen Gewaltexzesse möglich machte.

Die politische Schulung umfaßte drei große Bereiche. Der erste bezog sich auf die Geschichte der Nazipartei; dabei wurde das Parteiprogramm abgeprüft. Der zweite enthielt Geschichte und Rassenideologie der SS, wobei die SS-Totenkopfverbände besonders betont wurden. Der dritte und wichtigste Teil verlangte eine genaue Analyse der Feinde des Nationalsozialismus. Diese waren: Juden, Freimaurerei, der Bolschewismus und die Kirchen.

1934 ernannte Himmler Theodor Eicke zum Inspekteur der Konzentrationslager und Chef der SS-Totenkopfverbände. Das Inspektorat wurde in Oranienburg nahe Berlin eingerichtet, die SS-Totenkopfverbände wurden vergrößert und in fünf numerierten Sturmbannen oder Bataillonen neu gegliedert: I. *Oberbayern*, II. *Elbe*, III. *Sachsen*, IV. *Ostfriesland* und V. *Thüringen*. 1937 wurden die fünf Bataillone wieder reorganisiert, diesmal in drei Standarten mit den Namen *Oberbayern*, *Brandenburg* und *Thüringen*. Sie waren in Dachau, Oranienburg und Frankenberg stationiert. Ein paar Monate später wurde die Standarte *Thüringen* von Frankenberg ins Konzentrationslager Buchenwald in Weimar verlegt. Nach dem Anschluß Österreichs wurde ein viertes Regiment mit Namen *Ostmark* bei Linz gebildet, das später die Wachen für das Lager Mauthausen stellte.

Ab 1. April 1938 bestand die Organisation der SS-Totenkopfverbände aus: vier Standarten aus je drei Sturmbannen mit drei Infanterie-Kompanien, die je 148 Mann umfaßten, eine Maschinengewehr-Kompanie mit 150 Mann und Sanitäts-, Transport- und Kommunikations-Einheiten. Ende 1938 hatten alle Männer Eickes eine militärische Grundausbildung durchlaufen. Als der Zweite Weltkrieg ausbrach, bildete Eicke aus den Totenkopf-Einheiten eine Division, die sich im Winter 1939 in Obermünsingen in Württemberg einer militärischen Schulung unterzog.

Am 16. März 1935 verkündete Hitler vor dem deutschen Parlament, daß er – im direkten Widerspruch zum Versailler Vertrag – die allgemeine Wehrpflicht wiedereingeführt und die SS-Verfügungstruppe aufgestellt habe. Letztere sollte von den besten verfügbaren Schulungsmethoden profitieren. Zwei hochgeachtete frühere Heeresoffiziere, Paul Hausser und Felix Steiner, wurden zu diesem Zweck eingestellt. Beide sollten später zu den besten Feldkommandeuren der Waffen-SS zählen. Das am 30. Juli 1935 eingerichtete SS-Hauptamt sollte alle Zweige der SS organisieren, und am 1. Oktober 1936 wurde ein eigenes Inspektorat der SS-Verfügungstruppe geschaffen, um Verwaltung und militärische Ausbildung zu überwachen. Seine Aufgabe bestand darin, die meist schlecht ausgebildeten und weitgestreuten Einheiten der SS-Verfügungstruppe zu einer wirksamen Streitmacht zu formen.

Paul Hausser

SS-Oberstgruppenführer und Generaloberst der Waffen-SS Paul Hausser, den seine Männer liebevoll „Papa Hausser" nannten, wurde zum Inspekteur der SS-Verfügungstruppe gewählt, obwohl er gerade erst zum Inspekteur der SS-Junkerschulen von Bad Tölz und Braunschweig ernannt worden war. Sobald diese beiden SS-Offiziersschulen eingerichtet waren, begann er eine wachsende Zahl von früheren Polizeibeamten und Unteroffizieren der Reichswehr in die flügge werdende SS-Verfügungstruppe zu ziehen. Hausser übernahm bereitwillig die Verantwortung für die Organisation und Ausbildung der SS-Verfügungstruppe, was ihm die Möglichkeit bot, für sie Vorschriften und Trainingsregeln zu formulieren. Nur wenige Männer besaßen Führungsqualitäten wie Paul Hausser, und unter seiner Leitung vereinigte das Inspektorat die SS-Verfügungstruppe zu einer furchterregenden Organisation. Hausser blieb bis zum Ausbruch des Zweiten Weltkriegs Inspekteur, dann übernahm er den Befehl über die Division *Das Reich*.

Felix Steiner

Felix Steiner war die Leuchte im tatsächlichen Schulungsprogramm der SS-Verfügungstruppe. Er war 16 Jahre jünger als Hausser und eine charismatische Persönlichkeit. 1935 trat er der SS-Verfügungstruppe bei und half beim Aufbau des III. Bataillons der SS-Standarte *Deutschland*, stationiert in München, und des SS-Ausbildungslagers bei Dachau. 1936 erhielt er den Befehl über diese Standarte und führte in Anwendung seines Mottos „Schweiß spart Blut" einen strengen Ausbildungsplan ein. Verglichen mit der gesetzten, traditionellen Ausbildung beim Heer waren Steiners Ideen revolutionär. Er setzte auf die Bildung hochbeweglicher Elitegruppen, in deren Schulung der Schwerpunkt eher auf individueller Verantwortung und militärischem Teamwork als auf geistlosem Gehorsam lag. Er lehnte massierte Reihen von Kanonenfutter ab, die die taktischen Vorstellungen zu dieser Zeit immer noch

Rechts: Personal der SS-Verfügungstruppe „irgendwo in Deutschland" auf Manöver. Bei Ausbruch des Zweiten Weltkriegs hatte die SS Soldaten, die sowohl fanatisch als auch voll Todesverachtung waren.

dominierten. Er hatte seine Ideen im Ersten Weltkrieg gebildet und verfeinert, als er Kommandeur einer Maschinengewehr-Kompanie gewesen war und die Bildung von „Kampfgruppen" beobachtet hatte, die ihn stark beeindruckten. Sie bestanden aus ausgewählten, aus den Gräben abgezogenen Männern, die kurzfristig zu Sturmtruppen geformt wurden. Speziell im Nahkampf ausgebildet, verbreiteten sie bei ihren meist nächtlichen Angriffen im gegnerischen Graben Angst und Schrecken. Sie benutzten persönliche Waffen wie Schlagringe, Granatbündel und Grabwerkzeuge, scharf wie Rasiermesser. Auf die übliche Ankündigung eines Angriffs, das Artilleriesperrfeuer, wurde dabei oft verzichtet, was den Schrecken und die Überraschung des Feindes noch steigerte.

SS-Schulung

Als ihr Wert erkannt wurde, durchdrangen Steiners Reformen schrittweise die Hierarchie der SS-Verfügungstruppe. In Verbindung mit seiner „Kampfgruppen"-Lehre förderte er sehr strenges körperliches Training, verbunden mit Sauberkeitserziehung (manchmal bis zum lächerlichen Extrem). Der Tag begann für die Rekruten um 6 Uhr früh mit harten Leibesübungen, danach gab es eine Frühstückspause mit Haferbrei und Mineralwasser. Darauf kam intensives Waffentraining, Zielübungen und unbewaffnete Kampfstunden. Es folgte ein herzhaftes Mittagessen und dann eine relativ kurze, doch intensive Exerzierrunde. Der Nachmittag wurde von einer Schicht mit Scheuern, Säubern, Schrubben und Polieren unterbrochen und mit einem Lauf oder einigen Stunden auf dem Sportplatz abgerundet. Die Männer verbrachten hier und bei Querfeldeinläufen mehr Zeit als auf dem Paradeplatz. So entwickelten sie außerordentliche Fitneß und Ausdauer. Sie konnten etwa 3 km mit voller Ausrüstung in 20 Minuten laufen. Das schafften weder die Rekruten des Heeres noch die Mitglieder der *Leibstandarte*. Das Ausbildungsprogramm wurde dreimal pro Woche von ideologischen Lektionen unterbrochen. Dabei hatten die Rekruten im Klassenraum gerade und mit den Händen auf dem Tisch zu sitzen.

Einer von drei Rekruten schaffte beim erstenmal die Grundausbildung nicht. Erfolgreiche Anwärter schworen den SS-Eid bei einer Parade getrennt von den Mitgliedern anderer SS-Zweige um 22 Uhr bei den jährlichen Feiern am 9. November. Diese Aufführungen hat jemand beschrieben als ein „einzigartiges, heiliges Ereignis, bei dem der verehrte Kader der Überlebenden des Münchener Putsches schweigend seinen Marsch durch die von der Menge gesäumten Straßen der bayerischen Hauptstadt in einem bombastischen Zerrbild des Passionsspiels wiederaufführt". Das Finale bildete die Vereidigung der Anwärter der SS-Verfügungstruppe, die bei Fackelschein in Anwesenheit Hitlers vor der Feldherrnhalle und den 16 rauchenden Obelisken stattfand, deren jeder den Namen eines der ersten gefallenen Parteigetreuen trug. Der Eid war ein Hauptbestandteil der SS-Mystik. Er band jeden erfolgreichen Anwärter persönlich in unerschütterlicher Treue an Hitler. Während der Zeremonie nannte eine Stimme die 16 Namen, und nach jedem riefen tausend Stimmen „Hier".

Die SS-Bruderschaft

Der Anwärter mußte nun ein Jahr in einer SS-Infanterie- oder Kavallerieschule verbringen, ehe er sich in München mit einem weiteren Eid an Himmlers Ehegesetze band, die die christlichen Riten bei Ehe, Taufe und Tod ersetzen sollten. Heiraten fanden nicht mehr in Kirchen, sondern unter einer Linde oder in einem mit Lebensrunen, Tannenzweigen und Sonnenblumen geschmückten SS-Gebäude statt. Ein Nachweis arischer Abstammung mußte erbracht werden, um die rassische und körperliche Reinheit zu garantieren. Der Rekrut wurde nun zum vollwertigen SS-Mann. Offiziere vom Rang eines SS-Untersturmführers aufwärts erhielten den SS-Dolch.

Um zur SS-Verfügungstruppe zu kommen, mußte ein Offiziersanwärter mindestens zwei Jahre lang gedient haben, ursprünglich in der Reichswehr. Offiziere verpflichteten sich für 25 Jahre, Unteroffiziere für zwölf und Soldaten für vier Jahre. Die Grundausbildung war für alle gleich. Offiziere mußten sich in Kampfkursen als tapfer erweisen, etwa indem sie vor einem nahenden Panzer ein Schlupfloch gruben. Dazu kamen Maschinengewehr-, Mörser- und Artillerieübungen mit scharfer Munition.

Eicke und Steiner wollten die strenge Trennung der Ränge, die im Heer bestand aufbrechen. Offiziere und Unteroffiziere sollten mit ihren Männern Umgang pflegen, um sie persönlich kennenzulernen. Auf dem Sportplatz traten Teams gegeneinander an. In der Freizeit sprachen sie einander eher mit „Kamerad" als mit dem Rang an.

Konsequenzen einer Ideologie

Am 17. August 1938 definierte Hitler die SS-Verfügungstruppe als Streitmacht zu seiner persönlichen Verfügung, nicht als Teil des Heeres oder der Polizei. Sie konnte daher in den Nazi-Rassentheorien geschult werden und Männer aufnehmen, die ihre Zeit im Reichsarbeitsdienst abgedient hatten. Auch legte der Führererlaß fest, daß in Kriegszeiten Teile der Totenkopfverbände die SS-Verfügungstruppe verstärken würden. Bei der Mobilisierung stand sie dem Oberbefehlshaber des Heeres zur Verfügung und unterstand dem Militärrecht und -befehl, blieb aber Teil der Nazipartei. Bei einem Notstand in Deutschland würde sie über Himmler unter Hitlers Befehl stehen. Unter diesen Bedingungen entstanden die ab 1940 als Divisionen der Waffen-SS bekannten Formationen: die *Leibstandarte SS Adolf Hitler*, *Das Reich*, *Totenkopf* und *SS-Polizei*, und der Kern einer fünften, der *Wiking*.

Die Truppen sollten durch ihre Ausbildung entmenschlicht werden. Ideologische Indoktrination überzeugte sie, daß die Russen und andere Osteuropäer Untermenschen seien, für die in einer Welt des Nationalsozialismus kein Platz sei. Die Zusammenarbeit der Waffen-SS mit den berüchtigten Einsatzgruppen war besonders für die Einheiten der SS-Totenkopfverbände dann nur noch ein kleiner Schritt. Ihre Schulung hatte sie blindes Vertrauen in die erhaltenen Befehle und die dahinterstehende Ideologie gelehrt. All diese Faktoren wirkten beim Kreuzzug der Waffen-SS im Osten, dem Krieg gegen Rußland, zusammen.

Oben: Ein SS-Totenkopf-Rekrut vor dem Krieg, einer der SS-Männer, für die der Krieg gegen die Sowjetunion die Erfüllung eines Traums war: der Beginn des Endkampfes gegen den Bolschewismus und das Judentum.

KAPITEL 2

ERSTES BLUT

Hitler betrachtete den Pakt mit der Sowjetunion von 1939 nicht als dauerhaften Teil der deutschen Strategie, was er vor seinen Generälen auch nie verbarg. Im November 1939 meinte er zu seinen Kommandeuren: „Wir können Rußland nur bekämpfen, wenn wir im Westen frei sind." Rußland sei „im Moment nicht gefährlich", versicherte er. Der Sieg im Westen ermöglichte es ihm, nun nach Osten zu blicken. Nur England war nicht unterworfen, doch beschloß er, diese Tatsache militärisch zu ignorieren oder beiseite zu schieben.

Der Entschluß, die Sowjetunion zu überfallen, war monumental, und er fiel schnell. Die Unmöglichkeit, England mit einem Schlag auszuschalten, die Versuchung der Macht und Hitlers Gespür für günstige Gelegenheiten verliehen diesem herkulischen Schritt seine ganz eigene Form und Wirklichkeit. Jahre des Brütens und Momente der Besessenheit verschmolzen zu „dieser schauderhaften Entwicklung", wie es General Warlimont später nannte. Betrachtete man diesen Krieg nicht unter strategisch vernünftigen Gesichtspunkten im üblichen militärischen Sinn, sondern unter Hitlers „Logik", war er weit weniger verblüffend

Am 18. Dezember 1940 kam der Führer-Befehl Nr. 21, der die Ziele des Feldzugs festlegte:

„Die Hauptmasse der in Westrußland stationierten russischen Armee wird durch kühne

Links: Grimmige Waffen-SS-Soldaten auf Krupp-Lastwagen, die 3,7-cm-PAK ziehen, in den ersten Stadien von „Barbarossa". Das Kettenfahrzeug ist ein StuG III.

Oben: Als „Barbarossa" begann, zeigte die Waffen-SS jene Eigenschaften, die sie an die Ostfront bringen würde: Wildheit im Angriff, Standhaftigkeit in der Verteidigung und fanatischen Einsatz für ihre Ideologie.

Operationen, tief eindringend und geführt von gepanzerten Speerköpfen, zerstört werden. Die noch zum Kampf fähigen russischen Kräfte werden am Rückzug in die Tiefen Rußlands gehindert. Der Feind wird dann energisch verfolgt und eine Linie erreicht, von der aus die russische Luftwaffe deutsches Gebiet nicht mehr erreichen kann. Endziel der Operation ist eine Schranke gegen das asiatische Rußland an der Hauptlinie Wolga-Archangel. Die letzten russischen Industriegebiete im Ural können dann, wenn nötig, von unserer Luftwaffe zerstört werden."

Die Kämpfe in der Sowjetunion leiteten spektakuläre Siege ein, führten aber auch zu unvorstellbarer Grausamkeit, wobei keine Seite Pardon gab. Der Kreuzzug erhielt den Codenamen „Barbarossa" nach dem Kaiser Friedrich I. Barbarossa, der gegen Ende des 12. Jahrhunderts mit seinen Rittern gegen die Ungläubigen im Heiligen Land zog. Die Waffen-SS, die militärische und ideologische Elite des Dritten Reichs, sollte einen neuen quasi-religiösen Krieg führen, der auf dem Zusammenstoß der Ideologien beruhte. Der Krieg im Osten wurde als wagnerianischer Kampf des *Herrenvolks* gegen die *Untermenschen* betrachtet und sollte die von der Nazipartei am meisten Verachteten unterwerfen: die Juden, Slawen und Bolschewiken.

Die geschwächte Rote Armee

Die sowjetischen Streitkräfte waren durch Stalins Säuberungen (benannt nach dem prominentesten ermordeten Offizier, Marschall Michail Tuchatschewski) dezimiert worden. Zwischen 1937 und 1939 vernichtete Stalin systematisch das sowjetische Oberkommando, um seine Stellung als absoluter Herrscher über die Sowjetunion zu sichern. Das hatte für die Rote Armee von 1941 gewaltige Folgen: drei von fünf Marschällen, 11 abgeordnete Kommissare der Verteidigung, 13 von 15 Armeekommandanten, alle Militärbezirkskommandanten vom Mai 1937 und die führenden Mitglieder des Marine- und Luftwaffenkommandos waren erschossen worden oder spurlos verschwunden. Dasselbe galt für den politischen Apparat, der die Berufssoldaten lenken sollte. In diesen zwei schrecklichen Jahren waren etwa 35.000 Offiziere entlassen und eingesperrt oder gleich hingerichtet worden. Die Säuberung hatte die Widerstandkraft der Roten Armee gegen die deutsche Invasion zerstört, ehe diese begann.

Die Tuchatschewski-Affäre war vermutlich von Heydrich, unterstützt von SS-Gruppenführer Dr. Hermann Behrends und SS-Sturmbannführer Alfred Naujocks, gesteuert worden. Die eingegangenen Informationen hatten auf den Zeitplan des Befehls 21 Einfluß. Doch Stalins Geheimpolizei, der NKWD, erreichte, was Heydrichs SD nie gelungen wäre: die besten Kommandeure der Roten Armee zu beseitigen.

Der durch den Verlust vieler ihrer fähigsten Männer logistisch und operational völlig gelähmten Roten Armee standen elf deutsche Armeen, vier davon Panzer-Armeen, und drei Luftgeschwader gegenüber. Auf dem Papier waren die Kräfte ungleich: Die Rote Armee führte 230 Divisionen mit insgesamt 12 Millionen Mann, unterstützt von 20.000 Panzern und 8000 Flugzeugen, ins Feld, die Deutschen etwa drei Millionen Mann mit 3330 Panzern und 2770 Flugzeugen. Tatsächlich aber wurde der Vormarsch der Wehrmacht nur von 130 sowjetischen Divisionen behindert.

Die Einheiten der Waffen-SS waren auf die verschiedenen Armeekommandos aufgeteilt. Generalfeldmarschall von Rundstedt, Befehlshaber der Heeresgruppe Süd, erhielt die *Leibstandarte SS Adolf Hitler* und die *Wiking*-Division, die mit General Ewald von Kleists Panzergruppe 1 zog. Die Heeresgruppe Süd umfaßte fünf Panzer-, drei bis vier motorisierte, 21–22 Infanterie-, sechs Gebirgs- und drei Sicherungs-Divisionen, dazu 14–15 rumänische, zwei ungarische und zwei italienische Divisionen – eine beeindruckende Streitmacht.

Das Reich wurde General Heinz Guderians Panzergruppe 2 zugeteilt und war Teil der Heeresgruppe Mitte, die unter Generalfeldmarschall Fedor von Bock neun Panzer-, fünf motorisierte, 31–35 Infanterie-, zwei bis drei Sicherungs-, eine Kavallerie-Division und das *Großdeutschland*-Regiment umfaßte.

Kommandeur der schwächsten Heeresgruppe, der Heeresgruppe Nord, war Generalfeldmarschall Wilhelm von Leeb. Die Heeresgruppe hatte drei Panzer-, drei motorisierte und etwa 20 Infanterie-Divisionen. Auch die *Totenkopf*-Division war ihr als Teil von General Erich Höppners Panzergruppe 4 zugewiesen. Die *SS-Polizei*-Division gehörte zu den Reserven der Heeresgruppe Nord, während die SS-Kampfgruppe *Nordland* und das 9. SS-Infanterie-Regiment als Teil des Norwegen-Gebirgs-Korps unter Generaloberst von Falkenhorst eingesetzt war. Ihm war der nördlichste Frontabschnitt in Finnland anvertraut.

Die Heeresgruppe Süd sollte anfangs alle sowjetischen Armeen westlich des Dnjepr abschneiden. Territoriales Ziel war die Einnahme von Kiew, Charkow und der Krim, ehe sie zur Wolga und nach Stalingrad vorstoßen sollte. Diese Stadt war von unschätzbarem psycholo-

Rechts: Die Anfangsphase des Rußlandfeldzuges sah enorme russische Verluste. In der Luft etwa wurden über 3000 Flugzeuge zerstört, am Boden verlor die Rote Armee etwa 89 Divisionen. Die Kriegsmaschine der Nazis schien nicht zu stoppen, und die ideologische Vorhut dabei war die Waffen-SS, voll Haß auf die feindlichen „Untermenschen“. Die „Übermenschen“ schienen in Rußland einen weiteren leichten Sieg zu erringen.

gischem Wert. Nach ihrer Einnahme wäre der Weg zu den lebenswichtigen Ölfeldern des Kaukasus frei gewesen. Nach einem Plan, der sich als zu ehrgeizig erweisen sollte, sollte eine Streitmacht von 46 Divisionen, darunter die 6., 11. und die 17. Armee, mit der Panzergruppe 1 ostwärts ziehen. Die *Leibstandarte*-Division wurde dem XIV. Korps der Panzergruppe 1 zugeteilt.

Die Panzergruppe 1 hatte die Aufgabe, die russischen Linien südlich von Kowel zu durchbrechen, die Einheiten der Roten Armee im Südwesten abzuschneiden und sie aufzuhalten, bis die Infanterie sie vernichtet hatte. Sie mußte 480 km weit über schwieriges Gelände vorrücken. Harte Schotterstraßen waren in der russischen Landschaft nicht üblich, Schnelligkeit war daher entscheidend, da sich die staubigen Straßen mit Beginn des Herbstregens in tiefen Morast verwandeln würden.

Die Russen nützten die natürlichen Barrieren der Flüsse Pruth, San, Bug und Dnjepr voll aus und richteten ihre Verteidigungslinien gegenüber der Heeresgruppe Süd ein. Dieser stand eine Streitmacht von 69 Infanterie-, elf Kavallerie- und 28 gepanzerten Divisionen unter General Kirponos und später unter Marschall Budjonnyi gegenüber.

Am Morgen des 22. Juni 1941, um 3.15 Uhr, brach der als größte Bodenschlacht der Geschichte bejubelte Kampf aus. Das plötzliche Feuer Tausender Artilleriegeschütze verbrannte die fahle Dämmerung und verkündete den Beginn der Operation „Barbarossa". In einem Titanenkampf sollte die Wehrmacht Verheerungen unter der sowjetischen Roten Armee anrichten (vgl. Anhang 4, Karte 1)

Der Krieg der Leibstandarte

Außer der *SS-Polizei*-Division kämpften in den ersten paar Tagen des Feldzugs alle Verbände der Waffen-SS unter Heereskommando (die *SS-Polizei*-Division folgte Anfang August). Beim Hauptvorstoß umgangene russische Truppen wurden von zwei Brigaden von Himmlers Kommandostab RFSS, der SS-Infanterie-Brigade 1 und der SS-Kavallerie-Brigade unmittelbar hinter der Front bekämpft.

Am 27. Juni wurde die *Leibstandarte SS Adolf Hitler* in den Kampf geworfen. Sie wurde

Links: Russisches rollendes Material mit Waffen und Nachschub nach einem Angriff der Luftwaffe. Eine Schlüsselrolle im Blitzkrieg spielte die Einschränkung der Beweglichkeit des feindlichen Nachschubs und der Truppenverstärkung. Die totale Luftüberlegenheit zu Anfang von „Barbarossa" erleichterte den Vormarsch der Heeres- und Waffen-SS-Einheiten und behinderte den sowjetischen Aufmarsch sehr.

Oben: Infanterie der **Das Reich**-*Division bekämpft im Juli 1941 Truppen der Roten Armee. Die Division war Teil der Heeresgruppe Mitte. Nach schweren Kämpfen im August erhielt sie zeitweise Ruhepause.*

den Reserven der Panzergruppe 1 zugeteilt. Am 1. Juli begann sie den Kampf, als sie die Weichsel südwestlich von Samostje überschritt. Die deutsche Zangenbewegung war da schon tief auf sowjetisches Gebiet vorgedrungen, und General von Mackensens III. Panzer-Korps war bei Rowno abgeschnitten worden. Der *Leibstandarte* wurde als erste größere Aufgabe des Ostfeldzugs aufgetragen, die Ver-bindung mit General von Mackensens III. Panzer-Korps wiederherzustellen. Schon bald kämpfte sie gegen sowjetische Panzer. Beim Vormarsch durch dichtes Waldgebiet schlossen sich zwei sowjetische Tanks einer deutschen Kolonne an, die sie für eine sich zurückziehende sowjetische Einheit hielten. Die Kolonne machte bei Nachteinbruch kurz außerhalb von Klevan halt. Da bemerkten die russischen Panzermannschaften ihren Irrtum und eilten in die Nacht davon.

Klewan war rasch eingenommen, und der Vormarsch ging sofort weiter. Ein paar Kilometer östlich der Stadt fand eine Vorhut des Aufklärungs-Bataillons der *Leibstandarte*-Division einen leeren, blutigen Sanitätswagen in der Nähe einer verlassenen deutschen Haubitze. Ein paar hundert Meter weiter entdeckten sie die verstümmelten Leichen etlicher deutscher Soldaten, die Hände mit Stacheldraht gefesselt. Mit den Worten, die Russen müßten „gnadenlos abgeschlachtet“ werden, beantwortete die Waffen-SS die Grausamkeit in derselben Weise – ein Vorgeschmack auf den künftigen Horror.

Die Einheiten des III. Panzer-Korps rückten so rasch vor, daß sich zwischen den weit zerstreuten deutschen Formationen große Lücken zu öffnen begannen. Die Sowjets erkannten diese Schwäche und versuchten, sie auszunützen, indem sie aus den Pripjetsümpfen heraus nach Norden hin angriffen. Ihr primäres Ziel war die sogenannte „Rollbahn“, die Haupt-Nachschubroute der Deutschen. Würde sie ab-

Links: Soldaten der **Leibstandarte-*Division am 17. Oktober 1941 in Taganrog. Die Division kämpfte in der Anfangsphase von „Barbarossa“ hervorragend, obwohl ihre Männer im Oktober wegen des harten Dienstes im Feld unter einer Reihe von Krankheiten, darunter Bronchitis und Dysenterie, litten.***

geschnitten, so erhielten die vorrückenden, weit zerstreuten deutschen Einheiten keinen Nachschub an Munition, Nahrung und Benzin.

Schitomir und Kiew wurden zum Ziel der Panzergruppe 1, die mit der *Leibstandarte*-Division als Flankenschutz vorrückte. Als sie von sowjetischen panzerunterstützten Kräften heftig angegriffen wurden, verteidigten sich die Soldaten der Waffen-SS unerschütterlich.

Am 7. Juli durchbrachen die Speerkopf-Einheiten der *Leibstandarte* die Verteidigungsstellungen der Stalinlinie bei Mirupol. Gegen starken sowjetischen Widerstand stießen sie ostwärts Richtung Schitomir vor. Schwerer Regen machte viele Straßen unpassierbar. Die Deutschen mußten sich querfeldein ihren Weg bahnen. Bei Einbruch der Nacht verbanden sich die Speerkopfeinheiten mit dem Hauptteil der *Leibstandarte* bei Romanowka.

Die Lage an der Front war so beweglich, daß sich nicht nur sowjetische Einheiten verirrten. Ein Vorfall zeigt besonders, wie weit sich Truppen von ihrer Stammeinheit entfernen konnten. SS-Obersturmbannführer Kurt Meyer, der sich schon in Griechenland ausgezeichnet hatte, hatte den Hauptteil seines Bataillons hinter sich gelassen, als er merkte, daß seine kleine Einheit durch eine Lücke zwischen zwei sowjetische Einheiten geraten war. Deren Infanterie umringte Meyer, und ein Offizier trat heran. Meyer grüßte, und sie schüttelten einander die Hände. Er bot eine Zigarette an, die dankbar angenommen wurde. Die Sowjets dachten, Meyer und seine Gruppe wollten sich ergeben. Als der die Verwirrung bemerkte, verlangte er auf seine unnachahmliche Weise über seinen Dolmetscher, daß die Sowjets sich ergeben sollten. Während er zwischen den sowjetischen Soldaten herumging, forderte er sie auf, die Waffen niederzulegen, und teilte Zigaretten aus. Der Sowjetoffizier blieb von Meyers Theater unbeeindruckt. Der stets anpassungsfähige Meyer forderte den Dolmetscher auf, ruhig auf Zeit zu spielen, da er hoffte, andere Teile des Bataillons würden jeden Augenblick eintreffen. Das Gespräch, wer sich jetzt ergeben solle, ging weiter, der sowjetische Offizier wurde immer gereizter. Gerade als Meyers Bluff zu scheitern schien, kam ein deutscher gepanzerter Wagen, der sofort von einer sowjetischen Panzerjäger-Granate getroffen wurde. Ein weiterer Wagen erschien und erwiderte das Feuer. Da befahl Meyer schreiend seinen Leuten zu schießen, und ein heftiges Feuergefecht entwickelte sich. Mit der Ankunft deutscher Panzer neigte sich die Waagschale, und die Sowjets wurden ausgeschaltet.

Die wichtige Straßenverbindung von Keednow, westlich von Schitomir, wurde am 8. Juli von der *Leibstandarte* in einem hauptsächlich von Meyers Bataillon ausgefochtenem Kampf eingenommen. Seine Aufklärungstruppen stürmten, unterstützt von 8,8-cm-Artilleriefeuer, über den Fluß Teterew. Die Sowjets erwiesen sich als furchtbarere Gegner, als die Deutschen gedacht hatten. Sie nützten meisterhaft die Lücken in den deutschen Linien aus, die sich ständig zwischen den schnellen gepanzerten Einheiten und den langsamer nachfolgenden Infanterie-Divisionen bildeten.

Das Oberkommando der Wehrmacht (OKW) war der Ansicht, die Heeresgruppe Süd habe im wesentlichen ihr primäres Ziel erreicht und der Hauptteil der sowjetischen Armeen im Südwesten sei zerstört worden. Doch die Truppen, die auf dem Boden der Front standen, teilten diesen Optimismus nicht.

Der Uman-Kessel

Der optimistischen Einschätzung des OKW zum Trotz begann ein sowjetischer Gegenangriff mit dem Ziel, die deutsche Hauptnachschubroute abzuschneiden. Die Angriffe wurden schließlich in wilden Mann-gegen-Mann-Kämpfen zurückgeschlagen, bei denen Messer, Bajonette und Grabwerkzeuge die Hauptrolle spielten. Auf beiden Seiten gab es viele Opfer, gekämpft wurde oft in Waldgebieten, und die Kämpfer wurden oft von Holzsplittern tödlich getroffen, wenn Granaten an den Bäumen explodierten. Keiner wußte, wer wen ausmanövrierte und wer gerade die Oberhand gewann. Die *Leibstandarte*-Division nahm am 9. Juli Schepkowa ein. Das lockerte zeitweilig den feindlichen Druck und erlaubte den Deutschen dadurch, in die Offensive zu gehen

Am 10. Juli änderte Hitler unerwartet seine Pläne im Süden. Statt eines Zuges Richtung Kiew sollte gegen Uman gegangen werden. Er hoffte, die sowjetischen Armeen bei Uman zu umzingeln und abzuschneiden, was zu wochenlangen heftigen Kämpfen in diesem Abschnitt führte. Die *Leibstandarte* wurde dem XXXVIII. Korps zugeteilt. Ihr Befehl vom 31. Juli lautete, gegen Nowo Archangelsk zu stoßen, um den Uman-Kessel zu schließen. Die Sowjets versuchten mit aller Kraft, aus der deutschen Umzingelung auszubrechen. Ihre Angriffe wurden zeitweise von massierten Infanterie-Formationen, unterstützt von Panzern, durchgeführt. Die Deutschen konnten sie abwehren. Der von den SS-Soldaten eingesetzte Nebelwerfer, ein Raketenwerfer mit etlichen Rohren, bewährte sich. Die SS-Linien hielten, und die sowjetischen Durchbruchsversuche wurden schließlich schwächer. Als der Uman-Kessel kapitulierte, wurden 100.000 Mann der sowjetischen 6. und 12. Armee gefangengenommen.

General Kempf lobte den Einsatz der *Leibstandarte*-Division im Uman-Kessel besonders: „Die *Leibstandarte SS Adolf Hitler* hat beim Einschluß der feindlichen Kräfte um Uman eine besonders ruhmreiche Rolle gespielt Am Höhepunkt des Kampfes war sie mit der Ein-

Rechts: Die Ruinen von Stalino, das drei Tage nach dem Fall von Taganrog von der* Leibstandarte *eingenommen wurde. Im November 1941 hatte Hitlers Leibwache seit dem Beginn von „Barbarossa“ etwa 1600 km zurückgelegt, doch die Nachschubwege erstreckten sich gegen Ende 1941 sehr weit.

nahme der feindlichen Stellungen bei Archangelsk betraut. Mit unvergleichlicher Schneid nahm sie die Stadt und die Hochebene im Süden. Auf eigene Initiative griff sie kameradschaftlich in die verzweifelte Lage ein, in die die 16. Infanterie-Division an ihrer linken Flanke geraten war, schlug den Gegner und zerstörte viele Panzer. Heute, wo die Vernichtungsschlacht von Uman vorbei ist, möchte ich der *Leibstandarte SS Adolf Hitler* anerkennend meinen besonderen Dank für ihre beispielhafte Leistung und ihre unvergleichliche Tapferkeit ausdrücken."

Die *Wiking*-Division setzte sich unter Führung des *Westland*-Regiments am 29. Juni 1941 vom Nordflügel der Heeresgruppe Süd aus in Bewegung und rückte durch das sowjetisch besetzte Polen vor. Am 30. Juni trafen ihre Stoßkeil-Einheiten bei Lemberg auf die sowjetische 22. Infanterie-Division. Die Männer der Waffen-SS mußten erheblichen Druck durch die zahlenmäßig überlegenenen Sowjets aushalten und wiederholte Versuche, sie zurückzuschlagen, abwehren. Als das Aufklärungs-Bataillon der Division eintraf, neigte sich die Waagschale schließlich auf die Seite der Deutschen, und sie schlugen die sowjetischen Gegenangriffe zurück. Doch es gab auch schwere Rückschläge: Der Kommandeur des *Westland*-Regiments, SS-Standartenführer Hilmar Wackerle, wurde in seinem Kommandowagen mit einem einzigen Schuß von einem sowjetischen Nachzügler getötet. Sein Tod war für das Regiment ein großer Verlust.

Führungseinheiten der *Wiking*-Division erzwangen bei Gusjatyn den Übergang über den Fluß Slutsch und befanden sich zusammen mit anderen Waffen-SS-Truppen bald in schweren Kämpfen in einem Abschnitt der Stalin-Linie. Sie trafen auf besonders starke sowjetische Kräfte, die sofort zum Gegenangriff übergingen. Eine Zeitlang sah es für die Deutschen düster aus. Der Kampf wogte hin und her, bis die 1. Gebirgs-Division des Heeres die Szene betrat und die belagerte Streitmacht entsetzte.

Am 8. Juli geriet die *Wiking*-Division auf dem Weg nach Kosmin in einen Wolkenbruch, der sie wegen der schlammigen Straßen zu

Unten: Kleine Pause vor dem nächsten Sturm. 1941 wurde die Waffen-SS in Rußland vom unerschütterlichen Glauben an den Führer und den Sieg Deutschlands getrieben. Doch ärgerlicherweise wollten die Russen nicht aufgeben.

einem Schneckentempo zwang. Das Divisions-HQ in Toratscha wurde beinahe überrannt, wobei das *Germania*- und *Nordland*-Regiment in schwere Kämpfe verwickelt wurden. Das *Westland*-Regiment stieß zu Fuß in einem viertägigen Gewaltmarsch durch stark bewaldetes Gebiet weiter nach Osten an den Fluß Ross vor. Die *Wiking*-Division mußte sich ihren Weg behutsam durch große Mengen herumliegendes aufgegebenes sojwetisches Gerät bahnen. Die Kontrolle über sie wurde zeitweilig vom III. Panzer-Korps übernommen, während das *Westland*-Regiment südlich nach Talnse geschickt wurde, um beim Schließen des Uman-Kessels zu helfen.

Teile der *Wiking*-Division dienten vom 7. bis 16. August an der Seite des Elite-Regiments der Luftwaffe *Hermann Göring*, das die Nordflanke der Panzergruppe 1 bei Korsun und Schandorowka sicherte. Zur Unterstützung im Kampf gegen schwere sowjetische Angriffe wurde auch eine Kampfgruppe des *Westland*-Regiments nach Dnjepropetrowsk verlegt.

Blutbad bei Saselje

Die Panzergruppe 1 zog nach der Kapitulation des Uman-Kessels weiter und nahm ihren Vormarsch nach Bobri wieder auf. Am 9. August zerbröckelten die sowjetischen Verteidigungsstellungen, und die Stadt fiel. Die sowjetischen Kavallerie-Einheiten waren kein Gegner für die Männer der Waffen-SS. Die *Leibstandarte*-Division zog nach Saselje weiter, das rasch eingenommen wurde, obwohl die Sowjets sofort einen Gegenangriff starteten. Die *Leibstandarte*, verbissen ihre Stellungen haltend, kämpfte eine Woche lang mit den Russen, die sie mit gleicher Entschlossenheit zu vertreiben suchten. Die Angriffe hörten am 17. August auf, der Feind hatte insgesamt etwa 1000 Mann, getötet, verwundet oder gefangen, verloren.

Das nächste Ziel der *Leibstandarte* war die große Industriestadt Cherson – die Infanterie der Waffen-SS würde zum erstenmal eine große Stadt in Rußland stürmen müssen. Cherson wurde von sowjetischer Marine-Infanterie verteidigt, die um jede Straße kämpfte. Bei schweren Kämpfen von Haus zu Haus erlitten beide Teile große Verluste. Die sowjetischen Einheiten bewiesen beim Verteidigen ihrer Heimat ebensoviel Fanatismus und Furchtlosigkeit wie die Waffen-SS beim Angreifen. Nach drei harten Kampftagen nahm die *Leibstandarte* am 20. August die Stadt und erhielt ein paar freie Tage zur Rast und Neuorganisation ihrer Korps-Reserve. Dann überquerte die Division den Dnjepr und marschierte über die unfruchtbare Steppe weiter.

Im Norden hatten deutsche Einheiten bei Dnjepropetrowsk einen kleinen Brückenkopf über den Dnjepr errichtet. Dort war eine sowjetische Artillerieschule zu Hause, und die ganze Gegend war von ihren Kadetten fachmännisch besetzt. Sie konnten die Deutschen zielgenau

Oben: Kurt Meyer – „Panzer-Meyer“ –, der sich als Führer des Aufklärungs-Bataillons der* Leibstandarte*-Division zu Beginn der Operation „Barbarossa“ seinen Weg aus sowjetischer Umzingelung freibluffte.

Rechts: Waffen-SS-Männer an einem 5-cm-PAK-38-Panzerjägergeschütz greifen sowjetische Ziele an. Je tiefer die Deutschen nach Rußland vordrangen, desto stärker wurde der Widerstand und desto schlechter das Wetter.

festnageln und mit schwerem Artilleriefeuer eindecken. *Nordland*, *Westland* und *Germania* querten den Fluß am Brückenkopf, und *Nordland* zog nordwärts Richtung Mogila Ostraja, während die beiden anderen die Brückenkopfeinheiten am Westufer verstärkten. Am 6. und 7. September eroberten sie die Höhen von Kamenka und machten über 5000 Gefangene.

In einem weiteren überraschenden Gegenangriff versuchten die Sowjets, die Lücken zwischen den deutschen Einheiten auszunützen, und drangen 32 km weit in deutsch besetztes Gebiet ein. Um diese neue Gefahr zu beseitigen, wurde die *Leibstandarte*-Division hastig zurück über den Dnjepr geworfen. Am 9. September nahmen die Deutschen Novaya Mayatschki, und die *Leibstandarte* eroberte einige Tage danach Nowo Alexandrowsk.

Auf die Krim

Wieder änderte Hitler seine Pläne. Viele sowjetische Truppen hatten sich auf die Krim zurückgezogen. Den einzigen Zugang bot eine schmale, stark befestigte Landenge. Anstatt die Krim einfach zu umgehen, sollte diese potentielle Bedrohung der linken Flanke des deutschen Vormarsches vernichtet werden.

Zunächst versuchte die *Leibstandarte*-Division, sich den Weg auf die Westseite über den Perkop-Isthmus zu erzwingen. Tiefe Minenfelder, wohlvorbereitete Befestigungen und dazu noch schwerbewaffnete Panzereisenbahnzüge hemmten ihren Weg. Als sich die Verteidigungsstellungen am Perkop-Isthmus als viel zu stark zum Durchkommen erwiesen, wählte die Division als nächsten Sturmpunkt den rechten Rand des „Halses" der Krim. Dort drang sie im Schutz dichten Nebels in der Dämmerung in die sowjetischen Stellungen ein. Die Division stürmte an Balkow vorbei, um die Anhöhe bei Genitschesk zu nehmen. Von diesem günstigen Punkt aus konnten die Deutschen sehen, wie die Sowjets einen Gegenangriff vorbereiteten, und konnten ihre Verteidigungsstrategie entsprechend einrichten.

Nach Sicherung des Zugangs zur Krim setzte die *Leibstandarte* ihren Zug ostwärts auf russischem Festland in Richtung Melitopol fort. Als sie am 18. September Rodionowo erreichte, grub sie sich ein. Die deutschen Stellungen waren zahlreichen Angriffen ausgesetzt, die erfolgreich abgewiesen wurden. Bald darauf wurden die Waffen-SS-Truppen westwärts, an einen weiteren Krisenpunkt, befohlen.

Auf der Krim wurden die rumänischen Truppen des LIV. Korps, das einen Abschnitt der deutschen Linien hielt, von den Sowjets schwer angegriffen und praktisch vernichtet. Wieder wurde die Waffen-SS mit den Elitetruppen der *Leibstandarte*-Division als Hauptstütze der deutschen Verteidigung benötigt. Bis zum 30. September war den sowjetischen Angriffen die Luft ausgegangen, und die Panzergruppe 1 konnte weiter ostwärts ziehen.

Die *Totenkopf*-Division war Teil der Heeresgruppe Nord und stand zu Beginn des Feldzugs unter dem Kommando von Generalfeldmarschall Wilhelm von Leeb. An der Linken befand sich Generaloberst Küchlers 18. Armee, die durch Lettland und Estland nach Osten stoßen sollte. Im Zentrum sollte Generaloberst Erich Höppners Panzergruppe 4 Richtung Leningrad ziehen. An der Rechten gab General Buschs 16. Armee Flankenschutz.

Haupteinheiten von Höppners Panzergruppe 4 waren das XXXXI. und LVI. Panzer-Korps mit der 269. Infanterie-Division und, sehr zum Ärger Eickes, die *Totenkopf*-Division in Reserve. Dies war Höppners Entscheidung – er mochte Eicke und dessen Division nicht.

Am 22. Juni durchschlug die Panzergruppe 4 die sowjetischen Grenzstellungen, ihr erstes Ziel waren die Schlüsselbrücken über die Dwina. Die Dwina, die von Witebsk zum Golf von Riga verläuft, bildete eine ausgezeichnete natürliche Barriere, doch anfangs war der Widerstand äußerst gering, und Höppners Truppen konnten allein am ersten Tag 80 km zurücklegen. Die Panzergruppe 4 erreichte am 26. Juni Dwinsk, fast 320 km innerhalb von Sowjets gehaltenem Gebiet, nachdem sie alle Brücken über die Dwina eingenommen hatte. Die Speerkopf-Einheiten mußten sodann bei Dwinsk halten, um sich von den zurückgebliebenen Infanterie-Divisionen einholen zu lassen.

Der Totenkopf *greift ein*

Zwischen der Südflanke von General von Mansteins LVI. Panzer-Korps und der Nordflanke ihres Nachbarn, der 16. Armee, war eine erhebliche Lücke entstanden. Sowjetische Nachzügler, durch den deutschen Vorstoß abgeschnitten, blieben hinter den deutschen Armeen aktiv. Die *Totenkopf*-Division zog nach Dwinsk, um sich der Hauptstreitmacht anzuschließen. Ihr wurde die Säuberung von diesen Nachzüglern befohlen. Die vom deutschen Angriff zunächst überrollten sowjetischen Einheiten begannen sich nun zu erholen. Als der *Totenkopf* vorrückte, stieß er auf zähen Widerstand.

Am 27. Juni traf die *Totenkopf*-Division beim Zug durch Zentral-Litauen auf besonders entschlossenen Widerstand. Eine große sowjetische Streitmacht mit Panzerunterstützung stoppte das Aufklärungs-Bataillon der Division, ihre Speerkopf-Einheit. Die Panzer wurden schließlich zurückgeschlagen, doch die Infanterieattacken fanatischer Soldaten gingen weiter. Die Deutschen versuchten, den Schwung ihres Vormarsches beizubehalten, wurden aber durch die Angriffe erheblich gebremst. Die Moral der Soldaten der *Totenkopf*-Division sank, doch trotz ihrer Erschöpfung konnten sie die Attacken abwehren. Das Panzerjäger-Bataillon, begleitet von einem Infanterie-Bataillon, wurde sofort zur Hilfe bei der Abwehr sowjetischer Gegenangriffe zum LVI. Panzer-Korps bei Dwinsk versetzt. Während der Rest der Division nachfolgte, wurde der *Totenkopf* Teil des LVI. Panzer-Korps, als er Dwinsk erreichte. Kurz darauf wurde er dem XLI. Panzerkorps angeschlossen, gefolgt von Teilen der 16. Armee.

Vormarsch im Kampf

Als nächstes sollte die *Totenkopf*-Division Mansteins Flanke schützen und den Kontakt mit der 16. Armee aufrechterhalten, um gefährliche Lücken in den deutschen Linien zu verhindern. Am 2. Juli nahm die Panzergruppe 4 ihren Vormarsch wohlvorbereitet wieder auf. Das stark bewaldete Marschland war für sowjetische Nachzügler-Einheiten ideal zu verteidigen. Für die motorisierte *Totenkopf*-Division war es äußerst schwer zu durchqueren. Bei Dagda geriet sie in einen von der sowjetischen 42. Schützen-Division gut vorbereiteten Hinterhalt, über 100 Männer der Waffen-SS wurden getötet oder verwundet. Als sowjetische Verstärkung mit Panzern auf dem Plan erschien, war die ganze Division zu einem zermürbenden Halt gezwungen. Unter der Wucht der wilden Angriffe mußte sie sich schrittweise zurückziehen. Am nächsten Tag brachte das rechtzeitige und bejubelte Erscheinen von Sturzkampfbombern (Stukas) der Luftwaffe Erleichterung. Sie zerstörten sowjetische Artillerie und Panzer, und dies ermöglichte es den Deutschen, die Initiative zurückzuerobern. Der Vormarsch ging weiter, und am 4. Juli nahm die *Totenkopf*-Division Rosenow ein.

Oben: „Barbarossa" brachte Hunderttausende gefangene Russen. Sie wurden Opfer von Vergeltung für an deutschen Gefangenen verübte Grausamkeiten, obwohl manche höhere Waffen-SS-Führer dem vorzubeugen suchten.

Die *Totenkopf*-Division brach am 6. Juli in die Stalin-Linie ein und fand in diesem Abschnitt ein besonders starkes Abwehrnetz vor. Sie mußte schwere Verluste einstecken, kämpfte sich aber trotzdem durch und errichtete bei Einbruch der Nacht einen Brückenkopf an der Welikaja. Schweres Artilleriefeuer ergoß sich auf die Männer der *Totenkopf*-Division, Eickes Kommandowagen fuhr auf eine Mine auf, und er selbst wurde verwundet.

Am 12. Juli zog die *Totenkopf*-Division als Teil der Gruppenreserve nach Porchov. Es gab nur wenige Tage Ruhe, da das LVI. Panzer-Korps nordöstlich von Porchow Probleme hatte. Die Männer des *Totenkopfs* wurden daher am 17. Juli zur Unterstützung wieder in den Kampf geschickt. Die Flanken des LVI. Panzer-Korps wurden wieder von der Roten Armee angegriffen, und Eickes Mannschaft sollte sie abwehren. Die *Totenkopf*-Division wurde beim LVI. Panzer-Korps behalten, um die 8. Panzer-Division abzulösen, die in Reserve ging.

Am 21. Juli rückte die *Totenkopf*-Division wieder vor; sie zog durch dunkle Wälder und Sümpfe im Gebiet westlich des Sees Ilmen. Die Sowjets hatten eine neue Verteidigungsstellung, die Luga-Linie, eingenommen, die entlang der Flüsse Mschaga und Luga verlief. Ab dem 8. August begannen sie einen zermürbenden Kampf mit Gegenangriffen direkt nach Einbruch der Nacht. Es gab keinerlei Rast mehr, und die Männer des *Totenkopfs* brauchten bei Tag alle Kräfte, um die entschlossenen Angreifer abzuwehren. Es war ein Aufreibungskampf. Die sowjetischen Verluste konnten offenbar unverzüglich wettgemacht werden, während die Deutschen ihre Gefallenen nicht ersetzen konnten. Partisanen, die schon hinter den deutschen Linien operierten, waren ins Hinterland der *Totenkopf*-Division eingesickert. Sie hatten die Feldtelefonleitungen anzapfen können, und aus abgefangenen Gesprächen erfuhren sie, wo die schwachen Punkte der Division lagen. So konnten sie ihre Angriffsstrategie entsprechend planen. Zu allem Überfluß wurden die Soldaten des *Totenkopfs* auch noch versehentlich von Flugzeugen der Luftwaffe bombardiert.

Kämpfen ohne Ende

Während die sowjetische 34. Armee Mitte August auf die deutschen Flanken einschlug, bildete sich durch Verbindung der 3. Motorisierten Division mit der *Totenkopf*-Division eine Nazistreitmacht zum Gegenangriff. Die beiden Divisionen gingen heimlich um die Flanke und krachten verheerend auf die überraschten Sowjets. Die zerschlagenen Reste der 34. Armee und große Mengen an Ausrüstung und Fahrzeugen wurden ausgehoben. Zahlreiche Russen wurden gefangengenommen, über 1000 davon von der Militärpolizei des *Totenkopfs*.

Nicht weniger als acht sowjetische Divisionen waren zerstört worden – ein wichtiger Sieg an der Ostfront für das Dritte Reich, obwohl die deutschen Angriffseinheiten durch schwere Verluste bedeutend geschwächt wurden.

Am 22. August ging der Vormarsch weiter. Die *Totenkopf*-Division querte den Fluß Polist und stieß ostwärts zu den Flüssen Lowat und Pola vor. Etliche Tage lang verlief der Zug fast ungehindert, viele Gefangene wurden dabei gemacht. Doch das dauerte nicht lange so an, die Sowjets hatten sich auf dem Rückzug eingegraben und warteten, bis die *Totenkopf*-Division den Lowat erreichte. Die Luftwaffe hatte ihre Anstrengungen zeitweilig anderswohin verlagert, so daß die Sowjets beträchtliche Luftunterstützung erhielten. Die *Totenkopf*-Division konnte den Übergang über den Fluß nicht erzwingen. Machtvolle sowjetische Gegenangriffe nötigten die Deutschen, sich aus dem Schutz der Wälder nahe des Flusses zurückzuziehen, so daß die sowjetischen Bodentruppen Deckung erhielten. Um die Russen aus ihren guten Stellungen zu vertreiben, erneuerte die *Totenkopf*-Division am 26. August ihren Angriff und erlitt dabei beträchtliche Verluste – bis dahin die schwersten in diesem Korps. Am 27. August beherrschte die Luftwaffe wieder den Himmel über dem Lowat und vertrieb rasch die sowjetischen Jagdflugzeuge und Kampfbomber.

Der Totenkopf *bleibt stecken*

Der Vormarsch der *Totenkopf*-Division ging weiter. Ihr Aufklärungs-Bataillon erreichte bei Wassiljewskina den Fluß Pola, und dann setzte der Regen ein. Fast sofort versanken die Fahrzeuge der Division im Schlamm. Die Sowjets setzten der *Totenkopf*-Division mit entschlossenen Angriffen zu. Es brauchte zwei Tage verzweifelten Kampfes, sie abzuwehren. Doch die ganze Zeit wurde der weitere Vormarsch ganz erheblich gebremst.

Das LVI. Panzer-Korps befahl der *Totenkopf*-Division, ihren Vormarsch zu erzwingen und die Pola zu überqueren. Den Befehl erhielt am 30. August SS-Brigadeführer und Generalmajor der Waffen-SS Georg Keppler, der die mitgenommene *Totenkopf*-Division vorübergehend kommandierte, solange sich Eicke erholte. Er sah, daß seine Einheit nicht fit genug war, eine so gut verteidigte Linie anzugreifen, und appellierte an von Manstein, der daraufhin den Angriff um ein paar Tage aufschob. Doch die sowjetischen Attacken gingen unvermindert weiter, so daß es für die *Totenkopf*-Division keine Pause gab.

Am 5. September rückte sie wieder vor, doch die Sowjets pflasterten den Weg der *Totenkopf*-Division mit Minen, um ihren Vormarsch zu verlangsamen. Der Widerstand verstärkte sich beträchtlich, und wilde Gegenangriffe zwangen die *Totenkopf*-Division am 12. September einmal mehr in die Defensive. Es wurde klar, daß „Barbarossa" die Rote Armee nicht besiegen würde. Als sich das Wetter verschlechterte, bereitete sich die Waffen-SS auf ihren ersten Winter in Rußland vor.

Rechts: Ein Motorrad-Team der* Totenkopf*-Division im August 1941 in Nordrußland. Die Division hatte den Feldzug mit 18.754 Mann begonnen; bis Mitte Juli waren 1702 Offiziere und Soldaten getötet oder verwundet.

KAPITEL 3

DER ERSTE WINTER

Die deutsche Kriegsmaschinerie hatte die Grenzen der Sowjetunion durchbrochen und war im Juni 1941 ins Herzland vorgedrungen. Anfang Dezember ging ihr der Dampf aus. Der Winter 1941/42 war für die Deutschen in Rußland eine harte Zeit. Als kälteres Wetter kam, wurden die schlammigen Straßen wieder fest, und für ein paar Wochen waren die deutschen Einheiten viel beweglicher. Das änderte sich jedoch, als der Winter richtig einsetzte.

Am 10. Oktober wurde die *Wiking*-Division vom III. zum XIV. Panzer-Korps verlegt. Sie rückte entlang der Eisenbahnlinie Melitopol–Stalino Richtung Wolnowacha vor, um fliehende sowjetische Einheiten zu überholen und abzuschneiden. Der Vormarsch wurde durch schweren Regen verlangsamt, der die Straßen wieder in Schlammseen verwandelte. Mehr als vierzehn Tage lang regnete es ununterbrochen, und die Russen hatten Zeit, ihre zersplitterten Einheiten zu sammeln und umzugruppieren. Am 11. Oktober erreichte die *Leibstandarte*-Division nach einem Marsch von 400 km ostwärts durch unwirtliches Gebiet Taganrog. Sie querte unter schwerem Beschuß den Mius und begann mit dem Sturm auf die Stadt. Nach sechs Tagen schweren Kampfes fiel Taganrog, und drei Tage später kapitulierte Stalino. Anfang November 1941 war das *Westland*-Regiment heftigem Sperrfeuer von russischen Katjuscha-Raketen ausgesetzt, welches für die

Links: Ein Panzer III und Waffen-SS-Soldaten bei der Operation „Taifun“, dem Angriff auf Moskau. Der erste Winter war für die Wehrmacht und die Waffen-SS ein Schock.

Oben: Deutsche Truppen im November 1941 in Rostow. Die Einnahme dieses Kommunikationszentrums wurde durch das Panzergrenadier-Regiment der* Leibstandarte *erleichtert, das einen Übergang über den Don eroberte.

Männer der Waffen-SS zermürbend war. Eine Salve dieser Geschosse landete inmitten unvorbereiteter und ungeschützter Infanterie-Einheiten und verursachte fast Panik.

Als der Hauptteil des III. Panzer-Korps zu den Speerkopfeinheiten aufgeschlossen hatte, begann Mitte November der Sturm auf Rostow. Die Einnahme dieses entscheidenden Knotenpunktes durch die *Leibstandarte*-Division war gesichert, als sie eine wichtige Brücke über den Don nahm. Sowjetische Pioniere hatten die Eisenbahnbrücke mit Sprengladungen vermint, doch war sie noch intakt. Ihre Zerstörung schien unmittelbar bevorzustehen. Als er eine Lokomotive unter vollem Dampf an der Brücke stehen sah, befahl SS-Hauptsturmführer Springer, Kommandeur der 3. Kompanie, SS-Panzergrenadier-Regiment der *Leibstandarte*-Division, das Feuer aus allen Rohren zu eröffnen und die Maschine zu beschießen, so daß der Dampfdruck aus zahlreichen Löchern entwich. Im Schutz der folgenden Konfusion wurde die Brücke gestürmt. Springer und seine Männer begannen, die Sprengladungen zu beseitigen und die Brücke zu sichern. Die Sowjets versuchten verzweifelt, doch vergeblich, die Waffen-SS zu vertreiben, die hartnäckig aushielt, bis Verstärkung kam. Springer erhielt für diese Aktion am 12. Januar 1942 das Ritterkreuz des Eisernen Kreuzes.

Während des russischen Sommers waren die deutschen Truppen von der Sonne versengt und vom Staub erstickt worden, worauf oft Wolkenbrüche folgten, die die Straßen in unpassierbaren Schlamm verwandelten. Doch der ärgste Horror sollte erst kommen: der Zorn des russischen Winters. Als die Temperaturen fielen, war die Deutschen gänzlich unvorbereitet. Sie hatten keine warme Winterkleidung und mußten das Wetter in Sommeruniformen ertragen. Die Schlösser ihrer Gewehre froren ein, und in den Motoren und Ölwannen der Fahrzeuge wurde das Öl fest. Um die Motoren aufzutauen, mußte man unter ihnen kleine Feuer machen. Noch schlimmer war die Feuchtigkeit in den Trommeln der Maschinengewehre, die zu Eis wurde und sie beim Feuern zum Platzen brachte.

Neue Ziele

Die Sowjets hatten mit dem winterlichen Wetter weniger Probleme; sie waren darauf vorbereitet und hatten genügend fellbesetzte Kleidung für ihre Männer. Ihre Fahrzeuge waren passend fürs russische Wetter gebaut, sie funktionierten auch bei der Kälte, die die deutschen Gefährte weitgehend außer Gefecht setzte.

Viele höhere Heeresoffiziere hatten die *Leibstandarte*-Division in der ersten Phase des Kriegs an der Ostfront gewürdigt. Sie lobten ihren Einsatz bei offensiven und defensiven Aktionen. Der Reichsführer SS Heinrich Himmler erhielt einen Brief General von Mackensens, in dem dieser die *Leibstandarte*-Division als „wirkliche Eliteeinheit" beschrieb.

Die *Wiking*-Division hatte ein neues Ziel, Schachtij, übertragen bekommen, das weiter nördlich lag und vor dem endgültigen Wintereinbruch genommen werden sollte. Am 5. November 1941 begann der Marsch, obwohl plötzliches Tauwetter die Straßen zu Sümpfen machte. Um die Straße nach Astapowo zu erreichen, mußte der Mius überquert werden,

Rechts: SS-Hauptsturmführer Heinrich Springer. Er bekam das Ritterkreuz des Eisernen Kreuzes für den Sturm, der unter schwerem russischem Feuer den Übergang über den Don erzwang.

und die Männer der Waffen-SS kämpften sich über die Anhöhen Richtung Perbomaïsk-Oktjabrisk durch. Die Bedingungen waren miserabel, die Männer mußten absteigen und ihre Lastwagen durch den dicken Schlamm schieben, anstatt auf ihnen zu fahren.

Im Abschnitt zwischen der 14. und der 16. Panzer-Division waren die deutschen Kräfte gefährlich weit auseinandergezogen. Sie erreichten am 7. November Oktjabrisk, und die Division sandte eine Kampfgruppe nach Süden in die Lücke. In dieser Phase suchten die sowjetischen Einheiten ständig nach schwachen Punkten in den deutschen Stellungen. *Germania* schien daher in ständigem Kampf, während die Waffen-SS-Truppen verbissen vorwärts drängten. Inzwischen zog *Nordland* nach Nordosten und rückte gegen Alexandrowka vor.

Die sowjetische Gegenwehr wurde härter. Immer mehr T-34-Panzer erschienen, und die deutschen Panzermannschaften und Panzerjägerkanoniere waren über deren Widerstandskraft erstaunt. Bisher war alles in ihrem Weg weggefegt worden. Zu Anfang waren sie hauptsächlich auf veraltete leichte, dünn gepanzerte Fahrzeuge wie den BT-5 getroffen, die sie leicht ausschalteten. Der T-34 war respekteinflößend: schnell, zuverlässig, gut gepanzert und mit einem mächtigen 76-mm-Geschütz bestückt. Die 3,7-cm-Panzerjägerkanonen, mit denen die deutschen Einheiten 1941 meist ausgerüstet waren, erwiesen sich gegen ihn, außer bei sehr nahem Abstand, als wirkungslos.

Das XIV. Panzer-Korps geriet am 23. November durch einen Gegenangriff sehr starker sowjetischer Kräfte in die Defensive. Die SS-Infanterie hatte keine geeignete Winterbekleidung, und bei Temperaturen unter Null erlitten viele bald Erfrierungen. Die Lage wurde immer schlimmer, und die sowjetische 9. und 37. Armee drängte die SS am Fluß Tuslow allmählich in Verteidigungsstellungen zurück. Ohne ausreichende Truppen für die Verteidigung der vielen Flußschleifen konnten die Deutschen ihre Stellungen nicht halten und mußten weichen. Sie gingen bis westlich des Mius zurück und gruben sich bei Amwrossijewka ein.

Links: Schwere Kämpfe toben im November 1941 am Stadtrand von Rostow. Als die Stadt fiel, gerieten etwa 10.000 Russen in deutsche Gefangenschaft. Die meisten davon sahen ihre Heimat nie wieder.

Mitte des Monats hatte die *Totenkopf*-Division den Auftrag erhalten, die Wälder nördlich von Demjansk von sowjetischen Nachzüglern zu säubern. Eicke kehrte an die Front zurück und übernahm am 21. September wieder das Kommando über die *Totenkopf*-Division. Der Nachrichtendienst kündigte einen größeren sowjetischen Schlag durch frisch eingetroffene Einheiten in diesem Gebiet an. Probeangriffe testeten zunächst die Stärke der *Totenkopf*-Division, und am 24. September begann die Offensive ersnsthaft. Sowjetische Infanterie, unterstützt von Panzern, drang auf die deutschen Linien ein. Die Artillerie der *Totenkopf*-Division feuerte über offenes Gelände eine Runde nach der anderen. Die Panzerjäger-Kanoniere der Waffen-SS schalteten neun feindliche Tanks aus. Bei Tagesende hatte die *Totenkopf*-Division die Sowjets aus Luschno zurückgezwungen. Doch für Eicke und seine Männer sah es trüb aus, da die Attacken unvermindert weitergingen und am 26. und 27. September noch heftiger wurden. Das Äquivalent von drei Divisionen, unterstützt von 100 Panzern, wurde nun gegen die *Totenkopf*-Division geworfen. Wegen der Notlage begab sich Eicke selbst mit all seinen Stabsoffizieren und anderem, nichtkämpfendem Personal zu seinen Männern in den Graben. Geschwächt, doch mit fast übermenschlicher Kraft schlug die *Totenkopf*-Division wiederholt eine dreimal so starke Streitmacht zurück. Als Folge davon versandeten die sowjetischen Angriffe schließlich.

Die phänomenale Entschlossenheit der Soldaten der *Totenkopf*-Division im Angesicht einer solchen Übermacht, zusammen mit dem Kameradschaftsgeist der SS, bewies sich viele Male. SS-Unterscharführer Fritz Christen war Kanonier bei der 2. Kompanie der SS-Panzerjäger-Abteilung der *Totenkopf*-Division. Seine Batterie im Norden von Luschno war am Morgen des 24. September 1941 dem ersten sowjetischen gepanzerten Ansturm mit voller Wucht ausgesetzt. Christen überlebte als einziger sei-

Links: Der Zug fährt weiter nach Osten in die Sowjetunion, und dieser Unteroffizier der Waffen-SS schläft ein wenig. Die riesige Ausdehnung Rußlands war für den durchschnittlichen deutschen Frontsoldaten ein böser Schock. Dies führte oft zu schwerer Niedergeschlagenheit. Für die Divisionen der Waffen-SS aber war dieses Gefühl sekundär. Es überwog der Durst nach dem Sieg im ideologischen Kampf gegen den verhaßten jüdisch-bolschewistischen Feind.

ner Batterie. Er blieb auf seinem Posten und feuerte fieberhaft, bis er die angreifenden Tanks vertrieben hatte, und zerstörte dabei sechs. Die nächsten zwei Tage hielt er allein die Stellung. Wiederholt schlug er mit seiner 50-mm-Kanone russische Infanterie- und Panzerattacken ab, während er beständig Artillerie-, Mörser- und Maschinengewehrfeuer ausgesetzt war. Christen hielt eisern aus, vom Rest der Einheit und seiner Division völlig abgeschnitten. Er wollte seinen Posten nicht verlassen, trug in der Nacht Granaten von den funktionsuntüchtigen Batterien rund um ihn zu seiner Kanone und feuerte sie in der Dämmerung auf feindliche Infanterie und Tanks ab. Am 27. September wurden die Russen schließlich aus Luschno vertrieben, und seine erstaunten SS-Kameraden fanden Christen noch immer hinter seiner Panzerjäger-Kanone hockend. In 72 Stunden hatte er etwa 100 feindliche Soldaten getötet und 13 sowjetische Panzer ausgeschaltet. Er erhielt das Ritterkreuz des Eisernen Kreuzes, der erste und jüngste damit Ausgezeichnete aus den Mannschaften der Waffen-SS. Christen erhielt seine Auszeichnung in Rastenburg vom Führer persönlich.

Der Abnutzungskrieg

Am 8. Oktober marschierte die *Totenkopf*-Division wieder ostwärts Richtung der Waldai-Hügel, um den sich zurückziehenden Sowjets zu folgen. Samostje hatte gut gebaute 10 km tiefe Verteidigungsstellungen. Die *Totenkopf*-Division und die 30. Infanterie-Division begannen ihre Offensive am 19. Oktober und blieben fast sofort stecken. Bald waren beide Divisionen in der Defensive, und die Sowjets starteten wilde Vergeltungsangriffe.

Seit Beginn des Feldzugs hatte allein die *Totenkopf*-Division fast 9000 Mann verloren. Es stellte sich bald heraus, vor allem als der Winter einbrach, daß die meisten anderen deutschen Divisionen in ihrem geschwächten Zustand keine weiteren Fortschritte erzielen würden können. Also beschloß man, sich einzugraben. Den Rest des Jahres verbrachten die Deutschen damit, Angriffe der Roten Armee und Partisanen im Hinterland abzuwehren.

Oben: Ein verwundeter Waffen-SS-Soldat wird von seinen Kameraden evakuiert. Bis Mitte November 1941 wurden 407 Offiziere und 7930 Soldaten der Waffen-SS getötet, 816 Offiziere, 26.299 Soldaten in Rußland verwundet.

Die Heersgruppe Mitte umfaßte die 4. und 9. Armee und die Panzergruppen 2 und 3. Die *Das Reich*-Division war General Heinz Guderians Panzergruppe 2 zugeteilt und diente gemeinsam mit der 10. Panzer-Division des Heeres und dem Elite-Regiment *Großdeutschland* im XLVI. Panzer-Korps.

Die Division *Das Reich* wurde in den ersten Kriegstagen nicht in den Kampf geworfen, doch am 28. Juni erhielt sie die Aufgabe, zwischen Zitwa und Dukowa einen Übergang über den Fluß zu erzwingen. Danach sollte *Das Reich* entlang der Hauptstraße von Minsk nach Smolensk die Nordflanke des deutschen Vormarsches schützen. Die Pioniere der Division errichteten eine Behelfsbrücke über die Beresina, die *Das Reich* am 4. Juli überquerte.

Die Leistung der Pionier-Einheiten der Waffen-SS in der Anfangsphase des Feldzugs kann nicht hoch genug eingeschätzt werden, sie

Oben: SS-Oberscharführer Leo Wilm von der* Totenkopf-*Division steuert beim Zug der Heeresgruppe Nord nach Leningrad sein Motorrad durch dicken Schlamm. Das schlechte Wetter verlangsamte den Vormarsch sehr.

ermöglichte unglaublich schnelles Vorrücken. Ohne diese Männer, die – oft unter schwerem Feuer – Behelfsbrücken bauten und Minen und andere Hindernisse beseitigten, hätten die SS-Einheiten ihre erstaunliche Geschwindigkeit nicht aufrechterhalten können. Während die gepanzerten und die Infanterie-Einheiten sich Ruhm erwarben, blieben die Pioniere unbelohnt. Doch was die Abnutzung im Kampf betrifft, waren ihre Missionen nicht weniger gefährlich und verlustreich. Als etwa die 2. Kompanie des Pionier-Bataillons der *Das Reich*-Division eine Brücke über den Fluß Pruth reparierte, wurden aus dem Hinterhalt 72 ihrer Männer von Sowjets getötet und die Kompanie fast ausgelöscht.

In der kleinen, an er Desna gelegenen Stadt Jelnja, befand sich eine wichtige Straßenverbindung, die auf einer Anhöhe im Osten lag. Diese wollte *Das Reich* bei seinem Vormarsch entlang der Hauptstraße Minsk–Moskau am 22. Juli einnehmen. Das *Deutschland*- und das *Der Führer*-Regiment führten gemeinsam mit Panzern der 10. Panzer-Division den Angriff aus. *Deutschland*, unterstützt von Heerespanzern, stand am linken Flügel, *Der Führer* rechts, doch ohne Artillerieunterstützung. Dieses begann den Angriff und sicherte bis Nachteinbruch den ersten Kamm der Anhöhe. Bis Tagesende hatte *Der Führer* Fortschritte erzielt und die sowjetischen Linien durchdrungen.

In der Defensive

Am folgenden Tag gaben die Sowjets nach weiteren deutschen Vorstößen die Anhöhe auf. Die Deutschen waren durchs Klima und durch Verluste beträchtlich geschwächt. Die Sonne brannte stechend von einem gnadenlosen Himmel und versengte das Gebiet. Es gab wenig Schatten, und der Wassernachschub war gering. Das Hauptquartier des Korps merkte, daß man von den geschwächten Einheiten nicht verlangen konnte, den Vormarsch gegen sich verstärkenden feindlichen Widerstand fortzusetzen. Die Waffen-SS-Truppen durften vorübergehend in die Defensive gehen. Baldige schwere sowjetische Gegenangriffe, die die SS-Infanterie gerade noch abwehren konnte, erwiesen die Entscheidung des HQ als korrekt.

Beim Eindringen von Gegnern in die deutschen Stellungen kam es oft zu harten Mann-gegen-Mann-Kämpfen. Ehe die Waffen-SS-Soldaten die Kontrolle wiedererlangten, wechselten die Stellungen manchmal zwei- bis dreimal den Besitzer. Als die Munition knapp wurde, feuerten die Kanoniere der Waffen-SS nur noch auf klar definierte Ziele. Die Angriffe flauten schließlich ab, und die Männer der Waffen-SS konnten abgelöst werden.

In der zweiten Septemberwoche zog *Das Reich* nach Süden, um am Zug nach Kiew teilzunehmen. Es war weiterhin Teil der Panzergruppe 2 und sollte an der rechten Flanke des XXIV. Panzer-Korps operieren.

Die Anfangsphasen der Operation „Barbarossa“ hatten rasche Fortschritte der deutschen Kräfte nördlich und südlich der riesigen Pripjet-Sümpfe gesehen. Diese waren ein gewaltiges natürliches Hindernis und bildeten bis September auf deutsch gehaltenem Gebiet eine riesige Frontausbuchtung. Mindestens fünf sowjetische Armeen mit 50 Divisionen befanden sich in der Buchtung. In einer massiven Zangenbewegung sollten sie abgeschnitten und vernichtet werden. Das südwestliche Ende der Ausbuchtung sollte von der 6. Armee angegriffen werden, die dann nach Norden schwenken und die das Gebiet verteidigenden sowjetischen Armeen herausholen sollte. Im Norden würde die 2. Armee mit der Panzergruppe 2, im Süden die 17. Armee mit der Panzergruppe 1 die Zange bilden, die sich östlich von Kiew schloß und die sowjetischen Armeen fing.

Das Reich *überquert die Desna*

Während des raschen Zugs nach Süden sollte die *Das Reich*-Division, unterstützt von Stukas der Luftwaffe, bei Makoschin die vitale Brücke über die Desna nehmen. Bei der Ankunft am Fluß fand *Das Reich* das gegenüberliegende Ufer wohlverteidigt. Die Führer der Waffen-SS warteten vergeblich auf ihre Luftunterstützung und beschlossen dann, ohne sie anzugreifen. Kradschützen des Aufklärungs-Bataillons fuhren mit Höchstgeschwindigkeit über die Brükke, überraschten die Verteidiger total und verwickelten sie in einen Nahkampf. Inzwischen durchtrennten andere Einheiten eilig die Drähte der Sprengladungen an der Brücke. Die Deutschen konnten die Brücke in intaktem Zustand einnehmen. Während die SS-Männer den Brückenkopf gegen feindliche Gegenangriffe sicherten, traf die Luftwaffe ein und begann die Brücke in Sturzflügen anzugreifen, wobei sie 40 Waffen-SS-Soldaten tötete.

Das Reich gab den Brückenkopf über die Desna auf, um südlich Richtung Priluki, Borsna und der Übergänge über den Udai zu ziehen. Am 15. September war Kiew völlig eingeschlossen, die SS-Infanterie hatte ihre vorherigen Ziele einnehmen können. Die Einheiten der Roten Armee versuchten verzweifelt, den Ring zu durchbrechen, doch die Deutschen schlugen all ihre wilden Bemühungen zurück. Die sowjetischen Verluste im Kessel von Kiew beliefen sich auf die erstaunliche Zahl von einer Million Getöteter oder Gefangener.

Am 4. Oktober begann der Sturm auf Moskau, Codename „Operation Taifun“. Anfangs waren die Fortschritte ausgezeichnet, doch mit Einsetzen des Herbstregens blieben *Das Reich* und die 10. Panzer-Division rasch im Schlamm stecken. Sie erreichten erst am 9. Oktober Gschatsk. Die Temperaturen sanken dramatisch, die ersten Fälle von Erfrierungen traten auf. Der russische Winter war nun ein Hauptfaktor des Krieges, und die Männer waren auf ihn überhaupt nicht vorbereitet. Mitte Oktober rückte *Das Reich* trotz heftigen Widerstandes wieder vor und zog entlang der Hauptstraße Richtung Moskau. Am 18. Oktober fiel nach der Überquerung der Moskwa Moschaisk an die Waffen-SS-Division.

Vom späten Oktober bis Mitte November konzentrierten sich die Deutschen darauf, ihre

Unten: Die feuchte Jahreszeit begann in Rußland meist im Oktober und dauerte einen Monat. Straßen verschwanden, Männer und Pferde versanken in Schlammseen. Pferde starben beim Ziehen der Ausrüstung am Herzschlag.

hart erkämpften Vorteile zu festigen. Der Munitionsnachschub wurde knapp und das Wetter schlechter. Am 18. November wurde dem XLVI. Panzer-Korps befohlen weiterzuziehen, um Istra anzugreifen. Nach schwerem Kampf drangen schließlich am 26. November die verbliebenen Panzer der 10. Panzer-Division und der Division *Das Reich* in die Stadt ein.

Die Division hoffte immer noch, nach Moskau selbst zu gelangen, doch das Wetter wurde mit jedem Tag schlechter. Das *Deutschland*- und das *Der Führer*-Regiment mußten wegen der großen Verluste an Männern umgebildet werden: Ein Bataillon jedes Regiments wurde aufgelöst, die Männer neu aufgeteilt. Der Frost forderte nicht nur seinen Zoll an Männern, sondern auch an Fahrzeugen. So waren etwa nur sieben Panzer der 10. Panzer-Division bei den arktischen Bedingungen einsatzfähig.

Der große deutsche Sturm auf Moskau in den ersten trüben Dezembertagen markierte den Höhepunkt dessen, was die Deutschen in Rußland erreichten. Der Schwung rieb sich unerbittlich auf und kam langsam zum Stillstand.

Oben: Als der Winter ernsthaft begann, fror der Boden, und die Fahrzeuge waren wieder beweglich. Diese deutschen Panzer ziehen während „Taifun" nach Moskau. Teile von* Das Reich *gelangten bis zum Rand der Stadt.

Nach sechsmonatigen ständigen Kämpfen, bei steigenden Opferzahlen, verheerendem Wetter und überdehnten Nachschublinien waren die Deutschen am Rande des Zusammenbruchs. Obwohl sie schon an den Toren Moskaus gerüttelt hatten, konnte die Rote Armee, die weit zurückgedrängt worden war, im Osten der sowjetischen Hauptstadt eine Reserve aufstellen. Die Männer des Aufklärungs-Bataillons von *Das Reich* erreichten am 4. Dezember 1941 die Straßenbahnendstation von Moskau. Dann kam ein Wettereinbruch, und der Angriff stand still. Dies war der weiteste, beim Sturm auf Moskau erreichte Punkt. Am 6. Dezember 1941 warfen sich 17 sowjetische Armeen, etwa eineinhalb Millionen Mann, gegen eine erschöpfte deutsche Streitmacht. Die sowjetische Winteroffensive hatte begonnen. Der Befehl zum

Rückzug kam am 9. Dezember, und als der lange, ermüdete Zug nach Westen aufbrach, war auch die *Das Reich*-Division zum Abzug gezwungen.

Der erste Schneestrum des Winters ließ die Deutschen erstarren. Sie fanden sich in der tödlichen Umarmung der ersten großen sowjetischen Gegenoffensive. Als die Russen in die deutschen Linien krachten, rissen sie riesige Löcher in die Front. Die *Totenkopf*-Division fand sich zusammen mit fünf weiteren deutschen Divisionen im sogenannten Demjansk-Kessel eingeschlossen.

Weißer Alptraum bei Demjansk

Am 5. Dezember ließ Marschall Schukow die frischen, gut ausgerüsteten Divisionen der Roten Armee auf die Heeresgruppe Mitte los. Die Linien gaben nach, und die erschöpften deutschen Soldaten begannen fast sofort einzuknicken. Die deutschen Frontgeneräle wollten sich nach Smolensk zurückziehen, um die Rote Armee zum Kampf im Tiefschnee am Ende einer langen Nachschublinie zu zwingen. Doch Hitler beharrte, jeder deutsche Soldat habe standzuhalten, und lehnte jede andere Taktik rigoros ab. Rückzug kam nicht in Frage. Hitlers Befehlen mußte gehorcht wer-den. Jene höheren Offiziere, die sich weigerten, wurden schnell degradiert und versetzt. Ihre Stelle nahmen solche ein, die widerspruchslos gehorchten. Hitlers Sturheit half, in diesem Winter den totalen Zusammenbruch der deutschen Armeen vor Moskau zu vermeiden, und die deutschen Verteidigungsstellungen verstärkten sich allmählich wieder. Im zentralen Abschnitt, wo sich die sowjetische Offensive erschöpft hatte, festigte sich die Front Ende Januar. Trotzdem sollte Hitlers Standpunkt, sich nie zurückzuziehen, in den folgenden Jahren noch viele Tausende deutsche Soldaten das Leben kosten. Seine Entschlossenheit, die „Festungsgebiete" zu verteidigen, auch wenn sie strategisch schon lange wertlos waren, erhöhte den Blutzoll des Krieges beträchtlich.

Aufklärungsflüge zeigten dem deutschen Nachrichtendienst ausgedehnte sowjetische Truppenbewegungen. Auch im Norden sammelten sich die Kräfte. Ziel der sowjetischen Strategie war die Einkreisung und Vernichtung der deutschen 16. Armee. Dann läge ein weiter Raum zwischen der Heeresgruppe Nord und der Heeresgruppe Mitte, durch den die Rote Armee strömen könnte. Die sowjetische 11. und 34. Armee und die 1. Stoßarmee, die auf einen Angriff erpicht war, sollten entlang des Südufers des Ilmen-Sees vorrücken. Auch die 16. Stoßarmee rückte vor, um sich in einem Schwenk um das untere Ufer des Seliger-Sees mit dem anderen Stoß zu verbinden.

Rotes Inferno

Im Wissen, daß sie schwerem Druck ausgesetzt sein würden, konnten die deutschen Kräfte im Norden ihre Verteidigungsstrategie einrichten. Im Dezember verstärkten sie vor allem ihre defensiven Linien. Das II. und das X. Korps wurden im Gebiet zwischen den Seen Ilmen und Seliger und im Westen entlang des Lowat stationiert. Die *Totenkopf*-Division, unter Befehl von SS-Obergruppenführer Theodor Eicke, bildete einen Teil dieser Streitmacht und mußte sich im Dezember in der natürlichen Verteidigungsstellung der Waldai-Hügel verschanzen.

Unter der Deckung eines heftigen Schneesturms begann Schukow in der Nacht vom 7. auf den 8. Januar 1942 die zweite Phase seiner Winteroffensive. Die Rote Armee griff entlang der gesamten Südflanke der Heeresgruppe Nord an. Die Nachbarn der *Totenkopf*-Division, die 30. und 290. Infanterie-Division, traf die volle Wucht der 11. und 34. Armee und der 1. Stoßarmee. Die deutschen Linien wurden an manchen Stellen 32 km tief durchstoßen, und die sowjetischen Streitkräfte vernichteten die beiden Divisionen beinahe.

Die Sowjets wollten die deutsche 16. Armee fangen. Die sowjetische 11. Armee wandte sich von Staraja Russa südlich hinter das II. Korps und hatte am 9. Januar ihr Ziel erreicht. Um sich mit der 11. Armee und der 1. Stoßarmee zu verbinden, zog die 16. Armee von den Ufern des Seliger zuerst westlich und dann entlang des Lowat nach Norden. Die Niederlage der Deutschen schien unausweichlich.

Unter dem Befehl der deutschen 16. Armee wurde die *Totenkopf*-Division aufgeteilt und an verschiedenen Krisenpunkten eingesetzt. Zwei Infanterie-Bataillone wurden nach Demjansk geschickt, um die Flanken der 16. Armee zu verstärken. Die Aufklärungs-Bataillone der *Totenkopf*-Division wurden in Staraja Russa stationiert, das sie um jeden Preis halten sollten. Eicke aber war über die Aufteilung seiner Division nicht erfreut.

Am 12. Januar 1942 war die Lage so kritisch geworden, daß Generalfeldmarschall Leeb es für das beste hielt, seine beiden Korps über den Lowat zurückzuziehen und eine neue Verteidigungslinie zu bilden. Der besorgte Leeb meinte, Stehenbleiben käme für die 16. Armee einem Todesurteil gleich. Er erbat von Hitler die Erlaubnis zum Rückzug, dieser lehnte glatt ab und befahl standzuhalten. Der zornige Leeb verlangte daraufhin, des Kommandos enthoben zu werden, und Hitler ernannte am 17. Januar an seiner Stelle den früheren Kommandeur der 18. Armee, Generaloberst Küchler.

Inzwischen hatte sich die Lage weiter verschärft, da zwei deutsche Korps langsam in einem um Demjansk gelegenen Kessel eingeschnürt wurden. Am 20. Januar erlitt Generaloberst Küchlers drei Tage altes Kommando einen Rückschlag: Die sowjetischen Armeen brachen entlang des Lowat durch. Die deutschen Einheiten waren nun am West- und Ostufer des Flusses getrennt. Doch bei Staraja Russa erlitten die Sowjets durch die *Totenkopf*-Division und 18. Motorisierte Division des Heeres, die die Stellung hielten, schwere Verluste.

Der Demjansk-Kessel

Berücksichtigt man die sowjetische Stärke und die Befehle Hitlers, so war die Einkreisung des Hauptteils der 16. Armee unvermeidlich, trotz des beherzten Widerstands der deutschen Divisionen im Waldai-Gebiet. Drei weitere Wochen lang wurde schwer gekämpft, als die Sowjets den Ring schrittweise schlossen. Etwa 40 km westlich von Demjansk trafen sich am 8. Februar die sowjetische 11. Armee und 1. Stoßarmee am Lowat. Nun war der Ring um das II. und X. Korps zu, gefangen waren die 12., 30., 32., 123. und 290. Infanterie-Division und der Rest der *Totenkopf*-Division. Den Sowjets stand das Äquivalent von 15 frischen Infanteriedivisionen zur Verfügung, gut ausgerüstet und unterstützt von einer Auswahl aus gepanzerten Einheiten und unabhängigen Ski-Bataillonen. Diese bedrängten die erschöpften und übel zugerichteten Deutschen. Innerhalb des Kessels befanden sich 95.000 Mann und 20.000 Pferde. Als die Nachschublinien völlig zusammenbrachen, versicherte Göring Hitler, der Kessel könne aus der Luft versorgt werden, die Luftwaffe würde die Verantwortung dafür übernehmen. Hitler wiederholte daraufhin seine Befehle und verbot jeden Ausbruchsversuch nach Westen. Ein Rückzug aus dem Demjansk-Gebiet kam nicht in Frage. Die gefangenen deutschen Divisionen sollten ihre Stellungen halten, bis eine neue Front westlich des Lowat aufgebaut wäre und ein Entlastungsangriff zu ihrer Rettung durchgeführt würde.

Geschätzte 200 Tonnen Nachschub würden täglich mindestens abgeworfen werden müs-

Links: Ein* Totenkopf*-Soldat in typischer Kleidung im Demjansk-Kessel. Eickes Männern ging es mit der Winterkleidung besser als den Kameraden vom Heer, sie erhielten sie aus großen SS-Lagerhäusern in Riga.

Rechts: Zitternde Soldaten im Demjansk-Kessel. Die **Totenkopf**-*Männer sorgten sich nicht wegen der Einkreisung. Ihr Führer hatte befohlen, standzuhalten und bis zum letzten Mann zu kämpfen – und das würden sie tun.*

sen. Waffen, Munition, Nahrung und Arznei – alles Nötigte mußte über die Luft gebracht werden. Die Transportgeschwader der Luftwaffe schafften tatsächlich auf ihrem Höhepunkt etwas unter 300 Tonnen. Zumindest anfangs konnten Görings Nachschuboperationen die täglichen Bedürfnisse der Verteidiger mehr als befriedigen. Doch diese Abwurfmengen ließen sich nicht aufrechterhalten, sie wurden schrittweise geringer. Zuletzt schaffte die Luftwaffe mit Mühe die Hälfte des geschätzten Bedarfs. Genügend warme Winterkleidung für ihre Männer beschafften die Versorgungsoffiziere der *Totenkopf*-Division über SS-Kanäle, ehe die Nachschublinien gekappt wurden. In dieser Hinsicht war die *Totenkopf*-Division anderen Einheiten im Kessel gegenüber im Vorteil.

Der Kampf um den Kessel

Als die Sowjets den Ring um Demjansk zuletzt geschlossen hatten, übernahm General Brockdorff-Ahlefeldt das Kommando über die Truppen im Kessel. Die im Kessel verbliebenen Einheiten der *Totenkopf*-Division wurden in zwei Kampfgruppen aufgeteilt, die aus *Totenkopf*-Divisions- und Heerespersonal bestanden. Das erzürnte Eicke noch mehr, obwohl er den Befehl über die größere Gruppe erhielt. Er sollte den Südwestsektor des Kessels verteidigen, was den Schutz eines großen Netzes von Dörfern und der sie verbindenden Straßen einschloß. Das war seine Hauptaufgabe. Zwischen die deutsche Einheiten an den östlichen und westlichen Böschungen des Lowat war ein Korridor getrieben worden, und seine Leute mußten verhindern, daß ihn die Sowjets verbreiterten. SS-Oberführer Max Simon kommandierte die zweite Kampfgruppe, die vor der sowjetischen 34. Armee am Nordostrand des Kessels stationiert war.

Die sowjetische Luftwaffe warf Brandbomben auf alle Gebäude, um den Männern der *Totenkopf*-Division jede Art von Obdach zu nehmen. Sie kämpften in über einem Meter tiefem Schnee bei bis zu minus 30° C. Eickes Kampfgruppe war bei ihrem Bemühen, ihre Linie von verstreuten Dörfern zu halten, starkem Druck aus allen Ecken ausgesetzt. Ende Februar waren die Sowjets an etlichen Stellen in die deutschen Linien eingedrungen. Diese Operationen hatten eigene kleine Kessel geschaffen, da einzelne Dörfer abgeschnitten und eingekreist wurden. Die Artillerie der Roten Armee schlug unaufhörlich auf Eickes Männer ein, die Verluste der SS stiegen dramatisch an, doch sie hielt immer noch verbissen an ihrer Aufgabe fest. Die Lage am Boden war so verworren, daß die Waffen-SS-Soldaten von ihrer eigenen Seite bombardiert wurden. Und dann warfen Flug-

Oben: Max Simon, der im Demjansk-Kessel eine Kampfgruppe der **Totenkopf**-*Division befehligte. Später wurde er SS-Gruppenführer und führte die 16. SS Panzergrenadier-Division* **Reichsführer SS** *an.*

zeuge der Luftwaffe auch noch Nachschub direkt über den sowjetischen Angreifern ab.

Der rasende Sturm auf die deutschen Stellungen wurde von noch mehr frischen sowjetischen Divisionen durchgeführt. Es folgten bittere Kämpfe, keine Seite gab einen Fußbreit nach. Eicke bat Himmler selbst um Ersatz. Er fürchtete ums bloße Überleben seiner zersplitterten, übel zugerichteten Division. Als Himmler schließlich einige hundert Ersatzleute aufbieten konnte, meinte die Luftwaffe, ihre Nachschubflüge hätten nicht genügend Kapazitäten frei, um die Männer zu transportieren.

Sowjetische Truppen waren so weit in Eickes Sektor eingedrungen, daß Ende Februar keine Verbindung mehr zu benachbarten deutschen Einheiten bestand. Im Bewußtsein der Hoffnungslosigkeit und der direkt bevorstehenden Vernichtung seiner Kampfgruppe, die nur mehr 1460 Offiziere und Männer zählte, signalisierte Eicke seine Lage ans II. Korps.

Nun wurden die Angriffe der Sowjets noch heftiger. Sie wußten, daß der Frühling das gefrorenene Schlachtfeld in einen Morast verwandeln würde, in dem ihre Aktionen steckenbleiben würden. Der Angreifer würde mehr als der Verteidiger behindert sein. Deshalb unternahmen sie alle Anstrengungen, den Demjansk-Kessel vorher zu zerschlagen.

Die Sowjets stocken

Himmler intervenierte wegen der schlimmen Lage der *Totenkopf*-Division persönlich bei Hitler. Dieser befahl, Himmlers Ersatztruppen sollten so rasch wie möglich geflogen werden. Als sich das Wetter besserte, konnte die Luftwaffe größere Mengen lebenswichtiger Munition, Nahrung und Arznei für die belagerten Verteidiger abwerfen, und am 7. März 1942 trafen schließlich frische Männer der *Totenkopf*-Division in Demjansk ein.

Mitte März taute es, und die sowjetischen Angriffe begannen abzuflauen. Ihr Versuch, den Demjansk-Kessel zu vernichten, hatte sie über 20.000 Opfer gekostet, während die *Totenkopf*-Division im selben Zeitraum etwa 7000 Mann verloren hatte. Die sowjetischen Verluste konnten rasch ersetzt werden. Für die Deutschen aber war dies nicht so einfach. Im Fall der *Totenkopf*-Division wurden 7000 Tote und Verletzte von nur 5000 Mann ersetzt.

Generalleutnant Walter von Seydlitz-Kurzbach sammelte unter seinem Kommando eine Entlastungsstreitmacht. Seit Anfang März 1942 waren am Westufer des Lowat deutsche Kräfte aufgestellt worden, die er nun einsetzte. Es waren die 5. und 8. Leichte Division und die 122., 127. und 329. Infanterie-Division. Unter dem Codenamen „Fallreep“ sollte dieses Manöver durch einen Zug ostwärts über den Lowat den Demjansk-Kessel entlasten, während Eickes Kampfgruppe auf ein Signal warten würde, um im richtigen Augenblick einen Stoß nach Westen durchzuführen.

Die Offensive begann unter massiver Unterstützung durch die Luftwaffe am 21. März und machte in den ersten beiden Tagen gute Fortschritte. Sie wurde langsamer, als sich der sowjetische Widerstand zu verstärken begann. Der Feind kämpfte wie wahnsinnig, um einen Zusammenschluß der deutschen Kräfte zu verhindern. Erst zwei Wochen, nachdem der Stoß Richtung Osten begonnen hatte, fühlte sich Seydlitz-Kurzbach sicher genug Eicke Befehl zum Beginn des Angriffs nach Westen zu geben. Die Verzögerung bedeutete, daß der Frühlingstau den Boden wieder einmal in sumpfiges Marschland verwandelte, durch das Eickes Männer nochmals stapfen mußten. Die Sowjets wurden von der Infanterie der *Totenkopf*-Division mit wilder Entschlossenheit angegriffen, oft im schweren Kampf Mann-gegen-Mann. Wegen der harten Gegenwehr und der schrecklichen Bedingungen kam die *Totenkopf*-Division nur 1,5 km pro Tag voran.

Eine Kompanie des Panzerjäger-Bataillons der *Totenkopf*-Division erreichte am 20. April das Ostufer des Lowat, am nächsten Tag kam der Rest der Kampfgruppe nach. Der Brückenkopf über den Lowat war nach 73 Tagen genügend sicher, um in die Demjansk-Frontausbuchtung zu ziehen, und Seydlitz-Kurzbach sandte am 22. April die ersten Männer und Nachschub.

Doch die Prüfungen der *Totenkopf*-Division waren noch lang nicht vorbei. Die Überbleibsel von Eickes einst mächtiger Division hofften, zur Erholung von der Front abgezogen zu werden, da sie nun in einem furchtbaren körperlichen Zustand waren. Mit wenig Rücksicht auf ihre Verfassung befahl Hitler ihren Verbleib in der Frontausbuchtung. Sie sollten den deutschen Korridor offenhalten, da er vermutlich bald erneut unter feindlichen Angriff geraten würde. Die Waffen-SS hatte bewiesen, daß sie allem, was die Rote Armee in diesem ersten Feldzug an der Ostfront aufbieten konnte, gewachsen war. Nur noch wenige Militärs bezweifelten den Wert eines Waffen-SS-Mannes im Kampf. Doch viele von ihnen hegten immer noch Unmut und schweren Verdacht wegen der „politischen" Eigenschaften der Truppen Himmlers.

Die Waffen-SS hatte sich rasch den Ruf von fanatischem Einsatz und Heldenmut erworben, dem wenige andere Einheiten gleichkamen – das stand außer Zweifel. Doch die unvorsichtige Haltung vieler Waffen-SS-Offiziere machte besorgt, da sie bei ihren Einheiten zu übertriebenen Opfern führte. 1942 sollte eine Vergrößerung der Waffen-SS erfolgen, da Hitler den Krieg an der Ostfront erfolgreich abschließen wollte, um keinen weiteren Winter in Rußland kämpfen zu müssen.

Rechts:* Totenkopf-*Soldaten auf Patrouille im Demjansk-Kessel. Eickes Männer kämpften in brusthohem Schnee bei Temperaturen unter Null. Die russischen Angriffe erreichten im Februar 1942 ihren Höhepunkt, als die SS-Kampfgruppen isoliert wurden und die Opferzahlen anstiegen. Doch die Waffen-SS hielt stand.

KAPITEL 4

ZEIT DER PRÜFUNG

Das zweite Kriegsjahr an der Ostfront, 1942, sah ein Anwachsen und eine Umbildung der Waffen-SS, die Geburt der mächtigen Panzer- und Panzergrenadier-Divisionen der Waffen-SS. Die Kaderdivisionen der Waffen-SS waren bis 1942 motorisiert worden, doch da jede ein Panzer-Regiment hatte, waren sie bloß dem Namen nach Panzer-Divisionen. Vor Ende 1942 wurden sie in SS-Panzergrenadier-Divisionen umbenannt. Bald wurden ihre Infanterie-Regimenter als SS-Panzergrenadier-Regimenter bezeichnet. Der allgemeine Hintergrund des Ursprungs der Waffen-SS-Divisionen und ihre Entstehung früh im Zweiten Weltkrieg aus den paramilitärischen Verbänden der schon bestehenden SS wirft ein Licht auf ihre jetzt stattfindende Entwicklung und Erweiterung.

Der Kern der ersten dieser Divisionen war die *Leibstandarte SS Adolf Hitler*, die Leibwache für den Führer persönlich. Die zweite Division wurde von der SS-Verfügungstruppe zur Verfügung gestellt, nachdem sie zuerst vorübergehend verschiedene Phasen durchlaufen hatte, in denen sie als SS-VT-Division (mot.), SS-V-Division, SS-Division *Deutschland* und SS-Division *Reich* benannt war. Zu guter Letzt wurde ihr Name *Das Reich*. Die dritte Division wurde aus Elementen der SS-Totenkopfverbände oder SS-TV gebildet, die vierte aus Elementen der deutschen Polizei. Die *Totenkopf*-Regimenter, die bei der Bildung der dritten

Links: Wehrmacht und Waffen-SS in Nordrußland, Juni 1942. Beachten sie die MP 40 Maschinenpistole mit metallener Schulterstütze über der Schulter des SS-Grenadiers.

Division übriggeblieben waren, wurden Kern weiterer Divisionen: der 6. SS-Gebirgs-Division *Nord*, 8. SS-Kavallerie-Division *Florian Geyer* und 18. SS Freiwilligen-Panzergrenadier-Division *Horst Wessel*.

Viele „Volksdeutsche", also Deutsche, die außerhalb des Dritten Reichs lebten, gingen freiwillig zur Waffen-SS. Es waren so viele, daß um sie herum ganze Divisionen aufgebaut wurden, etwa die SS-Freiwilligen-Gebirgs-Division *Prinz Eugen*. Aufgrund der deutschen Eroberungen in West- und Nordeuropa verpflichteten sich Freiwillige aus den sogenannten „nordischen" Ländern. Diese wurden bald in die „germanischen" Divisionen der Waffen-SS eingegliedert. Schließlich wurden auch aus „nichtgermanischen" Westeuropäern Divisionen gebildet. Die hochtrabenden rassischen Kriterien für die SS-Mitgliedschaft wurden wegen der Anforderungen des Kriegs reduziert, und nun wurden ganze SS-Divisionen aus Personen geschaffen, die von Nazitheoretikern als Angehörige „minderwertiger Rassen" betrachtet wurden (vgl. Kapitel 6, Himmlers Fremden-Legion).

Ständige Neuorganisation

Unter anderem durch den Krieg und die Aufnahme ausländischer Freiwilliger bedingt, gab es innerhalb der Divisionen der Waffen-SS erhebliche Strukturveränderungen. So wechselten die Divisionsschlachtordnungen ständig. Auch Änderungen der Organisation der Waffen-SS selbst hatten Auswirkungen. Einheiten wurden während ihres relativ kurzen Bestands oft umbenannt, vor allem wenn ihre Stammdivisionen teilweise oder ganz motorisiert wurden. Ein Regiment konnte zunächst als Schützen-Regiment konzipiert sein, dann als SS-Infanterie-Regiment, später als SS-Grenadier-Regiment und zuletzt als SS-Panzergrenadier-Regiment. Andere Einheiten wurden von einer Division zu einer anderen verlegt und wieder umbenannt, während weitere überall in der Waffen-SS und Wehrmacht als Ganzes neu klassifiziert wurden. Kontinuität war Zufall: Im Westen wurden neue Elemente geschaffen, während es im Osten noch Reste der alten gab.

Obwohl die Waffen-SS zur Militärstreitmacht des Dritten Reichs gehörte, erlangte sie formell nie den Status eines vierten Truppenteils der deutschen bewaffneten Kräfte. Sie war fast in jeder Hinsicht parallel zum deutschen Heer aufgebaut und unterstand in Kriegszeiten dem Oberkommando des Heeres (OKH) bzw. der Wehrmacht (OKW). Ihre Divisionen konnten ähnlich wie beim Heer zu Korps gruppiert werden, diese konnten dann, falls nötig, zu einer Armee gebildet werden. Die Waffen-SS errichtete während des Zweiten Weltkriegs eine Reihe von SS-Korps-Hauptquartieren. Mit ihren zugehörigen Korpsmitgliedern sorgten sie für die nötige taktische Leitung ihrer Felddivisionen. Zunächst wurden aus besonderen SS-Divisionen Korps gebildet. Die Regel dafür war: zwei Divisionen pro Korps. In der Praxis aber wurden diese aus allem gebildet, was verfügbar war. Durch die ständigen Bewegungen der mobilen Divisionen und die Anforderungen des Kriegs bedingt, konnte ein SS-Korps nur SS-Truppen enthalten, eine Kombination von SS- und Heerestruppen oder nur Heeresteile. Die Zahl der Korpstruppen variierte von Fall zu Fall, und im allgemeinen waren die zuerst gebildeten Korps besser ausgestattet. Zudem verfügten manche Korps über andere Einheiten, die sie unmittelbar einsetzen konnten und die nicht an Divisionen angeschlossen waren.

Der zerschmetterte Totenkopf

Die Rote Armee ging im Mai 1942 wieder in die Offensive, und die Deutschen hielten nur mit größter Mühe den Korridor durch die Demjansk-Frontausbuchtung offen. Die sowjetischen Angriffe wurden bis zum Frühsommer entschlossener und heftiger, während sie ihre Stellungen ausbauten. Die SS-Truppen waren nun total erschöpft und erhielten keine Erholungspause. Eickes Korps wurde durch häufige

Rechts: Dieser* Totenkopf*-Kradfahrer nimmt in der Demjansk-Frontausbuchtung im Sommer 1942 einen raschen Schluck. Die Stielgranate in seinem Gürtel war im Nahkampf, besonders beim Aufhalten feindlicher Attacken, nützlich.

sowjetische Angriffe und ständige Abwehraktionen stark geschwächt. Auch der Kommandeur selbst war nun körperlich erschöpft.

Mitte Juni wurde das Kommando über die *Totenkopf*-Division vorübergehend SS-Oberführer Max Simon übertragen, und Eicke mußte eine Erholungspause einlegen. An deren Ende erstattete er im Führer-HQ in Rastenburg Rapport, wo Hitler selbst ihn mit dem Eichenlaub zum Ritterkreuz auszeichnete. Eicke nutzte die Gelegenheit, um Hitler im persönlichen Gespräch offen den erschreckenden Zustand seiner verbliebenen Truppe zu beschreiben. Hitler drückte sein Mitgefühl aus und verbot der *Totenkopf*-Division den Rückzug aus der Demjansk-Buchtung zum derzeitigen Zeitpunkt. Doch versprach er Eicke, die Division würde nach ihrem späteren Rückzug als Panzergrenadier-Division mit eigenem Panzer-Bataillon neu aufgebaut werden. Daneben erhielt Eicke den Befehl, seinen Erholungsurlaub bis zum Rückzug der Division zu verlängern.

Oben: Waffen-SS an der Ostfront, Sommer 1942. Himmler glaubte, die ideologischen Überzeugungen seiner Männer würden es ihnen ermöglichen, „da standzuhalten, wo sie normalerweise zusammenbrechen würden“.

Bis Anfang Juli wurde schwerer Druck auf die *Totenkopf*-Division ausgeübt. SS-Oberführer Simon plädierte verzweifelt für einen Abzug der Division, ehe sie völlig zerstört würde. Er meinte, die totale Vernichtung sei nur noch eine Frage der Zeit. Doch all dies war fruchtlos. Nachdem er von Simons Berichten gehört hatte, bat Eicke wieder um den Rückzug seiner Division. Hitler aber bestand darauf, daß die Überbleibsel standhielten und nicht ersetzt würden, ehe die Frontausbuchtung ausreichend verstärkt worden sei, um künftige feindliche Angriffe auszuhalten. Man schätzte, daß das deutsche X. Korps noch mindestens sechs bis acht Wochen brauchen würde, um das zu erreichen. Am 17. Juli gab es wieder massive sowjetische Attacken auf die ausgelaugten Männer der *Totenkopf*-Division. Diese erlitten dabei erhebliche Verluste, nur noch ihre fanatische Entschlossenheit hielt sie aufrecht. Die *Totenkopf*-Divisionstruppen, die Wassiljewskina verteidigten, wurden weggefegt, als die Stadt am 18. Juli von der Roten Armee eingenommen wurde. Gegen die ausdrücklichen Befehle seiner Vorgesetzten des Heeres weigerte sich SS-Oberführer Simon in einem Akt des Ungehorsams offen, einen sofortigen Gegenangriff zu unternehmen. Wenn das Heer das wolle, schlug er vor, solle es das selbst machen. Der armselige Zustand der Waffen-SS-Männer muß vom Korps-Kommandeur erkannt worden sein, denn Simons Befehlsverweigerung hatte für ihn keine Folgen. Das Heer ließ den Angriff von seinen eigenen Truppen ausführen. Die 8. Leichte Division führte anstelle der *Totenkopf*-Division die Mission durch, konnte die Sowjets allerdings nicht vertreiben und erlitt schwere Verluste.

Der Totenkopf *– ein Gespenst*

Bei verheerendem Wetter setzten die Sowjets ihre Versuche, die Frontausbuchtung zu zertrümmern, fort. Bis zu den Schenkeln im Schlamm kämpften die Männer beider Seiten etliche Tage lang, bis die russischen Angriffe schließlich am 30. Juli schwächer wurden. Man hatte ein Patt der Erschöpfung erreicht, und die SS-Männer pfiffen aus dem letzten Loch.

Die langen Kampfperioden praktisch unter Sumpfbedingungen wirkten sich auf Simons ausgelaugte Männer aus. Unter den durchgebeutelten Resten der *Totenkopf*-Division breiteten sich Krankheiten wie Buschfeuer aus, die Soldaten bekamen die Ruhr, Lungenentzündung und andere quälende Leiden. Um seinen Zorn loszuwerden, ging Eicke nochmals zu Hitler. Er verlangte den Rückzug der Division aus der Demjansk-Stellung, damit sie unter diesen Umständen nicht zugrunde ging. Sie sollte ersetzt werden, um sich auszuruhen und wieder völlig instand gesetzt zu werden. Falls aber nicht, dann möge ihm erlaubt werden, an die Front zurückzukehren und, wenn nötig, gemeinsam mit seinen Männern zu sterben. Hitler lehnte ab und befahl Eicke, einen langen Erholungsurlaub zu nehmen.

Das Wetter rettet den Totenkopf

Am 6. August 1942 geriet der Nord- und der Südrand des Korridors unter schwere Angriffe der sowjetischen 11. Armee und des I. Garde-Korps. Die *Totenkopf*-Division erlitt wieder lähmende Verluste. Die Lufthohheit war von der durch Abwesenheit glänzenden Luftwaffe auf die sowjetischen Kräfte übergegangen. Die Sowjets konnten nun bombardieren und im Tiefflug angreifen, wie sie wollten, und geballtes Artilleriesperrfeuer ging auf die SS-Truppen nieder. Am 12. August waren die Reserven erschöpft. Man bewaffnete nichtkämpfendes Personal: Schreibkräfte, Ärzte, Militärpolizei und sogar Köche gingen in die Gräben.

Die *Totenkopf*-Division entging im letzten Augenblick dem Überranntwerden, als sich der Himmel öffnete und Wolkenbrüche einsetzten. Zwei Tage lang hörten alle Militäroperationen auf, und die Waffen-SS konnte sich neu formieren. Für eine weitere Woche brachten die *Totenkopf*-Männer genügend Kraft auf, um sich den Feind vom Leib zu halten. Völlig verzweifelt schlug SS-Oberführer Simon vor die *Totenkopf*-Division als Division abzuschreiben, da kaum mehr etwas übrig sei, das zu retten sich lohnte. Das *Totenkopf*-Divisions-„Korps" bestand nur noch aus etwas über 7000 Mann, die meisten davon nichtkämpfendes Personal.

Am 25. August begannen die sowjetische 7. Garde-Division, die 129., 130., 364. und 391. Infanterie-Division und die 30. Schützen-Brigade schwere Angriffe auf den Korridor. Sie warfen sich auf die Deutschen und erzwangen sich den Weg in ihre Stellungen. Die *Totenkopf*-Division wurde in zahlreichen isolierten Kesseln getrennt. Sie wehrte alle sowjetischen Attakken ab. Simons Leute hielten entschlossen ihre Stellungen, doch in wenigen Stunden gingen

Oben: Das Demjansk-Abzeichen. Bodentruppen konnten diese Auszeichnung für eine Verwundung während 60 Tagen Dienst in der Garnison oder für Tapferkeit während dieses Dienstes erhalten.

über 1000 Mann verloren. Ihr alter Kommandeur Eicke war nun wieder bei seiner Division, doch mußte er jede Woche nach Deutschland zurück, um die Vorbereitungen für ihren Wiederaufbau zu überwachen.

Die *Totenkopf*-Division wurde schließlich im Oktober 1942 abgezogen, nachdem deutsche Gegenangriffe die Sowjets weit genug von der Frontausbuchtung zurückgetrieben hatten, um sie zu sichern. Nun konnten auch außer Reichweite der sowjetischen Artillerie Truppen in die und aus der Buchtung bewegt werden. Doch da lebten nur noch 6400 SS-Männer.

Am 25. April 1943 genehmigte Hitler eine spezielle Feldzugs-Auszeichnung zum Gedenken an die Verteidigung der Stadt Demjansk durch das II. Heeres-Korps. Bei diesem dienten auch etliche Nicht-Heeres-Einheiten, darunter Personal des Reichsarbeitsdienstes, der Organisation Todt, Polizei, russische Hilfswillige und die *Totenkopf*-Division. Sie alle kamen für die Auszeichnung in Frage. Die Verteidigung von Demjansk beschäftigte 14 Monate lang 18 russische Divisionen. Der Preis dafür waren auf deutscher Seite 3335 Getötete und über 10.000 Verwundete. General Walter Graf Brockdorff-Ahlefeldt kehrte als völlig gebrochener Mann aus dem Demjansk-Kessel zurück und starb am 9. Mai 1943.

Heldenmut in Demjansk

Die Auszeichnung wurde etwa 100.000mal vom Garnisonskommandeur, General der Infanterie Graf Brockdorff-Ahlefeldt, verliehen. Viele Fotografien zeigen Mitglieder der *Totenkopf*-Division, die stolz diesen Beweis ihrer Teilnahme an einem der verlustreichsten Kämpfe in der Geschichte der Division tragen.

Im Demjansk-Kessel befanden sich insgesamt etwa 100.000 total abgeschnittene deutsche Soldaten. Die Kühnheit der Männer der *Totenkopf*-Division trug entscheidend dazu bei, den Kessel zu halten. Die Überlebenden wurden schließlich ersetzt. Auch die Mannschaften der Transportflugzeuge der Luftwaffe müssen erwähnt werden. Sie versorgten die belagerten Verteidiger mit über 64.000 Tonnen Nachschub an lebenswichtiger Munition, Nahrung und Arznei und flogen dazu noch über 35.000 kranke und verwundete deutsche Soldaten aus. Die sowjetische Luftwaffe und Flugabwehr verzeichnete über 150 Abschüsse von Transportmaschinen der deutschen Luftwaffe.

Am 13. Mai 1942 befahl Hitler die Bildung eines neuen Korps, des SS-Generalkommandos (mot.), das am 28. Mai autorisiert wurde. Das Korps selbst wurde am 9. Juli 1942 aufgestellt und in Deutschland gebildet. Es wurde im selben Monat nach Nordfrankreich verlegt, um die Umformung von SS-Infanterie-Divisionen nach deren Aufenthalt an der Ostfront in gepanzerte Divisionen zu überwachen. Sein HQ wurde am 1. Juni 1942 in SS-General-Kommando (Panzer) umbenannt. Das Korps wurde aus den Divisionen *Leibstandarte*, *Das Reich* und *Totenkopf* gebildet, die als Panzergrenadier-Divisionen umgeformt wurden. Das neue Korps wurde auf Hitlers Befehl in der zweiten Januarwoche 1943, so rasch es ging, an die Ostfront gebracht. Der Transport der SS-Divisionen auf Bahn und Straßen an die Front erhielt oberste Priorität. Als erste Einheit erreichte das Regiment *Der Führer* der Division *Das Reich* seinen neuen Bestimmungsort (vgl. Anhang 4, Karte 2 und 3).

Zu diesem Zeitpunkt sah es für die Deutschen im Südabschnitt der Ostfront düster aus. Die sowjetische Winteroffensive von 1942 hatte sie wie ein Vorschlaghammer getroffen und eine Reihe ungarischer, italienischer und rumänischer Divisionen zerschlagen. Die Reste der

Rechts: Paul Hausser, hartgesottener Kommandeur des I. SS-Panzer-Korps, bei seinen Männern als „Papa Hausser“ bekannt. Er kämpfte 1939 in Polen, danach in Frankreich und Rußland. An der Ostfront verlor er ein Auge, die schwarze Augenklappe wurde darauf sein Markenzeichen. Im Februar 1943 gab er gegen den Befehl Hitlers Charkow auf, rehabilitierte sich aber im März mit dem brillanten Gegenangriff, der die Stadt zurückeroberte. Hausser steigerte als Inspekteur der SS-Verfügungstruppe vor dem Krieg die Kampftüchtigkeit der Waffen-SS. Er wurde unter anderem mit dem Ritterkreuz mit Eichenlaub und dem Eichenlaub mit Schwertern ausgezeichnet.

6. Armee wurden bei Stalingrad ausgelöscht. Die Achsenmächte mußten sich Richtung Dnjepr zurückziehen. Zugleich bahnte sich die sowjetische 2. Garde-Panzer-Armee ihren Weg nach Südwesten. Russische Armeen ergossen sich ins Donez-Becken und drohten den deutschen Kräften mit einem neuen „Stalingrad“.

Im Januar 1943 wurde die *SS-Polizei*-Division südlich des Ladoga-Sees zum Ziel heftiger sowjetischer Gegenangriffe, die ein Loch in die deutsche Verteidigung schlugen. Der Durchbruch geschah südlich von Schlüsselburg, nahe der 170. Infanterie-Division. Anfang Februar 1943 nahm die sich zurückziehende *SS-Polizei*-Division die ihr nun zugeteilte Position westlich von Kopino ein, wo sie eine Reihe schwerer sowjetischer Attacken zurückschlagen mußte.

Die deutsche Sommeroffensive hatte im Juli 1942 im Kursk-Charkow-Sektor begonnen. Hitlers Ziel dabei waren die überaus wichtigen kaukasischen Ölfelder. Kleists Panzer-Armee durchbrach die russische Verteidigung und zog in den Kaukasus. Nach sechs Wochen war die gesamte Donregion in deutscher Hand, einen der tiefsten Vorstöße unternahm dabei die *Wiking*-Division. Diese blieb im Winter 1942/43 im Kaukasus in Verteidigungsstellung.

Im tiefsten russischen Winter ging das neue I. SS-Panzer-Korps in den Kampf. Der Südabschnitt der Ostfront mußte gefestigt werden, und Hitler vertraute dabei auf die militärische Tüchtigkeit von SS-Obergruppenführer Paul „Papa“ Hausser, Kommandeur der Eilteeinheit I. SS-Panzer-Korps.

Als Sammelstelle wurde ein Gebiet nahe Charkow gewählt, wo das Korps Aufstellung nehmen konnte. Dem I. SS-Panzer-Korps wur-

Unten: Grenadiere der* Leibstandarte-*Division kämpfen im Februar 1943 in Alexejewka. Die Division focht Anfang 1943 in und um Charkow vorzüglich und fügte der Roten Armee schwere Verluste zu.

de ein Gebiet zwischen Wolokonowka am Fluß Oskol und Kupjansk am Donez zugewiesen. Die *Leibstandarte*-Division erhielt einen über 112 km langen Abschnitt um Tschegawajew. Zahlreiche Italiener, Ungarn und außer Ordnung gebrachte deutsche Einheiten zogen sich hinter sie zurück und flohen westwärts, während die Division die Front hielt. In der ersten Februarwoche griffen die Sowjets wiederholt an, wurden aber unter ernsten Verlusten immer wieder zurückgeschlagen. Derart starke Waffen-SS-Einheiten waren für die Russen eine unliebsame Überraschung.

Die Rote Armee greift Charkow an

Nun richtete die Rote Armee ihr Augenmerk auf Charkow. Der Zug auf die Stadt bestand aus einer riesigen Zangenbewegung. Die *Leibstandarte*-Division und die 320. Infanterie-Division des Heeres hatten ihre Position fest im Griff. Zwischen sie hindurch sollte der Südflügel der Zange stoßen. Der Nordflügel sollte sich seinen Weg durch die Heereseinheiten im Nordosten von Belgorod am Donez bahnen. Charkow war offenbar durch den sowjetischen Vormarsch in unmittelbarer Gefahr. Dies schuf ein Dilemma: Sollte man die Stadt verteidigen und dabei womöglich das I. SS-Panzer-Korps verlieren oder evakuieren, was eine Umgruppierung ermöglichen und Zeit zur Vorbereitung eines Gegenangriffs bieten würde? Am 9. Februar begann sich *Das Reich* während heftiger Schneestürme langsam westwärts zurückzuziehen.

Die Schneestürme waren eine gute Deckung für die Sowjets, wenn sie die SS-Grenadiere aus dem Hinterhalt angriffen, obwohl tiefe Schneewehen ihre Fahrzeuge hemmten. Die Division wollte am Donez eine neue Verteidigungslinie aufbauen, doch als sie ankam, waren die Russen schon da. *Das Reich* mußte sich also noch weiter nach Westen, östlich von Charkow, zurückziehen.

Die *Leibstandarte*-Division und die 320. Infanterie-Division sahen sich durch die Sowjets getrennt, die rasch westwärts zogen. Als sie merkte, wie schwach die sowjetischen Flanken waren, begann die Waffen-SS einen starken Gegenangriff, um die durch den sowjetischen

Oben: SS-Obergruppenführer „Sepp" Dietrich, persönlicher Freund Hitlers und Kommandeur der* Leibstandarte*-Division. Ohne jede Kenntnis militärischer Theorien war er dennoch ein begeisternder Anführer.

Vorstoß entstandene Ausbuchtung abzuschneiden und sich mit der 320. Infanterie-Division des Heeres zu verbinden.

SS-Obergruppenführer „Sepp" Dietrich bildete dazu eine eigene Kampfgruppe. Der ehrgeizige Plan sah einen dreizinkigen Angriff vor. SS-Obersturmbannführer Kurt Meyer sollte mit dem Aufklärungs-Bataillon der *Leibstandarte* die rechte Flanke nehmen, das *Der Führer*-Regiment und das 1. SS-Panzergrenadier-Regiment der *Leibstandarte*-Divi-sion die linke. Das Aufklärungs-Bataillon näherte sich unter Deckung eines Schneesturms dem Dorf Merefa. Die Schneewehen, die das Gebiet bedeckten, machten einen Marsch abseits der Straßen fast unmöglich, die vorn gepanzerten Truppentransporter wurden als Schneepflüge eingesetzt, um sich einen Weg zu bahnen. Das Bataillon kam in Merefa an, vertrieb nach heftigem Kampf die sowjetischen Besatzungstruppen und nahm das Dorf ein.

Borki war vom *Der Führer*-Regiment eingenommen worden, man drang fast 50 km weit in die sowjetische Frontausbuchtung ein, wobei das sowjetische VII. Garde-Kavallerie-Korps von seinen Speerkopfeinheiten getrennt wurde. In der Buchtung entspann sich ein harter Kampf um die Vormacht, und die SS-Kampfgruppe verlor rasch die Verbindung zum I. SS-Panzer-Korps. Den Deutschen im Norden ging es nicht so gut, sie fielen nach Charkow zurück, das eingeschlossen zu werden drohte. Südwestlich von Merefa lag Smijew, das die Deutschen wegen des wachsenden Drucks im Süden den Sowjets überlassen mußten.

Die Leibstandarte *bewährt sich*

Nun standen für die deutschen Verteidigungsstellungen verstreute Bollwerke auf der Tagesordnung. Sie bildeten keine durchgehende Linie mehr und liefen ernsthaft Gefahr, von den Sowjets umzingelt zu werden. Versuche der Sowjets, die *Leibstandarte*-Division aus Rogan zu vertreiben, scheiterten. Die SS-Truppen hielten stand, wobei beide Seiten beim langen, heftigen Kampf an Boden verloren und wiedergewannen. Beide erlitteten schwere Verluste, vor allem beim Kampf um den Flugplatz von Rogan, den die *Leibstandarte*-Division verlor und dann zurückeroberte.

Die *Leibstandarte*-Division nahm am 13. Februar Alexejewka und wurde rasch eingekreist. Die Sowjets wollten diesen östlichsten, in deutscher Hand befindlichen Punkt bei Charkow unbedingt beseitigen und unternahmen wilde Angriffe, die unter schweren Verlusten abgeschlagen wurden. – Ein Beispiel für die Tapferkeit und Opferbereitschaft der Waffen-SS-Soldaten war der Sohn des deutschen Außenministers, der von einem sowjetischen Scharfschützen durch die Lunge geschossen wurde. SS-Obersturmführer Rudolf von Ribbentrop wollte keinerlei Bevorzugung aufgrund seiner Position oder Herkunft und verweigerte die Evakuierung ins Spital. Er würde erst gehen, wenn alle verwundeten Unteroffiziere und Soldaten versorgt worden seien. Dies zeigt die Einstellung der SS-Offiziere ihren Soldaten gegenüber. Inzwischen versuchte SS-Sturmbannführer Max Wünsche als Kommandeur einer gepanzerten Entsatzkolonne, seinen belagerten Kameraden zu helfen, und bahnte sich durch starken Widerstand seinen Weg nach Charkow.

Hitler befahl, wie nicht anders zu erwarten, Charkow um jeden Preis zu halten. In der Stadt erhielt SS-Obergruppenführer Hausser diese Anweisung und leitete Verteidigungsaktionen ein. Die Linien waren viel zu ausgedehnt, sie mußten verkürzt werden. Doch Hausser war klar, daß Charkow eine dem Untergang geweihte Stadt war.

Hausser befahl die Zerstörung aller militärischer Einrichtungen, damit sie nicht von den Sowjets genützt werden konnten, falls die Stadt fiel. Schwere feindliche Angriffe im Osten und Süden verstärkten den Druck auf die Verteidiger, deren Zusammenbruch kurz bevorstand. Hausser war Realist. Er wußte, die Verteidigung der Stadt war sinnlos. Die Befolgung eines Befehls, der die Vernichtung seiner Einheiten bedeutete, war für ihn undenkbar.

Meyers verwegene Attacke

Inzwischen nahm SS-Obersturmbannführer Kurt Meyer unter erheblichen Verlusten der Sowjets Beteka ein. Er führte ständig Gegenangriffe auf die Sowjets, auf die er traf. Als Alexejewka gestürmt zu werden drohte, blieb Meyer nichts anderes übrig, als seine Truppe zur Verteidigung dorthin zurückzuführen. Die Sowjets drangen in die Stadt ein, doch Meyers Gruppe war stark genug, ihre Einfälle zurückzuschlagen. Sein kleiner Trupp wurde hierauf zum Ziel einer geplanten größeren Attacke, und Meyer war dies klar. Er meinte, die Sowjets würden ihn im besten Fall aus der Stadt vertreiben, im schlechtesten seine kleine Einheit zertrümmern. Also beschloß er, die sowjetischen Einheiten, die sich im Osten der Stadt sammelten, mit einem vorbeugenden Schlag zu überraschen. Seine Männer waren müde und hungrig. Sie hatten große Verluste erlitten, und die Mu-

Oben: Entgegen Hitlers Befehlen gibt Hausser Mitte Februar Charkow auf. Die Aktion rettete das I. SS-Panzer-Korps und ebnete den Weg für den spektakulären Gegenangriff, der im März die Stadt zurückeroberte.

nition wurde auch schon knapp. Sie würden besser angreifen als verteidigen.

Die Sowjets waren auf keinen Angriff der Garnison von Alexejewka gefaßt. Als die belagerte Streitmacht ausbrach, löste sie bei den sowjetischen Truppen Panik aus; sie flohen ungeordnet. Das konnte aber nicht ausgenützt werden, dazu war Meyers mitgenommenes Bataillon viel zu schwach. Wünsches Entsatzkolonne kam schließlich an, als sich Meyers Männer gerade wieder nach Alexejewka zurückzogen. Die Verstärkung machte den Ausbruch möglich, und zusammen vereinigten sie sich wieder mit dem I. SS-Panzer-Korps.

Am Abend des 14. Februar griff die Rote Armee die Vorstädte Charkows an. Sie sickerte in den nächsten 24 Stunden ins Hinterland des I. SS-Panzer-Korps ein. Zeitweilig wurde der sowjetische Zug durch einen verzweifelten Gegenangriff der *Das Reich*-Division im Nordwesten von Charkow aufgehalten.

Gegen Mittag des 15. Februar 1943 bat Hausser nochmals um Erlaubnis zum Rückzug aus der Stadt, um sein Korps umzugruppieren. Bis 12.50 Uhr kam keine Antwort, und Hausser beschloß die Evakuierung der Stadt. Er informierte das Hauptquartier der Heeresgruppe davon um 13.00 Uhr. Der erwartete Befehl, Charkow um jeden Preis zu halten, kam um 16.30 Uhr. Doch Hausser weigerte sich halsstarrig, die Vernichtung seines Korps, einer der besten Formationen im Arsenal des Dritten Reichs, in einer aussichtslosen Anstrengung zu riskieren. Seine Antwort war: Der Befehl käme zu spät, um ihn zu beachten. „Die Sache ist entschieden, Charkow wird evakuiert", lautete seine schroffe Erwiderung. Also gehorchte er seinem Führer nicht, rettete so das I. SS-Panzer-Korps vor der Zerstörung und machte den Weg frei für einen großen Sieg.

KAPITEL 5

TRIUMPH UND NOT

Hitler bekam einen seiner Wutausbrüche, als er erfuhr, daß man seinen Befehlen bezüglich Carkow nicht gehorcht hatte. Als er seine Fassung wiedergewonnen hatte, ließ er sich zu von Mansteins Hauptquarteier der Heeresgruppe Süd in Saporoshje fliegen, um Aufklärung zu fordern.

Um westwärts auf deutsch besetzten Boden zu gelangen, mußte SS-Obergruppenführer Hausser entlang des Charkow-Korridors ziehen, der jetzt nur mehr etwa 1,6 km breit war. Die Aktion wurde gerade noch rechtzeitig durchgeführt.

Nach der Befreiung der strategisch wichtigen Stadt von den Nazihorden meinten die Sowjets, viel erreicht zu haben. Doch ihre Kräfte waren durch die Zähigkeit der deutschen Verteidigung und immense Verluste geschwächt. Ihre Offensive stockte daher. Truppen mußten ersetzt werden, und die sowjetische Euphorie wurde bald gedämpft.

Mit großer Geste befahl Hitler, Charkow wiederzuerobern. Die Sowjets könnten leicht vertrieben und ein sofortiger Gegenschlag sollte durchgeführt werden, verkündete er. Das I. SS-Panzer-Korps würde sehr bald durch die

Links:* Leibstandarte-*Soldaten im März 1943 am Rand von Charkow, kurz vor der deutschen Rückeroberung der Stadt – einem der größten Siege der Waffen-SS in Rußland.

Ankunft der *Totenkopf*-Division verstärkt werden und könnte dann diesen Auftrag durchführen. Generalfeldmarschall von Manstein wollte das I. SS-Panzer-Korps jedoch als oberen Flügel einer weiten Zangenbewegung einsetzen, um die sowjetischen Armeen, die sich in Richtung Dnjepr bewegten, zu umzingeln und zu isolieren.

Das XLVIII. Panzer-Korps stieß aus seiner Stellung östlich von Dnepropetrowsk in Richtung des Flusses Samara vor, um Brückenköpfe über diesen zu sichern. Danach sollte es sich auf einen Angriff aufs Hinterland der sowjetischen 6. Armee durch einen Stoß nach Norden vorbereiten. Dieser unerwartete deutsche Zug überraschte die sowjetischen Truppen total, und sie zogen sich fast in Panik nach Norden zurück. Die Moral der Deutschen wuchs, als sie sich wieder im Angriff befanden. Die *Totenkopf*- und die *Das Reich*-Division räumten ihre Stellungen bei Poltawa und zogen südwärts. Unter schrecklichen Bedingungen, in tiefverschneitem Gebiet und in Nebel gehüllt, schlugen sie auf das Hinterland der sowjetischen 6. Armee ein.

Mansteins Meisterstreich

Der untere Zangenflügel sollte von der 4. Panzer-Armee des Heeres unter General Hermann Hoth gebildet werden. Doch Hitler war, wie von Manstein einsah, nicht von seinem Hauptziel, Charkow zurückzuerobern, abzubringen. Gerade als Manstein sich ins Unvermeidliche fügen wollte, wurde Hitlers Plan durchkreuzt

Der Auslöser war unerwartetes Tauwetter, das die *Totenkopf*-Division im Schlamm stekkenbleiben ließ, sobald sie sich abseits der Hauptstraßen zu bewegen und querfeldein zu ziehen versuchte. Durch diese Verzögerung konnte sie nicht für Hitlers Plan verwendet werden. Bis dahin verlief der Vormarsch rasch, als Eicke entschied, daß seine Schwerfahrzeuge auf gefrorenem Boden schneller vorankommen würden. Zunächst beschleunigte die Division, doch als durch die gestiegene Temperatur der Boden auftaute, waren die Achsen binnen kurzem mit Schlamm bedeckt. Eicke und seine Männer wälzten sich in dieser dicken, melasseartigen Substanz, die ein Fortkommen praktisch unmöglich machte.

Hitler stimmte nun mißmutig Generalfeldmarschall von Mansteins alternativem Plan zu, und fast unverzüglich begann der deutsche Gegenangriff. Das erste Ziel von *Das Reich* bei seinem Zug westwärts und südwestwärts war Krasnograd. Danach kam Pereschtschepina, das rasch eingenommen wurde. Die Moral der Division stieg erheblich, als sie am 20. Februar eine Nachricht von Hitler persönlich erhielt, die ihre nächsten Angriffsziele genau festlegte.

Am 22. Februar 1943 stieß *Das Reich*, unterstützt durch Stukas der Luftwaffe, in Richtung Pawlograd vor. Ausgestattet mit neuester Bewaffnung und nunmehr voll motorisiert, fiel die Division über sowjetische Kavallerie-Einheiten her, die ihr im Weg waren. Die russischen Kosaken waren furchterregende Kämpfer, die fast mittelalterliche Taktiken anwendeten. Die normale deutsche Infanterie fürchtete sie. Doch hatten sie keine Panzerdeckung und trugen nur *Schaschkas*, Kosakensäbel. Die Waffen-SS fegte sie wie Späne weg und fügte ihnen schreckliche Verluste zu.

Die Kraft der Waffen-SS erwies sich für Pawlograd als zu stark, am 24. Februar kapitulierte die Stadt. Die Gebietseroberungen durch die Deutschen gingen so schnell vor sich, daß es häufig „Feuer vom Freund" gab. So geriet einmal *Das Reich* unter den Beschuß der Kanonen des Panzer-Regiments des *Totenkopfs*, die viele Opfer bei der Waffen-SS forderten.

Nachdem die *Totenkopf*- und *Das Reich*-Divisionen ihre Kräfte vereinigt hatten, schwenkten sie nach Nordosten, zogen parallel zur Rückzugslinie der Sowjets und schlugen auf die feindlichen Flanken. Als den sowjetischen Einheiten das Benzin knapp wurde, stießen die Waffen-SS-Truppen auf lange Kolonnen von verlassenen, funktionstüchtigen Panzern und Lastwagen.

Rechts: Eingemummte Waffen-SS-Grenadiere stapfen durch ein russisches Dorf, Charkow und dem Sieg entgegen, und rechtfertigen Hitlers Glaube an die militärische Tüchtigkeit des neu geschaffenen I. SS-Panzer-Korps.

In den folgenden Tagen wurden die demoralisierten sowjetischen Kräfte förmlich abgeschlachtet. Das *SS-Totenkopf*-Panzergrenadier-Regiment 1 unter SS-Obersturmbannführer Otto Baum, verstärkt durch Männer der *Das Reich*-Division, sollte den Sowjets den Rückzug verlegen. Die immens starke SS-Einheit richtete unter den panischen Feinden Verwüstungen an. Dazu kamen noch die Sturzkampfbomber der Luftwaffe. Sie zerstörten zwei komplette sowjetische Armeen und eroberten 600 feindliche Panzer oder schalteten sie aus, die meisten davon T-34-Panzer vom neuesten sowjetischen Typ. Das Panzer-Regiment von *Das Reich* konnte später eine ganze Panzerabteilung aus erbeuteten T-34ern aufstellen. Dazu kamen noch 600 Panzerjägerkanonen und über 400 Artilleriegeschütze. Die Zahl der gefangenen Sowjets war jedoch nicht so beeindruckend: Etwa 9000 wurden gefangen und 23.000 getötet. Die Sowjets hatten nämlich ihre schwere Ausrüstung zurückgelassen und waren zu Fuß durch Lücken in den deutschen Linien geflohen.

Auch die Deutschen hatten beträchtliche Verluste zu beklagen. Der frühere Inspekteur der Konzentrationslager, Theodor Eicke, war darunter. Dieser brutale Mann hatte sich während seiner Laufbahn innerhalb der SS und des Heeres viele Feinde gemacht. Sein rauhes, ungehobeltes Benehmen gewann ihm bei beiden wenig Freunde, doch bei den Männern seiner Division war er beliebt. Er war Vorbild, indem er dieselben kargen Rationen wie sie aß und im Feld unter denselben schmutzigen, feuchten Bedingungen wie sie lebte. Die Art, wie er starb, war typisch für viele seiner Männer.

Eickes Tod

Das Divisions-Hauptquartier hatte am 26. Februar zeitweise den Kontakt zu seinem Panzer-Regiment verloren. Besorgt beschloß Eicke, die Lage persönlich zu erkunden. Ein Fieseler Storch, ein Erkundungsflugzeug, flog zu einer Aufklärungsmission aus. Nachdem es einige Zeit über dem Gelände herumgestreift war, entdeckte Eicke Teile des Regiments versteckt in einem kleinen Dorf. Er befahl dem Piloten zu landen, doch das nächste Dorf wurde noch von den Sowjets gehalten, was Eicke entgangen war. Das Flugzeug ging zwischen den beiden Dörfern nieder und wurde von einem Geschoßhagel empfangen. Nach einem Treffer wurde es von einem Flammenmeer verschlungen. Das Panzer-Regiment startete sofort einen Versuch, Eicke zu retten, wurde aber abgeschlagen. Am nächsten Morgen wurden die verkohlten Leichen Eickes, seines Adjutanten und Piloten unter Verlust etlicher Menschenleben schließlich von einem eigens gebildeten Stoßtrupp geborgen. Seine Männer waren über den Verlust ihres Kommandeurs tieftraurig. Er erhielt auf einem Divisionsfriedhof nahe Orelka in Rußland ein Begräbnis im Wikingerstil. Sein Andenken wurde geehrt, indem das SS-Totenkopf-Infanterie-Regiment 3 „Theodor Eicke“ genannt wurde und eine Armbinde mit seinem Namen tragen durfte. Das Regiment wurde später im Krieg zum SS-Panzergrenadier-Regiment 6.

Die Russen verteidigen Charkow

Um jeden deutschen Stoß Richtung Charkow zu blockieren, verlegte das sowjetische Oberkommando (STAVKA) mehr Truppen in den Sektor. Trotz des auf den Einheiten lastenden Drucks kam ein Panzer-Korps ins Gebiet südlich der Stadt. Damit liefen diese frischen sowjetischen Truppen geradewegs in die von den Deutschen gestellte Falle.

Den Einheiten der Roten Armee standen im Süden die Divisionen *Totenkopf* und *Das Reich* gegenüber. Als Hausser die *Leibstandarte*-Division hinter sie geführt hatte, war für die Sowjets kein Rückzug möglich. Die *Leibstandarte*-Division errichtete rasch Verteidigungsstellungen, und die *Totenkopf*- und *Das Reich*-Division trieben ihnen die Sowjets nordwärts entgegen. Der Feind wurde von der Infanterie der *Leibstandarte* völlig vernichtet, die durch das neue, mit dem starken Tiger-Panzer ausgerüstete Bataillon erheblich verstärkt worden war. Die letzte Hürde war genommen, die Tore Charkows standen den Deutschen nun offen.

Das I. SS-Panzer-Korps und die 4. Panzer-Armee vereinigten am 4. März ihre Kräfte, um von

Oben: Kämpfe in Charkow im März 1943. Das I. SS-Panzer-Korps war Speerspitze bei der Aktion zur Wiedereroberung der Stadt und veranlaßte Hitler zu bemerken: „Das SS-Panzer-Korps ist 20 italienische Divisionen wert.“

Starowjerowka aus den Sturm auf die Stadt zu beginnen. Um einen Brückenkopf über den Fluß Msta zu erzwingen, zog die *Leibstandarte*-Division nach Walki an der Msta Die *Totenkopf*-Division, die an der linken Flanke der *Leibstandarte*-Division stand, hatte Starij Mertschik genommen und zog dann weiter nach Olschana, das am 9. März fiel. *Das Reich* befand sich an der rechten Flanke der *Leibstandarte*, doch sein Vormarsch wurde durch gräßliches Terrain behindert. Trotzdem erreichte es am 9. März die Ausläufer von Charkow. Peretdinaga und Polewaja wurden noch am Abend des 9. März von der *Leibstandarte* eingenommen.

Nach dem ursprünglichen Plan Haussers sollte Charkow durch einen dreizinkigen Sturm genommen werden. Die *Totenkopf*-Division sollte von Nordwesten her angreifen. Der Norden der Stadt blieb der *Leibstandarte*-Division überlassen, während *Das Reich* nach Norden herumziehen und Smijew an der Ostseite angreifen sollte. Nachdem dieser Plan aufgegeben worden war, sollte *Das Reich* nun Charkow von Westen angreifen. Als *Das Reich* in die Vorstädte eindrang, war deren Verteidigung zunächst nur schwach, doch dann verstärkte sie sich dramatisch.

Im Norden krachte das SS-Panzergrenadier-Regiment 1 unter SS-Standartenführer Fritz Witt auf der Hauptstraße Belgorod–Charkow nach Charkow hinein. An Witts rechter Flanke befand sich das SS-Panzergrenadier-Regiment 2 unter SS-Standartenführer Theodor „Teddi“ Wisch. Die linke Flanke hatte SS-Obersturmbannführer Kurt Meyer inne, der die Straße von Charkow nach Lipzy nördlich der Stadt abschneiden sollte. „Panzer-Meyer“ entschied,

daß man besser durch die Wälder zog, und befahl seinem Aufklärungs-Bataillon, die Straße zu verlassen. Doch für seine gepanzerten Fahrzeuge war das neue Terrain schwierig. Meyer begann gerade zu zögern, als er Schlittenspuren bemerkte. Besser, man folgte diesen. Doch die Spuren verengten sich bald, und die Kolonne mußte etliche Male haltmachen, um ihre Fahrzeuge durch die Hindernisse zu schieben, da sie steckenzubleiben drohten.

Meyer entschied, er müsse SS-Obersturmführer Gerd Bremer einholen, der die Vorhut kommandierte. Er überließ alle Navigationsprobleme seinen Untergebenen, zog los und fand schließlich Bremer und seine Männer auf einer großen Lichtung. Diese senkte sich ab, und an ihrem Fuß befand sich eine Hauptstraße, auf der tausende sowjetische Soldaten der Roten Armee mit ihren Panzern und ihrer Artillerie versammelt waren. Meyer verfügte nur über eine Handvoll leichter Fahrzeuge und ein Kommando von etwas über 20 Mann. Er

Oben: Stolz auf den Sieg bei Charkow befahl Hitler, daß die „SS das nötige Personal“ erhielt. Die **Das Reich-**, *die* **Leibstandarte-** *und die* **Totenkopf-***Division erhielten auch den Tiger-Panzer für die Kursk-Offensive.*

war deshalb gezwungen, sich verborgen zu halten. Er konnte nur die Daumen drücken, der nachkommenden Kolonne Nachricht geben, damit sie wußte, was vor ihr lag, und auf ihre Ankunft warten.

Da hörten die Deutschen Flugzeuge, ein Geräusch, das die Stukas ankündigte. Diese bombardierten die sowjetische Kolonne und griffen sie im Tiefflug an. Sie wurde zerstreut. Meyer nützte die Gelegenheit und befahl seiner kleinen Einheit, die Führungspanzer sofort anzugreifen. Die Sowjets fürchteten, geradewegs in einen gutgeplanten deutschen Hinterhalt geraten zu sein, und fielen in Panik. Einige versuchten vergeblich zu fliehen, andere hielten die Hände hoch. Die Deutschen machten Hunderte Gefangene, und Meyers Kolonne zog, um den Überraschungseffekt auszunutzen, eiligst nach Charkow. Nur eine Handvoll Männer blieb zur Bewachung der Gefangenen zurück.

Sie erreichten die Ausläufer der Stadt ohne besondere Vorfälle und zogen rasch bis zum Stadtrand weiter, wo Meyer bei einer ehemaligen Ziegelei haltmachte. Er kehrte hierauf mit seinen Männern zum vorherigen Kampfplatz zurück, wo zahllose sowjetische Gefangene, die froh schienen, daß die Auseinandersetzungen für sie ein Ende hatten, von einer Handvoll Grenadiere bewacht wurden. In den folgenden Stunden trafen die übrigen Mitglieder von Meyers Bataillon ein. Früh am nächsten Morgen wurde die Einheit umgruppiert, der Vormarsch nach Charkow wiederaufgenommen. Wieder bei der Ziegelei, zerstörten oder vertrieben sie alle dort befindlichen sowjetischen Panzer. Benzinmangel machte ein weiteres Vorrücken unmöglich. Am 11. März befahl Meyer deshalb, sich einzugraben.

Seine ungewöhnliche Wahl fiel auf einen Friedhof. Der Hauptfluchtweg aus der Stadt führte – was er nicht wußte – an seiner Einheit vorbei. In den nächsten paar Stunden schlug die Waffen-SS zahlreiche sowjetische Versuche, ihre Stellung zu überrennen, zurück. Meyer erfuhr von der Mannschaft eines Benzintankers, die sich zu seiner Gruppe durchgeschlagen hatte, daß die Sowjets die Straße nach dem Norden der Stadt abgeschnitten hatten. Sein Fluchtweg war also blockiert. Doch Fritz Witts Regiment war ins Stadtzentrum eingedrungen und hatte den Roten Platz genommen. Meyer blieb keine Wahl: Er mußte in die Stadt selbst vorrücken.

Die sowjetischen Einheiten in der Stadt versuchten vor dem drohenden deutschen Vormarsch nach Norden auszubrechen. Die *Das Reich*-Division drang von Westen in die Stadt ein und erreichte nach Überwindung starken

Unten: Die Tiger und Panther standen bei Kursk im Rampenlicht, doch auch die älteren Panzer wie der Panzer III spielten ihre Rolle in der größten Panzerschlacht der Geschichte und wurden von der Waffen-SS benutzt.

Widerstands am 12. März den Hauptbahnhof im Herzen Charkows. Meyer und seine Gruppe im Norden Charkows wurden von SS-Sturmbannführer Peiper und seinem Panzergrenadier-Bataillon entsetzt. Zusammen erzwangen sie den Weg ost- und südostwärts, um die dort verbliebenen Verteidiger aufzuscheuchen. Charkow war in deutscher Hand, und Peiper nahm Belgorod ins Visier, das er am 18. März 1943 nahm, so daß sich die Waffen-SS mit der *Großdeutschland*-Division verbinden konnte.

Die siegreiche Waffen-SS

Die Panzer des *Totenkopfs* trafen auf sowjetische Einheiten, die die Straße Charkow–Belgorod abgeschnitten hatten, und vernichteten sie. Sie schwenkten in den Norden der Stadt und dann südostwärts nach Tschugujew, wo sie einen Übergang über den Donez eroberten. In den nächsten paar Tagen mußte die *Totenkopf*-Division aus Charkow fliehende Einheiten zurückschlagen und Gegenangriffe von neuen Formationen aus dem Osten abwehren. Das war für das sojwetische Oberkommando ein schwacher Trost, denn dabei wurde die sowjetische 25. Garde-Schützen-Division vernichtet.

Nach drei Tagen fanatischen Nahkampfes in der Stadt eroberte die Waffen-SS Charkow, verlor dabei aber eine große Zahl ihrer Männer: über 11.500 wurden getötet. Hitler hielt seine politischen Krieger nun vollends für unbesiegbar. Mit dem Sieg von Charkow wurde die furchtlose Kühnheit im Angriff und die Standhaftigkeit in der Verteidigung der Waffen-SS anerkannt. Hitler war überzeugt, sie könnte ungestraft die gefährlichsten und schwierigsten Aufgaben ausführen, und für den Rest des Krieges vertraute er auf ihre Divisionen, um alle Siege, die er ersehnte und für möglich hielt, zu erringen. Und die Waffen-SS versuchte, dem gerecht zu werden.

Charkow war zurückgewonnen, die Lage im Südabschnitt der Ostfront stabilisierte sich, und die Deutschen festigten ihre Stellungen. Bald aber wurde klar, daß die Rote Armee eine riesige Frontausbuchtung zwischen Charkow und Orel hielt, die sich in deutsch gehaltenes Gebiet erstreckte und zum Angriff einlud. Hitler war von ihr wie hypnotisiert und wollte sie möglichst bald auslöschen. Wieder rief man nach der Waffen-SS, um die deutsche Initiative an der Ostfront wiederzuerlangen. Doch der Sieg von Charkow hatte Hitler für die Tatsachen blind gemacht: Trotz seiner vielgerühmten Waffen-SS verlor er den Krieg im Osten, was bei Kursk bekräftigt werden sollte.

Im Sommer 1943 kam es an der Ostfront zu einem der gewaltigsten Zusammenstöße des Zweiten Weltkriegs: der Schlacht von Kursk. Wie die Kämpfe bei Moskau und Stalingrad war sie äußerst heftig. Auf beiden Seiten waren Armeen mit Millionen von Männern in einen wilden, hartnäckigen Kampf verstrickt, der 15 Tage lang unvermindert anhielt. Die Panzerkämpfe waren die größten des Krieges, eigentlich die schwersten in der Geschichte.

Pläne für die Kursk-Offensive

Mitte 1943 gab es also an der Ostfront rund um die Stadt Kursk eine riesige Frontausbuchtung (vgl. Anhang 4, Karte 4 und 5). Hitler stützte seine Ideen wie immer auf ideologische Nazivorstellungen. Er sah, daß die Deutschen die Initiative im Osten wiedergewinnen mußten; das sollte durch die Beseitigung der Ausbuchtung erreicht werden. Auch wollte er dadurch die erlahmende Moral seiner osteuropäischen Verbündeten heben. Die Türkei, im Ersten Weltkrieg Deutschlands Alliierter, hatte sich für neutral erklärt – diese Aktion konnte sie gegen die Alliierten in den Krieg ziehen. Vor allem wäre die deutsche Front stark verkürzt worden, die Ausbuchtung maß nämlich an ihrer Basis nur etwa 160 km. Der Druck auf die Zahl der Soldaten, die zur Verteidigung der Linie nötig waren, würde sich verringern, und zahlreiche Männer könnten von der Ostfront abgezogen werden, um der erwarteten alliierten Invasion in Südeuropa zu begegnen. Und war die Offensive ein Erfolg, so konnte sie bis zu 15 sowjetische Armeen vernichten. Die zahllosen sowjetischen Gefangenen, die man als Zwangsarbeiter einsetzen würde, könnten die deutsche Kriegsproduktion steigern.

Generalfeldmarschall Erich von Manstein und General Heinz Guderian schlugen vor, die

Oben: Die Waffen-SS vor der Kursk-Offensive – optimistisch, übermütig und ausgestattet mit der bestmöglichen Ausrüstung. Das II. SS-Panzer-Korps war die Speerspitze der letzten großen deutschen Offensive im Osten.

Sowjets in die Offensive gehen zu lassen und die deutschen Einheiten schrittweise zurückzuziehen, so daß sich die sowjetischen Linien wie bei Charkow überdehnen würden.

Hitler blieb von diesen Plänen unbeeindruckt, obwohl sie von zwei der besten deutschen Militärstrategen kamen. Er bestand darauf, daß so rasch wie möglich eine Offensive gestartet werde. Die Operation erhielt den Kennamen „Zitadelle". Bei einer Konferenz in der Reichskanzlei meinte der Chef des OKW, Generalfeldmarschall Keitel: „Wir müssen aus politischen Gründen angreifen." Auch Deutschlands militärische und politische Führer nahmen an, Erfolge im Osten würden die Fundamente der alliierten Koalition untergraben, sie würde wegen der sowjetischen Enttäuschung darüber, daß die Amerikaner und Briten noch immer keine zweite Front eröffneten, zerfallen. Hitler dachte: „Je früher den Sowjets ein Schlag versetzt wird, desto eher wäre es mit der Koalition zwischen Westen und Osten vorbei."

Nachdem all dies auf höchster Ebene bedacht worden war, gab Hitler am 15. April 1943 Anweisung zu einer Offensive in der Kursk-Frontausbuchtung. Der Befehl verkündete: „Diese Offensive ist von entscheidender Bedeutung. Sie muß zu einem raschen, entscheidenden Erfolg führen. Beim Hauptschlag sind die besseren Einheiten, die besten Waffen, die besseren Kommandeure und große Mengen Munition einzusetzen. Jeder Kommandeur, jeder Soldat muß sich darüber klar sein, daß die entscheidende Bedeutung dieses Sieges bei Kursk ein Fanal für die ganze Welt sein wird.'

Die Hauptschläge gegen die sowjetischen Kräfte sollten vom Süden Orels aus die 9. Armee der Heeresgruppe Mitte und vom Norden Charkows aus die 4. Panzer-Armee und die Panzergruppe *Kempf* der Heeresgruppe Süd ausführen. Durch den Vorstoß auf Kursk wollte das deutsche Oberkommando die Kräfte der

zentralen und der Woronesch-Front, die die Ausbuchtung verteidigten, umzingeln und zerstören, die Front begradigen und bei einem Erfolg ihre Offensive bis ins Hinterland der Südwestfront ausdehnen (Plan „Panther"). Auch ein folgender Schlag gegen den Nordosten war nicht ausgeschlossen, um Moskau zu umgehen und hinter die sowjetischen Streitkräfte im Zentrum der Front zu gelangen.

Wegen der besonderen Bedeutung der kommenden Schlacht prüfte und änderte das OKH den Operationsplan „Zitadelle" etliche Male. Hitler sagte mehrmals: „Es darf kein Scheitern geben." Divisionen, die an der Offensive teilnehmen würden, bekamen eine Ruhepause und erhielten volle Mannschafts- und Materialstärke. Man studierte das sowjetische Verteidigungssystem und das Terrain in der Buchtung genau. Nach General Mellenthin wurde jeder Quadratmeter aus der Luft fotografiert.

Den Deutschen standen massive, starke sowjetische Kräfte gegenüber. General Rokossowski befehligte die Rote Armee in der Mitte

Oben: Ein deutsches 10,5-cm-le FH 18/40-Feldgeschütz wartet darauf, die sowjetischen Stellungen in der Kursk-Ausbuchtung zu bombardieren. Die Deutschen setzten bei der Offensive 10.000 Artilleriegeschütze ein.

der Front und General Watutin die Woronesch-Front. Marschall der Luftwaffe Rudenko kommandierte die 2. und Marschall der Luftwaffe Krasowski die 16. Armee der Luftwaffe, die aus der Luft Unterstützung geben sollten. In der Frontausbuchtung selbst standen elf vollständige Armeen, während eine weitere massive Streitmacht unter Generaloberst Konew an der Steppe-Front in Reserve lag. Generaloberst Gorjunows 5. Luftwaffen-Armee war die Reserve bei der Unterstützung aus der Luft. Die Sowjets konnten 1.300.000 Mann, 3300 Panzer, 20.000 Feldartillerie-Stücke und etwa 2000 Flugzeuge einsetzen – eine Streitmacht von unüberbietbarer Größe.

Gegen diese gewaltige Macht stand einer der größten Feldmarschälle Deutschlands,

Erich von Manstein, Kommandeur der Heeresgruppe Süd. Diese enthielt die Panzergruppe *Kempf* unter General Kempf und bestand aus dem XI. Korps unter General Raus mit der 106. und 320. Infanterie-Division; dem XLII. Korps unter General Mattenklott mit der 39., 161. und 282. Infanterie-Division; und schließlich dem III. Panzer-Korps unter General Breith mit der 6., 7. und 19. Panzer-Division und der 168. Infanterie-Division. Der andere Teil der Heeresgruppe Süd bestand aus der 4. Panzer-Armee unter Generaloberst Hoth. Diese bestand aus dem II. SS-Panzer-Korps unter SS-Obergruppenführer Hausser mit der 1. SS-Panzer-Division *Leibstandarte*, der 2. SS-Panzer-Division *Das Reich* und der 3. SS-Panzer-Division *Totenkopf;* dem XLVIII. Panzer-Korps unter General von Knobelsdorf mit der 3. und 11. Panzer-Division, der 167. Infanterie-Division und der *Großdeutschland*-Panzergrenadier-Division, sowie dem LII. Korps unter General Ott mit der 57., 255. und 332. Infanterie-Division. General Desslochs Luftflotte IV gab Unterstützung aus der Luft.

Die Heeresgruppe Mitte

Generalfeldmarschall Günther von Kluge war ein traditionsbewußter, preußischer Offizier von hoher Qualifikation. Doch zeichnete er sich auch durch „schwankenden Charakter und nachgiebigen Opportunismus" aus. Sein scharfer Verstand durchschaute die Ungeheuerlichkeit des Naziregimes, doch sah er auch in der Zusammenarbeit mit ihm beträchtliche persönliche und berufliche Vorteile. Er gehörte zu den wenigen deutschen Generälen, die die Invasion der Sowjetunion befürwortet hatten. Er befehligte die Heeresgruppe Mitte, zu der Generaloberst Models 9. Armee, das XL. Panzer-Korps unter General Zorn, das XXIII. Korps unter General Freissner und das XLVII. Panzer-Korps unter General Lemelsen gehörten. Generaloberst Ritter von Greims Luftflotte VI sollte für Unterstützung aus der Luft sorgen.

Die Deutschen führten etwa 900.000 Mann, 2700 Panzer und 10.000 Feld-Artillerie-Geschütze ins Feld. Aus der Luft erhielten sie von 2000 Flugzeugen der Luftwaffe Deckung. Taktiker mochten die beiden feindlichen Kräfte für etwa ebenbürtig halten, bedenkt man, daß die Deutschen bei Charkow eine achtmal größere Streitmacht bekämpft und besiegt hatten. Die Waffen-SS würde eine unverhältnismäßig große Rolle in der Auseinandersetzung spielen, Haussers Einheiten bildeten schließlich weniger als 10 Prozent der deutschen Gesamtstärke. Bei Charkow hatte man neuere Versionen des alten Panzer III und des neueren Panzer IV eingesetzt, auch ein paar der mächtigeren Panzer VI (Tiger) waren dabeigewesen. Bei der Schlacht von Kursk standen mehr Tiger zur Verfügung. Die größten Hoffnungen setzten die Deutschen auf den mittleren Panzer V (Panther). Auch die schwerfälligen Ferdinand-Sturmgeschütze kamen zum Einsatz.

Sowjetische Vorbereitungen

Den deutschen Aufmarsch zu entdecken, fiel dem sowjetischen Nachrichtendienst leicht. Die Bewegung von Ausrüstung und Männern und das dramatische Ansteigen der Sendeaktivitäten sagte alles. Auch gaben die Briten ihre Informationen weiter, die sie in Bletchley Park, wo sie die deutschen Codes knackten, sammelten.

Stalin meinte, die sowjetische Rote Armee sollte in die Offensive gehen. Doch seine Feldgeneräle und das Oberkommando befürworteten den Plan, zuerst gute Verteidigungssysteme auszubauen. Dann sollten die deutschen Armeen zum Angriff verleitet und in die Ausbuchtung gelockt werden. Bei dem Versuch, durch die ausgedehnten sowjetischen Verteidigungsstellungen zu brechen, würden sie sich zu Tode bluten. Dann wäre die Zeit für einen heftigen Gegenangriff da. Stalin konnte überzeugt werden. Von Manstein und Guderian wären allerdings erfreut gewesen, wenn er seinen ursprünglichen Plan ausgeführt hätte.

Die Rote Armee setzte etwa 300.000 Zivilisten als Helfer bei der Vorbereitung der Verteidigungsstellungen ein. Man traf sorgfältige Vorkehrungen gegen einen deutschen Durchbruch. Die Fronten wurden durch eine große Zahl von Geschützen, Panzern und Flugzeugen verstärkt, die stärkste Konzentration davon

wurde an die wahrscheinlichsten Angriffslinien gelegt. Fast die Hälfte der der Front zugeteilten Artillerie-Regimenter des Oberkommandos der Reserve wurde in dem Abschnitt, den die 13. Armee hielt, stationiert, weil hier die verwundbarste Achse entlang der Eisenbahnstrecke Orel–Kursk lag. Die Armee erhielt daneben das 4. Durchbruchs-Artillerie-Korps, das über 484 Kanonen, 216 Mörser und 432 Feld-Raketenwerfer verfügte. So gab es eine konzentrierte Artillerieverteidigung mit etwa 155 Geschützen und Mörsern mit einem Kaliber über 76 mm über 1,6 km der Front – anderthalbmal die Stärke, die die Deutschen für ihre bevorstehende Offensive erreichten. Da diese ihre Ziele durch den massiven Einsatz von Panzern zu erreichen hofften, achteten die Frontkommandeure besonders auf Panzer-Abwehrstellungen, die auf Panzerjäger-Stützpunkten und Systemen von Minenfeldern beruhten. Artillerie-Reserven wurden rechtzeitig zugeteilt, ebenso die mobilen Abwehrverbände. Jeder Stützpunkt hatte drei bis fünf Geschütze und bis zu fünf Panzerjäger-Kanonen, zwei bis fünf Mörser zwischen den Abschnitten, einen Zug Pioniere und eine Abteilung Maschinengewehr-Schützen. An den wichtigsten Achsen hatte jeder Panzerabwehr-Stützpunkt bis zu zwölf Kanonen. Panzer- und Personenhindernisse wurden reichlich aufgebaut.

Oben: Grenadiere des II. SS-Panzer-Korps zeigen zu Beginn der Kursk-Offensive Flugzeugen der Luftwaffe zur Kennzeichnung von Freundgebiet eine Hakenkreuzfahne. Das Korps führte 350 Panzer in den Kampf.

Die Verteidigungsstellungen an der zentralen und der Woronesch-Front waren an den wahrscheinlichen Angriffslinien 152–176 km tief. Mit der Linie der Steppe-Front und der entlang des Don machte das 256–288 km. Es gab acht Verteidigungsgürtel und -fronten. Um das Ausmaß der geleisteten Arbeit in der Vorbereitungsphase zu verdeutlichen: Im zentralen Frontabschnitt wurden mehr als 4960 km Gräben und Verbindungslinien ausgehoben, das kommt der Strecke Moskau–Irkutsk gleich. An derselben Front legten Pioniere 400.000 Minen und Bomben; die durchschnittliche Dichte an der mittleren und der Woronesch-Front lag bei 2400 Anti-Panzer- und 2700 Anti-Personen-Minen auf 1,6 km, sechsmal soviel wie bei der Verteidigung von Moskau und viermal soviel wie bei der von Stalingrad.

Die Sowjets gingen davon aus, die Deutschen würden ihre stärksten Kräfte im Nordteil der Ausbuchtung konzentrieren. Das war ein Irrtum. Eine Speerspitze aus den Panzerverbänden der *Leibstandarte-*, der *Das Reich-* und der *Totenkopf*-Division führte die deutsche Offensive an der Südseite der Frontausbuchtung an. Am 5. Juli um 4.30 Uhr begann die Heeresgruppe Mitte mit einem massiven Artillerie-Sperrfeuer, um die feindlichen Stellungen sturmreif zu machen. Doch den Sowjets ging es nicht so schlecht wie erwartet, die stürmenden Deutschen trafen zu ihrere Überraschung auf Einheiten der Roten Armee, die bereit und willig zum Kampf waren. Die Sowjets antworteten sofort mit Geschütz- und schwerem Mörserfeuer. Die reichlich ausgelegten Anti-Personen-Minen richteten nun bei den deutschen Soldaten, die im hohen Gras Deckung suchten, Übles an. An der Westflanke begann der deutsche Stoß zu stocken, bis zum Ende des ersten Tages rückten sie nur ein paar Kilometer vor. Die 20. Panzer-Division und die 6. Infanterie-Division, ein wenig östlich davon stehend, hatten

Unten: Kursk brachte die übliche Menge russischer Gefangener, doch die Männer der Roten Armee fochten gut und fügten den Deutschen schwere Verluste zu. 97 Männer der* Leibstandarte *wurden am ersten Tag getötet.

mehr Erfolg gegen die sowjetischen Verteidigungsstellungen. Die deutschen Panzer-Einheiten drangen etwa 8 km weit in die Buchtung ein. Doch konnte die sowjetische Luftwaffe trotz der Luftüberlegenheit der Deutschen im Gebiet wirksame Angriffe fliegen und den Deutschen schwere Verluste an Männern und Ausrüstung zufügen.

Die deutschen Panzer litten unter den sowjetischen Minenfeldern, doch die Ferdinand-Panzerzerstörer und die Tiger spielten eine wichtige Rolle bei der Neutralisierung der T-34.

Es war ein unangenehmer Schock für die Deutschen, daß die sowjetischen Verteidiger so unerwartet zäh und hart kämpften. Die Heeresgruppe Mitte traf auf viel stärkeren Widerstand als erwartet, da die sowjetischen Truppen im Norden konzentriert waren. Während der gesamten Offensive drang sie im Nordabschnitt nicht weiter als 16 km tief ein. Das Ziel, Kursk, aber lag 80 km von der Frontlinie entfernt.

Das II. SS-Panzer-Korps attackiert

Veranlaßt durch von Gefangenen erhaltene Informationen, begannen im Süden über 600 sowjetische Geschütze ein Artillerie-Sperrfeuer, da ein bevorstehender deutscher Angriff vermutetet wurde. Die deutsche Artillerie eröffnete entlang der gesamten Front heftigstes Feuer. Bei diesem Inferno verwendeten die Deutschen mehr Tonnen an Munition als im gesamten Polen- und Frankreichfeldzug.

Radar entdeckte herannahende sowjetische Flugzeuge, die deutsche Luftbasen anzielten, so daß die deutsche Luftwaffe sie abfing. Sie wurden also besser im Süden als im Norden eingesetzt.

Erstes Ziel von Hoths 4. Panzer-Armee war die Stadt Obojan. Anfangs ging es gut voran. Das XLVIII. Panzer-Korps sollte die linke Flanke des Sturmes schützen. Gegen Ende des ersten Tages befand sich die *Großdeutschland*-Division mit der 3. und 11. Panzer-Division nahe bei Tscherkasskoje und überwand rasch die dort befindlichen ersten Verteidigungslinien. Doch der Preis dafür war hoch: Als die 10. Panzer-Brigade auf ausgedehnte sowjetische Minenfelder auffuhr, wurden 36 ihrer neuen Panther-Panzer zerstört.

Um die rechte Flanke des deutschen Vormarsches zu schützen, beschloß Hoth, zuerst die sowjetischen Reserven zu neutralisieren, anstatt sie sich später vorzunehmen. Er befahl, einen Angriff im Nordosten, nachdem die sowjetischen Verteidigungslinien durchstoßen worden waren. Das II. SS-Panzer-Korps unter Hausser erhielt den Auftrag, die sowjetischen Reserven auszuschalten. Es war eine der stärksten Einheiten, die das deutsche Arsenal auf den Feind loslassen konnte. Es enthielt eine gewaltige gepanzerte Speerspitze aus 200 Geschützen mit Eigenantrieb und in jenem Gebiet 350 Panzer. In jede SS-Division war eine Tiger-Einheit integriert.

Die SS-Pioniere räumten flink die erste Reihe der Minenfelder, und so konnten Haussers Truppen diese bei ihrem Sturm am 5. Juli um 4 Uhr leicht queren.

Der **Totenkopf** *an der Spitze*

Um die sowjetische Verteidigung zu durchschneiden, wurde der „Panzerkeil“ eingesetzt. Er drang durch wie ein heißes Messer durch Butter. Die Spitze bestand aus Tigern, flankiert von Panthern, die nur unwesentlich leichter waren. Standard-Panzer IV und III mit StuG-III-Sturm-Geschützen flankierten die Panther und bildeten die Spitze des deutschen Vormarsches. Am Ende des ersten Tages waren Haussers Männer 19 km tief in die Frontausbuchtung eingedrungen.

Die rechte Flanke des II. SS-Panzer-Korps wurde von der *Totenkopf*-Division gedeckt, deren Ziel die sowjetische 52. Garde-Division war. Nach zähem Kampf wurden die Sowjets überwunden. Der Kommandoposten der sowjetischen 69. Armee, in dem sich zahlreiche hohe Stabsoffiziere befanden, lag im Dorf Jakowlewo. Sie alle wurden gegen Ende des ersten Tages gefangengenommen.

Die Division rückte rasch vor, drang fast 32 km tief in die Buchtung ein und überquerte gegen Ende des zweiten Tages die Hauptstraße Belgorod–Obojan. Dann verstärkte sich der sowjetische Widerstand, und es ging langsamer.

Oben: Ein Scharfschütze der Waffen-SS sucht bei der Kursk-Offensive Ziele in einem russischen Dorf. Säuberungsoperationen waren ein Teil jeden großen Vorstoßes, um Nachschub- und Kommunikationslinien zu sichern.

Am nächsten Tag zog die *Totenkopf*-Division langsam, aber unbarmherzig weiter, schnitt viele wichtige Eisenbahn- und Straßenverbindungen ab und tauchte weitere 16 km tief in die Buchtung ein. Dabei leisteten die Bodenangriffe der Stukas mit ihren 37-mm-Panzerjäger-Kanonen unter jedem Flügel der *Totenkopf*-Division wertvolle Hilfe.

Zu diesem Zeitpunkt war die sowjetische 6. Garde-Armee in zwei Teile geteilt worden. Sollte der Zug fortgesetzt werden, so mußte die *Totenkopf*-Division nun anderswo eingesetzt werden. Die 167. Infanterie-Division erhielt die Aufgabe, die Flanke des II. SS-Panzer-Korps zu decken. Sie wartete den Großteil des 8. Juli auf das Eintreffen von Ersatzkräften.

Die Deutschen sollten nun einem Gegenschlag ausgesetzt werden, der nördlich von Belgorod ausging. Er sollte vom II. Garde-Panzer-Korps auf Befehl General Watutins ausgeführt werden. Die starke Streitmacht sollte in die Flanken der *Totenkopf*-Division und des II. SS-Panzer-Korps krachen. Doch die Deutschen bemerkten den Plan, und noch ehe die Sowjets die Stellung der *Totenkopf*-Division erreichten, traf sie ein massierter Schlag von Bombern und Kampfbombern der Luftwaffe, der sie völlig vernichtete.

Die *Totenkopf*-Division griff am 9. Juli weitere Verteidigungslinien an, und die sowjetischen Stellungen begannen innerhalb von Stunden zu bröckeln. Am nächsten Tag erreichte die SS den Fluß Psel.

Das Ausmaß des Vormarsches machte den sowjetischen Kommandeuren nur schwere Sorgen. Jetzt sollten die 5. Garde-Panzer-Armee und zwei Panzer-Brigaden den deutschen Speerkopf zertrümmern. Sie sollten aus dem Nordosten von Prochorowka kommen, wo sie in Reserve gehalten wurden.

Am 5. Juli stieß die *Leibstandarte*, die südlich der *Totenkopf*-Division lag, weiter vor, zunächst mit sehr gutem Erfolg. Die erste sowjetische Verteidigungslinie wurde durchstoßen, doch allmählich wurde der Vormarsch der Division durch stärker werdenden sowjetischen Widerstand erstickt. Die Lage wurde ihr klar, doch nichts sollte der *crème de la crème* der deutschen politischen Elitekämpfer im Wege stehen. Sie war schließlich niemand Geringeres als Hitlers Leibwache-Division.

Schwere Verluste der Waffen-SS

In den Anfangstagen der Kämpfe von Kursk gaben die Divisionen der Waffen-SS und besonders die *Leibstandarte* viele Beispiele von Heldentum und Führerschaft. Doch dabei erlitten sie gewaltige Verluste. Am ersten Tag der Offensive gab es bei der *Leibstandarte* 522 Verwundete und 97 Getötete. Am zweiten Tag waren es schon 906 Verwundete und 181 Tote, das bedeutete für die Division eine Verlustrate von 10 Prozent in 48 Stunden. Andererseits erlitt die Rote Armee noch weit größere Verluste als die Waffen-SS. Einige Einheiten wurden bei verschiedenen Einsätzen praktisch ausgelöscht.

Obwohl die russischen Ausfälle entsetzlich waren, konnten sie aus einem scheinbar grenzenlosen Reservoire von Männern ersetzt werden, um die Lücken zu füllen. Auf derartige Ressourcen konnten die Deutschen nicht zurückgreifen, die ausgebildeten Reserven wurden knapp. Die Einheiten des deutschen Heeres fuhren sich an den Flanken von Haussers II. SS-Panzer-Korps fest, doch die Waffen-SS setzte trotz ihrer Verluste den Vormarsch fort. Am Ende des dritten Tages tauchte noch ein Problem auf – die Verluste an Panzern wurden kritisch. Etwa 160 von den anfänglichen 200 Panthern waren verloren. Doch die gewaltigen Tiger schalteten viele sowjetische Panzer aus,

Rechts: Tiger-Panzer der* Das Reich*-Division rollen Richtung Kursk. Ironischerweise war der langsame Tiger für die defensive Kriegsführung geeigneter, wo er aus guter Stellung mit seinem 8,8-cm-Geschütz wüten konnte.

ehe sie nahe genug waren, ihre Kanonen gegen die massive Panzerung des Tigers einzusetzen. Seinem neueren Kameraden, dem Panther, machten mechanische Probleme zu schaffen, doch war er ein immenses Versprechen für die Zukunft. Der Ferdinand war wegen eines Konstruktionsfehlers nicht mit einem Maschinengewehr für die Nahkampfverteidigung ausgerüstet. So war dieses Ungeheuer, größer als der Tiger, in diesen Situationen unglaublich hilflos. Sobald sie in die sowjetischen Stellungen eingedrungen waren, waren diese Mammuts durch die Haftminen und Molotowcocktails der „Panzer-Zerstörungs"-Teams sehr verwundbar. Die Mannschaften hatten zu ihrer Verteidigung nicht viel mehr als ihre persönlichen Seitenwaffen.

Wittmann – das Panzer-As

Am 7. Juli begann die *Leibstandarte* einen Vorstoß Richtung Teterewino und Obojan. SS-Untersturmführer Michael Wittmann bewährte sich und fügte seinem Abschußkonto weitere sieben Panzer und 19 Panzerjäger-Kanonen der sowjetischen 29. Panzerjäger-Brigade hinzu. Wittmann und seine Tiger-Mannschaft hatten schon am ersten Tag der Offensive acht feindliche Tanks ausgeschaltet. Er wurde zum bekanntesten Panzerkiller des Krieges. Bei seinen ersten Abschüssen hatte er ein Sturmgeschütz benutzt. Erst 1943 bekam er an der Ostfront seinen ersten Tiger. Das Geheimnis seines Erfolges war Geduld, oft wartete er, bis sein Opfer sehr nahe gekommen war. Bis Juni 1944 hatte er 138 Panzer und 132 Fahrzeuge zerstört. Bei den Kämpfen um Kursk trat er zum ersten Mal ins Rampenlicht; am Ende der Offensive hatte er 30 feindliche Panzer und 26 Panzerjäger-Kanonen zerstört.

Psiolknij war das nächste Ziel der Waffen-SS. Hier kam es zu einem mächtigen Gegenangriff, als 50 bis 60 T-34 versuchten, in den Rücken des 1. SS-Panzer-Regiments zu gelangen. Im Angesicht dieser gewaltigen Vernichtungsmaschine nahm ein 20jähriger Tiger-Kommandeur, SS-Oberscharführer Franz Staudegger, sofort den Kampf mit dem Feind auf. Staudegger und seine Mannschaft, die mit höllischer Geschwindigkeit feuerten und neu luden, bliesen mit ihrer tödlichen 8,8-cm-Kanone massive Löcher in die feindlichen Reihen. Auf dem Schlachtfeld zählte er 22 zerstörte T-34, die anderen zogen sich hastig zurück, um Angriffen seitens der deutschen, mit Tellerminen ausgerüsteten Truppen zu entgehen. Staudegger wurde sofort für das Ritterkreuz des Eisernen Kreuzes vorgeschlagen und erhielt es am 10. Juli 1943. In der Gegend von Teterewino war ein beachtlicher Friedhof von T-34ern entstanden, da das 2. Bataillon des 1. Panzer-Regiments unter Befehl von SS-Sturmbannführer Martin Gross innerhalb von nur drei Stunden etwa 90 Panzer ausgeschaltet hatte. Die SS-Panzergrenadiere mit ihren „Panzer-Zerstör"-Einheiten brachten weitere 30 feindliche Panzer auf ihr Konto.

Das Reich, an der rechten Flanke der *Leibstandarte* stehend, traf weiter auf starken Widerstand. Vor Beginn der Offensive hatten sich Stoßtruppen der Division in die erste Verteidigungslinie des Feindes gebohrt und sie rasch ausschalten können. Doch die zweite Welle der Division erlitt schwere Verluste, als sie in sowjetisches Sperrfeuer geriet, das vom ersten deutschen Vorrücken ausgelöst wurde. Nun spielte der Regen wieder eine Hauptrolle, er verwandelte den Boden in Morast. Nicht nur mußten sich die Panzergrenadiere hindurchkämpfen, sie waren auch ohne Panzerschutz, weil die schweren Fahrzeuge auf dem durchweichten Boden zurückgeblieben waren.

Das Reich *bricht durch*

Das Dorf Beresow war am ersten Tag der Offensive das Hauptziel von *Das Reich*. Die Stukas der Luftwaffe unterstützten die Division, die das Dorf einnahm, indem sie daran vorbeistieß und dann kehrt machte und den Feind von hinten angriff. Auch eine Anhöhe über dem Dorf wurde eingenommen, als die Division weiterzog. Nun stieß sie vorwärts, um ihren Erfolg auszunützen. Ihr Schwung wurde erst durch den ausgedehnten Gürtel von Minenfeldern bei Bej und Beresow aufgehalten. Die sowjetischen Linien wurden am nächsten Tag durchbrochen. Nun fluteten die Panzer von

Das Reich durch die Lücke, und auch die Hauptstraße nach Lutschizy stand offen.

Die *Totenkopf*-Division an der Spitze des II. SS-Panzer-Korps zog weiter nach Norden, und die Sowjets westlich von Prochorowka wurden beiseite geschoben. Ein wenig östlich der Stadt stand die 5. Garde-Panzer-Armee. Diese, die Hauptreserve der Sowjets, bereitete ihre eigene Offensive vor, um das II. SS-Panzer-Korps zum Stehen zu bringen. Doch die Vorbereitungen dafür wurden durch das Erscheinen von Haussers Kommando grob unterbrochen, das sich geschickt ostwärts wandte, wobei die *Totenkopf*-Division die linke Flanke, die *Leibstandarte* die Mitte und *Das Reich* die rechte Flanke einnahm.

Die Sojwets konnten die Deutschen gerade noch durch verzweifelte Gegenangriffe westlich von Prochorowka aufhalten. Dabei mußten sie ständige Angriffe der Luftwaffe aushalten, die die Verteidiger zerrieb. Das sowjetische Kommando stand bezüglich des deutschen Vorstoßes vor einem Dilemma. Hielt es seinen Gegenangriff zurück, damit all seine Einheiten voll eingesetzt werden konnten, so hatten die Deutschen Zeit, Verstärkung vom III. Panzer-Korps anzufordern, das entlang von Haussers rechter Flanke nordwärts zog. Käme diese Streitmacht mit ihren 300 oder mehr Panzern an, so würde sich die Waagschale zugunsten der Deutschen neigen.

Oben: Ein MG-34-Maschinengewehr-Team der Waffen-SS sucht in der Schlacht von Kursk nach feindlichen Flugzeugen. Die Waffe ist als Luftabwehr montiert. Im Hintergrund sieht man einen abgeschossenen MiG-3-Jäger.

Sowjetisches Zögern hätte zur Katastrophe geführt, daher faßten sie einen zweiteiligen Plan. Zwei motorisierte Brigaden, ein motorisiertes Garde-Korps, eine Panzer-Brigade und eine Garde-Schützen-Division wurden losgeschickt, das III. Panzer-Korps abzufangen und aufzuhalten, zumindest aber zu verlangsamen. Die verbleibende Streitmacht würde sofort das II. SS-Panzer-Korps angreifen.

Als die deutsche Attacke am 12. Juli fortgesetzt wurde, wurden alle lokalisierbaren sowjetischen Stellungen einem gewaltigen Bombenangriff der Luftwaffe unterworfen. Wieder wendeten die Waffen-SS-Divisionen den Panzerkeil an. Und gleichzeitig wurden die sowjetischen Stellungen auch noch unter mörderisches Artillerie-Sperrfeuer genommen.

Gemetzel bei Prochorowka

Mit dem Vorteil der Sonne im Rücken, die ihren Feind blendete, brachen die Sowjets aus der Deckung und stießen mit Höchstgeschwindigkeit auf die überraschten Deutschen, als deren Artillerie-Sperrfeuer aussetzte. Die erfahrenen deutschen Kanoniere taten, was sie konnten, und schalteten viele sowjetische Panzer aus. Trotzdem erreichte eine beträchtliche Zahl die deutschen Linien, und der Kampf begann praktisch auf Kernschußweite. Das kam den leichteren 76-mm-Kanonen der T-34 zugute, die Wirkung des kleineren Kalibers war verheerend. Panzer beider Seiten wurden durch Volltreffer in Stücke geschossen. Die sowjetischen Panzermannschaften zeigten oft selbstmörderische Tapferkeit: War ihre Munition aus, so rammten sie den Feind freiwillig. Ein T-34 mit seinen 30 Tonnen hatte bei voller Geschwindigkeit auf einen feindlichen Panzer und seine Mannschaft eine ernüchternde Wirkung.

Die *Totenkopf*-Division an der linken Flanke des II. SS-Panzer-Korps traf auf das XXXI. und XXIII. Garde-Korps, die ihren Vormarsch stoppten und sie in die Defensive zwangen. Das II. Garde-Panzer-Korps stemmte sich gegen *Das Reich* und ließ sich nicht abschütteln.

Am Nachmittag erreichte der Kampf seinen Höhepunkt; der Ausgang hing an einem Faden. Die sowjetische Blockade-Streitmacht hatte ihre Aufgabe erfüllt und das III. Panzer-Korps aufgehalten, das kämpfend zum II. SS-Panzer-Korps durchzustoßen suchte. Das war ein schwerer Schlag für Hausser.

In einem verzweifelten Versuch, die Lage zu ihren Gunsten zu ändern, gruppierte die *Leibstandarte* um. Die allerletzten Reste der sowjetischen Reserven wurden nun in den Kampf geworfen – die Sowjets hatten den Zug der Waffen-SS-Divisionen vorhergesehen. Bei Einbruch der Nacht reduzierte sich die Schlacht auf eine Handvoll kleinerer Scharmützel, da beide Seiten vom wilden Kampf des Tages völlig erschöpft waren. Etwa 300 deutsche Panzer waren zerstört und viele mehr hatten mechanische Probleme, die sie praktisch unbrauchbar machten. Die Sowjets konnten ihre beschädigten Tanks zurückerobern und sie, wenn möglich, reparieren oder ausschlachten. Sie erlitten entsetzliche Verluste, hatten aber die Lage auf dem Schlachtfeld im Griff.

Hitler entschied am 13. Juli offiziell, die Operation „Zitadelle" abzubrechen, obwohl die Kämpfe noch bis 15. Juli weitergingen. Nichts Positives konnte erreicht werden, keine Spur von einem Erfolg. Generalfeldmarschall von Manstein meinte, die Offensive könnte begrenzten Erfolg erzielen, wenn sie mit weniger ehrgeizigen Zielen den Druck auf die Sowjets aufrechterhielt. Der letzte Sargnagel für die Operation „Zitadelle" war Hitlers Entschluß, die *Leibstandarte*-, *Das Reich*- und *Totenkopf*-Division von der Ostfront abzuziehen. Die alliierte Invasion in Sizlien hatte am 10. Juli 1943 begonnen und bereitete ihm schweres Kopfzerbrechen. Nach seiner Ansicht konnte die italienische Fornt nur durch seine Elite-Waffen-SS-Divisionen verstärkt werden. Am weichen Unterbauch Europas lag die potentiell größte Gefahr für Deutschland. Hitler verringerte die Truppenstärke in der Kursk-Region so sehr, daß ein Standhalten gegen einen sowjetischen Gegenangriff unwahrscheinlich wurde. Die Gebietsgewinne der Offensive würden alle wieder geopfert werden, was am 23. Juli dann auch geschah.

Kursk – die Zeche

Die Schlacht hatte auf beiden Seiten schwere Opfer verlangt. Die deutschen Verluste waren sowohl an Männern – etwa 100.000 – als auch an Panzern katastrophal. Die Wehrmacht sollte sich von diesem Desaster nie mehr erholen. Die deutschen Kräfte rieben sich an der Ostfront auf, und die Initiative war für immer verloren. Die sowjetischen Opferzahlen waren noch entsetzlicher, ihr Ausmaß wurde im Land

Oben: Waffen-SS-Grenadiere bei Kursk unter Feuer. Am 12. Juli 1943 war die deutsche Offensive aufgehalten. Die Russen hatten 60 % ihrer Panzer verloren, doch hatten sie im Osten den Deutschen die Initiative entrissen.

aber bis zum Zusammenbruch des kommunistischen Regimes 1989 verheimlicht. Über 250.000 wurden getötet, 600.000 verwundet und 60 Prozent ihrer gesamten Panzerstärke zerstört. Doch für sie bedeutete die Schlacht den Wendepunkt in ihrem Krieg.

Nach Hitlers Ansicht hatte die Waffen-SS wieder einmal ihre Überlegenheit bewiesen, die er seiner Ideologie zuschrieb. Die Heereseinheiten an den Flanken wurden zurückgeworfen oder hielten stand, doch seine politischen Krieger rückten bis zur letzten Sekunde der Schlacht vor.

Ehe die Waffen-SS-Divisionen in den Westen verlegt werden konnten, erhielten sie in der Gegend von Charkow eine kurze Erholungspause. Am 25. Juli befahl General Malinowski einen Gegenangriff gegen die deutschen Kräfte im Donezbecken. Die deutschen Stellungen entlang des Mius wurden attackiert und von Mansteins Truppen überrannt. Am 30. Juli wurde die 16. und die 23. Panzer-Division mit der *Totenkopf-* und der *Das Reich*-Division südwärts verlegt und in den Kampf geworfen, als sie Stalino erreichten. Nach drei Tagen gnadenloser Schlächterei war die Front gefestigt und der sowjetische Stoß aufgehalten.

Die Lage der Deutschen blieb gefährdet. Bald mußten sie bei Belgorod und in der Richtung nach Orel zwei Angriffe von drei kompletten sowjetischen Fronten abwehren. Die *Totenkopf-* und die *Das Reich*-Division wurden hastig nach Norden verlegt, um nochmals die linke Flanke von Mansteins zu dekken. Im Osten stand für das Dritte Reich nun die Flammenschrift an der Wand.

KAPITEL 6

HIMMLERS FREMDEN-LEGIONEN

Es erscheint immer noch unglaublich, daß Tausende Männer, deren Länder von den Nazis überrannt und erobert worden waren, freiwillig zur SS gingen, jener Kraft, die ihren Landsleuten harte und üble Schläge versetzt hatte. Warum gingen diese Männer zu den deutschen Streitkräften oder gar zur SS mit all ihren bekannten Eigenschaften? Und weshalb nahm die SS sie auf und vertraute danach im Kampf auf sie? Dieses Kapitel beschreibt die ausländischen Einheiten, die an der Ostfront für die Waffen-SS fochten. Sie leisteten insgesamt einen wertvollen Beitrag im Krieg des Dritten Reichs gegen Rußland.

Der Ursprung der ausländischen Freiwilligen-Legionen lag bei Himmlers Idee eines alldeutschen Europas. Himmler hatte 1938 festgelegt, daß Nichtdeutsche von passender „nordischer" Abstammung zur Allgemeinen SS gehen konnten. Damals gab es den Unterschied zwischen ziviler „Allgemeiner SS" und militärischer „Waffen-SS" noch nicht. Norwegen, Dänemark, Holland und Belgien hatten ihre eigenen faschistischen Parteien, die sich zum Teil an Deutschland orientierten, während andere europäische Länder sich an Rom

Links: Léon Degrelle, Führer der Wallonischen Freiwilligen an der Ostfront und Träger des Ritterkreuzes. Hitler sagte: „Hätte ich einen Sohn, ich wollte, er wäre wie Sie."

Links: Himmler im Gespräch mit Anton Mussert, dem Führer der holländischen Nazipartei., deren Mitglieder im September 1940 ihre eigene SS bildeten. Diese mußte allerdings einen Treueeid auf Hitler schwören.

anlehnten. In Spanien und Italien regierten bekanntlich die Faschisten. Frankreich hatte an der Seite der Alliierten gegen Nazi-Deutschland gekämpft und wurde besiegt. Der vierundachtzigjährige Philippe Pétain, Marschall von Frankreich und „Sieger von Verdun", wurde von Präsident Lebrun am 17. Juni 1940 aufgefordert, eine neue Regierung zu bilden. Der Marschall willigte ein und unterschrieb am 22. Juni einen Waffenstillstand mit Deutschland. Nach den Bedingungen dieses Abkommens, dem einzigen, das Hitler je mit einem besiegten Feind schloß, sollte nur ein Teil Frankreichs besetzt werden, der Rest würde frei vom Feind bleiben. Doch sowohl in der besetzten als auch in der nicht besetzten Zone würde die Autorität der französischen Regierung gelten. Vichy in der nicht besetzten Zone wurde Sitz der neuen Regierung, sobald sie sich konstituiert hatte. Die Bezeichnung „Vichy-Frankreich" wird oft so verwendet, als hätte es einen Unterschied zwischen „Vichy" und dem „wirklichen" Frankreich gegeben. Den gab es aber nicht.

Norwegens und Dänemarks Fall

Am Morgen des 9. April 1940 begannen die Deutschen gleichzeitig eine Invasion in Norwegen und Dänemark mit dem Codenamen *Fall Weserübung* (die SS war seltsamerweise nicht dabei). Die Operation verlief äußerst rasch, war genau geplant und völlig geheim. Norwegen war das erste westeuropäische Land, das die Nazis überrannten, und es hatte die zweifelhafte Ehre, den berüchtigsten Kollaborateur, Vidkun Quisling, hervorzubringen. Anders als andere besetzte Länder hatte Norwegen nur eine kollaborierende Partei von Bedeutung, die *Nasjonal Samling* (NS) – Nationale Sammelbewegung, die Quisling im Mai 1933, kurz nach Hitlers Machtergreifung in Deutschland, gründete. Die Organisationen der NS ähnelten denen in Nazi-Deutschland, doch die NS unter-

Links: Rekruten der Freiwilligen-Legion Niederlande *auf Parade. Man sieht die Armbinde der Einheit, ebenso das spezielle Armschild in den holländischen Farben Rot, Weiß und Blau. Die Nazis betrachteten die Holländer als besonders wertvollen Stamm „nordischen" Blutes. Viele von ihnen gingen zum* Westland-*Regiment der* Wiking-*Division. Die Bildung einer rein holländischen Einheit erschien als nächster logischer Schritt. Doch die schlechte Behandlung der Rekruten durch den deutschen Ausbildungsstab führte dazu, daß manche Freiwillige enttäuscht ausschieden. Die Legion wurde im Januar 1942 in den Nordabschnitt der Ostfront gesandt, doch nach schweren Kämpfen mit den Russen blieben im März nur 20 Prozent ihrer Stärke im Feld. Sie wurde umgebildet und im Frühjahr 1942 bei Leningrad wieder in den Kampf geschickt, wo sie wieder schwere Verluste erlitt. Im Mai 1943 wurde sie aufgelöst.*

stützte die Eindringlinge nicht, obwohl viele das damals glaubten. Sofort nach der Invasion versuchte Quisling, die Macht zu ergreifen, doch eine Woche später befahl ihm Hitler, noch zu warten. Am 1. Februar 1942 wurde er von Hitler zum „Ministerpräsidenten von Norwegen" ernannt, der einzige Führer, der in einem deutsch besetzten Land ein so hohes Amt erlangte.

Dänemark wurde praktisch ohne Gegenwehr überrannt und besetzt. Zwei deutsche Flugzeuge wurden abgeschossen, ein paar Panzerwagen beschädigt, 13 dänische Soldaten getötet und 23 verwundet. Nicht mehr als ein Scharmützel. Ehe die Dänen frühstückten, war alles vorbei. Es gab keine „fünfte Kolonne". Die Volksdeutschen (ethnisch Deutsche außerhalb Deutschlands) und die prodeutschen Dänen waren über ihr Geschick, das vom Himmel auf sie herabkam, genauso überrascht wie alle anderen. Es war die erste erfolgreiche Kriegsoperation aus der Luft. Als sie sich vom Schock erholt hatten, begrüßten die Deutschen in Nordschleswig die Ankunft „ihrer" Armee. Sie nahmen Gäste auf, regelten den Verkehr, und manche nahmen Dänen als Kriegsgefangene und bewachten sie. Nirgends gab es bei den dänischen Bürgern vorsätzliche Sabotage. Vor der Invasion hatten die Deutschen eine kleine Kommandoeinheit nach Pagborg geschickt, um sicherzustellen, daß die Dänen ihren Vormarsch nicht durch Sprengung der dortigen wichtigen Brücke behindern würden – unnötige Vorsicht: Die Dänen hatten nicht einmal daran gedacht.

Dänemarks Nazis

In Dänemark gab es etliche Pro-Nazi-Parteien, niemand hatte sie zu verschmelzen vermocht. Die Dänen hatten keinen Vidkun Quisling, und die Deutschen scheinen nie erwogen zu haben, den dänischen Nazis politische Macht anzuvertrauen. Die größte dänische Nazipartei war die *National Socialistiske Arbejder Parti* (DNSAP), gegründet im November 1930. Anfangs hatte ein Drei-Mann-Komitee die Leitung, dann übernahm sie 1933 Frits Clausen. Sie war gut organisiert und hatte ein eigenes Korps politischer Führer und Sturmtruppen – *Storm Afdelinger* (SA) – als Schutz.

Im geographisch und sprachlich nahestehenden Holland wohnten und arbeiteten vor dem Zweiten Weltkrieg etwa 52.000 Deutsche. Es überrascht nicht, daß in den Jahren der Triumphe Hitlers eine Reihe von Nazibewegungen in Holland auftauchten. Anton Adriaan Mussert gründete am 14. Dezember 1931 die *Nationaal-Socialistische Beweging* (NSB), eine streng nationalistische, faschistische Bewegung, die unter ihnen die erfolgreichste war.

Holländische SS-Rekruten

Holland wurde am 10. Mai 1940 von den Deutschen überfallen und ergab sich nur vier Tage später in Angst und Schrecken. Am 18. Mai wurde es zum Reichskommissariat unter Führung von Arthur Seyss-Inquart erklärt. Als wichtigster Befürworter der Kollaboration trat die NSB hervor. Sie war professionell strukturiert und hatte eigene Sturmtruppen, die *Weer Afdeelingen* (WA). Am 11. September 1940 richtete sie kühn ihre eigene SS ein. Die Initiative dazu kam von J. Hendrik Feldmeyer, dem früheren Führer der *Mussert Garde*, der in ihr das Gegenstück zur deutschen Allgemeinen SS sah. Zunächst als *Nederlandsche SS* bekannt, wurde sie dann am 1. November 1942 zur *Germaansche SS en Nederland*. Bis dahin war sie eine paramilitärische Unterorganisation der NSB gewesen, doch unter Himmlers Befehl war sie Teil der größeren Germanischen SS. Musserts Befehl war stark eingeschränkt, und die holländischen SS-Männer hatten einen Treueeid auf Adolf Hitler zu schwören. Freiwillige Verpflichtungen bei der Waffen-SS verringerten ständig ihre Mitgliederzahl, die nominell 3727 betrug, auf dem Papier eine Stärke von fünf Regimentern und ein SS-Polizei-Regiment. Es gab vielleicht 7000 holländische Freiwillige im *Germanischen Sturmbann*, einer allgemeinen SS-Formation, gebildet aus dem großen Reservoir holländischer und anderer „nordischer" Arbeiter in Deutschland. Sieben Bataillone wurden in den Industriestädten Berlin, Braunschweig, Dresden, Düsseldorf, Hamburg, Nürnberg und Stuttgart gebildet. Der *Ger-*

manische Sturmbann war nie mehr als eine Rekrutierungsagentur für die Waffen-SS.

Mussert wurde keine offizielle Funktion angeboten. Fast ungebeten entstand eine neue nationalistische Bewegung, die Niederländische Union, und stellte seine Autorität in Frage. Sieben Monate nach ihrer Gründung hatte sie bereits 800.000 Mitglieder. Die Partei erhob sich meteorgleich, ihr Abstieg war gleichfalls spektakulär. Der anfängliche Erfolg beruhte auf einem beiderseitigen Mißverständnis: Die Holländer hielten sie irrtümlich für einen „patriotischen" Sammelpunkt, die Deutschen für eine Bewegung von Kollaborateuren. Als sich zeigte, daß sie beides nicht war, unterdrückten die Deutschen sie und die Holländer verließen sie. Am zehnten Jahrestag ihrer Gründung erhielt die NSB das politische Monopol in den Niederlanden. Den anderen Parteien blieb nur der Anschluß oder die Auflösung.

Belgien bestand in mancher Hinsicht aus zwei Ländern in politischer Einheit. Flandern ist sprachlich und rassisch germanisch, Wallonien sprachlich französisch und rassisch gemischt aus keltischen und römischen Ursprüngen. Das einzige starke Band ist die gemeinsame Religion, der römische Katholizismus. Die ruhige Stadt Eupen, nur 9,6 km von der deutschen Grenze entfernt, wo fast alle 17.000 Bewohner ethnische Deutsche waren, war die Hauptstadt des deutschsprechenden Belgien, einer Region mit etwa 65.000 Einwohnern. Die Herrschaft über dieses Gebiet hatte oft zwischen Frankreich, Deutschland und Belgien gewechselt. Nach der Invasion vom 10. Mai 1940 erklärte es Hitler zum Teil des Reiches.

Flämische Faschisten

Die Nazis unterschieden stets klar zwischen den beiden Völkern Belgiens, anfangs zugunsten der Flamen, ihrer rassischen „Cousins", doch dann sahen sie, daß der wallonische Führer Léon Degrelle ein wertvollerer Schüler war. Die Leute von Flandern ärgerten sich über den von den Wallonen dominierten französischsprachigen Teil. Die deutsche Besatzung im Ersten Weltkrieg half dem flämischen Nationalismus, eine selbständige politische Bewegung zu werden. Unter deutschem Patronat wurde im Februar 1917 in Brüssel ein Rat von Flandern eingerichtet. Er bestand aus etwa 200 flämischen Autonomisten und hatte den Status einer provisorischen Regierung Flanderns. Die *Frontbeweging*, eine einflußreiche separatistische Splitterpartei entstand, sie wurde später zur *Frontpartij*. Die Führer des Rats von Flandern wurden nach dem Krieg wegen Hochverrats angeklagt, doch wurde keiner von ihnen hingerichtet, und im März 1929 wurden alle aufgrund eines Gnadenakts freigelassen. Die Reihen der *Frontpartij* begannen sich in den frühen 1930ern aufzulösen. Der Faschismus, ein neues Element, forderte jetzt Autonomie. Er verwirklichte sich im Oktober 1931 mit der Bildung einer Abspaltungspartei, dem *Verbond van Dietsche Nationaal-Solidaristen*. Dies wurde als *Verdiaso* oder einfach *Dinaso* abgekürzt.

Flämische SS-Formationen

Joris van Severen, ein junger Rechtsanwalt, leitete den *Dinaso*. Als früherer Armeeoffizier verlor er sein Patent, als seine nationalistische Einstellung bekannt wurde. *Dinaso* verlangte anfangs, der flämische Teil Belgiens sollte sich mit Holland zu einer groß-niederländischen Gemeinschaft vereinigen. 1934 entdeckte van Severen, daß die Wallonen fränkischer Abstammung waren; dies führte zu einer völligen Neuorientierung seiner Politik. Nun trat er für das Weiterbestehen des belgischen Staates ein. Der *Dinaso* hatte seine eigenen Sturmtruppen, bis 1934 die *Dinaso Militie*, dann wurden sie in *Dinaso Militanten Orde* (DMO) umbenannt.

Belgien wurde am 10. Mai angegriffen und innerhalb von vierzehn Tagen überrannt und besetzt. Etliche als „fünfte Kolonne" Verdächtigte wurden verhaftet und von der belgischen Polizei nach Frankreich gebracht. Der rasche deutsche Vormarsch hatte Panik verursacht. Ohne Prozeß wurden am 20. Mai bei Abbeville 22 dieser Verdächtigten, unter ihnen Joris van Severen, erschossen. Der *Dinaso* hatte keinen Nachfolger gleichen Formats, und die Frage der Zusammenarbeit mit den Deutschen spaltete die Partei tief.

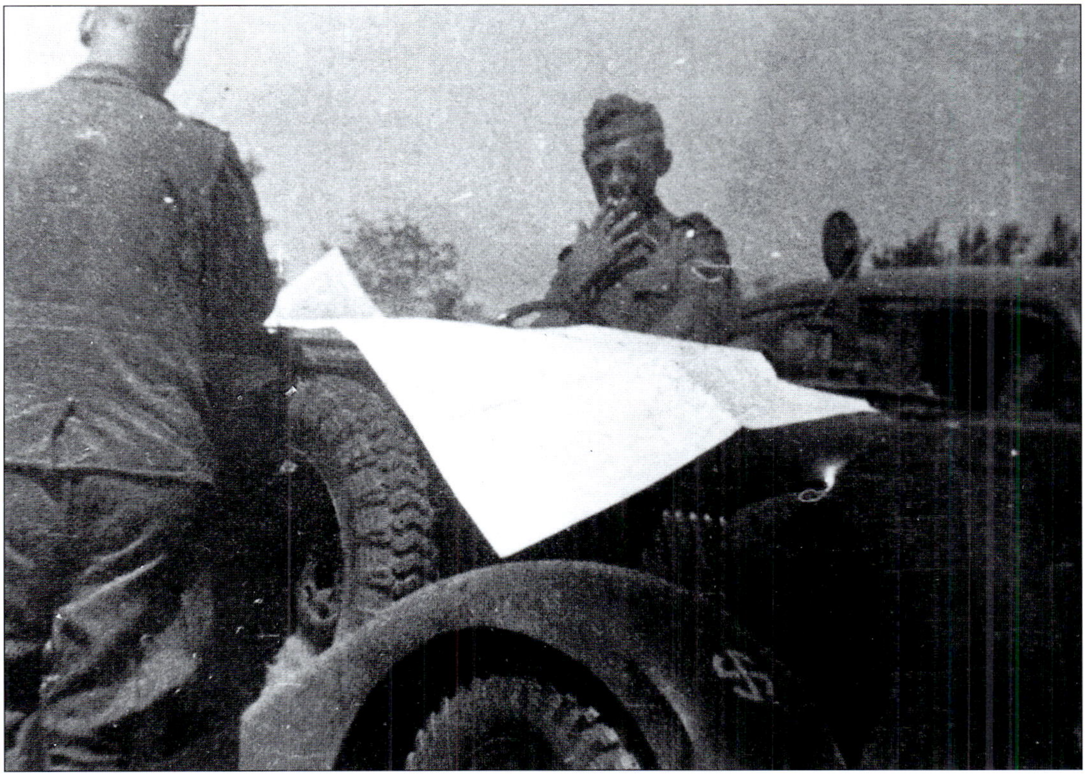

Der *Vlaamsch Nationaal Verbond* (VNV) befürwortete diese Zusammenarbeit. Wer für die Kollaboration war, mußte dies im Rahmen dieser Partei realisieren. Gustave de Clercq war seit 1933, als sich eine Reihe flämischer Nationalparteien zusammenschlossen, ihr Leiter. Seine politischen Ziele waren denen des *Dinaso* ähnlich: die Errichtung größerer Niederlande, die alle Menschen holländisch/flämischer Abstammung von Französich-Flandern im Süden bis Deutsch-Friesland im Norden umfassen sollten. Der VNV unterschied sich vom *Dinaso* bezüglich der Religion. Er war entschieden katholisch, wärend Joris van Severen ein leidenschaftlicher Antiklerikaler war. Die uniformierte Miliz des VNV, die *Dietsche Militie* (DM), war vermutlich der wichtigste Teil der Bewegung. Sie wurde durch eine Vereinigung der *Grijze Werfbrigade* (Graue Wehrbrigade) des VNV und der DMO des *Dinaso* ins Leben gerufen.

Oben: Männer der* Wiking*-Division (beachten Sie die Divisions-Abzeichen auf dem Kotflügel), der besten ausländischen Einheit der Waffen-SS. Vor allem aus Westeuropäern bestehend, wurde sie zur Eilte-Panzer-Division.

1935 wurde eine äußerlich harmlose „Kultur“-Vereinigung zur Förderung künstlerischer Kontakte zwischen Flandern und Deutschland gegründet. Diese sehr kleine Splitterpartei nannte sich *Duitschen-Vlaamsche Arbeidsgemeenschap*, meist abgekürzt mit *Devlag* („Die Flagge“). In Wirklichkeit wurde sie von Jef van de Wiele, einem fanatischen Jünger Adolf Hitlers, angeführt. Er sah sich schon als Führer einer nationalsozialistischen Partei Flanderns unter dem wohlwollenden Schutz der Deutschen. Ziel der *Devlag* wurde die völlige Eingliederung Flanderns in das Deutsche Reich. Am 11. Mai 1941 gab es einen Erlaß der deutschen Besatzungsmacht, „daß alle autori-

***Oben:** Norwegische Rekruten der Freiwilligen-Legion* **Norwegen.** *Die SS eröffnete nach dem Fall Norwegens ein Rekrutierungsamt in Oslo. Die Legion wurde nach Nordrußland geschickt und dort vernichtet.*

sierten politischen Parteien in Flandern mit dem VNV zu verschmelzen oder aufzulösen sind". Nur kollaborierende Parteien waren „autorisiert", daher befanden sich nun alle Pro-Nazi-Parteien unter einem Dach. Für „kulturelle" Körperschaften wurde allerdings eine Ausnahme gemacht, die *Devlag* konnte also aus dem Netz entschlüpfen. Vor dem Krieg hatte sie sich nur am äußeren Rand der Politik bewegt, unter der Besatzung aber ließ sie ihre „kulturelle" Tarnung fallen und wurde zum Rivalen, ja sogar zum Widersacher des VNV.

In Antwerpen schufen im September 1940 zwei prodeutsche Flamen, Ward Herman und René Lagrou, das Gegenstück zur deutschen Allgemeinen SS. Zunächst wurden 130 Anhänger des neuen Ordens angeworben. Bis November 1941 gab es 1580 Mitglieder und weitere 4000 „fördernde Mitglieder". Der ursprüngliche Name des Korps war *Algemeene Schutsscharen Vlaanderen*, doch nannte man es einfach *Vlaamsche SS* oder die *SS Vlaanderen*. Im September 1941 hatte sie Regimentsstärke erreicht; nun war sie als 1. SS-Standarte *Flandern* bekannt. Durch Himmlers Politik, alle nichtdeutschen, allgemeinen SS-Formationen in einer einzigen deutschen Einflußsphäre zu vereinigen, wurde sie im Oktober 1942 zur *Germaansche SS in Vlaanderen*. Die vorsichtige Haltung des VNV stand der Politik der flämischen SS stark entgegen. Jef van de Wiele, der Führer der *Devlag*, stand als Ehrenoffizier in deren Reihen. Die *Devlag* hielt enge Beziehungen zur flämischen SS und war offen für die Nazis. Sie erhob Anspruch auf mehr Macht in Flandern.

In Wallonien stießen die Deutschen auf einen verläßlicheren Kollaborateur als sonstwo in Flandern: den charismatischen Léon Degrelle. 1935 gründete er eine äußerst erfolgreiche politische Bewegung, den *Christus Rex*, meist die Rexisten-Partei genannt. Unmittelbar vor dem Zweiten Weltkrieg war ihr Stern allerdings im Sinken. Die deutsche Eroberung und Besatzung förderte ihre Wiedergeburt. Im Mai 1941 wurden die Rexisten zur einzigen erlaubten Partei in Wallonien. Der Rexismus war anders als der VNV eine „One-man-show", er erfreute sich in Wallonien einer beschränkteren Unterstützung durch das Volk als der VNV in Flandern. Er hatte seine eigenen als *Formation de Combat* bekannten Sturmtruppen.

Vor dem Ausbruch des Krieges hatte sich eine Handvoll fanatischer „Nordischer" zum Dienst bei der Allgemeinen SS gemeldet. Als eifrige Antikommunisten sahen sie eine „Rote Gefahr", eine ominöse Bedrohung ihrer Vaterländer und ihrer Lebensart. Jenseits des Ärmelkanals führte die „kommunistische Bedrohung" zu einer seltsamen britischen Haltung. Am 14. Februar 1940 erlaubte die britische Regierung Freiwilligen, nach Finnland zu gehen und in der finnischen Armee zu kämpfen. Der Innenminister Sir John Anderson beantwortete im Unterhaus eine Anfrage von D. N. Prill bezüglich der Stellung von Freiwilligen nach dem Foreign Enlistment Act (Gesetz über die Verpflichtung im Ausland) von 1870. Auf diese hatte man sich berufen, als Freiwillige zum Kampf im Bürgerkrieg nach Spanien gegangen waren. Briten durften als Freiwillige an einem Krieg im Ausland teilnehmen. Diese Regelung erlaubte es, nach einem von der finnischen Gesandtschaft in London aufgestellten Plan nach Finnland zu gehen. Die Männer mußten als Privatpersonen nach Finnland reisen und sich bei der Ankunft formell bewerben. Eine Resolution des Völkerbundes hatte Rußland im Finnisch-Russischen Krieg als Aggressor bezeichnet, britische Hilfe für Finnland verstieß also nicht gegen internationales Recht. Einige Freiwillige, die in Finnland kämpften, kamen so im Krieg unter deutschen Befehl.

Durch die Eroberung Norwegens, Dänemarks, Hollands und Flanderns konnte die SS direkt bei den „nordischen" Völkern Männer rekrutieren. Über die kollaborierenden Parteien konnten die passenden Leute gefunden werden, daher wurden spezielle Einheiten gebildet, um Freiwillige aus diesen rassisch gutgeheißenen Gebieten aufzunehmen. Die SS-Standarte *Nordland* wurde innerhalb von Wo-

Rechts: Der markante „Trifos"-Kragenspiegel kennzeichnet diese Männer als Mitglieder der Freiwilligen-Legion* Flandern, *einer flämischen SS-Einheit. Wie viele von der SS gebildete einheimische Legionen wurde sie nach der Ausbildung an die Ostfront geschickt. Sie ging im Herbst 1941 nahe Leningrad in den Kampf. Dort focht sie tapfer und wurde für ihr Verhalten lobend erwähnt, erlitt aber schwere Verluste.

chen der Besetzung Norwegens und Dänemarks aufgestellt. So konnten junge Männer in ihren Heimatländern vorgeblich „für politische Pflichten“ ausgebildet werden.

Nach der Niederlage Frankreichs kam Elsaß-Lothringen wieder zu Deutschland. In Sennheim im Elsaß übernahm die SS eine Kaserne der französischen Armee für die Auswahl und Grundausbildung der Norweger und anderer westeuropäischer Freiwilliger. Die, die bestanden, wurden dann zur fortgeschrittenen Schulung anderswohin verlegt – die Norweger etwa nach Österreich. Im Januar 1941 nahm die Rekrutierung für das *Nordland*-Regiment zu. Quisling appellierte im Radio an die 17–25-jährigen, „unseren germanischen Waffenbrüdern im Kampf gegen den englischen Despotismus zu helfen“. Man hoffte auf 3000 Freiwillige, doch nur ein paar hundert meldeten sich. Darunter war Jonas Lie, der norwegische Polizeichef, der zwar kein Mitglied der NS, doch stark prodeutsch war, ebenso Axel Strang, Sportminister und Stabschef der *Rikshird*. Die Altersgrenze für Freiwillige wurde dann auf 40 Jahre angehoben. Man verpflichtete sich für mindestens zwei Jahre und konnte dann die deutsche Staatsbürgerschaft erhalten. Die *Nebenstelle Nordsee* in Kopenhagen diente als Anwerbeagentur für die Dänen.

Die Wiking-*Division*

Nordland wurde im Februar 1941 von Wien und Klagenfurt nach Heuberg in Norddeutschland verlegt. Hier diente das *Germania*-Regiment der Division *Das Reich* als Grundstein für eine neue Division der Waffen-SS. Das dänisch-norwegische *Nordland*- und das holländisch-flämische *Westland*-Regiment sollten zu ihr gehören. Diese neue Division erhielt den Namen *Wiking* und wurde als 5. Division der Waffen-SS gezählt.

Eine Reihe „grüner“ Männer wurde zur *Das Reich*-Division abgestellt, damit sie Kampferfahrung sammeln konnten. Sie nahmen im April 1941 aktiv an der Invasion in Jugoslawien teil. Unter ihnen waren Jonas Lie und Axel Strang. Nach seiner Rückkehr als ausgezeichneter Held – er hatte das Eiserne Kreuz Zweiter Klasse erhalten – verbündete sich Lie sofort mit Reichskommissar Terboven gegen den gemeinsamen Feind Quisling. Innerhalb der *Rikshird* gründete Lie mit Zustimmung der deutschen Autoritäten eine norwegische Allgemeine SS. Am 16. Mai 1941 schlug er bei einem Geheimtreffen des 7. Hird-Regiments in Oslo die sofortige Bildung einer *Norgess-SS* vor. Etwa 130 Männer traten gleich ein. Am 21. Mai wurde dies in der Presse bekanntgegeben. Quisling, den man weder informiert noch gefragt hatte, war wütend, aber machtlos. Die norwegische SS hatte bereits den Segen Himmlers. Der kam am selben Tag nach Oslo, um den Vorsitz bei der Eidabnahme der neuen Rekruten zu führen. Die neuen norwegischen SS-Männer gingen nach Elverum, wo sie nach Himmlers Abreise eine sechswöchige Grundausbildung absolvierten. Noch ehe diese beendet war, begann am 22. Juni 1941 die Invasion Rußlands, die den gesamten Verlauf des Krieges und die Rolle, die diese Männer in ihm spielen sollten, verändern sollte.

Die norwegische Legion

Quislings Aufruf, am Kampf gegen den „englischen Despotismus“ teilzunehmen, blieb ohne Erfolg. Doch Hitlers selbsternannter „Kreuzzug gegen den Bolschewismus“ war eine wirksame Propagandawaffe. Bereits Stalins Angriff auf Finnland hatte die Norweger verärgert. Auf den Hilferuf Finnlands hin war eine Legion skandinavischer Freiwilliger aufgestellt worden. Doch konnte sie diesen Krieg nicht mehr wesentlich beeinflussen, sie kam zu spät.

Am 29. Juni 1941 wurde die Bildung einer norwegischen Legion bekanntgegeben. Sie stand von Anfang an unter Kontrolle der SS, doch dies wurde vor der norwegischen Öffentlichkeit sorgfältig verborgen. Die Legion wurde als norwegisches Expeditions-Korps im Kampf gegen den Bolschewismus dargestellt, nicht als SS-Truppe im Sold Hitlers. Die paramilitärischen NS-Formationen wie der *Rikshird* und die *Norgess-SS* stellten natürlich den Großteil der Freiwilligen, doch zudem boten sich viele auch von selbst an, darunter 85 Prozent der neu gebildeten *Norgess-SS*. Den Freiwilligen

Oben: Einige der wallonischen Freiwilligen Degrelles. Anfangs gehörte die Legion zum deutschen Heer, da man die Wallonen als „minderwertige" Rasse ansah. Ihre Leistung im Kampf änderte Himmlers Einstellung.

wurde versprochen, daß aktive Soldaten ihre Ränge behalten, daß sie norwegischem, nicht deutschem, Militärrecht unterstehen würden und daß der von der SS verwendete Hitlergruß mit dem rechten erhobenen Arm nicht verlangt würde. Keine dieser Zusagen wurde eingehalten. Die Legion wurde am 1. August offiziell Freiwilligen-Legion *Norwegen* getauft. Ihre Stärke betrug Ende 1941 1218 Mann.

In Norwegen ging die Rekrutierung unvermindert weiter. Zwei neue Gruppierungen entstanden, die eine aus Kaderpersonal des Arbeitsdienstes, die andere hauptsächlich aus der Polizei. Sie wurde als die Polizei-Kompanie bezeichnet. Die *Norgess-SS* wurde in die Germanische SS eingegliedert, die alle nichtdeutschen, allgemeinen SS-Formationen im besetzten Westeuropa umfaßte, als sie am 21. Juli 1942 in die Germanische SS Norwegen umgewandelt wurde. Diese kappte alle Verbindungen zu ihrem Ursprung, der *Rikshird;* eine Mitgliedschaft in beiden Organisationen war nicht länger möglich. Sie war nun vor allem Deutschland ergeben, nicht den lokalen Führern der Kollaboration, und der neue Treueid wurde auf Hitler, nicht auf Quisling abgelegt.

Die dänische Regierung gab eine Woche nach der deutschen Invasion bekannt, daß sie ein Korps von Freiwilligen aufzustellen beabsichtige, die auf deutscher Seite gegen die Sowjets kämpfen sollten. Das Freikorps *Danmark*, so sein Name, wurde am 28. Juni ausgerufen. Freiwillige zwische 17 und 35, die ihren Wehrdienst in den vergangenen zehn Jahren abgeleistet hatten oder gerade bei den dänischen Streitkräften dienten, wurden zum Eintritt aufgerufen. Berufssoldaten wurde ein entsprechender Rang zugesagt. Es handelte sich also

ohne jeden Zweifel um eine offizielle, von der dänischen Regierung finanzierte Organisation, nicht um einen Schützling einer politischen Partei. Von Beginn an war das Korps Teil der Waffen-SS. Das wurde in der Heimat, wie bei der Norwegischen Legion, der Öffentlichkeit verheimlicht. Das Freikorps *Danmark* umfaßte Ende 1941 1164 Mann. Es ging im Mai 1942 in den Kampf, wobei es der *Totenkopf*-Division zugeteilt war, und nahm an der gerühmten Aktion bei Demjansk teil. Dabei verzeichnete es 121 Tote. Hierauf kam es im September zur Erholung für vier Wochen nach Dänemark zurück. Im Oktober 1942 ging es wieder an die Ostfront zurück, wurde aber im April 1943 abgezogen und im folgenden Monat aufgelöst.

Holländer und Flamen zwischen 18 und 25 wurden zum freiwilligen Dienst in der Standarte *Westland* ermuntert, die von der deutschen SS im Mai 1940 aufgestellt worden war. Die Rekrutierung kam erst im Herbst in Gang, als sie erfuhren, sie würden zum „Polizeidienst" im jeweiligen Heimatland ausgebildet. Dank der Freiwilligen, die sich meldeten, erreichte das Regiment in ein paar Wochen seine volle Stärke. *Westland* wurde im Winter 1941/1942 in die Waffen-SS eingegliedert. Ermutigt durch seinen Erfolg bei der Suche nach holländischen und flämischen Freiwilligen, versuchte Himmler am 3. April 1941 ein zweites Freiwilligen-

Oben: Lettische SS-Soldaten 1943 in Rußland im Kampf. Die Waffen-SS stellte zwei lettische Divisionen auf, deren Männer sich als die tapfersten Kämpfer von allen in Rußland rekrutierten Freiwilligen erwiesen.

Regiment aufzustellen, bekannt als die Freiwilligen-Standarte *Nordwest*. Da aber Flamen, Holländer und Dänen aus ihr in ihre eigenen ethnischen Legionen abgezogen wurden, schrumpfte die *Nordwest* so stark, daß sie nach nur sechs Monaten, am 21. September 1941, wieder aufgelöst wurde.

Langemarck *und* Wallonien

Eine flämische Legion für Männer zwischen 17 und 40 wurde angekündigt. Im September 1941 wurde sie offiziell Freiwilligen-Legion *Flandern* getauft, davor war sie als *Verbond Flandern*, *Landesverbond Flandern* und *Bataillon Flandern* bekannt gewesen. Exsoldaten, besonders Offiziere und Unteroffiziere, erhielten den Vorrang. Jene unter 23 konnten für einen bestimmten Zeitraum von mindestens zwölf Monaten zeichnen, die Verpflichtung der anderen Anwärter war „auf Dauer". Im November 1941 wurde die Einheit an die Front bei Leningrad gesandt, nachdem sie als reif für den aktiven Dienst in der 2. SS-Motorisierten Infanterie-Brigade eingestuft worden war.

Nach sechs Monaten aktiven Dienstes wurde sie im Juni 1942 aus der Front genommen, kehrte im August 1942 zurück und wurde später, im Mai 1943, in die SS-Freiwilligen-Sturm-Brigade *Langemarck* umgewandelt. Der Ehrenname *Langemarck* war am 20. April 1942 dem 4. *SS-Totenkopf*-Infanterie-Regiment verliehen worden. Es wurde zur Grundformation, um die herum eine flämische Brigade aufgebaut werden sollte. In Belgien hatte die SS nun nicht weniger als 23 Rekrutierungsbüros, doch immer noch meldeten sich zuwenig Freiwillige, so daß die Brigade die erforderliche Stärke nur erreichen konnte, indem man ein finnisches SS-Bataillon hinzufügte.

Die wallonischen Freiwilligen von Léon Degrelles Rexisten-Bewegung wurden von der deutschen Militärverwaltung in der Legion *Wallonie* gesammelt und dem Heer zugeteilt. Als Heereseinheit nahm diese am Ostfeldzug teil, und 1943 einigten sich das Oberkommando der Wehrmacht, der Generalstabschef des Heeres und der Reichsführer SS darauf, daß die Wallonen ab 1. Juni 1943 der Waffen-SS zugeteilt sein sollten. Nun wurde die Legion *Wallonie* zur SS-Sturm-Brigade *Wallonien*. Im Juli 1944 wurde sie umgebildet und vergrößert. So wurde sie zur 28. SS-Freiwilligen-Panzergrenadier-Division *Wallonien*.

Das Kontingent der französischen Freiwilligen entwickelte sich ähnlich. Die französische Legion, die *Volontaire Française* unter dem deutschen Militärkommandanten in Frankreich, wurde 1941 gebildet und als Freiwilligen-Einheit des Heeres an der Ostfront eingesetzt. Die französische Vichy-Regierung genehmigte im Sommer 1943 die Bildung eines französischen SS-Freiwilligen-Regiments, das 1944 zur französischen SS-Freiwilligen-Sturm-Brigade umgeformt wurde. Ihr zugeteilt wurden die französische Freiwilligen-Legion des deutschen Heeres und 6400 Freiwillige der französischen Milizen, der Marine, des NSKK und der Organisation Todt. Sie wurde zur 33. Waffen-Grenadier-Division der SS *Charlemagne*.

Lettische und estnische Rekruten

Ab 1941 wurde ein Bataillon finnischer Freiwilliger in das *Nordland*-Regiment eingegliedert, und beide wurden der *Wiking*-Division zugeteilt, als sie am Ostfeldzug teilnahm. Im Hochsommer 1943 wurde sie nach Finnland zurückbeordert. Dort wurde sie Teil der finnischen Armee.

Als die deutschen Streitkräfte in Lettland und Estland einfielen, wurden sofort Freiwilligen-Einheiten zu Bataillonen geformt, die das Heer unterstützen sollten. Diese wurden später dem Polizeikommandeur unterstellt. Anfang 1943 wurden alle lettischen Freiwilligen innerhalb der Waffen-SS zusammen mit den schon bestehenden Bataillonen in der neu gebildeten Lettischen SS-Freiwilligen-Legion gesammelt. Gegen diese Entwicklung protestierte das Ministerium für die Ostgebiete energisch. Im Februar 1943 wurde als Folge dieser Konzentration von Freiwilligen die 15. Waffen-Grenadier-Division der SS (Lettische Nr. 1) aufgestellt und Anfang 1944 die 19. Waffen-Grenadier-Division der SS (Lettische Nr. 2). Im Herbst 1942 wurde eine estnische SS gebildet, zunächst bekannt als 3. Estnische SS-Freiwillgen-Brigade. Weitere Freiwillige wurden in Estland angeworben, und 1944 wurde die 20. Waffen-Grenadier-Division der SS (Estnische Nr. 1) gebildet. In der Westukraine waren die deutschen Ortsbehörden äußerst mißtrauisch. Erst nachdem die beträchtlichen Differenzen zwischen ihnen ausgeräumt waren, wurden 1943 Freiwilligen-Einheiten aufgestellt. Dies führte zur Bildung der 14. Waffen-Grenadier-Division der SS (Galizische Nr. 1).

Versäumte Gelegenheiten

Auch das Kosaken-Korps gehörte zur Waffen-SS. Es wurde 1943 unter General von Pannwitz aufgebaut, und im Sommer 1944 wurden die beiden Brigaden zur 1. und 2. Kosaken-Kavallerie-Division befördert. Im November 1944 gab die Waffen-SS ihre Absicht bekannt, die beiden zu übernehmen und eine größere Formation, das XV. Kosaken-Kavallerie-Korps zu schaffen. Die deutschen Offiziere des Korps gehörten allerdings nicht zur Waffen-SS, sie waren ihr nur zugeteilt.

Durch schlechte Planung und die Entscheidungsschwäche der deutschen Behörden wurde in diesen Gebieten ein enormes Reservoir an gutem Willen und Enthusiasmus verschwendet. In den baltischen Staaten und in der Ukraine hätten viel mehr Freiwillige herangezogen werden können, wenn die deutschen Behörden 1941 eine positivere und geradlinigere Haltung gezeigt hätten.

Denkt man an die Rassenpolitik der SS, so erscheint es seltsam, daß in Kroatien und Albanien Muslime aus der lokalen Bevölkerung rekrutiert wurden. Anfang 1943 wurde die erste kroatische SS-Freiwilligen-Division gebildet, die dann zur 13. Waffen-Gebirgs-Division der SS *Handschar* (Kroatische Nr. 1) umgeformt wurde. Im Sommer 1944 wurde eine zweite kroatische Division, die 23. Waffen-Gebirgs-Division der SS *Kama* (Kroatische Nr. 2), aufgestellt. Das Albanische Nationalkomitee rekrutierte für die albanischen Streitkräfte, die vor allem aus Wehrpflichtigen, kaum aus Freiwilligen bestanden. Im Frühjahr 1944 stellte es in Verbindung mit anderen Einheiten eine Division auf, die später als 21. Waffen-Gebirgs-Division der SS *Skanderbeg* (Albanische Nr. 1) bezeichnet wurde.

Weitere nationale Einheiten wurden gebildet, manche aus strategischen Gründen, andere hatten nur Propagandawert. Darunter waren zwei russische, die 29. Waffen-Grenadier-Division der SS (Russische Nr. 1) und die 30. Waffen-Grenadier-Division der SS (Russische Nr. 2), eine italienische Waffen-Grenadier-Division und eine ungarische, die 25. Waffen-Grenadier-Divisionder SS *Hunyadi* (Ungarische Nr. 1).

Das Britische Freikorps

Von zweifelhaftem Wert waren die Tatarische Waffen-Gebirgs-Brigade der SS, eine osttürkische Waffen-SS-Einheit, das Serbische Freiwilligen-Korps, zwei rumänische Waffen-Grenadier-Regimenter, ein bulgarisches Waffen-SS-Grenadier-Regiment, die Indische Legion und das Britische Freikorps, die kleinste Einheit ausländischer Freiwilliger.

Die Idee, Kriegsgefangene könnten überredet werden, in einer antibolschewistischen Legion zu kämpfen, stammte von John Amery, dem ältesten Sohn Leo Amerys, Churchills Minister für Indien. Das deutsche Heer lehnte die Vorstellung zunächst ab, es wollte keine Gefangenen als Rekruten. Als sich diese Meinung änderte, unternahm Amery eine Rekrutierungstour. Nur ein Freiwilliger meldete sich. Da ließen die Deutschen Amery fallen, nicht aber die Idee eines britischen Freiwilligen-Korps. Die Werbekampagne wurde verstärkt und brachte 58 Freiwillige, die in Hildesheim gesammelt wurden. Der Name Britisches Freikorps wurde gewählt, und es sollte im Oktober oder November 1943 gebildet sein. Es wurde nach Dresden gesandt, um als Sturm-Pionier-Einheit ausgebildet zu werden. Beim berüchtigten „Feuersturm“ auf die Stadt gab es die ersten Opfer: Zwei Mitglieder wurden getötet. Im Februar 1945 wurde das Britische Freikorps nach Berlin geschickt und im März der *Nordland*-Division zugeteilt. Am 13. April ging Cooper, der ranghöchste Unteroffizier, ins Hauptquartier der *Nordland*-Division, um mit deren Kommandeur, SS-Brigadeführer Ziegler, zu sprechen. Cooper informierte Ziegler über

Rechts: Britische Freikorps-Mitglieder, darunter der jungenhafte Kenneth Berry (links) und Alfred Minchin (Mitte). Sie tragen Union-Jack-Armschilder und -Ärmelschleifen. Die Einheit war militärisch unbedeutend.

den Hintergrund des Britischen Freikorps und betonte, die meisten seiner Mitglieder seien zur Teilnahme gepreßt worden, ihr Kampfwert sei daher zweifelhaft. Ziegler stimmte zu und erhielt Steiners Zustimmung, das Britische Freikorps von der Front abzuziehen. Obwohl es nicht mehr im Kampf stand, hatte das britische Freikorps noch genug zu tun, und überraschenderweise machte es weiter, fuhr Lastwagen, lenkte den Verkehr und half bei der Evakuierung ziviler Flüchtlinge. Am 29. April wies Steiner seinen Stab an, den Kampf gegen die Russen abzubrechen, seine Männer sollten sich im Westen in englisch-amerikanische Gefangenschaft begeben. Das britische Freikorps wurde gefangengenommen und kehrte nach England zurück.

Bilanz

Das Freiwilligenprogramm war für die Entwicklung der Waffen-SS zentral, der Wert ihres Beitrages im Krieg gegen Rußland reichte jedoch von ausgezeichnet bis armselig. Mit den westeuropäischen Freiwilligen hatte die SS eine Quelle hochrangiger Kämpfer, die den deutschen Streitkräften sonst nicht zur Verfügung gestanden hätte. Sie bewährten sich auf dem Schlachtfeld, das entscheidende Kriterium für jede Militärorganisation. Es gab eine Hauptkritik an der SS, was die westlichen Freiwilligen betraf: die Unfähigkeit ihrer Ausbildungsstätten, Offiziers- und Unteroffiziersschulen, sich rasch an nichtdeutsche Rekruten anzupassen. Diese Systemschwäche wurde viel zu langsam korrigiert.

In bezug auf die osteuropäischen Freiwilligen war die Politik der SS ein völliger Fehlschlag. Wegen der Vielzahl der beteiligten Nationalitäten hatte die deutsche Behauptung, die Invasion der Sowjetunion sei ein „europäisches" Unternehmen zur Befreiung vom Kommunismus, großen Propagandawert. Die militärische Beurteilung ist kritischer. Die kleinen finnischen SS-Abteilungen waren gute Soldaten, doch hätten sie in ihren eigenen nationalen Institutionen genauso gut gekämpft. Auch die baltischen Divisionen fochten wacker, besonders bei der Verteidigung ihrer Heimat doch die restlichen Einheiten waren schwach.

Das ganze Programm konnte 1941, vielleicht sogar noch 1942, wegen seines Propagandawerts entschuldigt werden, doch 1943, besonders nach Kursk, zog es geschulte Offiziere und Unteroffiziere ab, die anderswo bitter benötigt worden wären, als Mann- und Materialknappheit zum ernsten Problem wurden.

KAPITEL 7

NEUE TAKTIK FÜR DEN KRIEG

Mit dem Scheitern der Kursk-Offensive wurde die Wehrmacht im Osten in die Defensive gezwungen. Die Rote Armee hatte den letzten großen deutschen Ansturm an der Ostfront aufgehalten und wollte nun einen massiven Angriff entlang der gesamten Fornt beginnen. Die Deutschen setzten ihre Hoffnung auf den „Ostwall“, die tiefen Verteidigungsstellungen, die die Russen unbegrenzt aufhalten sollten. Auf ihn vertraute das deutsche Oberkommando – eine etwas verzweifelte Hoffnung. Die Russen aber waren optimistisch und voll neuer Ideen.

Die Hauptanstrengungen der Roten Armee richteten sich auf den Südabschnitt, wo es fünf Fronten gab: die mittlere, Woronesch, Steppe, Südwest und Süd. Sie mußte durch die Ostukraine vorwärts stoßen, um den Dnjepr zu erreichen und zu überqueren. Die Kalinin- und die Westfront, weiter nördlich gelegen, sollten bei Smolensk vorstoßen, um große deutsche

Links: Infanterie und Panzer der Waffen-SS in Zentralrußland, August 1943. Das Gefährt ist ein StuG III Ausf G-Sturmgeschütz/Panzerzerstörer mit einer 7,5-cm-Kanone.

Kräfte, die anderswo dringend gebraucht wurden, dort festzuhalten. (vgl. Anhang 4, Karte 6) Das sowjetische Oberkommando hatte gelernt, Aktionen an mehreren Fronten zu koordinieren und in ausgewählten Abschnitten eine starke lokale Überlegenheit festzuhalten. Auch die taktischen Probleme beim Durchbrechen tiefer, stark befestigter Verteidigungslinien hatten die Russen nun gemeistert. Man hatte ein logistisches System zur Versorgung der Armeen mit Nachschub im Vorrücken erdacht. Das war besonders wichtig, da die Deutschen mit ihrer „Politik der verbrannten Erde“ beim Rückzug verwüstete Städte und Dörfer zurückließen.

Nach der Schlacht von Kursk achtete die Rote Armee auf strategische und organisatorische Wendigkeit mit starker Konzentration der Artillerie und breit vorgetragenen Angriffen. Wurde die deutsche Linie an ein oder zwei Stellen durchbrochen, so verlegte man den Hauptteil der Angriffskräfte in die Lücke, um sie bestmöglich auszunützen. Wehrmacht und Waffen-SS versuchten dagegen sicherzustellen, daß der sowjetische Stoß ins Leere ging. Dies erreichten sie durch den Rückzug von Einheiten unmittelbar vor dem Angriff der Roten Armee. Gegen die russischen Durchbrüche hielten sie ihre Panzer zurück, um Gegenangriffe zu starten, nachdem Panzerjägerwaffen die Russen in den Hauptschlachtzonen gestoppt hatten.

Taktiken am Boden

Zum Glück hatten die Deutschen, besonders die Waffen-SS, die Soldaten für solche Taktiken. Im Februar 1943 z. B. zerstörte SS-Untersturmführer Gerardus Mooyman als Kanonier der 14. Panzerjäger-Kompanie der SS-Freiwilligen-Legion *Nederland* mit seiner Panzerjäger-Kanone südlich des Ladoga-Sees mehr als 15 russische Panzer. Er erhielt dafür als erster „germanischer“ Freiwilliger der Waffen-SS am 20. Februar 1943 das Ritterkreuz des Eisernen Kreuzes. Generalmajor Fritz von Scholz zeichnete ihn am 17. März 1943 persönlich aus. Danach wurde er zu Propagandazwecken der Presse vorgeführt, zuerst in Berlin, wo er am 23. März holländische Journalisten traf. Er hatte etliche Fototermine und traf in Holland SS-Gruppenführer Reuter und Seyss-Inquart, um beim Rekrutierungsprogramm in den Niederlanden, Belgien und Luxemburg zu helfen und die erlahmende Moral zu Hause zu stützen.

Die Deutschen errichteten alle 16 km Stützpunkte, die 24 Stunden lang gegen die russischen Angriffe halten sollten. Dann würden sich die deutschen Truppen zur nächsten Verteidigungslinie zurückziehen. Gegen die Einheiten der Roten Armee, die die Stützpunkte anpackten, konnte man Flankenangriffe unternehmen. Diese Taktik war gut, doch der russische Vormarsch konnte dadurch höchstens verzögert werden, obgleich die Rote Armee dabei große Verluste erlitt. Die Hoffnung, sie würde sich, in Hitlers Worten, „eines Tages erschöpfen“, war völlig unrealistisch. Sie bot bei den Kämpfen zur Wiedereroberung von Smolensk im August und September 1943 1400 Panzer und über 20.000 Artilleriestücke auf, die Deutschen dagegen nur 500 Panzer und 8800 Artilleriestücke.

Einsätze der Waffen-SS

1941–43 hatten die Elite-Divisionen der Waffen-SS, die *Leibstandarte*-Division, *Das Reich*-Division und die *Totenkopf*-Division, jene Eigenschaften gezeigt, die der Führer als entscheidend für den Sieg ansah: rücksichtslose Aggressivität im Angriff und beharrliches Verweigern jedes Zurückweichens. Es war daher unvermeidlich, daß er diese Einheiten im Blick hatte, um nach Kursk die Lage im Osten zu retten. Doch die Ereignisse im Mittelmeerraum versetzten ihn in Unruhe. Hitlers ärgste Befürchtungen bezüglich Italiens hatten sich in der letzten Juliwoche 1943 erfüllt, als Mussolinis Regime zerbröckelte. Sein alter Verbündeter wurde in Arrest gehalten, und Hitler entwarf sofort Pläne zur Befreiung von *Il Duce* und zur Verstärkung des deutschen Griffs auf Italien. Marschall Badoglios neue Regierung gab ihre Absicht bekannt, den Krieg fortzuführen, doch niemand im Führerhauptquartier, am wenigsten Hitler selbst, glaubte das. Anfangs wollte Hitler das II. SS-Panzer-Korps von der Heeresgruppe Süd nach Italien verlegen. Er

dachte, die politisch geschulten SS-Divisionen könnten einen Kern bilden, um den sich die faschistischen Teile der italienischen Armee sammeln konnten. Nach Beratung mit dem Kommandeur der Heeresgruppe Mitte schickte er nur das Hauptquartier des II. SS-Panzer-Korps und die *Leibstandarte*-Division. Letztere ließ ihre Ausrüstung, auch die Panzer IV und VI, an der Front zurück, die unter andere Divisionen aufgeteilt wurde. Die Division *Das Reich* blieb im Bereich der Heeresgruppe Süd. In der Folge wurden *Das Reich*, die *Totenkopf*-Division und das III. Panzer-Korps nach Stalino

Oben: SS-Untersturmführer Gerardus Mooyman (rechts) von der Legion Nederland mit SS-Standartenführer Hank Feldmeyer. Mooyman erhielt für die Zerstörung von 15 russischen Panzern das Ritterkreuz.

gesandt, um dort die russische Offensive aufzuhalten. Nachdem sie Anfang August 1943 ihr Ziel erreicht hatten, wurden sie am 3. August zwischen Orel und Belgorod von der Roten Armee angegriffen. Ein riesiges Loch entstand in der deutschen Front. Damit Mansteins linke Flanke nicht zusammenbrach, wurden die *Das*

Oben: Waffen-SS-Männer beim Rückzug, als die Heeresgruppe Mitte im Herbst 1943 unter russischem Druck schwankt. Damals kämpfte die* Das Reich- *und die* Totenkopf-*Division vorzüglich gegen den deutschen Zusammenbruch.

Reich- und die *Totenkopf*-Division ins Gebiet Charkows geschickt. Bei Belgorod traf ein Angriff wie ein Donnerschlag Hoths 4. Panzer-Armee und den Panzerverband *Kempf*. Er kam von der sowjetischen Woronesch- und Steppe-Front: fünf Armeen mit einer Überlegenheit an Panzern und Geschützen von fünf zu eins über die unglücklichen Deutschen. Diese taumelten in völliger Unordnung zurück und gaben am 5. August Belgorod auf. Zwischen Hoths und Kempfs Verbänden tat sich bald eine 48 km lange Lücke auf, in die Truppen des Rote-Armee-Kommandeurs General Watutin strömten. Die Sowjets umgingen Charkow und schwenkten südwestwärts Richtung Poltawa. Sie wollten die Heeresgruppe Süd abschneiden, indem sie die Übergänge über den Dnjepr bei Kiew und Saporoshje einnahmen.

Generalfeldmarschall von Manstein befahl den beiden Waffen-SS-Divisionen, den russischen Angriff Richtung Dnjepr zurückzuschlagen und die feindlichen Panzer nicht südwärts den Heeresverband *Kempf* umzingeln zu lassen, der Charkow hielt. Westlich der Stadt, südlich Achtyrkas, gruben sich die *Das Reich-* und die *Totenkopf*-Division ein und warteten auf die russischen Panzer. Sie hielten die Russen vom Dnjepr ab, mußten aber sieben Tage lang wild kämpfen. Kempfs Lage in der Stadt wurde unhaltbar. Um nicht eingeschlossen zu werden, mußte er am 22. August Charkow aufgeben. Manstein entband ihn auf Befehl Hitlers vom Kommando. Seine Armee kam unter Befehl General Otto Wöhlers und wurde in 8. Armee umbenannt. Wöhler sollte die deutsche Front westlich Charkows wiedererrichten Dabei halfen ihm die *Das Reich-* und die *Totenkopf-* Division. Der *Totenkopf* führte zwischen dem 15. und 20. August eine Aktion zur Umzingelung und Zerstörung von Watutins vordersten Elementen an, die Charkow von Westen aus einzuschließen versuchten. Hierauf verband sich die *Totenkopf*-Division mit der noch intakten 7. Panzer-Division und stellte so die Verbindung zur 4. Panzer-Armee wieder her. Dann deckten die beiden SS-Divisionen den Rückzug der 8. Armee und halfen damit, ein größeres Desaster der Deutschen zu vermeiden.

Rückzug zum Dnjepr

Von Manstein erkannte die Notwendigkeit für die Deutschen, sich an die natürliche Verteidigungslinie des Dnjepr zurückzuziehen. Hitler stimmte Mitte September widerwillig zu. Die *Totenkopf*-Division und *Das Reich* gaben Deckung, als die 4. Panzer-Armee und die 8. Armee zum Fluß zurückgingen. Doch die Russen hatten ihre Angriffe begonnen, und beide Waffen-SS-Divisionen wurden hart bedrängt, als sie sie davon abhielten, den Fluß zu erreichen, während die deutschen Truppen und Fahrzeuge ihn überquerten. Immer noch hatten die SS-Männer, die nun schon sehr müde waren, keine Ruhepause. Es gab Probleme im Süden, wo die Russen zwischen der rechten Flanke von Wöhlers 8. Armee und dem linken Flügel von General Hubes 1. Panzer-Armee ein Loch in die deutschen Linien gerissen hatten. Kriwoi Rog, das

Eisenbahn-, Nachschub- und Nachrichtenzentrum für die Heeresgruppe Süd, war in Gefahr. Sein Verlust hätte für die Heeresgruppe einen tödlichen Schlag bedeutet, da dort große Mengen Nachschub gelagert waren.

***Unten:** Kurze Ruhepause vor den nächsten wahnwitzigen Anstrengungen, die Rote Armee aufzuhalten. Die Fotografie gibt ein gutes Beispiel für die scheinbar endlosen Weiten Rußlands an der Ostfront.*

Nachdem sie Mitte Oktober das 57. Heeres-Korps zerschmettert und die Eisenbahnverbindung Dnjepropetrowsk–Kriwoi Rog unterbrochen hatten, schien den Russen der Sieg zum Greifen nah. Von Manstein sammelte verzweifelt eine Reserve-Streitmacht aus Schörners 40. Panzer-Korps, das die *Totenkopf*-Division, die Reste der 9. und 11. Panzer-Division und die 16. Panzergrenadier-Division umfaßte. Aus dem Norden von Kriwoi Rog startete das 40. Panzer-Korps am 27. Oktober 1943 einen Gegenangriff mit der *Totenkopf*-Division als Speerspitze. Nach einer Woche bitterer Kämpfe waren die Russen gestoppt. 5000 Mann wurden gefangen, 500 Panzer gingen verloren. Sie zogen sich zurück, so daß Kriwoi Rog mitsamt des dort gelagerten, wertvollen Nachschubs vier Monate später evakuiert werden konnte.

***Links:* Soldaten der 4. SS-Polizei-*Division* ziehen an der Ostfront Gräben. Im März 1943 wurde der Kern der Division nach Böhmen und Mähren verlegt, um als Panzergrenadier-Division neu gebildet zu werden. Dies war Teil einer allgemeinen Strategie, viele Waffen-SS-Divisionen zu befördern, um die Rote Armee an der Ostfront aufzuhalten. Hitler war trotz der schlimmen Lage in Rußland noch immer davon überzeugt, die Waffen-SS könne ihm den Endsieg in Rußland bringen. Die Männer im Feld teilten diese Ansicht nicht; sie zeigt, wie abgehoben von der Wirklichkeit Hitler inzwischen war. Die Wahrheit war vielmehr, daß die Waffen-SS bis an ihre Grenzen belastet wurde, um die unvermeidliche Niederlage aufzuschieben.**

Immer wieder bewiesen die Waffen-SS-Divisionen ihre überlegenen Kampfqualitäten, doch der Preis dafür war jedesmal hoch. Das II. SS-Panzer-Korps Haussers verlor allein bei Kursk über 400 Panzer. Solche Verluste an Ausrüstung, neben denen an Männern, hätten die Waffen-SS rasch erschöpft, wäre da nicht Hitlers Entscheidung gewesen, die Organisation wesentlich zu erweitern.

Die Erweiterung geschah auf drei Gebieten. Zuerst sollten die Elite-Waffen-SS-Einheiten, die *Leibstandarte*-, die *Das Reich*- und die *Totenkopf*-Division gemeinsam mit der *Wiking*-Division zu Panzer-Divisionen befördert werden. Sodann schien es vernünftig, die Zahl der SS-Divisionen aller Arten zu erhöhen, da der Krieg im Osten nicht rasch beendet werden konnte. Und drittens entschied Hitler, seine besten SS-Divisionen seien so wertvoll, daß sie eine zentrale Reserve bilden sollten, die in kritischen Lagen, wie in Charkow Anfang 1943, eingreifen würde.

Neue Waffen-SS-Panzer-Divisionen

Die Entscheidung, die Zahl der SS-Divisionen zu vergrößern, fiel nicht leicht, denn Hitler wollte die Exklusivität der SS bewahren. Doch Stalingrad zwang ihn, die Bildung neuer Divisionen zu genehmigen. Am Silvesterabend 1942 stimmte Hitler der Schaffung zweier neuer Panzer-Divisionen zu. Sie wurden ursprünglich als motorisierte Infanterie-Divisionen bezeichnet, bekamen die Nummern 9 und 10 und wurden nach zwei Helden der deutschen Militärgeschichte benannt. Die Division, die später 9. SS-Panzer-Division *Hohenstaufen* genannt wurde, wurde im Januar 1943 ohne Namen gebildet. Die zweite war einfach die 10. Division der Waffen-SS. Obwohl Hitler den Namen nicht mochte, wurde sie im April 1943 „Karl der Große" benannt. Am 3. Oktober 1943 gab ihr Hitler einen historischen Namen, der ihm besser gefiel – „Frundsberg". Von nun an wurde sie 10. SS-Panzer-Division *Frundsberg* genannt. Himmler mußte sie zunächst mit volksdeutschen Rekruten besetzen. Die dritte Panzer-Division der SS, die 12. SS-Panzer-Division *Hitlerjugend*, wurde aus Mitgliedern der Hitlerjugend geschaffen. Parallel zu den Erweiterungen der reichsdeutschen Formationen schuf ein Rekutierungsschwung die osteuropäische SS. Obwohl sie zweifellos benötigt wurde, führte sie natürlich Himmlers Richtlinien der rassischen Auslese ad absurdum.

Die *Wiking*-Division war im Winter 1942/43 und im folgenden Frühling im Kaukasus in der Defensive geblieben. Am 22. März wurde das

Nordland-Regiment von der Division abgezogen und als Kader für eine neue SS-Division verwendet. Das skandinavische Regiment wurde mit zwei bestehenden germanischen SS-Legionen und einer großen Zahl west- und südosteuropäischer Freiwilliger zur SS-Freiwilligen-Panzergrenadier-Division *Nordland* verschmolzen. Im Sommer wurde das estnische SS-Bataillon *Narwa* der *Wiking*-Division zugeteilt, wo es bis Juli 1944 blieb. Dann wurde es zur estnischen 20. Waffen-Grenadier-Division der SS verlegt. Im Sommer und Herbst befand sich die Division im Gebiet zwischen Charkow und dem Dnjepr ständig in der Defensive.

Als Ersatz für die Verluste im Kampf brauchte man leidenschaftlich antikommunistische Soldaten, und auch Einheiten zur Sicherung des Hinterlandes gegen Partisanen wurden benötigt. Letztere waren ab 1942 überall in Osteuropa aufgetaucht. So kam es zu einer Fülle verschiedener nationaler Gruppen, die die Uniform der Waffen-SS trugen.

Die Letten stellten die 15. Waffen-Grenadier-Division der SS auf, die erstmals im November 1943 an der Ostfront kämpfte. Sie leistete starken Widerstand gegen unbarmherzige russische Angriffe und wurde von der Roten Armee westwärts getrieben. Auch die Esten stellten eine große Menge von Rekruten für die SS.

Die Waffen-SS wird mündig

Als sich die Lage an der Ostfront verschlechterte, verließ sich Hitler noch mehr auf seine SS-Divisionen. Ende 1943 gehörten sieben seiner 30 Panzer-Divisionen und fünf seiner Panzer-grenadier-Divisionen zur Waffen-SS. Die *Leibstandarte*-Division reiste nicht weniger als siebenmal zwischen dem Osten und dem Westen hin und her und führte bei jeder Ankunft einen größeren Sturm durch. Im November 1943 etwa, gerade aus Italien zurück, führte sie einen Angriff an, der die Dnjepr-Front wieder instand setzte.

Anfang Februar 1943 nahm die sich zurückziehende *SS-Polizei*-Division ihre neue Stellung westlich Kopinos ein, wo sie etliche heftige russische Anschläge abwehren mußte. Während einer Flaute entlang der ganzen Front im März wurde der Kern der Division in Ausbildungsgebiete in Schlesien, Böhmen und Mähren verlegt, um zur Panzergrenadier-Division umgebildet zu werden. Die übrigen Teile wurden zur Kampfgruppe *SS-Polizei* reduziert, die vom April 1943 bis zum 21. Mai 1944 im Nordteil der Ostfront eine defensive Rolle spielte.

Die starke Erweiterung der Waffen-SS ab 1943 führte nicht zu einem allgemeinen, meßbaren Anstieg ihrer militärischen Tüchtigkeit. Die vor 1943 aufgestellten Einheiten waren die besten, die Leistungen der osteuropäischen und Volksdeutschen-Verbände variierten von armselig bis ausgezeichnet.

Das Rückgrat der Waffen-SS waren ihre Panzer-Divisionen. Ihre Führung, Ausbildung, Ausrüstung und Moral zögerten die endgültige Niederlage des Dritten Reiches hinaus. Die westeuropäischen Divisionen, Dänen, Holländer, Belgier, Franzo-sen und Norweger, kämpften wacker, obwohl sie zahlenmäßig die kleinste Gruppe unter Himmlers Legionen bildeten. Zwar gab es bei bei den Volksdeutschen theoretisch ein großes Reservoir an Rekruten, doch waren sie eine Enttäuschung. Das volksdeutsche Personal, hieß es, benutze seine angebliche Unkenntnis der deutschen Sprache, um sich unangenehmen oder gefährlichen Einsätzen zu entziehen. Besonders Theodor Eicke kritisierte sie vernichtend. Er warf ihnen sogar Feigheit vor. Man konnte die militärische Wirksamkeit einer Waffen-SS-Einheit meist anhand des Anteils ihres volksdeutschen Personals abschätzen: je größer dieser Anteil, desto geringer ihre Kampfkraft.

Trotz aller Bemühung brachen 1944 im Osten die Schleusen. Die Waffen-SS befand sich in der Flut und wurde westwärts getrieben. Trotz fast übermenschlicher Anstrengungen konnte sie die Front nicht halten und die Russen nicht daran hindern, die Grenzen des Dritten Reichs selbst zu erreichen.

Rechts: Die Anstrengung zeigt sich. In der zweiten Hälfte von 1943 waren die Waffen-SS-Divisionen an der Ostfront erschöpft, da sie von einem Krisenpunkt zum anderen gehetzt wurden, um Angriffe abzuwehren.

KAPITEL 8

DRECKIGER KRIEG

Als Elitetruppe Hitlers hatte die Waffen-SS die Bestimmung, den Traum des Führers von rassischer Reinheit zu verwirklichen. Im Osten bedeutete die Verwirklichung dieses Traums zweierlei: die Ausrottung der Juden und die Vernichtung des Bolschewismus. Schon vor der Invasion Polens wurden die „Einsatzgruppen" gebildet. Hitlers Plan für Polen war einfach, radikal und entsetzlich wirkungsvoll: die Liquidierung der kulturellen und politischen Elite des Landes. Auch sollte dies als Probe für den umfassenderen Plan dienen – die Vernichtung der Juden und anderer „Unerwünschter", die in der Sowjetunion lebten. Mit der Eroberung Rußlands konnte Hitlers Ziel der rassischen Reinheit der Welt und der Ausradierung des Bolschewismus, in seinen Augen ein „soziales Verbrechen", erreicht werden.

Die SS wurde mit dem Anti-Partisanen-Krieg im Osten und auf dem Balkan beauftragt. Anfangs war dies eine Aufgabe des Heeres gewesen, doch im Oktober 1942 wurde der Auftrag an die Waffen-SS übertragen. SS-Obergruppenführer und General der Waffen-SS und Polizei Erich von dem Bach-Zelewski wurde als Chef der Anti-Partisanen-Kriegsführung eingesetzt. Er erhielt den Titel „Bevollmächtiger für die Bandenbekämpfung im Osten". 1943 wurde dieser in „Chef der Bandenkampfverbände" abgeändert.

Links: Von den Deutschen im Winter 1941 in Wolokolamsk gehängte, als Partisanen und Kollaborateure Verdächtigte. Die Leichen wurden als Warnung hängen gelassen.

Bach-Zelewski war 1941/42 im Bereich der Heeresgruppe Mitte in Rußland ein höherer SS- und Polizei-Führer. In dieser Zeit war er in die Ermordung von Juden und Bolschewiken verwickelt. Als er Kopf aller Anti-Partisanen-Einheiten wurde, stand er unter Himmlers direktem Befehl.

In der Phase ihrer spektakulären Triumphe in der Sowjetunion führten die Deutschen noch einen zweiten Feldzug: einen wilden Gespensterkrieg gegen die Partisanen. Diese Auseinandersetzung begann nicht von selbst – große Teile der Bevölkerung begrüßten 1941 die Deutschen als Befreier, als sie tief in die Sowjetunion eindrangen. Sie sollten das stalinistische Joch von ihren Schultern nehmen.

Die Partisanen – wackliger Start

Vor dem Krieg, als der Prozeß, das Land kommunistisch zu machen, noch immer andauerte, hatte die sowjetische Regierung das Konzept eines „Volkes unter Waffen" rigoros abgelehnt. Der Widerstand gegen die Eindringlinge griff daher zunächst nicht zu den Waffen, sondern agierte als Kuriere und Agenten. Es waren wenige, und sie benützten ausgeklügelte Techniken, sodaß der Sicherheitsdienst erheblichen Einfallsreichtum brauchte, um sie zur Strecke zu bringen.

Viele Russen warteten erst einmal ab, ob sich ihre Regierung würde halten können. Tatsächlich kamen anfangs auf jeden Partisanen zwei Kollaborateure. Doch dann trug einerseits der gnadenlose Druck der russischen Guerillaorganisation auf die Kollaborateure zum Anwachsen der Partisanenbewegung bei, andererseits die Brutalität der Deutschen in den besetzten Gebieten.

Die Partisanen hatten keine spezielle Ausrüstung, keine Waffen-, Kleidungs- und Nahrungsdepots oder medizinische Versorgung. Weder die erfahrenen Partisanen aus der Oktoberrevolution 1918–21 noch die Kämpfer aus dem Spanischen Bürgerkrieg wurden gegen die Deutschen eingesetzt. Viele von ihnen waren ja bei Stalins Säuberungen als „Feinde des Volkes" verleumdet und erschossen worden. Der Mangel an theoretischer wie praktischer Ausbildung für die Partisanen-Kriegsführung und das Fehlen jeder klaren Vorstellung davon, wie die Leitung organisiert werden sollte, führte zu Beginn des Krieges zu Meinungsverschiedenheiten bei den sowjetischen Führern. Einige wollten große Verbände bilden, die in Übereinstimmung mit den Plänen der zentralen Militärführung operieren sollten. Andere meinten, viele kleine Verbände unter nur lockerer Koordination des Oberkommandos wären besser.

Am 29. Juni 1941 riefen das Zentralkomitee der Kommunistischen Partei und die Sowjetregierung in Moskau in einer Anweisung zu den Waffen, die sich vor allem auf Partisanen- und Sabotageaktivitäten auf deutsch besetztem Gebiet bezog. Sie richtete sich an alle Partei- und Regierungsstellen im Westen des Landes. Am 3. Juli wandte sich Stalin in einer Radioansprache mit der Aufforderung an die gesamte Bevölkerung, „aus Partisanen Kavallerie- und Infanterie-Verbände und Sabotagegruppen in feindlich besetzten Gebieten zu bilden, um gegen die Einheiten des feindlichen Heeres zu kämpfen, den Partisanenkampf überall und jederzeit zu beginnen, Brücken und Straßen zu sprengen, Telefonleitungen zu zerstören, Wälder, Warenhäuser und Wagen anzuzünden, in den besetzten Gebieten für den Feind und seine Helfer unerträgliche Bedingungen zu schaffen, ihn bei jedem Schritt zu verfolgen und zu vernichten, ihn zu zerrütten".

Die Verteidigung von Mütterchen Rußland

Gleichzeitig verlangte die Direktive die Bildung von „Zerstörungs"-Bataillonen aus den loyalsten Zivilpersonen und warnte vor Panik und Desorganisation in den frontnahen Gebieten: „Wir müssen einen gnadenlosen Kampf gegen alle Zerrütter in unserem Hinterland führen, gegen Deserteure, Panikmacher und Gerüchteverbreiter, müssen alle Spione, Saboteure und feindlichen Fallschirmtruppen durch rasche Zusammenarbeit mit unseren Zerstörungs-Bataillonen vernichten. Der Krieg gegen Nazi-Deutschland wird nicht nur von zwei Armeen, sondern vom ganzen sowjetischen Volk gegen die Deutschen geführt."

Dies war nicht nur ein Aufruf zum Partisanenkrieg im Rücken der deutschen Kräfte, sondern auch eine Warnung, daß die, die sich nicht am „Krieg des ganzen sowjetischen Volkes" beteiligten, als Verräter betrachtet würden.

Doch Stalins Rede rüttelte das sowjetische Volk nicht auf und begeisterte es nicht. In den besetzten Gebieten gab es keine spontanen antideutschen Aktionen. Die Organisation einer Partisanenbewegung konnte also nur durch die Partei oder die Geheimpolizei erfolgen. Die Deutschen andererseits zogen mehr Nutzen aus den lokalen, Stalins Regierung oder den dominanten „moskowitischen" Russen gegenüber feindselig eingestellten Gruppen, die sich für Anti-Partisanen-Operationen zur Verfügung stellten. Das Gelände war in der Sowjetunion für Partisanenaktionen nicht so günstig wie in Jugoslawien, doch die Brutalität der deutschen Besatzung entfachte schließlich doch eine heftige Widerstandsbewegung und entfremdete viele mögliche Verbündete.

Deutsche Organisation im Osten

Doch trotz der Morde, Deportationen und einer brutalen Militärbesatzung fanden die Deutschen leicht Freiwillige als Hilfskräfte und Sicherungstruppen hinter den Linien. Unter ihnen waren die nichtslawischen Völker am Rand der Sowjetunion die enthusiastischsten: Balten, Kaukasier, Georgier, Turkmenen und Kosaken. Dann kamen auch noch Ukrainer und Russen dazu, und in vielen ukrainischen und russischen Städten fanden die Einsatzgruppen willige Helfer unter den rassisch Deutschen, einheimischen Selbstverteidigungs-Organisationen und Milizen. Nach der ersten Kampfwelle kamen diese Einsatzgruppen zur Sicherung in die neu besetzten Gebiete, wo sie eine statische Gebietsverwaltung einrichteten, die im Grunde ein Miniatur-Reichssicherheits-Hauptamt (RSHA) im Feld war, mit SD-, Gestapo- und Kripoleuten unter einem Leiter der Sicherheitspolizei und des Sicherheitsdienstes. Unter jedem Leiter standen eine Reihe von örtlichen Leitern der Sicherheitspolizei und des SD. Gegen Ende des Krieges schätzte man, daß eine ganze Million Bürger der Sowjetunion gegen ihre kommunistische Regierung zu den Waffen gegriffen hatten.

Oben: Erich von dem Bach-Zelewski, höherer SS- und Polizeiführer im Bereich der Heeresgruppe Mitte in Rußland. Er erlitt 1942 wegen der in Rußland verübten Grausamkeiten einen Nervenzusammenbruch.

Am 18. Juli 1941 erließ das Zentralkomitee der Kommunistischen Partei die Weisung, den Kampf im Rücken der deutschen Streitkräfte zu organisieren. Es ordnete an, daß auf besetz-

tem Gebiet Untergrundkomitees der Partei zu bilden seien, die sicherstellen sollten, daß sich in ihrem Bereich Partisanen- und subersive Tätigkeiten entwickelten. Die Verantwortlichkeit dafür lag bei den örtlichen Partei- und Bezirksleitern, besonders bei den ersten Sekretären der Parteiorganisationen. Die Direktive befahl die unverzügliche Bildung von Untergrund-Parteikörpern und Partisanenverbänden in Gebieten nahe der Front. Daneben sollten die am meisten loyalen Personen im Gebiet ausgewählt und eingesetzt werden.

Partisanenverbände von 75–100 Mann und Sabotagegruppen von 30–50 Mann sollten vor allem dort gebildet werden, wo Hauptkräfte des Feindes konzentriert waren, doch wollte man mindestens einen Mann in jeder Verwaltungsabteilung haben. Die Hauptziele der Partisanenverbände waren Kolonnen und Garnisonen der feindlichen motorisierten Infanterie,

Links: Unmittelbar hinter der Wehrmacht kamen im Juni 1941 die Einsatzgruppen nach Rußland, die Kommunisten, Juden, „Unerwünschte" und alle, die den rassistischen Richtlinien der SS nicht entsprachen, ermorden sollten. Jede Einsatzgruppe zählte weniger als 3000 Mann und ein paar Frauen, und man wundert sich, wie sie es schafften, schon in den ersten sechs Monaten des Rußlandfeldzugs fast 500.000 Juden und Zigeuner zu ermorden, und dazu noch viele gefangene russische Kommissare. Nichtsdestotrotz halfen ihnen lokal aufgestellte Freiwilligen-Einheiten begeistert bei der Durchführung ihrer grausigen Aufgabe, besonders in Lettland, Litauen und Estland.

der Transport im allgemeinen, Flugplätze und Kommunikationseinrichtungen. Ziele der Sabotagegruppen waren Telefonleitungen, Kriegsmaterialdepots, kleine Gruppen von Soldaten, einzelne Lastwagen und Panzer, das Töten von Offizieren, der Diebstahl von Dokumenten und die Verbreitung von Gerüchten, die Unsicherheit und Angst beim Feind auslösen sollten. Das Töten von Offizieren hatte Priorität, das entsprach den stalinistischen Idealen. Beim Polenfeldzug etwa hatten die Sowjets mit den Deutschen zusammengearbeitet und zur endgültigen Zerstörung Polens beigetragen. Sie planten die Vernichtung des polnischen Offizierskorps und anderer Intellektueller, was zu zahlreichen Deportationen und Hinrichtungen führte. Am 13. April 1943 meldete Radio Berlin, man habe im Katyn-Wald bei Smolensk ein Massengrab von 10.000 polnischen Offizieren entdeckt. Sie waren im Frühling 1940 vom NKWD, der russischen Geheimpolizei, durch Genickschüsse ermordet worden. Diese Meldung war jedoch ungenau – „nur" 4500 polnische Offiziere, die die Sowjets nicht indoktrinieren konnten, wurden ermordet.

Vergeltung

Das städtische Gegenstück zu den Partisanenverbänden und Sabotagegruppen waren die Netze von Verschwörungsgruppen und Agenten der Kommunistischen Partei und die Netze des Innengeheimdienstes und Staatssicherheitsdienstes. Ihre Aufgaben waren Sabotage, Terrorismus und Nachrichtendienst, und oft spielten sie Kollaborateure, um in die deutschen Militär- und Verwaltungseinrichtungen zu gelangen, wobei sie jeden Kontakt mit den Partisanen vermieden. Ein Fall wird in *The Moscow Tram Stop* berichtet. Eine junge Partisanin war Ende 1941 im Einsatz. Sie wurde vom deutschen Heer verhört und danach im Hauptquartier beschäftigt. Als attraktive junge Frau gewann sie bald die Gunst ihrer neuen Freunde. Doch „Tanja" wurde enttarnt, mit einem Schild um den Hals, das ihre Verbrechen verkündete, vorgeführt und öffentlich vor Soldaten aufgehängt. Man ließ ihre Leiche zur Abschreckung hängen. Das gruppenweise Aufhängen war nicht ungewöhnlich. Ein kleiner Junge wurde in den Kopf geschossen, weil er eine Taube besaß, seine Leiche zur Schau gestellt. In den ersten Kriegsmonaten waren etwa 70 Prozent der Partisanen Mitglieder der Partei oder Jugendliga. Aufgrund ihrer Unerfahrenheit wurden viele von ihnen, besonders die aktiven Kommunisten, gefangen und getötet.

Überall war für die Sowjets Desertion ein ernstes Problem. In der Provinz Smolensk etwa waren über 6000 Partei- und Jugendliga-Mitglieder geblieben, um im Rücken der Deutschen zu operieren. Doch bis Herbst 1941 waren nur noch 2000 in 40 Partisanen-Verbänden aktiv. In der Provinz Orel wurden vor dem Eintreffen der Deutschen 75 Zerstörungs-Bataillone mit über 10.000 Mitgliedern gebildet. Als die Deutschen kamen, waren es noch 2300, und in den nächsten drei Wochen lösten sich manche Verbände ganz auf, andere gingen ins sowjetisch beherrschte Gebiet.

Viele in den Städten, Dörfern und Wäldern versteckte Soldaten verloren nach der Trennung von ihrer Einheit den Mut. Ein Partisanenführer schrieb später: „Unsere Kommunisten verloren den Mut, manche verschworen sich, um herauszufinden, wie sie sich am besten verstecken konnten." So waren antideutsche Aktivitäten begrenzt. Sogar im riesigen Brjansk-Wald befanden sich in den ersten Kriegsmonaten nur 2500 Partisanen.

Die Partisanen bei Moskau bildeten eine Ausnahme. Ein Stab der Partisanenbewegung, 12 Untergrund-Bezirkskomitees und 40 Partisanenverbände wurden gebildet, ehe die deutschen Streitkräfte das Gebiet erreichten. 1500 Partei- und 300 Jugendliga-Mitglieder waren der harte Kern. Sie operierten aktiv, griffen sogar deutsche Garnisonen an und erlitten daher schwere Verluste.

Verstärkte Partisanenaktivität

Die Deutschen beherrschten im Dezember 1941 ein Gebiet mit etwa 70.000.000 Russen. Zu dieser Zeit gab es dort nur circa 30.000 Partisanen, doch die Zahl stieg bis 1. Juli 1942 auf 80.133 Mann in 661 Verbänden an. Der sowjetische Zentralstab sah das Ausmaß an Aktivitäten als noch zu gering an, und am 1. August 1942 wurde eine sofortige Steigerung verlangt, um die Truppen an der Front zu unterstützen. Am 12. August wurde eine Amnestie für alle Kollaborateure verkündet, die ihre Zusammenarbeit mit den Besatzern einstellten. Den Partisanenführern wurde befohlen, jene zu töten, die weitermachten.

In der Folge sprengten weißrussische Partisanen und solche aus dem Brjansk-Wäldern stark bewachte Eisenbahnbrücken über die Flüsse Desna, Ptitsch und Drissa und andere Eisenbahneinrichtungen. Das deutsche Generaldirektorat der Eisenbahn „Ost" meldete, daß die Zahl der Unfälle wegen Partisanentätigkeit von 90 im März auf 180 im Juni, 315 im August und 342 im September gestiegen sei. Ab August 1942 wurden jeden Monat etwa 200 Lokomotiven ausgeschaltet. Die Aktivitäten verringerten die Geschwindigkeit der Züge und nächtliche Bewegungen und führten zu verstärkten Patrouillen und zum Bau von Befestigungen an wichtigen Brücken und Hauptlinien.

Die Kowpak- und Saburow-Brigade

Der Umfang der Partisanentätigkeit stand Ende August 1942 in Moskau im Mittelpunkt einer Diskussion, als etwa 20 Kommandeure der größten Partisanen-Brigaden vom zentralen Stab zu einer Besprechung der subversiven Aktiviät einberufen wurden. Am 31. August empfing Stalin die Gruppe, die auch im Kreml mit den Sowjetführern sprach. Diese meinten: „Die Partisanenbewegung ist bis jetzt trotz ihrer offensichtlichen Erfolge nicht so massiv, wie sie sein könnte." In jedem Dorf sollten neue Reserven geschaffen werden, die Hauptanstrengungen sollten sich gegen die langen deutschen Kommunikationslinien richten.

Die beiden größten Brigaden unter S. Kowpak und A. Saburow mit über 1000 Mann stürmten von den Brjansk-Wäldern zum Westufer des Dnjepr und weiter in die dünn bewaldete Südwestukraine. Dort lagen die deutschen Hauptkommunikationslinien. Die Überfälle hatten drei Ziele: abzulenken, die sowjetische Macht zu zeigen und die Bevölkerung gegen die Deutschen anzustacheln. Ende Oktober zogen die Kowpak- und Saburow-Brigade los, nachdem sie aus der Luft mit Nahrung, Kleidung, Waffen, Sprengstoff, Funkgeräten und tragbaren Druckerpressen versorgt worden waren. Die wichtige ukrainische Eisenbahnverbinung von Samye wurde angegriffen, und im Dezember sprengte Kowpaks Brigade fünf Brücken in der Nähe. Bei einem Vorstoß in die Westukraine wurde sie im Sommer 1943 von den Deutschen umzingelt. Der Chef des

Nachrichtendienstes, Werschigora, meinte, sie sollten in kleinen Gruppen in verschiedenen Richtungen ausbrechen und sich später wieder sammeln, doch viele Partisanenführer wollten ihre Männer nicht zerstreuen. Der Brigade-Kommissar verwarf den Plan, weil er das Team zerstört hätte, das zwei Jahre lang durch strenge Disziplin zusammengehalten worden war.

Es gab eine Reihe kleiner, passiver Partisanenverbände, die wenig zum Kampf beitrugen. Diese wurden gezwungen, sich in aktive Einheiten zu integrieren, um Disziplin und energisches Handeln zu verstärken. In einigen Fällen weigerten sich die Kommandeure und zogen ein leichtes Leben im Dorf oder in Waldverstecken vor. Sie wurden erschossen, ihre Einheiten zwangsintegriert. Das Einsickern deutscher Agenten und Kollaborateure wurde

Oben: Als Partisanen Verdächtigte werden nach einer deutschen Anti-Partisanen-Säuberung im Brjansk-Gebiet 1943 abgeführt. Ob schuldig oder nicht, sie würden nach brutalen Verhören alle erschossen werden.

durch strenge Prüfung neuer Rekruten gering gehalten. Diese führten unter ständiger Überwachung nur Hilfsdienste aus. Kam heraus, daß sie eine „unsaubere“ Vergangenheit hatten oder sich illoyal verhielten, so wurden sie und ihre Familien erschossen, ihr Besitz eingezogen und ihre Häuser verbrannt.

Die Verbindungslinien der Heeresgruppe Mitte waren Ziel der Partisanen in den Brjansk-Wäldern, die im Februar 1943 sogar eine Aktion gemeinsam mit den Luftstreitkräften der Brjansk-Front unternahmen. Die Luftwaffe

Oben: SS-Obersturmbannführer Friedrich Suhr, der das Anti-Partisanen-Abzeichen unter und links vom Eisernen Kreuz an der linken Brusttasche trägt. Es gibt wenige Bilder von Personen mit diesem Abzeichen.

griff die Bahnhöfe an, während die Partisanen zahlreiche Eisenbahngleise sprengten, besonders an der Strecke Brjansk–Karatschew. An der Gomel–Brjansk-Linie wurde im März eine 300 m lange Brücke über die Desna gesprengt, was die Vorbereitungen der Sommeroffensive der Heeresgruppe Mitte im Juli 1943 hemmte.

Im Sommer 1942 gab es etliche Operationen gegen die Partisanen Weißrußlands und der Brjansk-Wälder. Sie brachten nur Teilerfolge. Zwischen Sommer 1942 und Sommer 1943 wuchsen die Partisanenverbände von 661 auf 1061 an. Die Aktivitäten gegen die Verbindungslinien nahmen zu, und die Deutschen versuchten wieder, die Partisanen auszuradieren. Bis zu 60.000 deutsche Männer nahmen im Frühjahr und Sommer 1943 an großen Operationen im Brjansk-Wald teil, doch die Wirkung war gering. Die Berichte des deutschen Generaldirektorats für die Eisenbahn „Ost" zeigen, daß die Partisanenangriffe von 500 im Februar 1943 auf 1045 im Mai, 1060 im Juni und 1460 im Juli zunahmen. Allein im Juni 1943 sprengten die Partisanen hinter der Heeresgruppe Mitte 44 Brücken und beschädigten 298 Lokomotiven und 1223 Waggons.

Die „Judenfrage"

Hitler wußte, daß die Vernichtung der Juden im Osten keine Aufgabe für normale Soldaten war. Er befahl also Himmler, Einheiten zu bilden, die den eindringenden deutschen Truppen folgen und die Morde ausführen sollten. Sie wurden Einsatzgruppen genannt. Himmler beauftragte mit diesem Massenmord mobile Sicherheitsdienst- (SD-) und Sicherheitspolizei- (Sipo-)Verbände. In Vorbereitung der geplanten Ausdehnung nach Osten wies SS-Obergrup-penführer Heydrich einen seiner brillantesten Schützlinge, Walter Schellenberg, an, einen Plan zur Verschmelzung der staatlichen Sipo, von der die Gestapo abhing, mit der Parteiorganisation des SD auszuarbeiten. Diese Einrichtung würde die Einsatzgruppen in Polen und nach der Operation „Barbarossa" in der Sowjetunion beaufsichtigen. Ein solches Projekt gefiel nicht jedem, besonders nicht dem Chef der Gestapo, Werner Best, der am Unterschied zwischen Staat und Partei festhalten wollte. Doch durch die mächtige Patronanz entstand im September 1939 das Reichssicherheitshauptamt (RSHA). Seine Bildung beruhte auf einem Kompromiß: Bestimmte seiner Abteilungen unterstanden staatlicher Autorität, andere der Partei.

Für den Feldzug gegen Polen von 1939 wurden sechs Einsatzgruppen mit 400 bis 600 Mann gebildet. Jeder der fünf Invasionsarmeen wurde eine zugeteilt, die sechste war für die Grenzprovinz Posen bestimmt, ehemals preußisches Gebiet, das Hitler für das Reich beanspruchte. Als die Wehrmacht über Polen raste, folgte ihr die SS und spielte nachdrücklich ihre Rolle bei der Zerstörung dieser Nation. Hinter der vorrückenden Wehrmacht und SS wurden hastig improvisierte Auffanglager errichtet. Die Einsatzgruppen arbeiteten methodisch und nach vorher vorbereiteten Namenslisten. Regierungsbeamte, lokale politische Führer, Aristokraten, Priester, Geschäftsleute, Lehrer und Ärzte und vor allem Juden waren die vorrangigen Ziele der Mörder. Alle, die man aufspüren konnte, wurden zusammengetrieben und in jene Lager gepfercht, wo sie meist kurz danach erschossen wurden. Ein deutscher Diplomat schrieb in sein Tagebuch, daß „die Schreckensherrschaft der SS in Polen wirksam voranschreite". Sieben Tage nach der Invasion prahlten SS-Kommandeure mit einer Todesrate von 200 Polen pro Tag. Und 20 Tage später konnte SS-Obergruppenführer Heydrich verkünden: „Von den polnischen Oberschichten in den besetzten Gebieten gibt es höchstens noch drei Prozent."

Die Heimwehr-Einheiten

Bald begann eine andere Form von Todesschwadronen, die sogenannten Heimwehr-Einheiten, neben den Einsatzgruppen zu operieren. Sie bestanden aus Volksdeutschen, die im polnischen Staat immer schon Teil der deutsch-polnischen Rivalität gewesen waren. In den Tagen unmittelbar nach der Invasion hatten manche Polen einen kurzen Haßfeldzug geführt und deutsche Bauernhöfe und Häuser eingesackt. Mindestens 5000 Deutsche wurden ermordet und vielleicht 50.000 aus ihren Heimen in Westpolen vertrieben. Sobald die Wehrmacht vorbeigerollt war, schlossen sich Männer der deutschen Minderheit zu Freiwilligen-Milizen zusammen, die auf Rache erpicht waren. In Westpreußen waren die antipolnischen Gefühle am Höhepunkt, und dort tat Albert Forster, der Gauleiter von Danzig, alles, um die Flammen des Hasses zu schüren.

Himmler, der stets seinen Herrschaftsbereich zu sichern wußte, sandte Gottlob Berger, den Chef der Rekrutierung, die Aufsicht zu übernehmen und die Heimwehr-Einheiten unter die Kontrolle der SS zu bringen. Dies war ein wichtiger Faktor bei der Kontrolle der Hilfseinheiten, die in den besetzten Gebieten der Sowjetunion übernommen oder gebildet werden sollten. Die Einheiten wurden in vier Gruppen geteilt. Jede bekam einen deutschen SS-Führer. Auch als Hilfspolizeikräfte setzten manche Einheiten ihre Mordzüge fort, so daß sogar Heydrich Besorgnis zeigte. Dabei ärgerte ihn allerdings mehr die schlechte Disziplin als die Brutalität dieser neuen SS-Männer.

Die SS-Totenkopfverbände leisteten keinen taktischen Beitrag zum deutschen Sieg in Polen. Während die SS-Verfügungstruppe ihre Feuertaufe erhielt, wurden die SS-Totenkopfverbände mit Blut getauft. Sie wurden zu Terroreinsätzen gegen die Zivilbevölkerung eingesetzt, sollten umherstreifende polnische Soldaten einfangen und folterten und ermorde-

Unten: Das Anti-Partisanen-Kriegsabzeichen wurde am 30. Januar 1944 eingeführt. Es war in Bronze, Silber und Gold für jeweils 30, 75 oder 100 Kampftage. Himmler verlieh die ersten vier Goldabzeichen im Februar 1945.

ten viele Polen. Eicke verlieh Berger die Funktion des Höheren SS- und Polizei-Führers in Polen. Damit war er einzig Himmler für seine Maßnahmen zur „Befriedung" der eroberten Gebiete verantwortlich.

Eickes treuer Untergebener, SS-Standartenführer Paul Nostitz, Kommandeur der SS-Totenkopf-Standarte *Brandenburg*, führte seine Befehle sorgfältig und fanatisch aus. Am 13. September ging *Brandenburg* nach Polen und begann mit „Säuberungs- und Sicherungsmaßnahmen". In den drei Wochen, die die Standarte in Polen Dienst tat, vermittelte sie ein passendes Bild von der Art der deutschen Herrschaft (und einen unheilvollen Vorgeschmack auf das, was in den Baltischen Staten und der Sowjetunion noch bevorstand). Sie sicherte Dörfer vor „Aufrührern", führte Hausdurchsuchungen durch und sperrte eine große Zahl „verdächtiger Elemente" ein. SS-Standartenführer Nostitz beschrieb in seinem Bericht diensteifrig, wie viele Aufrührer, Plünderer, Polen und Juden rasch liquidiert wurden; viele wurden „beim Fluchtversuch erschossen".

Der Widerwille des Heeres

Die „Säuberungs- und Sicherungsaktionen" während und nach dem Polenfeldzug führten bei verantwortlichen höheren Offizieren des deutschen Heeres zu Unbehagen, Ekel und Entsetzen. General Boehm-Tettelbach meldete dies in seinem Bericht an die 8. Armee, in dem er bemerkte, daß Hauptziel von *Brandenburg* seien Gewaltaktionen gegen die Juden. Nostitz' wiederholte Weigerung, normale Sicherungsdienste zu leisten, wurde zur Stützung seiner Behauptung zitiert. Der General hob auch hervor, SS-Gruppenführer Pancke habe offen gesagt, die SS habe spezielle Aufgaben außerhalb der Kompetenz des Heeres zu erfüllen, und die SS-Totenkopfverbände würden deshalb Heeresbefehlen nicht gehorchen. Diese Berichte erreichten Generaloberst Blaskowitz, der die Totenkopf-Einheiten verabscheute. Sein Wissen um die begangenen Grausamkeiten machte ihn zum bittersten Kritiker des Verhaltens der SS im Heer. Aus Protest stellte er eine lange Denkschrift zusammen, in der die Verbrechen der SS-Totenkopfverbände in Polen aufgezählt wurden, und sandte ihn an Generaloberst von Brauchitsch, den Oberbefehlshaber des deutschen Heeres.

Deutsche Soldaten begannen, die Aktivitäten der SS in Frage zu stellen. Deshalb wurden die ruchlosen Unternehmungen der SS oft mit Ausdrücken wie „Gegenspionage" getarnt, um sie vor den eigenen regulären Truppen geheimzuhalten.

Vorbereitungen für Rußland

Die operationale Abteilung der 14. Armee meldete am 20. September 1939, daß „die Soldaten besonders erzürnt darüber sind, daß junge Männer, anstatt an der Front zu kämpfen, ihre Tapferkeit gegen wehrlose Zivilisten beweisen". In der Operationszone standen die Einsatzgruppen technisch unter Heeresbefehl, und mehr als ein höherer Wehrmachtsoffizier wurde wegen der Konsequenzen besorgt. Admiral Wilhelm Canaris, Chef der Abwehr, sagte vor dem Oberkommando: „Eines Tages wird die Welt die Wehrmacht für diese Methoden verantwortlich machen, da sie direkt vor ihrer Nase stattfinden." Doch die meisten Generäle sahen über das dreckige Treiben der SS hinweg.

Ende März 1940 ging die deutsche Militärmaschinerie in eine neue, schreckliche „Planungsphase", als Hitler enthüllte, was sein „Kreuzzug" gegen den Bolschewismus alles einschloß. Am 30. März hielt er vor den Kommandeuren der drei Truppenteile und etwa 250 höheren, für „Barbarossa" ausgewählten Offizieren eine Rede, in der er sich offen zu einem Ausrottungskrieg, nicht zu einer bloßen Eroberung bekannte. In diesem gigantischen Kampf der Weltanschauungen sei für Ritterlichkeit kein Platz, der Bolschewismus sei ein „soziales Verbrechen". Alle bolschewistischen Kommissare und die kommunistische Intelligenz müßten getötet werden, keine persönlichen Skrupel dürften dabei im Wege stehen.

Himmler war unabhängige Macht in den eroberten Gebieten des Osten garantiert worden, und am 3. März übernahm er die Verantwortung für „bestimmte Aufgaben im Zusammenhang mit der Notwendigkeit, den Kampf zwi-

schen zwei gegensätzlichen politischen Systemen zu entscheiden". Die „Instruktionen für spezielle Angelegenheiten" (Anhang zu Befehl 21), der OKW-Befehl vom 13. März 1941, legten Himmlers spezielle Handlungsfreiheit fest und bestimmten die Aufteilung des besetzten Rußland in „völkische Zonen": baltische, weißrussische und ukrainische. Jeder stand ein dem Führer direkt verantwortlicher Reichskommissar vor, der sie rasch übernehmen sollte. Die Koordination der „ökonomischen Verwaltung" des militärischen Operations- und „rückwärtigen Verwaltungsgebiets" wurde Göring übertragen. Die Kompetenz des Heeres war daher stark eingeschränkt.

Die „besonderen Aufgaben" wurden im rückwärtigen Gebiet ausgeführt, und Generalquartiermeister Wagner besprach mit Heydrich die Beziehung zwischen Militär und dem SD. Am 26. März 1940 wurde ein Befehl, der diese Vereinbarung und die Operationen der Einsatzgruppen im rückwärtigen Gebiet betraf, ausgegeben. Hitler stellte Kommissare, Funktionäre, Militärpersonal und Zivilisten der Kommunistischen Partei außerhalb aller Gesetze außer dem, daß sie automatisch hingerichtet werden sollten. Gefangene Kommissare sollten sofort erschossen werden, wenn nicht von den deut-

Oben: Mitglieder einer Hilfseinheit für die Einsatzgruppen mit einem uniformierten deutschen Polizeioffizier in der Ukraine. Beachten sie den Totenschädel vor der Tafel, wohl von einem Opfer der Einheit stammend.

Links: „Er schreckt vor nichts zurück, und seine Widerwärtigkeit ist so gewaltig, daß es nicht verwundert, wenn in unserem Volk die Personifizierung des Teufels als Symbol alles Bösen die lebendige Form des Juden annimmt.“ (Hitler: Mein Kampf*) In den Augen der Nazis wetteiferten Slawen und Juden um den ersten Platz in der Liste der „Untermenschen“. Das Resultat war Massenmord, sobald der Krieg im Osten begann. Himmler wurde am 23. März 1943 informiert, daß 633.000 Juden wie der hier gezeigte in Rußland „umgesiedelt“ worden seien, ein Euphemismus für Vernichtung. In bezug auf die Slawen war in der SS-Broschüre* Der Untermensch *zu lesen: „(Der Untermensch) ist eine ängstliche Kreatur, die Karikatur eines Menschen, mit menschähnlichem Aussehen, doch geistig und moralisch niedriger als jedes Tier.“ Diesem Juden hat man sein religiöses Gewand angezogen, ehe man ihn erschoß.*

schen Kampftruppen, so von der Einsatzgruppe, der sie übergeben werden würden, oder, wie es der berüchtigte Kommissarsbefehl formulierte: „Gefangene politische Führer und Kommissare werden nicht ins Hinterland geschickt.“

Eine weitere Anweisung zur „geordneten Ausführung besonderer Aufgaben“ im Osten kam Ende März. Am 3. April gab General Wagner auf dieser Basis die ersten Sonderbefehle für das Heer aus, die die Kompetenz des Heeres auf seine begrenzte Zone einschränkten – auch die Grenzen des militärischen Gewissens mußten festgelegt oder vergessen werden. SS und OKW zankten sich noch, dann gab es ein Übereinkommen, das festlegte, daß „die Einsatzgruppen innerhalb des Rahmens ihrer Aufgaben und ihrer Verantwortlichkeit berechtigt sind, Exekutionsmaßnahmen gegen die Zivilbevölkerung durchzuführen“. Generaloberst von Brauchitsch, Oberbefehlshaber des Heeres, legte am 28. April 1941 die Zonen und Bedingungen, innerhalb derer die Einsatzgruppen operieren konnten, fest. Es gab vier Operationszonen mit je einer Einsatzgruppe: Einsatzgruppe A, zugeteilt den Operationen in Lettland, Litauen und Estland unter SS-Gruppenführer Stahlecker; B für die baltischen Staaten und die Ukraine unter SS-Gruppenführer Nebe; C, zugeteilt der Ukraine südlich von B unter SS-Oberführer Rasch; und D für den Rest der Ukraine unter SS-Gruppenführer Ohlendorf. Der Befehl ermächtigte auch zur Exekution von Zivilpersonen, solange die militärischen Operationen dadurch nicht gestört wurden.

Die ersten Greuel

Eine Reihe von Abteilungen, Ämtern und Einheiten des SD, der Waffen-SS und der Ordnungspolizei stellten das Personal für die Einsatzgruppen, die mit leichten automatischen Waffen ausgestattet wurden. Sie waren voll motorisiert und konnten große Entfernungen zurücklegen. Sie folgten so knapp hinter den vorrückenden deutschen Truppen, daß SD und Gestapo oft selbst in die Kämpfe verwickelt wurden.

In den Tagen nach der Invasion gab es an der sowjetischen Grenze in Wershbolowo die ersten Greuel. Die Juden mußten sich entlang eines 5 km langen Panzerabwehrgrabens hinlegen und wurden mit Maschinengewehrsalven ausgelöscht. Das wiederholte sich siebenmal. Den Kindern ging es anders: Man nahm sie an den Beinen, schmetterte ihre Köpfe gegen Steine und begrub sie dann lebendig.

Massenmord

Die Einsatzgruppen schwärmten hinter der Front aus, die sich jetzt tief in der Sowjetunion erstreckte. Hier ermordeten sie unerbittlich alle, die in ihre Hände fielen: politische Funktionäre oder Kommissare, aktive Kommunisten, Plünderer, Saboteure, Agenten des NKWD, Verräter unter den Volksdeutschen, „unerwünschte Elemenete“, Träger von Epidemien, Mitglieder russischer Partisanengruppen, bewaffnete Aufrührer, Helfer der Partisanen, Rebellen, Agitatoren, junge Landstreicher und Juden ganz allgemein. Die Einsatzgruppen kannten bei der Durchführung ihres Abschlachtungsprogramms keine Grenzen.

Betrachtet man die Leiter der Einsatzgruppen, dann wird klar, welcher Schrecken in den besetzten Gebieten verbreitet wurde. SS-Gruppenführer Franz-Walter Stahlecker etwa war 1938 „Informationsoffizier“ im SD und wurde dann Chef der Abteilung VI a des Reichssicherheits-Hauptamts. Anfang 1942 wurde Heydrich Stahlecker los, indem er ihn zum Leiter der Einsatzgruppe A beförderte. Heydrichs Berichte melden, daß Stahleckers Gruppe 221.000 Personen ermordet hatte. Es ist zwar möglich, daß mit solchen Zahlen sorglos umgegangen wurde und sie viel zu hoch waren. Heydrich profitierte trotzdem von der möglichen Fehlinterpretation, denn erstens bewies er so seinen erfolgreichen Beitrag zur „Endlösung“, und zweitens neutralisierte er so Nebe, der gegen Heydrichs Befehle gekämpft haben soll. Diese Berechnungen erlaubten jedenfalls Himmler Nebes vergleichsweise „bescheidene“ Zahl von 46.000 Ermordungen gegen Stahleckers gewaltige von gemeldeten 221.000 propagandistisch auszuspielen.

Niederschriften deutscher Polizeifunk-Nachrichten, sogenannte „Fallberichte“, die das Massaker an Tausenden sowjetischen Juden detailliert schildern, zeigen, daß die deutsche Ordnungspolizei (Orpo) schon im Juni 1941 die Juden abschlachtete, etliche Monate vor dem angeblichen Beginn der „Endlösung“.

Im Sommer 1941 funkten die Leiter der Einsatzgruppen eine triumphale Abrechnung über ihre Morde nach Berlin. Die schrecklichsten Zahlen sind die der letzten Augustwoche, als 12.361 ukrainische Juden exekutiert wurden. Ein anderer Bericht aus Litauen meldete, daß „derzeit jeden Tag neben anderen Saboteuren etwa 500 Juden liquidiert werden“. Die meisten wurden von der Polizei, nicht von der SS getötet. Die Funkmeldungen der Ordnungspolizei hörten im September auf, nachdem ihr Chef Daluege seine Kommandeure gewarnt hatte, der Feind könnte mithören, und sie anwies, künftig Berichte über „Hinrichtungen“ per Kurier nach Berlin zu senden. Am 19. Dezember 1941 meldete ein Bericht der Einsatzgruppe B: „Bei Kontrollen der Ausfallstraßen von Ogile wurden mit Unterstützung der Ordnungspolizei insgesamt 135 Personen, die meisten davon Juden, verhaftet.“

Mörderische Findigkeit

Im Mai 1942 bildete der Leiter der Sicherheitspolizei in Lublin eine Sondereinsatzgruppe, die sich als Partisanenbande tarnen und die Sicherheitskräfte bei der Aufrechterhaltung der Ordnung unterstützen sollte. Die Einheit sollte Plünderungen und Racheakte großen Ausmaßes durchführen und so die Partisanenbewegung in den Augen der Lokalbevölkerung diskreditieren. Sie nahm auch an Aktionen gegen die Juden teil. Am 23. Juli 1942 meldete der Polizeichef in Kamenez, daß bei „der Juden-Aktion 700 Arbeitsuntaugliche erschossen wurden“.

Doch die Massenerschießungen fanden ein Ende. Im Winter 1941/42 spürten die Leiter der Einsatzgruppen die Wirkungen der Morde. Nebe war ein Schatten seiner selbst und am Rande des Nervenzusammenbruchs. Himmler reiste nach Minsk, um seine Henker aufzumuntern, doch als er einer Erschießung beiwohnte, brach er fast zusammen. SS-Obergruppenführer Bach-Zelewski drängte Himmler, Mitleid nicht mit den Opfern, sondern mit den Henkern zu haben, die eine solche Arbeit ausführen mußten. Kurz darauf befahl Himmler Nebe, eine andere Tötungsmethode zu finden. Der stimmte zu, der psychologische Effekt auf die Henker war zu groß. Er begann mit Mordmethoden zu experimentieren. In einem Fall wurden 80 Patienten eines Irrenhauses mit Gas aus seinem Auto, einem Achtzylinder-Horch, vergast. Nebe konnte seine Begeisterung nicht verbergen. Er war ein begeisterter Amateurfilmer, und nach dem Krieg fand man in seiner Berliner Wohnung einen Film, der eine von den Abgasen eines Lastwagens betriebene Gaskammer zeigte.

Hilfseinheiten

Nicht nur die Vernichtung von Leben war das Hauptziel der SS, auch das Einziehen des Besitzes der Opfer in den eroberten Staaten hatte größte Bedeutung. SS-Obergruppenführer Joachim von Ribbentrop, der deutsche Außenminister, befehligte ein besonderes SS-Bataillon, das Kunstschätze plünderte und nach Berlin sandte. Die Meldungen weisen auch auf das Verschwinden des berühmten Bernsteinzimmers hin, das die Deutschen aus einem Zarenpalast nahe Leningrad stahlen. Sie erwähnen ein „SS-Spezial-Bataillon“ zur Schatzplünderung in besetzten Ländern, das für den Abtransport der Gold- und Bernsteinverkleidung nach Deutschland verantwortlich war, wo sie vor der alliierten Invasion verschwand.

Die Hilfspolizei-Einheiten wurden zunächst vom deutschen Heer aufgestellt. Die nachfolgenden Einsatzgruppen übernahmen sie sofort und bildeten zusätzliche aus Volksdeutschen, Pro-Deutschen im allgemeinen und zuverlässi-

Rechts: Die Henker spielen während des Kriegs der SS gegen die „Untermenschen“ in Rußland mit einem ihrer Opfer. Dieser Jude wird zu einer großen Grube geführt und erschossen werden – als einer von Tausenden.

gen Mitgliedern der ehemaligen sowjetischen Milizen. Sie hatten verschiedene Bezeichnungen, wie Ortsmiliz, Miliz, Ordnungsdienst, Bürgerwehr und Selbstschutz. Als die Einsatzgruppen seßhaft wurden, verwendete man die Hilfskräfte hauptsächlich als Dolmetscher und Wachen, während die Ordnungspolizei manche aus dem Mannschaftsbestand aufnahm. In der einheimischen Bevölkerung wurde weiterhin von Polizei und Heer rekrutiert, die sie für ähn-

Oben: Eifrige Zivilisten in Lettland oder Estland erhalten Befehle einer Hilskraft. Sie sollen Gräber für Juden ausheben. Es ist eine traurige Tatsache, daß den Nazis in der Sowjetunion viele Antisemiten halfen.

liche Aufgaben und später als Partisanenbekämpfer einsetzten. Die Einheiten waren oft unzuverlässig, wahllos gebildet, mit schlechter Disziplin, Ausrüstung und Ausbildung.

Die Lage hinter der Front, besonders in den Waldgebieten Weißrußlands, verschlechterte sich dermaßen, das das OKW Richtlinien zur Partisanenbekämpfung in den Ostgebieten ausgeben mußte. Darin wurde erstmals berücksichtigt, daß sowjetische Bürger zum Kampf im Rücken der deutschen Streitkräfte ausgebildet und bewaffnet worden waren.

Nach Himmlers Befehlen vom 6. November 1941 sollten alle Hilfskräfte in Hilfspolizei-Einheiten gesammelt werden. Diese wurden Schutzmannschaften genannt, offiziell abgekürzt als Schutz.-Btl. oder Schuma-Btl. Diese Bataillone standen dem Leiter der Ordnungspolizei und dem Höheren SS- und Polizeiführer (HSSPF) zur Verfügung, Für Rekruten aus Estland, Lettland und Litauen wurde eine sechsmonatige Verpflichtung festgesetzt.

Die Reichskommissare

Das Reichsministerium für die besetzten Ostgebiete übernahm vom Militär die Verwaltung der Gebiete hinter der Front und begann mit der Einrichtung von vier großen Reichskommissariaten. Doch aufgrund der militärischen Lage wurden nur zwei geschaffen: das Reichskommissariat Ostland mit Estland, Lettland, Litauen, Weißrußland und einem Teil der Ukraine, und das Reichskommissariat Ukraine.

Heinrich Lohse wurde zum Reichskommissar des Reichskommissariats Ostland ernannt. SS-Obergruppenführer und General der Polizei Friedrich Jeckeln war HSSPF Ostland. Nach der Besetzung Estlands richtete die Heeresgruppe Nord ein „Selbstschutz"-Gebiet ein. Nachdem sich die Lage normalisiert hatte, wurde der Selbstschutz nach dem Gebietsverlauf umgeformt. Reval, Harrien, Jerwen, Wierland, Narwa, Dorpat, Werro, Walk, Petschur, Pernau Fellin, Ösel und Wiek wurden im Juli 1942 als Selbstschutzgebiete eingerichtet. Auch „Selbstschutzgebietsführer" wurden als Leiter jeder Region ernannt. Sie unterstanden dem Polizeipräfekten.

Im Juli 1944 wurde das gesamte Eisenbahnterritorium Estlands zum Eisenbahngebiet gebildet und dem Eisenbahnpräfekten unterstellt. Mit Ausnahme der in der Kriegswirtschaft beschäftigten Personen konnten alle Esten zwischen 17 und 45, die körperlich tauglich waren, zum Zwangsdienst eingezogen werden. In Reval gab es auch eine estnische Sicherheitspolizei, die aus fünf Abteilungen bestand. Ende 1941 wurden estnische Sicherungsabteilungen oder -bataillone gebildet, die dann 1942 in „Schuma-Bataillone" umbenannt wurden.

Oben: Die Arbeit der Einsatzgruppen ging ungeachtet des Wetters weiter. Gegen Ende 1942 wurde allerdings das Erschießen als Methode der Massenvernichtung durch die Vergasung der Opfer abgelöst.

Ein ehemaliger Polizeihauptmann namens Petersen kommandierte die lettische Hilfspolizei, die am 3. Juli 1941 gebildet worden war und am 16. Juli 1941 240 Mann in sechs Polizeibezirken zählte. Diese waren davor Polizei-Wachtmeister, Soldaten oder Mitglieder der Aizsargi, einer Selbstschutz-Organisation während der Ulmanis-Diktatur 1934, gewesen. Schließlich wurden im November 1941 alle verschiedenen Hilfseinheiten zu den Lettischen Sicherungsabteilungen verschmolzen, die 1942 in Schuma-Bataillone umbenannt wurden.

Das deutsche Feldkommandoamt befahl am 28. Juni 1941, alle antisowjetischen Partisanen in und bei Kowno in Litauen zu entlassen. Aus den zuverlässigeren Männern wurden sodann fünf Hilfskompanien gebildet. Eine Kompanie bewachte das Konzentrationslager für Juden bei Kowno, eine andere versah Polizeidienst. Im Juli 1941 wurde in Wilna die litauische politische Polizei aufgelöst, der „Ordnungsdienst", der etwa 150 Mann umfaßte, wurde den Einsatzgruppen angegliedert. Ende 1941 wurde das litauische Sicherungs-Bataillon gebildet, wahrscheinlich aus Personal des Ordnungsdienstes und der Hilfspolizei.

In Weißrußland ersetzte 1939 ein neuer weißrussischer Polizeidienst die alte Organisation, nachdem sie gründlich gesäubert worden war. Als aber das deutsche Heer näher rückte, floh er und zerstörte seine Akten. Die Deutschen bildeten aus Beamten der polnischen und weißrussischen Kriminalpolizei, die die deutsche Sicherheitspolizei in Bialystok benutzte, eine Hilfspolizei. Es soll auch eine Reihe weißrussischer Hilfssicherheitspolizei-Einheiten gegeben haben. In Weißrußland selbst wurde am 24. August 1941 das erste ukrainische Schuma-Bataillon gebildet.

Das Reichskommissariat Ukraine

Das zweite Gebiet, das Reichskommissariat Ukraine, stand unter Reichskommissar Erich Koch, mit SS-Obergruppenführer und General der Waffen-SS und Polizei Erich von dem Bach-Zelewski als HSSPF Rußland-Süd. Die Deutschen schufen einen ukrainischen Sicherheitsdienst mit Sitz in Cherson. Unzuverlässige Elemente wurden ausgesondert und danach 157 Männer feierlich vereidigt. Sie hatten Fabriken und Depots gegen Plünderer und Saboteure zu schützen und, wie man es nannte, „die Ordnung aufrechtzuerhalten". Auch für die Aushebung von Juden waren sie verantwortlich. Volksdeutsche mußten sich bei der Einheit melden, bis 10. September 1942 waren es 180. Sie erhielten Ausweise und wurden dann als Spezialisten oder Dolmetscher eingesetzt. Zur Aufrechterhaltung der Ordnung wurde auch eine ukrainische Selbstschutz-Miliz gebildet, wobei die ersten Schuma-Bataillone im August 1941 aufgestellt wurden. Bis Februar 1942 erreichte sie eine Stärke von 14.452 Mann. Die ukrainische Polizeieinheit *Murrawa* wurde im Juli 1944 für kurze Zeit als das 23. Sicherheitsdienst-Bataillon an die 30. Waffen-Grenadier-Division (Russische Nr. 2) angeschlossen.

Einer der Gründe dafür, daß die Deutschen so rasch nach der Invasion der Sowjetunion größere Einheiten bilden konnten, lag in der breiten Unzufriedenheit mit dem Moskauer Regime, die oft bis zu blankem Haß reichte.

Kaminskis Königreich

Waffen-Brigadeführer Bronislaw Wladislawowitsch Kaminski etwa wurde in St. Petersburg als Sohn eines polnischen Vaters und einer deutschen Mutter geboren. Er war Chemieingenieur und hatte keinen Grund, die Sowjets zu lieben. Als „Ausländer", bürgerlicher Intellektueller und potentieller Abweichler hatte er fünf Jahre in einem der Zwangsarbeitslager Stalins verbracht und war erst ein paar Monate vor der deutschen Invasion freigelassen worden. Er war ein glänzender, wenn auch selbstherrlicher Organisator, sprach fließend Deutsch und stellte sich mit ganzem Herzen auf die Seite der Deutschen. Erfolglos versuchte er, eine russische Nazipartei zu bilden, doch davon abgesehen, hatte er uneingeschränkt Erfolg.

Im Januar 1942 fiel die Stadt Lokot unter die Rechtsprechung der 2. Panzer-Armee. Sie lag am Rande des Brjansk-Waldes auf halbem Weg zwischen Orek und Kursk in Zentralrußland. Unter Kaminskis Führung wurde sie zum Modell der Unabhängigkeit. Lokot hatte eigene Zeitungen, Krankenhäuser Banken und sogar sein eigenes Steuersystem. Die Wehrmacht erhielt immer rechtzeitig den vereinbarten Nachschub an Nahrung, und den Deutschen genügte ein kleiner Verbindungsstab. Der ursprüngliche Selbstschutzdienst von 500 Mann wurde zu einer kleinen Privatarmee erweitert, die bis September 1943 zu einer Brigade von etwa 10.000 Mann, gegliedert in fünf Infanterie-Regimentern, angewachsen war. Sie hatte eine eigene Artillerie mit 36 Feldgeschützen und 24 erbeuteten sowjetischen T-34-Panzern, daneben Pionier-, Melde- und Sanitäts-Einheiten. Sie führte den hochtrabenden Titel „Russische Volksbefreiungsarmee" (RONA).

Die RONA führte etliche erfolgreiche Aktionen gegen die Partisanen von Brjansk durch, einige von ihnen wechselten sogar die Seiten. Kaminski wurde „Kriegsherr des Brjansk-Waldes" genannt. Im Herbst 1943 zogen sich die Deutschen in Rußland ständig zurück. Bald wurde Lokot vor dem Anrücken der Roten Armee evakuiert. Kaminski und seine RONA, jetzt etwa 15.000 Mann, wurden nach Ratibor an der polnisch-tschechischen Grenze zurückverlegt. Mit ihnen ging ein Troß von 10.500 Zivilisten und 500 Kühen.

Im März 1944 wurde die RONA in Volksheer-Brigade umbenannt. Im Juli wurde sie als SS-Sturmbrigade RONA richtig in die Waffen-SS aufgenommen. Kaminski erhielt den Rang eines Waffen-Brigadeführers. Seine Männer sah man als noch nicht tauglich für den Frontdienst an, man schickte sie zur weiteren Ausbildung nach Ungarn.

„Zeppelin" geht die Luft aus

Operation „Zeppelin", der Plan, große Einheiten für Spezialoperationen hinter den sowjetischen Linien aufzustellen, wurde 1942 erdacht. Unter Leitung von SS-Obersturmbannführer Dr. Gräfe wurden ausgesuchte SS-Führer dem RSHA, Amt VI C, zugeteilt und besuchten von März bis Juni 1942 Kriegsgefangenenlager auf besetztem russischem Gebiet, um Soldaten der Roten Armee zum Dienst gegen die Sowjets zu gewinnen. Ihnen wurden ein bißchen Freiheit und bessere Bedingungen versprochen. Im April 1942 wurde eine Einheit früherer Insassen gebildet, die anfangs subversive Propaganda für ihre ehemaligen Kameraden senden sollten. Zu Jahresende sollten laut Projekt entsprechend ausgebildete russische Agenten in Rußland mit dem Fallschirm abspringen und als Saboteure im Rücken des Feindes agieren. Dafür wurden drei Einheiten – Nord, Mitte und Süd – gebildet, die Information sammeln und Umsturz und Sabotage organisieren sollten. Es gab eine beträchtliche Zahl an Rekruten, doch ohne genügend Flugzeuge fanden keine wirklich großen Operationen statt. So war der ursprüngliche Sinn von „Zeppelin", große Einheiten im Rücken der Sowjets einzusetzen, durchkreuzt, und man beschloß, die rekrutierten Männer als Partisanenbekämpfer einzusetzen.

Der SS-Verband Druschina

Eine Kampfeinheit mit dem Namen *Druschina* („Leibwache") wurde gebildet. Ihr führender Kopf war der 35jährige, exsowjetische Oberstleutnant W. W. Gil, ein Kosak aus dem Kuban-Gebiet und früherer Stabschef der 229. Infanterie-Division der Roten Armee. Die *Druschina*, mit nur acht deutschen Offizieren und 1000 russischen Freiwilligen, erwies sich als vorbildlich im Kampf gegen die weißrussischen Partisanen. In der Folge wurde eine zweite Gruppe gebildet: *Druschina* I enthielt jene, die man für ungeeignet für subversive Aktivitäten hielt, und *Druschina* II die intelligentesten und zuverlässigsten Elemente für Spezialoperationen. Im März 1942 wurden sie unter dem Namen SS-Verband *Druschina* oder 1. Russische Nationalbrigade verschmolzen. Ihr Motto lautete: „Kampf für ein neues Rußland." Gil wurde unter dem Kampfnamen „Rodionow" zu ihrem Kommandeur ernannt.

Die Einheit hatte etwa Bataillonsstärke, sie umfaßte 3000 Mann und wurde dann nach Newel nordöstlich von Polozk in Weißrußland verlegt. Hier wurde sie sofort an die Front geworfen, um zu helfen, einen sowjetischen Durchbruch aufzuhalten. Weißrußlands Partisanenbekämpfungstruppe wurde im Mai 1942 durch die Aufnahme des SS-Verbands *Druschina* vergrößert. Die *Druschina* wurde gegen Partisanen eingesetzt und soll Ende 1942 stark vergrößert worden sein. Sie bestand möglicherweise aus vier Bataillonen und einem Hauptquartier. Am 18. November 1942 bildeten Gils Bataillon und das Melde-Bataillon einen Teil der Partisanenbekämpfungstruppe der HSSPF Zentralrußland. Der erste Treuebruch geschah in der Nacht des 24./25. November 1942. Nachdem sie zwei deutsche Arbeiter verwundet und vier weitere und einen Unteroffizier des SD getötet hatten, liefen 63 Männer der 1. Kompanie von Gils Bataillon bei Kolitschenko in ihren SS-Uniformen und mit ihren leichten und schweren Waffen zu den Partisanen über. Im Frühjahr 1943 wurde Gils Männern ein begrenztes Gebiet bei Glubkoje als autonome Region zugewiesen.

Unzuverlässige Einheimische

Im Sommer 1943 begann SS-Obergruppenführer Bach-Zelewski unter dem Codenamen „Cottbus" die größte Partisanenbekämpfungs-Operation, die je in Weißrußland durchgeführt wurde. *Druschina*-Einheiten nahmen unter der Einsatzgruppe West daran teil. Damals überlegte man, die *Druschina* in General Wlassows „Russische Befreiungsarmee" einzugliedern. Generalleutnant Schilenkow, ein höherer Stabsoffizier Wlassows, wurde nach Pskow gesandt, wo er aus russischen Freiwilligen eine „1. Schutz-Brigade" bilden sollte. Alarmiert durch Schilenkows Ankunft und die Bedrohung seiner Autorität, beschloß Gil zu den Sowjets überzuwechseln und die Brigade, falls möglich, mitzunehmen. Am 13. August lockte die „Schelezniak-Brigade", eine starke Partisanen-Truppe, in einem möglicherweise vorher vereinbarten Manöver die Brigade in einen Hinterhalt und verlangte die Kapitulation. Gil drohte, jeden, der nicht überlaufen würde, zu erschießen. Alle vom deutschen Verbindungsstab wurden getötet. Trotzdem weigerten sich etwa 30 Offiziere und Soldaten, zu den Partisanen überzugehen, kämpften sich den Weg aus der Einkreisung frei und kehrten zu den deutschen Linien zurück. Gils Bataillon wurde in 1. Antifaschistische Brigade umbenannt, und Stalin verlieh ihm den Orden des Roten Sterns. Bei der deutschen Partisanenbekämpfungs-Operation „Frühlingsfest" im April 1944 wurden Gil und die meisten seiner Abtrünnigen getötet. Diejenigen, die sich als vertrauenswürdig erwiesen hatten und aus dem Hinterhalt entkommen waren, wurden unter Generalleutnant Schilenkow zur 1. Schutz-Brigade der POA (russischen Befreiungsarmee). Die anderen Mitglieder der *Druschina*, die den Deutschen treu geblieben waren, kamen schließlich in den Kaukasischen Waffenverband der SS. Der Reichsführer SS verheimlichte Hitler natürlich das Fiasko mit der *Druschina*. Ihm

Oben: Der Russe Bronislaw Wladislawowitsch Kaminski, der eine Privatarmee aufstellte, um auf seiten der Deutschen zu kämpfen. Sie führte im Brjansk-Wald eine Reihe erfolgreicher Aktionen gegen die Partisanen durch.

wurde nur gemeldet, die Brigade sei „wegen Disziplinlosigkeit“ aufgelöst worden.

Gegen Ende 1943 verschlechterte sich die Lage im Osten rapide, und einige der aus der einheimischen Bevölkerung in Rußland und der Ukraine rekrutierten Einheiten begannen, sich als unzuverlässig zu erweisen. Man beschloß, sie gegen deutsche Einheiten im Westen auszutauschen. So kam eine große Zahl von Hilfskräften nach Frankreich, Italien und Jugoslawien, wo sie unter SS-, Polizei- und Heereskommando Partisanen bekämpften.

Es gibt keine genauen Zahlen über die Erfolge der Sabotage durch sowjetische Partisanen oder der Gruppen und Agenten in den Städten. Zahlen der Partisanenführer waren oft übertrieben oder fanden sich identisch bei verschiedenen Kommandeuren. Auf der Basis solcher Daten behauptete Ponomarenko, Chef des Zentralstabs der Partisanenbewegung, daß in den ersten zwei Jahren des sowjetisch-deutschen Krieges allein die weißrussischen Partisanen über 300.000 Deutsche getötet, über 3000 Eisenbahnunfälle verursacht und 3263 Brücken, 1191 Panzer, 4097 Lastwagen und 895 Depots zerstört hatten. Sind diese Zahlen auch

Oben: Nach Partsisanenangriffen kamen unweigerlich die deutschen Vergeltungsaktionen. Zu diesen zählte auch, wie oben, die Ermordung von Zivilisten aus Dörfern, die der Hilfe für die Partisanen verdächtigt wurden.

zu hoch, so hatten die Partisanen doch eine Auswirkung auf die deutsche Kriegsführung.

Die Morde der SS im Osten waren so umfangreich, daß der Blick auf Gesamtzahlen die unbeschreiblichen Verbrechen an einzelnen *Menschen* zu verschleiern droht. Sieht man sich die Bilanz einer einzelnen Person an, so bleibt die Vernichtung von sechs Millionen Seelen im Blickfeld. SS-Oberführer Christian Wirth, ein früherer Polizeioffizier in Stuttgart, war von SS-Gruppenführer Nebe ans „Euthanasie"-Programm verliehen worden. Wirth wurde sogleich nach Polen zu Odilo Globocnik geschickt und sollte eine wirksame Methode zur Ermordung einer Million polnischer Juden finden. Er wählte für sein erstes Versuchslager ein Gebiet entlang der Lublin–Lwow-Bahnlinie. Dann leitete er eine Gruppe von vier Vernichtungslagern.

Christian Wirths Unmenschlichkeit

Wirth wollte nichts mit Gaswagen oder mobilen Todesschwadronen zu tun haben, statt dessen gab es in der Mitte des Lagers drei „Duschräume". Um sie noch mehr zu tarnen, pflanzte er Geranien und ließ das Gras ringsherum mähen. Die Opfer waren beim Gedanken an eine Dusche beruhigt, doch drinnen empfingen sie die Abgase von Dieselmotoren. An der Vorder- und Hinterseite gab es breite Tore, damit die Vergasten leicht weggeschafft werden konnten. Wirth war mit der Einrichtung so zufrieden, daß er drei weitere hinzufügte, um täglich 1500 Juden töten zu können. Am Eingang war zu lesen: „Eingang zum jüdischen Staat". Oberhalb des großen Eingangstores war ein Banner aus Synagogenvorhängen mit der Inschrift auf hebräisch: „Dies ist das Tor des Herrn, durch das die Gerechten eintreten."

Wirth war ein Egoist ohne Gewissen. Ein Au-genzeuge berichtete, wie er eine Frau mit Peitschenschlägen ins Gesicht in die Gaskammer trieb. Die Motoren arbeiteten nicht, und die Opfer waren zwei Stunden und 49 Minuten lang eingepfercht, bis es losging. Weitere 35 Minuten vergingen, ehe alle tot waren. Dann brachen die Arbeiter die Münder der Opfer mit Eisenstangen auf, um Zahngold zu sichern, und suchten sie nach versteckten Wertsachen ab.

Wirth wurde „König der Todeslager" genannt, doch dieser Titel weckte die Eifersucht anderer, die ihn ihm streitig machen wollten, besonders von Höss, der ihn schließlich noch übertraf. So sah die SS-Herrschaft im Osten aus.

KAPITEL 9

ROTER STURM IM SÜDEN

Die zweite Hälfte des Jahres 1943 war für die Deutschen im Osten eine Zeit der Krisen. Oft wurden sie nur durch das Eingreifen der Waffen-SS-Einheiten vor Katastrophen bewahrt. Mitte August etwa hatte sich in den deutschen Linien westlich von Kursk eine 55 km breite Lücke geöffnet, die Einheiten der Roten Armee drangen ein und bedrohten wieder Charkow. Die *Das Reich*-, die *Totenkopf*- und die *Wiking*-Division wurden in den Kampf geworfen, um den Verlust der Stadt zu verhindern, obwohl sie bereits durch das Desaster von Kursk geschwächt waren. *Das Reich* hatte vor der Verlegung der *Leibstandarte* nach Italien all ihre Panzer erhalten und war so eine gewaltige Streitmacht. So wie im März bei der Einnahme von Charkow die Deutschen, startete nun die Rote Armee einen massiven Zangenangriff. Die 53. Armee kam vom Norden, die 57. Armee aus dem Süden. Die 5. Garde-Panzer-Armee sollte den Hammerschlag ausführen. Doch der russische Angriff war nicht so wirksam wie der deutsche. Die Sowjets trafen auf starke Verteidigungsstellungen, und an einem einzigen Tag schalteten die Panzerjäger-Kanoniere der Waffen-SS über 180 russische Panzer aus.

Links: Ein Wafffen-SS-Maschinengewehr-Team wartet im August 1943 bei Charkow auf den nächsten russischen Angriff. Die SS half bei der Rettung der Heeresgruppe Süd.

Man muß sagen, daß die russische Strategie immer noch naiv war. Doch war die Rote Armee so stark, daß sie nur hingehalten werden konnte. Manstein befürchtete eine Einkreisung, und als Kempfs Lage in der Stadt unhaltbar wurde, mußte er Charkow am 22. August 1943 aufgeben.

In den nächsten paar Wochen errangen die *Das Reich-*, die *Totenkopf-* und die *Wiking*-Division hervorragende Erfolge bei kleineren Kämpfen gegen Panzer-Einheiten der Roten Armee. Am 12. September etwa zerstörte *Das Reich* bei einem einzigen Treffen 78 feindliche Panzer. Doch den Russen schien es wenig Probleme zu machen, solche Verluste zu ersetzen, während es den stark bedrängten Waffen-SS-Einheiten immer schwerer fiel, ihre Stärke aufrechtzuerhalten.

Der Dnjepr wird gehalten

Hitler stimmte dem Rückzug von Mansteins Heeresgruppe Süd an die Linie von Melitopol und dem Dnjepr zu, so blieb die strategisch wichtige Westukraine in deutscher Hand. Der Rückzug, der unter sowjetischem Druck erfolgte, war am 30. September 1943 vollzogen. Zu dieser Zeit hatten insgesamt 68 deutsche Divisionen – 1.250.000 Mann und über 2000 Panzer der Heeresgruppe Süd – die Aufgabe, die Flußlinie um jeden Preis zu halten. Ihnen entgegen aber führte die Rote Armee eine fast doppelt so starke und besser ausgerüstete Streitmacht ins Feld.

Ende August begannen die sowjetischen Kräfte vorzurücken, und die Waffen-SS nahm am beherzten Rückzug zum Dnjepr teil. Nach zwei Tagen bitteren Kampfes fiel Jelnja an die Rote Armee, doch die Russen mußten um jeden Meter Boden kämpfen und brauchten eine Woche Pause, um sich umzugruppieren. Dann ging die Offensive weiter, und die Russen nahmen in rascher Folge Brjansk, Smolensk und Roslawi. Bis zum 2. Oktober waren die Deutschen 240 km westwärts getrieben worden.

Ein holländischer Freiwilliger, SS-Standartenoberjunker Jan Munk, SS-Panzergrenadier-Regiment *Westland*, 5. SS-Panzer-Division *Wiking*, berichtet über die Kämpfe jener Zeit:

„Unsere Stellungen waren im Dnjepr-Gebiet, doch ziemlich exponiert. Es gab viel Gebüsch und Gestrüpp und ein paar Bäume. Die Russen versuchten auf dem für sie vorteilhaften Gelände etliche Angriffe, doch wir konnten sie jedesmal stoppen. Bei Nachtangriffen etwa konnten sie sich kaum geräuschlos bewegen. In dieser Hinsicht hatten wir also kein Problem.

Am 2. Nobember 1943 wußten wir, daß etwas los war, denn wir hörten den Feind singen und eine Menge Lärm machen. Mit anderen Worten: Sie hatten ihre Ration Wodka erhalten, um ihren Mut vor einem Angriff zu heben. Um 18.00 Uhr teilte man uns mit, daß ein Angriff unmittelbar bevorstehe. Zu dieser Zeit befehligte ich einen Trupp. Ich schickte alle aus dem Bunker, wo wir waren, an ihre Plätze in den Gräben. Alle gingen außer einem, einem Rumänen, der mir sagte, jemand habe seinen Stahlhelm genommen, und der zurückgelassene sei ihm zu klein. Er wollte zurückbleiben und den Bunker bewachen. Ich sagte ihm, was ich davon hielte, und gab ihm meinen eigenen Helm. Er paßte. Ich ging mit meiner Tarn-Feldmütze hinaus. Dann schloß ich mich meiner Nummer zwei am Maschinengewehr an."

„Er blutete wie ein Schwein"

„Der Angriff kam, ein bißchen heftiger als gewöhnlich, doch wir schlugen ihn ab. Das war, wie immer, der Augenblick, in dem unsere Artillerie vor den zurückgehenden Feind zu feuern begann und ihn zwischen ihren Granaten und unserem Maschinengewehrfeuer einfing. Diesmal war das Sperrfeuer sehr nahe. Ich hörte vor allem eine Kanone, deren Salve dicht neben unserer Linken einschlug, dann eine weitere, noch nähere Salve links.

Die nächste war ein Volltreffer. Sie schlug rechts vor uns ein und zerstörte unser Maschinengewehr. Wir waren den Bruchteil einer Sekunde zu spät in Deckung gegangen. Ich wurde

Rechts: In der Sowjetunion, besonders bei den Sümpfen, waren die Stechmücken für beide Seiten ein ständiges Problem. Diese Männer der Waffen-SS haben eine praktische Antwort auf die Bedrohung aus der Luft gefunden.

Links: Ein deutscher Soldat stürmt im Herbst 1943 beim Rückzug an den Dnjepr in Dekkung. Trotz der Anstrengungen der* Das Reich- *und der* Wiking-*Division war die Heeresgruppe Süd gegen Jahresende in Schwierigeiten.

wie von einer gewaltigen Faust niedergedrückt. Meine Nummer Zwei stotterte, die Bastarde hätten ihm die Nase weggeschossen. So schlimm war es nicht. Ein kleiner Splitter war ihm von der Seite durch die Nase gedrungen, und er blutete wie ein abgestochenes Schwein. Wir beschlossen, in den Bunker zurückzugehen, damit ich ihn ordentlich verbinden konnte.

Erstaunt merkte ich, daß ich mich nicht bewegen konnte. Ich dachte, mir seien bloß vom Kauern auf dem Gesäß die Beine eingeschlafen. Als die nächste Granate kam, wurde ich, so dachte ich wenigstens, durch den Graben gestoßen, so daß ich mich nicht aufrecht halten konnte und mit dem Gesicht am Boden scheuerte. Ich schrie meinen Kameraden an, nicht so idiotisch zu sein und sich zu beruhigen. Er half mir zum Bunker. Doch drinnen sagte er, er habe mich nicht berührt, geschweige denn gestoßen. Mir dämmerte, daß etwas nicht stimmte. Meine Beine waren immer noch gefühllos, also öffnete ich den Gürtel und die unteren Knöpfe meines Waffenrocks und tastete mein Hinterteil ab. Nichts. Ich zog mich wieder an, um meinen Freund zu verbinden. Wir rauchten beide eine, und dann wurde mir heiß, und ich schwitzte. Ich nahm die Mütze ab, und Blut floß mir übers Gesicht. Mit den Fingern fühlte ich, woher das Blut kam, ein kleiner Riß rechts oben am Kopf. Nun wußte ich, wieso meine Beine nicht funktionierten.

Nach einer Weile wurde ich durch die Gräben in einen Bereich getragen, wo Platz genug für eine Bahre war. Dann wurde ich zu einem Sammelpunkt gebracht, um auf den Abtransport zu warten. Etliche unserer Männer waren da, manche auf Tragbahren, einige schwer verwundet, andere leichter."

„Ich feuerte über seinen Kopf"

„Dann griffen die Russen wieder an, und alle Verwundeten, die gehen konnten, mußten wieder ihre Plätze einnehmen. Wir Zurückgelassenen sollten uns selbst wehren, so gut wir konnten. Man gab uns einige Granaten und Maschinenpistolen und wünschte uns ‚Viel Glück!'. Wir verstanden. Man hätte mehr als ein Dutzend Männer gebraucht, uns wegzutragen, und die konnten nicht entbehrt werden.

Die Russen kamen und schossen auf uns – wir schossen zurück. Sie warfen Handgranaten und wir auch. Zum Glück unternahm die Wehrmacht mit Unterstützung von ein paar leichten Panzern einen Gegenangriff. Wir verloren nicht einen Verwundeten, obwohl einige von uns, darunter ich, noch mehr Wunden abbekamen, doch nichts Ernstes. Dann wurde ich wieder auf der Bahre in einen Wehrmacht-Unterstand gebracht. Er war tief, hatte einen gut geschützten Eingang und ein sehr dickes Dach. Drinnen gab es Tische und bequeme Sessel. Ein Radio spielte, es war fast wie auf einem Propagandafoto. Ein Arzt untersuchte mich und fragte:

'Wann hast du zuletzt gepinkelt?' Soweit ich wußte, am Mittag des Vortages, also vor gut 17 Stunden. Ehe ich wußte, wie mir geschah, hatte ich einen Katheter drinnen. Ich fühlte nichts, doch der Arzt hatte es rechtzeitig getan.

Beim und nach dem deutschen Gegenangriff wurden etliche Russen gefangen. Sie wurden, wie meist, als Munitions- und in diesem Fall auch als Tragbahrenträger benutzt. Um zum Verbandsplatz zurückzugelangen, mußten wir über ein ziemlich kahles, flaches Feld. Die Russen schossen ein wenig mit Artillerie dorthin, und bei jedem Einschlag ließ der Russe, der meine Tragbahre hinten trug, sie einfach fallen und ging in Deckung. Der vordere war rücksichtsvoller und stellte sie sanft ab. Ich hatte fürchterliche Kopfschmerzen, das Fallenlassen machte sie nicht besser. Ich sagte dem hinteren, wenn er mich noch mal fallen ließe, würde ich ihn erschießen. Zweimal warnte ich ihn. Nach jeder Warnung war er vorsichtiger, doch dann ließ er mich wieder fallen. Schließlich riß ich die Pistole heraus und feuerte über seinen Kopf. Danach ging alles in Ordnung."

Hohle Siege

Im November 1943 wurde die *Leibstandarte*-Division von Italien an die Ostfront zurückverlegt (vgl. Anhang 4, Karte 3 und 7). Sie wurde dem XLVIII. Panzer-Korps der 4. Panzer-Armee zugeteilt, das in der Ukraine im Süden Kiews im Einsatz stand. Trotz der Anstrengungen der *Das Reich*-Division, die jetzt bei Kiew operierte, fiel die Stadt am 7. November an die Russen. Die *Leibstandarte*-Division hatte einige lokale Erfolge gegen Einheiten der Roten Armee im Kiew-Abschnitt zu verzeichnen, doch wieder bedeuteten diese nur einen Aufschub.

Zwischen Mitte November und Jahresende versuchten die *Leibstandarte*- und die *Das Reich*-Division, Einheiten der Roten Armee einzukreisen. Das gelang ihnen auch, doch die

Rechts: SS-Standartenoberjunker Jan Munk vom Panzergrenadier-Regiment* Westland *der* Wiking*-Division (links), dessen Bericht über die Kämpfe am Dnjepr in diesem Kapitel wiedergegeben ist.

deutschen Einheiten waren so dünn gesät, daß sie ihre Stellungen nicht halten konnten. Bald mußten sie selbst gegen ihre Umzingelung kämpfen. Bei Brusilow wurde das XXIV. Panzer-Korps, dem die *Das Reich*-Division zugeteilt war, in bitteren Kämpfen Mann gegen Mann von massiven russischen Kräften überwältigt. Die Reste der Division und die *Leibstandarte* zogen sich Richtung Schitomir zurück. Dann wurde die *Leibstandarte*-Division bei Berditschew eingesetzt, wo sie sich mit der 1. Panzer-Division verband und erfolgreich den Vormarsch der Roten Armee in diesem Abschnitt aufhielt, wenn auch nur für kurze Zeit.

Die verbleibende Division des II. SS-Panzer-Koprs, die *Totenkopf*-Division, hatte die Rolle einer „Feuerwehr" übernommen und hetzte von einem bedrohten Sektor in den anderen. Im November und Anfang Dezember 1943 etwa diente sie bei Hubes 1. Panzer-Armee, die Kriwoi Rog und die Verteidigungsstellungen am Dnjepr zu halten versuchte. Am 12. Dezember stoppte sie gemeinsam mit der 11. und 13. Panzer-Division den sowjetischen Vormarsch in diesem Abschnitt.

Der Tscherkassy-Kessel

Am 24. Dezember 1943 setzten die russischen Kräfte im Südabschnitt der Front aus ihren Stellungen bei Kiew ihren Vorstoß westwärts fort (vgl. Anhang 4, Karte 7). Schitomir wurde rasch zurückerobert, und nur eine entschlossene Anstrengung von Mansteins Kräften verzögerte den feindlichen Vormarsch, doch nicht ehe die deutschen Einheiten bereits 160 km weit zurückgedrängt und dabei übel zugerichtet worden waren.

In diesem Augenblick versuchten die Sowjets, die deutschen Kräfte bei Kirowgrad zu zer-schlagen. Am 8. Januar 1944 nahmen sie die Stadt, doch der deutsche Widerstand war stärker als erwartet. Elf deutsche Divisionen waren beteiligt, darunter die *Wiking*-Division und die SS-Sturmbrigade *Wallonien*, die kürzlich der Waffen-SS übertragene belgisch-wallonische Freiwilligen-Einheit. Diese starken deutschen Einheiten stellten für Konjews Nord- und Watutins Südflanke eine ernste Bedrohung dar. Den Sowjets war klar, daß sie die Frontausbuchtung vernichten mußten, sollte ihr Angriff Erfolg haben. Konjew nahm am 25. Januar den Angriff wieder auf. Bis 29. Januar waren 60.000 deutsche Männer nahe Tscherkassy eingekreist. Plötzlicher Tau verwandelte das Gebiet in zähen Matsch und machte jegliche Bewegung fast unmöglich. Der Flugplatz im Kessel, den die Luftwaffe zur Versorgung der isolierten Divisionen benützte, wurde unbrauchbar. Unter dem ständigen Druck der Russen schrumpfte der Kessel rasch, bis er am 9. Februar nur noch 65 Quadratkilometer umfaßte.

Rechts: Ein Panzer IV der* Leibstandarte-*Division im März 1944 im Kamenez-Podolsk-Kessel. Bis April 1944 hatten die Offensiven der Roten Armee in Südrußland den gesamten Südflügel der deutschen Armeen an der Ostfront zerstört. Das einzig Gute, was die Waffen-SS betraf, war das Erscheinen zweier neuer Panzer-Divisionen in Rußland: der 9. SS-Panzer-Division* Hohenstaufen *und der 10. SS-Panzer-Division* Frundsberg. *Beide sollten Elite-Kampfeinheiten werden, doch wären es viel mehr als zwei Divisionen nötig gewesen, um das deutsche Scheitern in Südrußland und die Niederlage abzuwenden.

Wie schon bei früheren Gelegenheiten untersagte Hitler jeden Ausbruchsversuch der eingekreisten Einheiten. Der einzig gangbare Weg sei eine Entlastungsoffensive der Kräfte Mansteins. Doch die Rote Armee hatte einen Ring von 35 Divisionen um die Buchtung gezogen, jeder Fluchtversuch schien aussichtslos. Zum Glück konnte Hitler überredet werden, einen Ausbruchsversuch der umzingelten Einheiten zu erlauben. Die einzige Panzereinheit im Kessel, die *Wiking*-Division unter SS-Obergruppenführer Herbert Otto Gille, würde die Flanken decken, während die SS-Sturmbrigade *Wallonien* die Nachhut bilden sollte.

In der Nacht des 16. Februar begann der Ausbruch. Bewegung war auf dem wassergetränkten Boden schwierig, und als die Russen merkten, was los war, setzte schweres Artillerie- und Raketensperrfeuer ein. Die Verwundeten mußten zurückgelassen werden, ebenso ein Großteil der schweren und Artillerieausrüstung. Die SS-Sturmbrigade *Wallonien* erlitt als Nachhut verheerende Verluste, 70 Prozent ihrer Männer blieben tot auf dem Feld. Die Bemühungen der Wallonen, sich ihren Weg freizukämpfen, dauerten etliche Tage und kosteten gewaltige Opfer. Am 14. Februar wurden über 200 Mitglieder der wallonischen Sturm-

brigade getötet, darunter ihr Führer Lucien Lipert. Léon Degrelle, der die meiste Zeit des Kriegs mit einer wallonischen Freiwilligen-Legion in Rußland verbracht hatte, ersetzte ihn. Als die Deutschen schließlich ausbrachen und die Reste der Brigade die deutschen Linien fast erreicht hatten, drohten sie von verfolgenden Einheiten der Roten Armee überholt zu werden. Die *Wiking*-Division hatte nur noch 4000 Mann, und von den ursprünglichen 2000 Wallonen blieben nur 632 unversehrt. Die Überlebenden wurden nach Wildflecken in Franken zur Neugruppierung gesandt, erhielten aber kaum eine Pause. In Estland war eine verzweifelte Lage entstanden, die wallonische Sturmbrigade mußte dorthin und an der Seite ihrer flämischen Landsleute bei Narwa am Kampf der europäischen SS im Juli 1944 teilnehmen.

Die paar verbliebenen Panzer der *Wiking*-Division machten kehrt und hielten den Feind gerade lang genug auf, so daß die letzten der Brigade die deutschen Linien erreichten. Etwa 32.000 Deutsche retteten sich aus dem Tscherkassy-Kessel. Obwohl ein großer Teil der Ausrüstung zurückblieb, war die Katastrophe vermieden worden. Die Zerstörung des Kessels

Oben: Soldaten der* Wiking*-Division bekämpfen Anfang 1944 im Südsektor der Ostfront nachts russische Kräfte. Die Division wurde bei Tscherkassy übel zugerichtet und mußte zur Instandsetzung zurückgezogen werden.

wäre für Mansteins Heeresgruppe Süd ein tödlicher Schlag gewesen. Doch wieder einmal hatte die Waffen-SS die Lage gerettet.

Aufgrund der Leistung ihrer Truppen wurden Gille und SS-Hauptsturmführer Léon Degrelle, der Kommandeur der SS-Sturmbrigade *Wallonien*, in Hitlers Hauptquartier in Preußen gebracht und ausgezeichnet. Gille erhielt das Eichenlaub mit Schwertern, Degrelle das Ritterkreuz. Später sollte er noch das Eichenlaub als 355. Empfänger von Hitler persönlich bekommen. Hitler schätzte Degrelle so sehr, daß er zu ihm sagte: „Wenn ich einen Sohn hätte, so würde ich mir wünschen, er wäre wie Sie."

Die *Das Reich*-Division, nunmehr völlig erschöpft, wurde im Februar 1944 aus Rußland abgezogen und zur Erholung und Instandsetzung nach Frankreich gesandt. Eine Kampfgruppe der Division blieb unter Leitung von SS-Oberführer Heinz Lammerding an der Ostfront.

Im März mußte sich die Heeresgruppe Süd langsam an den Fluß Dnjestr an der Grenze zu Rumänien zurückziehen. Am 11. März wurden Teile der *Totenkopf*-Division per Flugzeug nach Balta gebracht, wo sie Kern einer neuen Verteidigungslinie werden sollten. Doch die Ereignisse überstürzten sich. Die 6. und 8. Armee waren zu schwach, die Rote Armee am Queren des Dnjestr auf weiter Front zu hindern, ehe die neuen Verteidigungstellungen fertig waren. Die Russen stießen tief auf rumänisches Gebiet vor. Die *Totenkopf*-Division kämpfte sich nach Westen durch, um nicht eingekreist zu werden. Drei Wochen lang wehrten die erschöpften Waffen-SS-Männer die sowjetischen Speerspitzen ab, während der Rückzug durch Balta und Rumänien über den Fluß Sireth und die Karpaten weiterging.

Die russische Offensive verlor schließlich ihren Dampf, der Mai verlief relativ ruhig. Am 9. Juni wurde die Division zur Erholung und Instandsetzung aus der Front genommen. Sie erhielt neue Panzer und Panzerfahrzeuge und 6000 Männer als Ersatz. Einige davon waren Männer der *Totenkopf*-Division, die nach dem Heilen ihrer Verwundungen zum Dienst zurückkehrten, doch 75 Prozent waren unerfahrene Rekruten aus der neu gebildeten 16. SS-Panzergrenadier-Division *Reichsführer SS*.

Der Kamenez-Podolsk-Kessel

Im März 1944, als die Heeresgruppe Süd ihren linken Flügel neu gruppieren wollte, traf ihn eine neue russische Offensive, die ihn völlig zerschlug und bei Proskurow eine Lücke zwischen die 1. und 4. Panzer-Armee riß. Ehe sie geschlossen werden konnte, wurde die 1. Panzer-Armee im Kamenez-Podolsk-Kessel umzingelt. Unter den gefangenen Einheiten waren auch die *Leibstandarte*-Division und SS-Oberführer Heinz Lammerdings Kampfgruppe.

Nun erlaubte Hitler, das neugebildete II. SS-Panzer-Korps mit der 9. SS-Panzer-Division *Hohenstaufen* und der 10. SS-Panzer-Division *Frundsberg* an die Ostfront zu senden. Obwohl im Kampf noch nicht erprobt, waren die beiden Divisionen von höchstem Standard. Sie bestanden vor allem aus Volksdeutschen und waren sehr gut ausgerüstet und ausgebildet. Die Einheiten waren um Kaderpersonal von erprobten, erfahrenen Einheiten wie der *Das Reich*- und der *Leibstandarte*-Division herum aufgebaut und hatten das Glück, 12 Monate lang ausgebildet worden zu sein. Beide Einheiten sollten Leistungen zeigen, die denen der besten Waffen-SS-Divisionen gleichkamen. Die 9. SS-Panzer-Division *Hohenstaufen* wurde von SS-Brigadeführer Willi Bittrich geführt, die 10. SS-Panzer-Division *Frundsberg* von SS-Brigadeführer Karl von Treuenfeld.

Die Rote Armee steckt ein

Soviel Treibstoff und Munition wurde in den Kamenez-Podolsk-Kessel gebracht, daß Mansteins Truppen ihre schwere Ausrüstung und Panzer nicht zurücklassen mußten, sobald die Zeit für den Ausbruch da war. Während eines Schneesturms begann am 27. März 1944 der Rückzug. Die 9. SS-Panzer-Division *Hohenstaufen* und die 10. SS-Panzer-Division *Frundsberg* nahmen am Gegenangriff der 4. Panzer-Armee teil, der den Druck von der abziehenden 1. Panzer-Armee nehmen sollte, als sie sich in westlicher Richtung durchkämpfte. Die beiden trafen sich am 7. April, und während der nächsten neun Tage gelangte der Hauptteil von Mansteins Truppen auf deutsch gehaltenes Gebiet. Anders als beim Ausbruch aus Tscherkassy gab es diesmal keine ernsten Verluste. Die Sowjets aber verloren etliche hundert Panzerfahrzeuge, als die Deutschen westwärts zogen.

Im April 1944 wurde die *Leibstandarte SS Adolf Hitler* zur Instandsetzung von Rußland nach Frankreich verlegt. SS-Oberführer Heinz Lammerdings Kampfgruppe kam wieder zur *Das Reich*-Division in Frankreich. Die 9. SS-Panzer-Division *Hohenstaufen* und die 10. SS-Panzer-Division *Frundsberg* wurden nach Polen zurückgezogen, doch bei der alliierten Invasion im Juni nach Frankreich gesandt. Die *Wiking*-Division wurde bei der Flucht aus dem Tscherkassy-Kessel übel zugerichtet und zur Instandsetzung von der Front abgezogen. Doch nun erlebte Hitler seinen Alptraum: einen Zweifrontenkrieg. Und in Rußland holte die Rote Armee schon zur nächsten Offensive aus.

KAPITEL 10

FELDER DES RUHMES

Das Jahr 1944 begann schlecht für die Wehrmacht in Nordrußland. Nach Aufhebung der Belagerung von Leningrad war die Rote Armee in die Offensive gegangen und hatte die Deutschen schrittweise Richtung Estland und Lettland gedrängt. An diesem Frontabschnitt lagen die meisten west- und osteuropäischen SS-Freiwilligen-Einheiten. Die Hauptmacht der Waffen-SS in diesem Gebiet war das III. (Germanische) SS-Panzer-Korps unter Felix Steiner mit der 11. SS-Freiwilligen-Panzergrenadier-Division *Nordland* und der SS-Freiwilligen-Brigade *Nederland.* Nur in diesen beiden Einheiten gab es Freiwillige aus Norwegen, Dänemark, Holland, Frankreich, Finnland, der Schweiz und Schweden. Im selben Frontabschnitt stand auch die 15. Waffen-Grenadier-Division der SS (Nr. 1) und die 19. Waffen-Grenadier-Division der SS (Nr. 2) aus Lettland, die 20. Waffen-Grenadier-Division der SS (Estnische Nr. 1) aus Estland, die flämische *Langemarck*-Brigade und die SS-Sturmbrigade *Wallonien.*

Typisch für die ausländischen Freiwilligen der Waffen-SS zu dieser Zeit war der Panzerjäger-Kanonier SS-Unterscharführer der Reserve Remy Schrynen, *Langemarck*-Brigade. Er zeigte seine Tapferkeit in vielen kritischen Situationen. Am 2. Januar 1944 etwa zerstörte er drei russische T-34. Am 3. März wurde er zum siebenten Mal verwundet. Am vierten Tag der russischen Offensive wurde seine Geschütz-

Links: Die Anstrengung des Kampfes zeigt sich auf den Gesichtern dieser Männer des III. SS-Panzer-Korps, die im März 1944 bei Narwa die Rote Armee zu stoppen versuchen.

mannschaft getötet oder verwundet, und die Hilfsgrenadiere zogen sich zurück. Schrynen, nunmehr allein, sollte sich auch zurückziehen. Er blieb auf seinem Posten, lud, zielte und feuerte allein auf die vorrückenden Panzer. Als ein sterbender Marine-Funker das Artilleriefeuer direkt auf Schrynens Stellung lenkte, griff die feindliche Infanterie an. Dahinter kamen 30 Panzer, fünf davon vom neuen Josef-Stalin-Typ. In einem dramatischen Feuergefecht zerstörte er drei Stalins und vier T-34 und schaltete weitere aus, bis ein Stalin seine Kanone aus 30 m Entfernung zerschoß und ihn schwer verwundete und wegschleuderte. Bei einem Gegenangriff wurde er inmitten der abgeschossenen und brennenden Teile eines Dutzends sowjetischer Panzer gefunden. Am 21. September 1944 erhielt er für seinen Mut das Ritterkreuz.

Narwa – die Front im Sand

Ende Januar hatte die Rote Armee die starken deutschen Verteidigungslinien bei Narwa erreicht. Diese verliefen von der Stadt selbst südlich entlang Böschungen des Flusses Narwa zu den Ufern des Peipus-Sees und hinunter bis Polozk nordwestlich von Witebsk. Man erwartete einen konzentrierten Angriff der Russen entlang der gesamten Linie. Der kam am 2. Februar, doch die deutsche Verteidigung bröckelte nicht so schnell wie erhofft. Narwa, das Tor nach Estland, war zu wichtig, um es kampflos aufzugeben. Man hatte Befestigungen entlang des Westufers der Narwa gebaut, und die nächsten Monate lang hielten Steiners Männer und andere SS-Einheiten gegen eine überwältigende Übermacht stand. So bedeutend war die Rolle der ausländischen Freiwilligen-Einheiten in diesem Sektor, daß die Verteidigung Narwas als „Schlacht der europäischen SS" bekannt werden sollte.

Die Deutschen hatten einen großen, stark verteidigten Brückenkopf direkt gegenüber der Stadt errichtet, der die wichtigen Ostzugänge nach Narwa abdeckte. An diesem Standort gruben sich Soldaten der 11. SS-Freiwilligen-PanzergrenadierDivision *Nordland* und der Brigade *Nederland* ein und warteten auf den russischen Ansturm. Die Rote Armee hatte für den Angriff auf Narwa eine gewaltige Streitmacht versammelt; sie umfaßte die 8. und 47. Armee und die 2. Stoß-Armee.

Anfang Februar begann die Rote Armee mit dem Versuch, die deutschen Verteidigungsstellungen durch schweren Beschuß sturmreif zu machen. Einge russische Einheiten erzwangen zwischen Hungerburg und Narwa den Übergang über den Fluß und errichteten einen kleinen Brückenkopf. Die Waffen-SS-Soldaten konnten den Feind aber zurückwerfen, und am 3. Februar vereitelte die Panzer-Abteilung 11 *Hermann von Salza* als Teil der 11. SS Freiwilligen-Panzergrenadier-Division *Nordland* einen weiteren Versuch der Russen, einen Brückenkopf zu bauen. Der Feind konnte aber schließlich einen kleinen bei Schmetzke im Nordwesten der Stadt errichten. Der folgende Versuch, von dort aus ins deutsche Hinterland zu brechen, wurde von einer SS-Kampfgruppe rasch gestoppt. Diese Frontausbuchtung wurde dann in einem gemeinsamen Ansturm von Teilen *Nordlands* und *Nederlands* vernichtet.

Die Rote Armee wird aufgehalten

Nun erzwangen die Sowjets am Westufer bei Vopsküla einen Brückenkopf, der durch schwere Artillerie unterstützt wurde. Auch dieser wurde nach wilden Kämpfen Mann gegen Mann von der 19. Waffen-Grenadier-Division der SS (Nr. 2) zerstört. Bei dieser Aktion zeichnete sich der estnische Freiwillige Waffen-Unterscharführer Haralt Nugiseks durch besondere Tapferkeit aus. Sein Heldenmut war typisch für viele SS-Soldaten, die bei Narwa kämpften. Dreimal setzte er sich dem feindlichen Feuer aus, um seinen Stoßtrupp anzutreiben. Jedesmal wurde er dabei verletzt, führte aber trotzdem seine Männer weiter im Nahkampf und vertrieb den Feind aus seinen Stellungen. Am 2. Mai 1945 erhielt er das Ritterkreuz. Fünf Tage später wurde er gefangengenommen und dann zu einer langen Haftstrafe in einem sibirischen Lager verurteilt.

Entmutigt durch ihre Mißerfolge, beschlossen die Sowjets einen amphibischen Anschlag auf die Küste westlich Narwas, um die Verteidiger zu umgehen und tief ins deutsche Hinter-

Rechts: Remy Schrynen, ein flämischer Freiwilliger in der Waffen-SS, der im Januar 1944 für besondere Tapferkeit in Rußland das Ritterkreuz erhielt. Als Panzerjäger-Kanonier der Langemarck-*Brigade schaltete er bei einem Einsatz allein sieben Panzer aus, ehe er verwundet wurde. Schrynen war ein herausragendes Beispiel für das Kaliber der westeuropäischen Freiwilligen, die An-fang 1944 in der Waffen-SS an der Ostfront kämpften. Die Verteidigung Narwas wurde die „Schlacht der europäischen SS“ genannt. Die Tatsache, daß die Rote Armee bei Narwa fast sechs Monate lang aufgehalten wurde, zeugt von den Kampfqualitäten der dänischen, norwegischen, holländischen, französischen, finnischen, schwedischen und Schweizer SS-Rekruten.*

land zu stoßen. Dies würde, so hofften sie, deutsche Einheiten von der Front weglocken und so ihre Linien schwächen, so daß ein russischer Durchbruch möglich würde.

Die Landestreitmacht wurde in einer bunten Mischung von Fischerbooten und Dampfern übergesetzt, konnte aber unentdeckt landen und überrannte die Verteidiger der nächsten Umgebung der Bucht bei Merekula. Doch die Verteidiger waren bald gewarnt, und obwohl die Russen in die Stadt vorstießen, war dies auch schon der Endpunkt. Man rief nach deutscher Verstärkung in Form von Waffen-SS-Grenadieren und Stuka-Bodenangriffen und

Oben: Waffen-SS-Truppen vor ihrem Gang an die Front bei Narwa. Die russische Offensive Anfang 1944 bedrohte die Heeresgruppe Nord mit einer totalen Niederlage. Zum Glück half das III. SS-Panzer-Korps, das zu verhindern.

die Invasionsstreitmacht wurde unter schweren Verlusten der Russen rasch zertrümmert.

Im Süden errichtete die Rote Armee nahe Kriwasso einen starken Brückenkopf, um von ihm aus deutsch gehaltenes Gebiet anzugreifen. Am 24. Februar schien es, als ob die Sowjets ausbrechen und in den Rücken des III. (Germanischen) SS-Panzer-Korps schwenken würden. Rasch wurden Truppen der 11. SS-Freiwilligen-Panzergrenadier-Division *Nordland* dorthin verlegt, deren Gegenangriff anfangs gut voranschritt, ehe sie steckenblieben. Die Sowjets griffen ihrerseits an, und bald kam es zum Kampf Mann gegen Mann mit Messern, Bajonetten und Grabwerkzeugen. Erst nach der Ankunft einiger Tiger-Heerespanzer konnten sich die Männer der Waffen-SS sicher zurückziehen. Es folgten heftige Kämpfe im März und April, wobei die Sowjets gegen die hartnäckigen deutschen Verteidiger nur geringe Fortschritte machten.

Als die Waffen-SS-Truppen im März Sirgula zurückeroberten, entdeckten sie die Leichen estnischer Zivilisten, die zwangsweise als Munitionsträger der Roten Arme eingesetzt worden waren. Die Russen hatten sie vor dem Abzug getötet. Auch in Hrastovica waren etliche dänische SS-Freiwillige von den Russen gefangengenommen und erschossen worden.

Anfang März nahm das sowjetische Artillerie- und Luftbombardement des Gebiets von Narwa dramatisch zu. Am 7. März etwa dauerten die geballten russischen Luftangriffe zwölf Stunden lang, dann folgte massives Artillerie-Sperrfeuer. Die Zivilbevölkerung von Narwa war evakuiert worden, und die Waffen-SS-Verteidiger gruben sich einfach im Schutt der Stadt tiefer ein. Der russische Hauptangriff nach dem Beschuß richtete sich gegen das vom holländischen Freiwilligen-Regiment *General*

Seyffardt gehaltene Gebiet. Die Holländer schlugen jede russische Attacke ab und begannen sogar mit einem Gegenangriff. Ihr Führer, SS-Obersturmbannführer Wolfgang Joerchel, wurde am 21. April 1944 für die Leistungen seiner Truppe mit dem Ritterkreuz ausgezeichnet.

SS-Hauptsturmführer Frühauf

Die Hauptachse des russischen Angriffs verlegte sich hierauf gegen die Stellungen bei Lilienbach, die ebenfalls von einem holländischen Freiwilligen-Regiment, dem SS-Panzergrenadier-Regiment *De Ruyter* gehalten wurden. SS-Hauptsturmführer Carl-Heinz Frühauf diente vom Januar bis März als Bataillons-Kommandeur des 23. Pionier-Bataillons des SS-Panzergrenadier-Regiments *Nederland*. Am 13. März wurde er als Bataillons-Kommandeur dem SS-Panzergrenadier-Regiment *De Ruyter* zugeteilt. Im März war Frühaufs Bataillon in schwere Kämpfe bei Narwa verwickelt. Dabei erwarb er das Ritterkreuz. Beim Kampf am Narwa-Brückenkopf wurde die 5. Kompanie nach schwerem Artilleriebeschuß überrannt. Da die Bataillonsreserve eingesetzt worden war, schien die Lage verzweifelt. Frühauf sammelte sofort alle verfügbaren Soldaten. Dann führte er den Gegenangriff und warf den Feind im wilden Kampf Mann gegen Mann zurück. Dadurch wurde ein Schlüsselgebiet wiedererobert und der frühere Frontverlauf wiederhergestellt. Nach diesen harten Kämpfen wurde der Feind durch Verstärkungen von den Regimentern *Danmark* und *Norge* der 11. SS-Freiwilligen-Panzergrenadier-Division *Nordland* zurückgedrängt. Am 27. Juli wurde Frühauf durch eine hochexplosive Panzergranate schwer verwundet und verbrachte vier Monate zur Genesung im Feldlazarett von Zapport in Ostpreußen.

Trotz der oft erfolgreichen Verteidigungsaktionen der holländischen SS-Truppen bei Lilienbach war klar, daß dieser Teil des Brückenkopfs am Ostufer der Narwa nicht mehr lange gehalten werden konnte. Die Verluste der Waffen-SS an Männern und Ausrüstung waren zu groß. Während die sowjetische Stärke zunahm, bluteten die Waffen-SS-Einheiten aus. Trotzdem hatte die Rote Armee Narwa bis Juni 1944 noch nicht eingenommen, obwohl der deutsche Brückenkopf am Ostufer gegenüber der Stadt stark verkleinert worden war. Die Deutschen wußten, wie auf den Mittel- und Südabschnitt der Front in Rußland eingeschlagen wurde. Ihre Lage in Narwa wurde mit jedem Tag bedenklicher. So beschlossen sie, sich auf eine neue Verteidigungsstellung weiter westwärts, die Tannenberg-Linie, zurückzuziehen.

Am 24. Juli 1944 zwang die Nordspitze eines massiven Zangenangriffs die 20. Waffen-Grenadier-Division der SS (Estnische Nr. 1) über den Fluß Narwa zurück. Die estnischen Freiwilligen mußten weichen, doch kämpften sie bei der Verteidigung ihrer Heimat um jeden Meter. Sie hatten schon einmal sowjetische Besatzung

Rechts: Einer von Tausenden russischen Soldaten, die beim Kampf in und um Narwa ihr Leben ließen. Durch die Heftigkeit der Kämpfe bei Narwa wurden immer wieder Einheiten beider Seiten ausgelöscht.

erlebt und wünschten sich keine Wiederholung dieser Erfahrung. Am 24. Juli schlüpften die noch am Ostufer befindlichen Waffen-SS-Einheiten rasch über den Fluß und in die Stadt. Dabei zerstörten sie die Brücken. Am Ende des nächsten Tages war die Stadt evakuiert. Doch beim Rückzug zur Tannenberg-Linie wurde die holländische Einheit *General Seyffardt* von den Sowjets abgeschnitten und vernichtet.

Am 26. Juli begann der russische Angriff gegen Tannenberg. Die Russen richteten eine Reihe von Hammerschlägen gegen die zahlenmäßig stark unterlegenen Deutschen und ihre europäischen Verbündeten. Der Kampf ging hin und her, keiner konnte eine dauernde Überlegenheit erreichen. Trotz vieler Erfolge erlitt die Waffen-SS schwere Verluste, während der Feind immer mehr frische Truppen über die Narwa und in den Kampf führte. Die Waffen-SS-Einheiten hatten praktisch alle ihre Panzer verloren, ihre einzige schwere Waffe war die Artillerie. Im August wurden die russischen Angriffe etwas schwächer, da die Rote Armee ihre Kraft für den allentscheidenden Sturm auf die belagerte Waffen-SS sammelte. Die benommenen europäischen Freiwilligen konnten den bevorstehenden Schlag nur abwarten.

Der sowjetische Schmiedehammer

Zu dieser Zeit wußten die europäischen Freiwilligen, daß die sowjetische Offensive Löcher in die Front riß. Am 22. Juni etwa hatte die Rote Armee entlang der gesamten Ostfront ihre Sommeroffensive begonnen. Sie wurde unter dem Codenamen „Bagration" absichtlich am dritten Jahrestag der deutschen Invasion in Rußland gestartet. Die Rote Armee hatte eine Streitmacht von etwa sechs Millionen Mann gegenüber den zwei Millionen der Wehrmacht aufgestellt. Die Heeresgruppe Mitte, die die Hauptwucht der Offensive treffen sollte, verfügte nur über 750.000 Mann, weniger als 1000

Rechts: SS-Brigadeführer Jürgen Wagner, SS-Freiwilligen-Brigade* Nederland *(links), plaudert mit Männern seiner Einheit, die gerade nach schweren Kämpfen gegen die Rote Armee bei Narwa ausgezeichnet wurden.

Panzer und 10.000 Artilleriestücke. Ihr gegenüber standen über zwei Millionen Soldaten, 4000 Panzer und fast 29.000 Feldgeschütze.

Sowohl qualitativ wie auch quantitativ ging es der Roten Armee besser. Ihre Männer waren nicht mehr halbausgebildete, schlecht ausgerüstete Bauern wie beim Blitzkrieg der Deutschen im Sommer 1941. 1944 bestanden die Fronteinheiten der Roten Armee hauptsächlich aus erfahrenen, gut ausgerüsteten Veteranen. Der neueste T-34 mit seiner stärkeren 85-mm-Kanone und der Josef-Stalin-Panzer mit seinem 122-mm-Geschütz waren den meisten deutschen Panzern ebenbürtig. Und die sowjetische Luftwaffe war der deutschen technisch gleichrangig. Sie hatte ausgezeichnte Jäger und Flugzeuge für Bodenangriff und dabei noch überall die zahlenmäßige Überlegenheit.

Die Elite-Waffen-SS

Obwohl 1943 und die erste Hälfte von 1944 für die Armeen des Dritten Reiches an der Ostfront eine Zeit der Desaster gewesen war, konnte Hitler mit der Leistung seiner Elite-Waffen-SS-Divisionen zufrieden sein. Immer wieder hatten sie gegen unglaubliche Überlegenheit standgehalten, während sich die Heerestruppen zurückzogen. Auch die zähesten Waffen-SS-Männer müssen gesehen haben, daß ein militärischer Erfolg an der Ostfront nun unmöglich war, doch sie brachten weiter Opfer um Opfer, oft um die Linie zu halten, damit andere Einheiten entkommen konnten.

Auf wenige andere Einheiten in der Wehrmacht vertraute der Führer so wie auf seine kostbare Waffen-SS. Obwohl stolz auf ihre Leistungen und ihren verdienten Elitestatus, war Hitlers Vertrauen für die Waffen-SS eine zweifelhafte Gnade. Regelmäßig wurden ihre Divisionen zu bedrohten Frontbereichen gehetzt, um die Lage zu retten. Daß ihnen das gelang, zeigt, daß sie Elitetruppen waren. Aber sie waren nicht unbesiegbar, und es würde eine Zeit kommen, in der auch die Waffen-SS die Niederlage nicht mehr aufschieben konnte.

Obwohl die Waffen-SS zu diesem Zeitpunkt des Krieges nur etwa fünf Prozent der Kampfstärke der Wehrmacht ausmachte, ist es bezeichnend, daß 20 Prozent der Waffen-SS-Einheiten Panzer-Divisionen höchsten Standards waren. Tatsächlich waren über 25 Prozent aller Panzer-Divisionen und etwa 30 Prozent der Panzergrenadier-Divisionen solche der Waffen-SS. Doch außer den 12 Waffen-SS Divisionen, die wahrhaft eine Elite darstellten, war der Rest, oft spät im Krieg gebildet, von unterschiedlicher Qualität, nur dem Namen nach Divisionsstärke und war manchmal ärmlich ausgerüstet. Nimmt man diese Zahlen, so steht

Rechts: Warten auf des nächste Bombardement oder einen Luftangriff. Luft- und Artillerieangriffe waren bei Narwa eine bevorzugte Taktik der Russen. So gab es am 7. März 1944 ein 12stündiges Luftbombardement auf die Stadt, gefolgt von wildem Artillerie-Sperrfeuer. Die Waffen-SS-Verteidiger waren in Bunkern, doch ihre Fahrzeuge, Geschütze und Ausrüstung nahm schweren Schaden. Schlimmer als das schwere Bombardement waren die Wochen ständigen russischen Granatenfeuers, das dauernd Leben forderte. Die russischen Angriffe wurden heftiger, im Juli 1944 warf die Rote Armee 20 Divisionen gegen Narwa. Das III. SS-Panzer-Korps mußte sich westwärts zurückziehen.

die militärische Bedeutung der Leistungen der Waffen-SS an der Ostfront außer Frage.

Trotz der Anstrengungen der Waffen-SS im Sommer 1944 war die Rote Armee nur gebremst, nicht gestoppt worden. Die Menge an Männern und Ausrüstung, die die Russen Mitte 1944 ins Feld schicken konnten, war gewaltig. Allein bei der Befreiung Weißrußlands setzte die Rote Armee 21 Armeen mit 1.400.000 Mann, 31.000 Geschützen und Mörsern, 5200 Panzern und Sturmgeschützen und 5000 Flugzeugen ein. Doch die russische Stärke war nur ein Teil der Gleichung, Hitlers Weigerung zum Rückzug unterstützte die Rote Armee noch. Die Russen kreisten einfach eine große Zahl deutscher Einheiten ein. Als etwa die Heeresgruppe Mitte zerstört wurde, wurden 17 Divisionen vernichtet. Die Waffen-SS konnte nur lokale Erfolge erzielen, und Ende 1944 kamen die Übermenschen ins Taumeln. Die Niederlage des Dritten Reiches an der Ostfront war nun unvermeidlich, ungewiß war nur noch ihr Zeitpunkt.

KAPITEL 11

RASTLOS

Im Frühjahr 1944 beschloß das sowjetische Oberkommando, daß Weißrußland das nächste Hauptziel der Roten Armee im Norden sein würde. Nach Stalins Plan sollte die Rote Armee von ihrem Ausgangspunkt östlich des Peipus-Sees entlang einer Linie durch Gorki, die Pripjet-Sümpfe umgehend, weiter nach Odessa an die Küste des Schwarzen Meeres ziehen und die Deutschen etwa 650 km bis vor die Tore Warschaus drängen. Für diese Aufgabe stellte er eine gewaltige Kraft von 19 Armeen und 2 Panzer-Armeen auf. Zusätzlich gab es 1300 Flugzeuge zur Unterstützung.

In der Nacht des 22. Juni 1944 begann der Hauptsturm. Die Russen zerrissen die Heeresgruppe Mitte. In nur sieben Tagen wurde eine 320 km lange Front von Ostrow an der litauischen Grenze bis Kowel am Rande der Pripjet-Sümpfe überrannt. In den folgenden Wochen wurden etwa 350.000 deutsche Soldaten ausgeschaltet.

Am 25. Juni 1944 wurde die *Totenkopf*-Division von Rumänien nach Norden befohlen, um bei der Abwehr des sowjetischen Angriffs westlich von Minsk zu helfen. Doch auf den Straßen herrschte Chaos, und sie erreichte erst am 7. Juli ihr Ziel. Zu diesem Zeitpunkt rückte die Rote Armee rasch gegen Grodno vor und bedrohte die Südflanke der 4. Armee und die Nordflanke der zerschlagenen Reste der 2. Armee. Die *Totenkopf*-Division hielt die Linie bei Grodno 11 Tage lang gegen eine große Übermacht, ehe ihr der Rückzug nach Südosten befohlen wurde, um sich mit der Masse der deutschen Truppen, die sich langsam Richtung Warschau zurückzogen, anzuschließen.

Links: Das Antlitz des deutschen Heeres 1944 an der Ostfront: schwere Ermattung durch ständigen Kampf und Besorgnis über den unaufhaltsamen Vormarsch der Roten Armee.

Oben: Die Deutschen räumen angesichts der Offensive der Roten Armee Mitte 1944 eine weiter russische Stadt. Die Russen erreichten bis August 1944 die ostpreußische Grenze. Der Ostwall hielt nicht.

Im Zentrum ging der russische Zug westwärts weiter. Seit dem 16. Juli versuchten die Deutschen vergeblich, den Brückenkopf der 3. Weißrussischen Front über den Njemen zu zer-schlagen. Am 28. Juli rückte die Front von ihren Brückenköpfen aus vor. Bis zum 31. August, als sie Kowno einnahm, hatte sie 48 km zurückgelegt. Am 20. Juli hatte der linke Flügel der 1. Weißrussischen Front die deutschen Stellungen bei Kowel durchbrochen und drang über den westlichen Bug in Polen ein.

Sacharows 2. Weißrussische Front hatte es schwerer, denn Mitte Juli waren über 10 deutsche Divisionen an der Grodno-Swislotsch-Linie gesammelt worden. Die Verteidigung wurde organisiert, und die Deutschen begannen größere und kleinere Gegenangriffe. Doch als Sacharow seine Reserve-Armee heranzog, wurde die deutsche Kraft zerbrochen, ihre Reserven weggefegt. Die Armeen der 2. Weißrussischen Front wogten durch Bialystok und standen Ende Juli an der ostpreußischen Grenze.

Diese Niederlagen überzeugten das deutsche Oberkommando, daß die einzige Chance, die russische Offensive aufzuhalten, im Rückzug an die Weichsel läge, wo man leichter eine feste Verteidigung aufbauen könnte. Der Rückzug begann sofort, wobei die sowjetischen Speerspitzen der deutschen Nachhut hart auf den Fersen waren. Am 23. Juli fiel Lublin an die 1. Weißrussische Front, am 28. wurde Brest Litowsk eingenommen.

Die Sowjets befreiten das Nazi-Todeslager Majdanek, 2 km westlich von Lublin, wo etwa 1.500.000 Gefangene ermordet und scheußliche Greuel begangen worden waren.

Während der Kampf um Brest Litowsk noch im Gang war, raste die 1. Weißrussische Front in Richtung Weichsel und Warschau. Zwischen dem 28. Juli und dem 2. August erzwang sie südlich von Warschau zwei Brückenköpfe über die Weichsel. Diese waren im August Schauplatz wilder Kämpfe, da die Deutschen verzweifelt versuchten, die sowjetischen Stützpunkte zu zerstören. Die Luftwaffe steigerte ihre Angriffe, und die deutschen Bodentruppen wurden im August durch die Ankunft von zwei Panzer- und fünf Infanterie-Divisionen sowie vier Infanterie- und motorisierten Brigaden erheblich verstärkt. Die Sowjets konnten ihre Brückenköpfe unter großen Schwierigkeiten halten, waren aber nicht stark genug, sie zu erweitern und die Offensive fortzusetzen.

Nordöstlich Warschaus hatten Panzer-Einheiten der 1. Weißrussischen Front das Radzymin-Wolomin-Gebiet erreicht. Sie stießen auf starken deutschen Widerstand. Auch hier wurde die Offensive aufgehalten. Es folgte ein beherzter deutscher Gegenangriff von einer Infanterie- und vier Panzer-Divisionen, der Radzymin und Wolomin zurückgewann, schwere Schläge gegen die sowjetischen Panzerformationen austeilte und sie 24–32 km weit in den Süden zurückzwang. Schließlich schien sich die Ostfront doch wieder gefestigt zu haben.

Sobald das erste Gebiet Polens befreit war, wurde das Komitee der nationalen Befreiung, geführt von der polnischen kommunistischen Partei, aktiv. Als provisorische Regierung hatte das Komitee bereits ein Manifest mit dem Titel *An das polnische Volk* herausgegeben. Dieses rief alle Polen zum Kampf gemeinsam mit der

Unten: Eine kurze Rast erlaubt diesen beiden Grenadieren der* Wiking*-Division, sich zu orientieren, doch es gibt nur einen Weg – westwärts. Die Division wurde im August 1944 bis zur Weichsel zurückgedrängt.

Roten Armee für die Freiheit und Unabhängigkeit Polens auf. Es entwarf auch die Hauptzüge eines Programms der radikalen gesellschaftlichen Veränderung und des Aufbaus eines neuen, demokratischen Polen. (Truppen der polnischen 1. Armee dienten bei der Befreiung Ostpolens in der 1. Weißrussischen Front.)

Die Rote Armee beginnt zu stocken

Als sich große deutsche Verstärkungen an der Weichsel-Linie sammelten, wurde der Widerstand stärker. Die Sowjets hatten ernste Nachschubprobleme, da die Rote Armee seit dem 23. Juni 480 km weit vorgerückt war. Doch die Offensive blieb aufrecht: Alle Militärfahrzeuge wurden mobilisiert, um Nachschub zur Front zu bringen, und die Bevölkerung der befreiten Gebiete bot den sowjetischen Kräften jede mögliche Hilfe. Die weißrussischen Partisanen schlugen kühn auf die deutschen Kräfte ein, schnitten ihre Nachrichteneinrichtungen ab, löschten einzelne deutsche Einheiten aus und boten ihnen keine Gelegenheit, beim Rückzug Brücken zu sprengen oder wertvolles Material mitzunehmen.

Als die Rote Armee die Zugänge nach Ostpreußen und das Ufer der Weichsel erreichte, hatte sie nach ihrem Sturm durch Weißrußland ihre Kraft überdehnt. Nun mußten die durch die vorangegangenen Kämpfe schon müden und erheblich geschwächten sowjetischen Truppen im Schjauljai-Gebiet östlich Warschaus und an den Magnuschew- und Pulawy-Brückenköpfen starke deutsche Gegenangriffe abschlagen. Bis Ende Juli zeigte sich, daß die Deutschen eine solide Verteidigungsfront entlang der ostpreußischen Zugänge und den Flüssen Narew und Weichsel würden halten können. Als sich die Rote Armee jetzt rasch der polnischen Hauptstadt näherte, die sowjetische Offensive sich aber totlief, begann die polnische „Heimatarmee" den Warschauer Aufstand. Als sich am 1. August die offene Revolte erhob, waren die Deutschen von ihrer Stärke wie gelähmt und verloren zwei Drittel der Stadt an die heldenhaften polnischen Kämpfer. Die Polen glaubten, die Russen stünden kurz davor, Warschau den Deutschen zu entreißen.

Dabei merkten sie nicht, daß der Vormarsch der Roten Armee gerade erlahmte. Den Deutschen war der Ermüdungszustand der sowjetischen Truppen bewußt. Sie konnten sich auf die Niederschlagung des Aufstandes konzentrieren. Stalin ließ voller Zynismus zu, daß die Deutschen die Polen fertigmachten, da er Polen nach dem Krieg unter sowjetische Besatzung bringen wollte. Deshalb ließ er die westlichen Alliierten nicht zur Unterstützung der Polen die sowjetischen Luftbasen benutzen. Die Sowjets hätten mit dem, wie er es nannte, „Warschauer Abenteuer" nichts zu tun.

Die polnischen Reaktionäre, die hinter dem Aufstand standen, hatten jedoch nicht die Unterstützung der Roten Armee bei der Befreiung zum Ziel, sondern wollten sie im Gegenteil fernhalten. Als Herren der Hauptstadt könnten sie selbst die Macht ergreifen und Stalins „volksdemokratische Ordnung" von Polen fernhalten.

Deutsche Umbildung

Am 21. Juli 1944 übertrug Hitler General Guderian das Kommando an der Ostfront. Er sollte sie neu gestalten und die Offensive der Roten Armee aufhalten. Als neue Verteidigungslinie wurde die Weichsel mit einem Brückenkopf am Ostufer bei Praga gewählt. Guderian gab General Vordman das Kommando über den Sektor der mittleren Weichsel zwischen Jablonna und Deblin. Vordman hatte die 9. Armee befehligt, die im Juni in Weißrußland fast ausradiert worden war. Die 2. Armee sollte sich nördlich der 9. Armee entlang dem Unterlauf des Bug konzentrieren.

Während diese Umgruppierung im Gang war und die neuen Verteidigungsmaßnahmen sich noch nicht auswirkten, näherte sich die Front der Weichsel, und der deutsche Abzug aus Warschau wurde beschleunigt. Zwischen dem 21. und 25. Juli verließen deutsche Depots, Werkstätten, zivile Einrichtungen und das Militärkommando die Stadt. Auch Polizei- und Heereseinheiten wurden abgezogen.

Am 26. Juli begannen sich die Anweisungen des neuen Befehlshabers der deutschen Front auszuwirken. Die deutschen Verwaltungsbehörden und die Polizei kehrten nach Warschau

Oben: Kurze Rast für diese Deutschen Mitte 1944 an der Ostfront beim Rückzug vor dem russischem Druck. Für Hitler und das Dritte Reich war dies ein Moment der Krise, doch die Waffen-SS würde zu Hilfe kommen.

zurück. Der Luftwaffen-General Stahel übernahm am 27. Juli das Militärkommando der Stadt. Die deutsche Zivilbehörde gab bekannt, daß die Stadt gegen die Rote Armee verteidigt würde, und rief die Polen zur Zusammenarbeit auf. Mit Hilfe des Meldesystems und von Wandplakaten verpflichtete sie 100.000 Personen, Befestigungen um die Stadt herum zu errichten. Der Schutz der deutschen Einrichtungen wurde verstärkt, Sturmgeschütze wurden an Hauptstraßenkreuzungen postiert und die Polizei- und Panzerpatrouillen in der Stadt verstärkt. Einheiten der deutschen 73. Infanterie-Division begannen an den Ausläufern Warschaus einzutreffen.

In der Nacht des 28. Juli und in den folgenden Tagen konnte man in Warschau Schlachtlärm hören. Das deutsche XXXIX. Panzer-Korps und die sowjetische 2. Panzer-Armee kämpften um Wolomin. Am 21. Juli 1944 setzte der Kommunistische Nationale Rat ein nationales Befreiungskomitee ein, das er dem Land als politische Obrigkeit aufhalsen wollte. Ein Manifest des Komitees an die polnische Nation, das Radio Moskau am 23. Juli sandte, bezeichnete die polnische Exilregierung in London und ihre Organe als Usurpatoren.

Das schien zu zeigen, daß die Sowjetunion durch das Nationale Befreiungskomitee dem Land ohne Rücksicht auf die polnische Exilregierung in London ihren Willen aufzuzwingen versuchte. Am 30. Juli kam der polnische Premierminister Stanislaw Mikolajczyk aus London nach Moskau. Am 31. Juli hatte er eine erste Besprechung mit Außenminister Molotow darüber, wie man den Feldzug gegen die Deutschen in Polen koordinieren sollte.

Die polnischen Aufständischen

Der Oberbefehlshaber der Heimatarmee, General Tadeusz Komorowski (Deckname Bór), hatte entschieden, daß sie im günstigen Moment die deutschen Truppen in Warschau angreifen würde. Dies würde den Kampf um die Stadt abkürzen und die Verluste verringern. Die Heimatarmee würde dann die Rote Armee als Gastgeber und Herr der eigenen Stadt empfangen können.

General Bór dachte, eine rasche Einnahme Warschaus sei im sowjetischen Interesse: politisch, weil es die Hauptstadt war, und militärisch, weil es die größte und günstigste Nachrichtenzentrale an der Weichsel war, von der aus der Vormarsch westwärts weitergehen konnte. Am 25. Juli stimmten die Polen in London dem Kampf um Warschau zu, und General Bór gab dies dem Präsidium des polnischen Untergrundparlaments bekannt. Auch dieses willigte ein. Bór informierte den Kommandanten des Bezirks Warschau, Oberst Antoni Chrusciel (Deckname Monter) und befahl, den Bezirk kampfbereit zu machen. Die Aktion sollte nach einem Plan der allgemeinen Überraschung verlaufen, den die Einheiten des Bezirks seit drei Jahren vorbereitet hatten.

Der Gegner der Polen war zahlenmäßig etwa gleich stark, doch an Bewaffnung und technischer Ausrüstung weit überlegen. Er hatte Luft- und Panzerunterstützung, welche der polnischen Heimatarmee fehlten.

Die Heimatarmee verfügte über etwa 38.000 Soldaten, 4000 davon Frauen. Die Einheiten der Heimatarmee des Bezirks Warschau und jene in der Nachbarschaft der Hauptstadt zählten ungefähr 11.000 Soldaten. Diese Kräfte und ihre Befehlskette waren in sieben Stadt- und einen Vorstadtbezirk organisiert, die ihrerseits in Abschnitte geteilt waren. Ihre Bewaffnung bestand aus schweren und leichten Infanteriewaffen und reichte für 25 Prozent der einsatzfähigen Soldaten. Munition gab es für sieben Kampftage. Was fehlte, sollte durch von den Deutschen erbeutete Waffen ersetzt werden, und man erwartete auch Nachschub an Waffen aus dem Westen, der während der letzten drei Jahre ständig welche aus der Luft abgeworfen hatte.

Neben den erwähnten Einheiten gab es in Warschau noch zwei weitere, der Heimatarmee nicht unterstellte Einheiten. Dies waren die *Narodowe Sily Zbrojne* (NSZ) oder nationalen bewaffneten Kräfte, eine rechte, nationalistische Verbindung, und die *Armia Ludowa* (AL) oder Volksarmee, eine total unter Moskaus Einfluß stehende kommunistische Organisation. Beide verfügten in der Stadt über ein paar hundert Mann, und ihre Einheiten kämpften später an der Seite der Heimatarmee.

Der Warschauer Aufstand beginnt

Die Heimatarmee schätzte die numerische Stärke der deutschen Besatzung auf etwa 40.000 Mann. Einige Einheiten waren zwischen dem 21. und 25. Juli abgezogen worden, doch jeden Tag wurden neue in oder bei der Hauptstadt einquartiert, und es gab Grund zur Annahme, daß polnische und deutsche Kräfte etwa gleich stark waren. Am 31. Juli berichtete Oberst Monter, Kommandant des Bezirks Warschau, bei der nachmittäglichen Einsatzbesprechung der Kommandeure der Heimatarmee, der deutsche Brückenkopf am Ostufer der Weichsel sei von sowjetischen Panzern durchbrochen worden und seine Verteidigung befinde sich in Auflösung. Danach hätten sowjetische Kommandos die Vorstädte Radosc, Milosna, Okuniew und Radzymin eingenommen.

Aufgrund dieses Berichts befahl General Bór in Anwesenheit des stellvertretenden Premierministers Jankowski Oberst Monter, die Deutschen am nächsten Tag, dem 1. August, um 17 Uhr anzugreifen. Um 18.30 Uhr desselben Tages gab Monter seine Befehle für die Einheiten unter seinem Kommando aus, doch manche erhielten sie erst am folgenden Morgen, da die Polizeistunde die Übermittlung verzögerte.

Oben: Deutsche Truppen im Juli 1944 in einer polnischen Stadt. Die russische Sommeroffensive von 1944 brachte einen Vormarsch der Roten Armee von 730 km in fünf Wochen, obwohl sie ihre Nachschublinien überdehnte.

Die militärische Lage am deutschen Brükkenkopf war an diesem Tag folgende: Sowjetische Panzer-Abteilungen hatten in die südliche Peripherie des Brückenkopfs eine Bresche geschlagen und dabei sogar den kommandierenden General der 73. Infanterie-Division gefangengenommen, doch die deutsche Verteidigung hatte sich nicht aufgelöst. Die Deutschen waren nicht zum Rückzug vom Ostufer der Weichsel gezwungen worden. Gleichzeitig kämpften deutsche und sowjetische Panzer weiter östlich bei Siedlce, und der Ausgang war unklar.

Am Nachmittag des 1. August trafen einander die Einheiten der Heimatarmee ohne deutsche Gegenaktion an ihren Sammelpunkten, obwohl wegen der nötigen Heimlichkeit nur 85 Prozent der Truppen an die ihnen zugewiesenen Plätze gelangen konnten.

Um 17 Uhr begannen die Heimatarmee-Einheiten ihre Angriffe auf die abgemachten Ziele. Innerhalb von Minuten war die ganze Stadt in Kämpfe verwickelt. Deutsche Patrouillen und Soldaten auf den Straßen wurden angegriffen und entwaffnet, und viele nicht besonders verstärkte oder gut bemannte Objekte wurden eingenommen. Die gut bemannten aber konnten die Angriffe zurückschlagen. Wo die anfänglichen Attacken erfolglos blieben, wurden sie in der Nacht erneuert, an manchen Stellen etliche Male, und die von den Deutschen gesäuberten Stadtteile wurden von der Heimatarmee besetzt.

Am 2. und 3. August erneuerte die Heimatarmee ihren Generalsturm auf am ersten Tag nicht eingenommene deutsche Stützpunkte, doch ohne schwere Sturmwaffen war sie gegen Bunker und andere Beton-Verteidigungsstellungen nicht besonders erfolgreich.

Es gab auf beiden Seiten viele Tote und Verwundete. Die Polen erbeuteten eine beträcht-

liche Menge an Waffen und Munition, doch der deutsche Widerstand, obwohl anfangs ziemlich unkoordiniert, erwies sich fast überall als sehr stark.

Die Heftigkeit des Kampfes forderte ihren Zoll. Auf polnischer Seite wurde trotz der gemachten Beute die Munition knapp. Dieser Umstand, verbunden mit den steigenden Opferzahlen und dem enttäuschenden Ausgang der Angriffe am 2. und 3. August, drosselte den Schwung der Operationen der Heimatarmee.

Bach-Zelewski übernimmt

Dann wurde am 3. April zur Enttäuschung aller der Lärm der Kämpfe zwischen deutschen und sowjetischen Kräften vom Ostufer der Weichsel her, der bisher dauernd heftiger geworden war, allmählich schwächer, und am nächsten Tag war es ganz still. Am 2. August verschwand zusätzlich die Rote Luftwaffe vom Himmel über Warschau.

Aufgrund dieser Entwicklungen und nach Rücksprache mit Bór befahl Oberst Monter seinen Truppen, ihre offensiven Anstrengungen aufzugeben und ab 5. August in die Verteidigung zu gehen. Am Ende dieser ersten Kampfphase beherrschte die Heimatarmee drei Fünftel Warschaus.

Die Deutschen hatten durch in den vorangegangenen Jahren erbeutete Dokumente eine ungefähre Vorstellung vom Plan der allgemeinen Überraschung durch die Heimatarmee. Nach dem Verhalten der polnischen Bevölkerung rechneten sie mit der Möglichkeit eines polnischen Angriffs Ende Juli, doch dachten sie, er würde in der Nacht stattfinden.

Als Hitler und Himmler von den Kämpfen erfuhren, reagierten sie sofort. Hitler ernannte SS-Obergruppenführer und General der Waffen-SS Erich von dem Bach-Zeleswki zum neuen Kommandeur der gegen die aufständischen Polen kämpfenden Einheiten, einen Speziali-

Links: Ein Tiger der* Wiking*-Division im August 1944 außerhalb Warschaus. Sie war Teil des IV. SS-Panzer-Korps, das die Rote Armee im August gerade vor der Stadt zurückwarf und die Front vorübergehend festigte.

Links: SS-Oberführer Oskar Dirlewanger, dessen Brigade beim Warschauer Aufstand kämpfte. Sie bestand aus Mördern, Vergewaltigern und anderen Verbrechern und beging während der Kämpfe viele Greueltaten.

sten für die Bekämpfung von Partisanenbewegungen hinter der Front. Er besaß einen besonderen, in dieser Art der Kriegsführung erfahrenen Stab. In Warschau sollte Bach-Zelewski die polnische Revolte mit allen zur Verfügung stehenden Mitteln zerschlagen.

Himmler schickte eilig Infanterie- und Polizei-Verstärkung auf Straße und Schiene nach Warschau. Eine Brigade bestand aus Verbrechern, die ihre Strafe abdienten. Sie wurde von SS-Oberführer der Reserve Dr. Oskar Dirlewanger befehligt. Die SS-Sturmbrigade *Dirlewanger* wurde wegen ihrer Aktionen beim Warschauer Aufstand berüchtigt. Ein Regiment von etwa 1700 Mann unter Oberstleutnant Wrolow wurde von der SS-Sturmbrigade RONA, die Waffen-Brigadeführer Bronislaw Kaminski befehligte, gelöst und zur Unterstützung bei der Unterdrückung des Aufstandes in die polnische Hauptstadt gesandt. Es kam am 5. August an, wurde aber auf Befehl Bach-Zelewskis drei Tage später wegen seiner Greueltaten und Disziplinlosigkeit wieder abgezogen. Kaminski selbst war nur zehn Tage lang in Warschau. Später wurde er von der SS in Lodz eingesperrt und der Plünderung beschuldigt, worauf die Todesstrafe stand. Er wurde für schuldig befunden und von einem SS-Erschießungskommando liquidiert. Für seinen Tod wurde offiziell ein polnischer Hinterhalt auf der Straße nach Lodz verantwortlich gemacht.

Die Kämpfe in Warschau

Während der folgenden Kampfphasen erhielt Bach-Zelewski erhebliche Verstärkung an schwerer Artillerie, darunter 610-mm-Belagerungsgeschütze, Raketenwerfer und Flammenwerfer.

Der polnische Angriff hatte die deutschen Kräfte in der Stadt in einigen Inseln voneinander abgeschnitten. Eine der größten war im Bruhl-Palast auf dem Plac Teatralny, wo General Stahel sein Hauptquartier hatte. Er war mit einer beträchtlichen Zahl von SS und Polizei bemannt. Die Deutschen eroberten die Vorstadt von Praga zurück, wo die Einheiten der Heimatarmee nach zwei Kampftagen zertrümmert wurden. Sie hielten auch die Warschauer Zitadelle, die Flugplätze bei Okecie und Bielany und die Sender bei Boernerowo.

Nach den ersten vier Kampftagen stabilisierten sich die von beiden Seiten gehaltenen Bereiche. Die Heimatarmee und die Deutschen errichteten an ihrer Peripherie Barrikaden.

Neben einer Reihe befestigter Sützpunkte innerhalb der polnischen Linien kontrollierten die Deutschen auch keilförmige Gebiete, die tief in die Stadt hineinreichten und die polnischen Abschnitte teilten. Sie wurden zu drei gesonderten Kampfschwerpunkten. Im Süden der Stadt Mokotow und Czerniakow, zentral das Stadtzentrum mit Powisle und die niedriggelegenen Flußufer und im Norden die Altstadt, separat davon Zoliborz, das aber mit den nahe gelegenen Heimatarmee-Einheiten im Wald von Kampinos Kontakt hielt.

Für Oberst Monter war es schwierig, diese abgetrennten Randzonen von seinem eigenen Hauptquartier im Stadtzentrum aus zu befehligen. Daher änderte er am 6. August die Kommandostruktur entsprechend. Er ernannte Oberst S. Kaminsky (Deckname Daniel) zum Kommandanten von Mokotow und Czerniakow, Oberst E. Pfeiffer (Deckname Radwan) zum Kommandanten des Zentrums und von Powisle und Oberst K. Ziemski (Deckname Wachnowski) zum Kommandanten der Gruppe Nord, bestehend aus Altstadt, Zoliborz und dem Kampinos-Wald. Diese drei Kommandanten sollten ihr Gebiet halten und die immer noch in den polnisch kontrollierten Gebieten befindlichen deutschen Widerstandsnester beseitigen.

Deutsche Gegenangriffe

Erstes Ziel der Deutschen war, sich Wege aus dem Westen zum Brückenkopf bei Praga freizukämpfen. Zwei Gruppen wurden damit beauftragt; eine griff aus dem Südwesten entlang der Achse Aleje Jerozolimskie/Poniatowski-Brücke an, die andere aus dem Westen entlang der Achse Wola/Kierbedzia-Brücke. Die Angreifer wurden durch Artillerie-Sperrfeuer und aus der Luft durch die Luftflotte V unterstützt, die die polnischen Stellungen und die Stadt großflächig mit Splitter- und Brandbomben belegten. Die ursprüngliche Absicht, die polnische Armee zu überwinden, indem man die ganze Stadt in Brand steckte und ausräucherte, wurde aufgegeben – man fürchtete, daß auch die deutschen Widerstandszentren innerhalb der polnischen Linien in den Flammen ausgelöscht würden.

Die Deutschen konnten keinen dauerhaften Weg zur Poniatowski-Brücke errichten. Am 4. August erzwang sich die 19. Panzer-Division über sie ihren Weg von Praga nach Westen, doch die Heimatarmee konnte die Route zwischen dem Zentralbahnhof und Ulica Bracka blockieren. Bis 8. August errichtete das deutsche Heer nach starken Kämpfen und Panzerangriffen die Achse Wola/Kierbedzia-Brücke, doch Teile davon standen dauernd unter polnischem Feuer.

In dieser Phase führten die Deutschen Massenexekutionen an Kriegsgefangenen, Zivilisten und Verwundeten in den Spitälern durch, auch an Ärzten und Krankenschwestern. Manchmal trieben sie Zivilisten vor angreifende deutsche Panzer, um sie vor dem polnischen Feuer aus den Barrikaden zu schützen.

Nachdem sie sich zur Kierbedzia-Brücke durchgekämpft hatten, mußten die Deutschen die Altstadt einnehmen. Am 12. August begannen sie den Sturm aus dem Süden, Westen und Norden. Sie wurden dabei von schwerem Artillerie-Sperrfeuer, Flammenwerfern, Goliaths (von den deutschen Linien aus über Kabel gesteuerte, explodierende Minuatur-Tanks) und Luftbombardement unterstützt.

Die Waffen-SS muß zurück

Die sowjetische Offensive wurde am 14. August erneuert. Sie versuchte, die polnische Hauptstadt einzukreisen und über die Weichsel nach dem Norden und Westen der Stadt zu gelangen. Doch das IV. SS-Panzer-Korps mit der *Totenkopf*- und *Wiking*-Division wartete schon. Eine Woche lang schlugen die Russen erfolglos auf die Deutschen ein, dann zogen sie sich zur Umgruppierung zurück. Am 25. August begann ein neuer massiver Angriff, vor allem gegen die Stellungen der *Totenkopf*-Division, und die Deutschen mußten schrittweise in Richtung Warschau zurückweichen.

Die inzwischen völlig umzingelten und von jedem Nachschub von außen abgeschnittenen polnischen Kräfte verloren jeden Tag an Boden. Nächtliche Angriffe eroberten etwas von dem am Tag verlorenem Gebiet wieder zurück, doch das pausenlose Artillerie- und Luftbombardement forderte immer mehr Opfer unter den Zivilisten. Viele von ihnen wurden unter einstürzenden Gebäuden begraben. Die Haltung der Bevölkerung und der Heimatarmee-Garnison blieb aber ungebrochen

Über die Abwasserkanäle zwischen dem Stadtzentrum und Zoliborz hielt man Mitte August Verbindung, evakuierte leicht Verwundete und brachte Munitionsnachschub. Sie waren schwer begehbar, doch geschickte Führer, viele davon Frauen, hielten sie die ganze Zeit betriebsfähig.

Nachdem die Garnison von Zoliborz durch ein Bataillon aus dem Kampinos-Wald verstärkt worden war, versuchte der Kommandant der Gruppe Nord zweimal, den deutschen Ring um die Altstadt zu durchbrechen. Ein Angriff von Zoliborz aus auf Dworzec Gdanski, eine Eisenbahnstation, war in der Nacht des 19. August erfolglos. In der nächsten Nacht wurde die Station von Zoliborz und der Altstadt aus angegriffen, wieder konnte der deutsche Ring nicht geknackt werden.

Die Altstadt fällt

Am 31. August evakuierte die Garnision der Altstadt auf Befehl Oberst Monters das Stadtzentrum. Etwa 1500 Mann und 300 gehfähige Verwundete fanden ihren Weg durch die Kanäle, ohne daß die Deutschen es merkten, und weitere 800 zogen sich über die Kanäle nach Zoliborz zurück. Der deutsche Angriff am nächsten Morgen ging ins Leere. Doch jene Verwundeten, die man nicht durch die Kanäle hatte evakuieren können, wurden von den Deutschen ermordet, die meisten, indem man sie mit Benzin tränkte und anzündete.

Während der Kampf um die Altstadt weiterging, blieben andere Abschnitte relativ ruhig. Im Stadtzentrum nahm die Heimatarmee einige einzelne Gebäude, die in deutscher Hand gewesen waren und die zäh Stockwerk für Stcokwerk verteidigt wurden.

Nach Einnahme der Altstadt beherrschten die Deutschen einen breiten Streifen Warschaus zwischen dem Zentrum und Zoliborz. Dieses wurde nun zum eigenen Kampfschwerpunkt, da die Gruppe Nord nicht mehr existierte und ihr Kommandeur, Oberst Wachnowski, nach Erreichen des Stadtzentrums Oberst Monters Stellvertreter geworden war.

Der Warschauer Aufstand ging in seine dritte Phase: Widerstand bis zum Letzten. Die Verteidiger hofften noch standzuhalten, bis die Deutschen sich unter dem Druck der Roten Armee aus der Stadt zurückziehen müßten. Die Heimatarmee gab nun alle offensiven Operationen auf, um statt dessen die gehaltenen Stellungen stärker zu verteidigen.

Um zu verhindern, daß die Rote Armee ihren Brückenkopf bei Praga vernichten könnte und die polnische Heimatarmee über den Fluß in direkte Verbindung mit den Sowjets käme, gingen die Deutschen daran, die Heimatarmee-Einheiten zwischen der Poniatowski- und der Kierbedzia-Brücke zurückzuwerfen. Nach drei Kampftagen, beginnend mit 4. September, waren die Deutschen Herr der Flußfront und hatten die Polen ins Stadtzentrum zurückgedrängt.

Der unerbittliche Vormarsch der Deutschen

Ab 8. September konzentrierten sie ihre Angriffe auf das Stadtzentrum und versuchten an etlichen Punkten, Keile in die polnische Peripherie zu treiben, doch wiederholte Attacken entlang der Aleje Jerozolimskie, einer der früheren Ost-West-Achsen der Stadt, schlugen nur kleine Breschen in die polnischen Stellungen.

Der Kampf ging in die sechste Woche. Die Hoffnung auf sowjetischen Beistand schwand, und das Leid der Zivilbevölkerung wuchs. Die politische Abteilung des Widerstands bat daher das Hauptquartier der Heimatarmee, die Möglichkeit von Kapitulationsverhandlungen mit dem deutschen Kommando zu prüfen.

Am 7. September kam es über Vermittlung des Polnischen Roten Kreuzes zu direkten Gesprächen. Die Vertreter dieser Organisation erreichten entlang einiger Abschnitte der Peripherie einen Waffenstillstand von ein paar Stunden, und am 8. und 9. September verließen einige tausend Frauen, Kinder, Alte und leicht Verwundete Warschau. Nur ein kleiner Teil der Zivilbevölkerung wählte diesen Weg, etwa eine Viertelmillion blieb lieber im Stadtzentrum, als sich den Deutschen zu ergeben. Die Bewohner der Stadt wollten der Heimatarmee helfen, solang die Kämpfe andauerten. Sie fühlten, daß dieser Kampf die ganze Stadt, nicht nur ihre Truppen anging.

Die Erkundungsgespräche mit den Deutschen gingen nicht weiter, da am 10. Septem-

Oben: Diese Russen, nach ihrer Verlegung von der Russischen Befreiungsarmee in Uniformen der POA, nahmen an der Niederschlagung des Warschauer Aufstands teil. Sie wüteten grauenhaft in der Stadt.

ber Einheiten der Roten Armee, darunter eine polnische Division, einen Sturm auf den deutschen Brückenkopf bei Praga begann. Nach fünf Tagen waren die Deutschen vertrieben, und das Ostufer der Weichsel gegenüber den polnischen Stellungen in Zoliborz, Solec und Czerniakow war in der Hand der Roten Armee. Nun war ein Kontakt über den Fluß möglich.

Doch der Druck auf das Stadtzentrum ließ dadurch nicht nach. Zoliborz und Mokotow wurden mit Artillerie und aus der Luft bombardiert, es gab sogar Ablenkungsangriffe, und die Deutschen begannen nun, die Heimatarmee gänzlich vom Westufer der Weichsel zurückzudrängen. Dies führten sie in drei Etappen durch.

Zwischen dem 14. und 16. September stieß die neu eingetroffene 25. Panzer-Division, unterstützt durch Luftangriffe, die Heimatarmee-Einheiten in Zoliborz von ihren Stellungen am Fluß etwa 1 km weit zurück. Zur gleichen Zeit nahm ein deutscher Angriff entlang des Flusses in Czerniakow das Flußufer ein und trieb die polnischen Verteidiger zurück.

Die polnische Seite hielt jetzt nur noch einen schmalen Streifen des Flußufers südlich der Poniatowski-Brücke und nördlich von Czerniakow. Er wurde von Einheiten des Bezirks verteidigt, die durch aus der Altstadt abgezogene Elitetruppen verstärkt waren und unter dem Kommando von Oberstleutnant Jan Mazurkiewicz standen. Am 11. September griff eine überwältigende deutsche Streitmacht an. Ein grimmiger Kampf bei Tag und Nacht auf engstem Raum folgte. Einzelne Gebäude wechselten etliche Male den Besitzer, und fast ständig gab es Kämpfe Mann gegen Mann. Auch hier schonten die Deutschen niemanden und führten Massenhinrichtungen an Kriegsgefangenen, Zivilisten und Verwundeten in den Spitälern durch.

Die polnische Garnison im Stadtzentrum führte etliche Angriffe in Richtung der Böschung im niedrig gelegenen Schlachtfeld am Fluß aus, um sich mit den dortigen Einheiten zu verbinden. Sie hatte anfangs einige Erfolge, konnte sie aber angesichts der starken deutschen Gegenangriffe nicht halten.

Letzte bittere Kämpfe

Am 19. September kam es nach acht Tagen und Nächten dauernden Kämpfens zum kritischen Punkt der Schlacht. Den polnischen Verteidigern, umzingelt auf einem Gebiet von 500 Quadratmetern, ging die Munition aus, es gab keine Nahrung und kein Verbandsmaterial mehr. Zu trinken hatten sie nur Flußwasser, die Grenzen ihrer Ausdauer waren erreicht. Oberstleutnant Radoslaw beschloß daher, einen Teil seiner Männer durch die Kanäle nach Mokotow abzuziehen, während andere den Rückzug der schwer Verwundeten über die Weichsel auf die sowjetische Seite decken sollten. Unter schrecklichem deutschen Feuer hielten sie noch zwei Tage lang durch und schützten die nächtliche Evakuierung in Booten. Man konnte auf diesem Weg nur einen kleinen Teil der Verwundeten wegbringen. Am 23. September überrannten die Deutschen die polnischen Stellungen. Nun war das Ufer in gesamter Länge in deutscher Hand.

Während die Heimatarmee um ihren Stützpunkt am Westufer kämpfte, war am gegenüberliegenden Ufer die sowjetische 1. polnische Armee Teil der Truppen Marschall Rokossowskis. Einheiten von ihr versuchten etliche Male, ans Westufer zu gelangen, und in den Nächten des 16. und 17. September setzten einige Abteilungen des 6. Infanterie-Regiments nach Zoliborz über, obwohl die Garnison der Heimatarmee schon vom Ufer vertrieben worden war, und wurden von den deutschen Kräften vernichtet.

In den Nächten des 15. und 16. September setzten zwei Bataillone und das Regiments-Hauptquartier des 9. Infanterie-Regiments nach Czerniakow über, wo sie sich mit den Kräften von Oberstleutnant Radoslaw verbanden. Zur selben Zeit versuchte das 8. Infanterie-Regiment vergeblich, sich am Westufer nahe der Poniatowski-Brücke festzusetzen, die 1. Kavallerie-Brigade versuchte es ebenso erfolglos nahe der Kierbedzia-Brücke.

Dann ging es gegen Mokotow. Nach einigen Tagen Artilleriesperrfeuer und nachdem sie ihre Truppen durch die 19. Panzer-Division verstärkt hatten, griffen die Deutschen am 24. September gleichzeitig aus dem Süden und Westen an. Nach drei Kampftagen waren die Polen auf einem winzigen Gebiet zusammengedrängt, das keine Verteidigungschance bot.

In der Nacht des 26. September ging ein Teil der Garnison Mokotows in die Kanäle, um das Stadtzentrum zu erreichen. Die Deutschen hatten das erwartet und warfen Gasgranaten hinein, lösten dadurch Panik aus und verursachten schwere Verluste. Viele Männer und Frauen gingen zugrunde, nur 600 erreichten das Stadtzentrum. Der Rest der Garnison von Mokotow, etwa 2000 Mann, streckte am 27. September die Waffen.

Der Todesstoß

Unmittelbar nach dieser Kapitulation zog die 19. Panzer-Division nach Norden, und am nächsten Tag begannen die Deutschen vor der Garnison von Zoliborz ihren Sturm auf die polnischen Linien. Nach zwei Tagen zähen Kampfes, in den die Verteidiger an Boden verloren hatten, verschlechterte sich ihre Lage stark. Doch Oberstleutnant M. Niedzielski wies den deutschen Vorschlag einer Kapitulation zurück. Zu dieser Zeit erwog das Hauptquartier der Heimatarmee selbst die Aufgabe, falls die deutschen Bedingungen annehmbar wären. Man hielt weiteren Widerstand in Zoliborz für sinnlos, und am 30. September legte die Garnison von etwa 1500 Mann, auf den Befehl des Oberkommandos der Heimatarmee hin, ihre Waffen

Rechts: Warschau brennt, während die Deutschen die letzten Reste des polnischen Widerstands auslöschen. Bach-Zelewski brauchte 26.000 Mann, den Aufstand niederzuschlagen. Noch viel mehr Polen wurden dabei getötet.

nieder. Damit ging ein epischer und heldenhafter Aufstand zu Ende.

Gleichzeitig mit den Oparationen in Mokotow und Zoliborz begannen die Deutschen, die Heimatarmee aus dem Kampinos-Wald zu vertreiben. Diese Truppen, zwei Infanterie-Regimenter und zwei Kavallerie-Schwadronen, insgesamt etwa 2000 Mann, wurden von Major A. Kotowski kommandiert. Sie dienten als Hilfsmacht des Aufstandes, erhielten aus der Luft Nachschub vom Westen, brachten ihn nach Zoliborz und störten allgemein die Verbindungen im Rücken der Deutschen.

Eine Einsatzgruppe der deutschen 9. Armee namens Sternschnuppe begann am 27. September mit den Operationen gegen den Wald. Major Kotowski hatte den deutschen Aufmarsch bemerkt und ging mit seinen Truppen an den Südrand des Waldes, um nach Süden auszubrechen. So verfehlte der deutsche Angriff sein Ziel und traf nur auf Nachhut-Einheiten. Major Kotowskis Kolonne zog vom Wald aus südwärts, bis sie zur Skierniewice–Zyrandow-Eisenbahnlinie gelangte, wo ihr am 29. September ein Panzerzug den Weg versperrte. Dann kamen deutsche Panzerverbände und zerstreuten sie, und nur eine Kavallerie-Schwadron mit etwa 100 Mann konnte sich in die Provinz Kielce durchkämpfen.

Die letzten Widerstandsnester

Gegen Ende September wurde die Lage der Aufständischen mit jedem Tag kritischer. Sie hatten die Herrschaft über das Flußufer verloren, die Außenbastionen Mokotow und Zoliborz waren gefallen, der Kampinos-Wald war in deutscher Hand. Die Munition ging zu Ende, es gab zuwenig Wasser aus improvisierten Brunnen, und Arzneien waren knapp. Ab 20. September bestand die Nahrung der Truppen nur noch aus Gerste und Zucker. Sie hatten keine warme Kleidung, und Fälle, in denen Soldaten vor Erschöpfung auf den Barrikaden ohnmächtig wurden, begannen sich zu häufen.

Nach Beratungen mit den zivilen Widerstandsführern sah das Hauptquartier der Heimatarmee ein, daß eine Forsetzung des Kampfes die Ziele des Aufstandes nicht näher bringen würde, sie würde bloß das Leid und die Opfer bei der Bevölkerung vergrößern. Die Einladung von SS-Obergruppenführer und General der Waffen-SS und Polizei Erich von dem Bach-Zelewski zu Verhandlungen, die er durch das Polnische Rote Kreuz übermittelt hatte, wurde daher angenommen. Am 2. Oktober wurde ein allgemeiner Waffenstillstand vereinbart, und am selben Tag unterzeichnete eine polnische Delegation im deutschen Hauptquartier in Ozarow eine Kapitulationsurkunde.

Die Beute des Siegers

Nach über zwei Monaten des Kampfes streckten die polnischen Truppen ihre Waffen. Die Deutschen evakuierten die gesamte verbliebene Stadtbevölkerung und zerstörten systematisch alles, was noch stand. Alles Bewegliche von Wert wurde ins Dritte Reich geschafft. Man kann die Zahl der Verluste unter der Zivilbevölkerung nur schätzen, 15.000 könnte zutreffen. Die deutschen Verluste aber beliefen sich nach Bach-Zelewski auf 26.000 Mann.

Wie bei früheren Aufständen wollte Himmler auch in dieser Auseinandersetzung gerne Kampfesehre für die SS sehen. Am 10. Dezember wurde daher das Warschau-Schild eingeführt. Es sollte „als Kampfabzeichen an Mitglieder der Streitkräfte und nicht-militärisches Personal verliehen werden, die zwischen 1. August und 2. Oktober an den ehrenvollen Kämpfen in Warschau beteiligt waren". Bach-Zelewski sollte es verleihen, doch die Fabrik, die das Schild herstellte, wurde ausgebombt, und so wurde keines vergeben.

Außerhalb Warschaus konnte die *Totenkopf*-Division ihre Verluste nicht rasch ersetzen, während die Sowjets schon wieder in voller Stärke standen und am 10. Oktober bereit für einen weiteren Angriff auf die Stadt waren. Diesmal wurden die geschwächten Deutschen in den Nordwesten der Stadt getrieben, konnten aber ihre Stellungen schnell festigen und die Sowjets wieder einmal aufhalten.

Ende Oktober 1944 hatten Rumänien und Bulgarien kapituliert und waren zu den Sowjets übergegangen, im Norden hatte Finnland um Frieden gebeten. Die 1. Baltische Front der

Roten Armee hatte am 10. Oktober Memel in Litauen wiedererobert, und Jeremenkos 2. Baltische Front hatte Riga eingenommen. Im Kurland hatte die russische Offensive zwei ganze deutsche Armeen mit 33 Divisionen abgeschnitten. Statt beim Versuch, sie zu vernichten, viele Truppen lahmzulegen, beschloß das STAWKA eine Luft- und Seeblockade.

Unter den Einheiten, die übers Meer entkamen, war der Rest der holländischen Freiwilligen der *Nederland*-Brigade. Das sie evakuierende Schiff wurde angegriffen und sank, doch einige holländische SS-Männer überlebten und bildeten dann den Kern der 23. Freiwilligen-Panzergrenadier-Division *Nederland*. Die Einheit kehrte bei Stargard in Pommern in den Kampf zurück und kämpfte auch bei Stettin, ehe sie nach Berlin zurückgezwungen wurde.

Geschwächte Heeresgruppe Mitte

Im Januar 1945 erhielt die Rote Armee Befehl, die Deutschen aus Polen zu vertreiben. Marschall Schukow sollte mit seiner 1. Weißrussischen Front nach Posen ziehen, während Marschall Konjew seinen Stoß südwärts Richtung Breslau lenkte. Jeder verfügte über eine Million Mann, über 30.000 Geschütze und 7000 Panzer. Ihnen gegenüber stand eine geschwächte Heeresgruppe Mitte mit 400.000 Mann und nur etwas über 1000 Panzern. Die Deutschen hatten in Ostpreußen noch etwa 580.000 Mann.

Am 12. Januar begann nach einem 105 Minuten langen Artilleriefeuer Konjews Angriff. Zwei Tage später schlossen sich Schukows Kräfte dem Sturm an, wobei sie die von den Sowjets aufgestellte 1. Polnische Armee bei der Einnahme Warschaus unterstützten. In der zweiten Januarhälfte nahm die Rote Armee Schlesien, eines der wichtigsten deutschen Industriegebiete, und Anfang Februar hatte sie die Oder erreicht. Die deutschen Stützpunkte, die wie Breslau dem sowjetischen Ansturm widerstanden, wurden einfach umgangen. Mit ihnen würde man sich später befassen.

Überall an der Front wurden die Waffen-SS-Divisionen von der russischen Offensive zerstört. Im Frühjahr 1945 führten die meisten von ihnen einen Rückzug voll des leidenschaftlichen Kampfes durch Ungarn nach Österreich durch. Die *Wiking*-Division wurde beim Kampf um die Zugänge zu Wien fast ganz zerstört. Im Mittel- und Nordabschnitt der Ostfront waren die noch kämpfenden Waffen-SS-Einheiten hauptsächlich ost- und westeuropäische Freiwilligen-Formationen. Ihre entschlossenen Versuche, die Sowjets aufzuhalten, waren ungewöhnlich, aber nicht ganz überraschend. Die Einheiten aus Osteuropäern hatten keine Heimatländer mehr, sie waren von den Russen erobert und nun in Stalins eisernem Griff. Man konnte nur versuchen, die westlichen Alliierten zu erreichen, um zu kapitulieren. Wer sich den Sowjets ergab, wurde meist kurzerhand erschossen.

Oben: Das Warschau-Schild zum Gedenken an jene, „die ehrenvoll in Warschau kämpften". Es wurde nie ausgegeben: Die Fabrik, die die Abzeichen herstellen sollte, wurde bei einem alliierten Bombenangriff zerstört.

KAPITEL 12

DIE GARDE STIRBT

Ab August 1944, als die Rote Armee durch Rumänien und Bulgarien zog, verließen die osteuropäischen Alliierten Hitler. Als die Heeresgruppen E und F unter Generalfeldmarschall von Weichs durch Jugoslawien zurückgedrängt wurden, wurde die 7. SS-Freiwilligen-Gebirgs-Division *Prinz Eugen* im Januar südlich von Vukovar vernichtet. Die Überlebenden zogen sich nach Österreich zurück.

In Ungarn kam Budapest unter Schutz von General Otto Wöhlers Heeresgruppe. Unter den Einheiten zur Verteidigung der Stadt war auch die 8. SS-Kavallerie-Division *Florian Geyer*, die 22. Freiwilligen-Kavallerie-Division der SS *Maria Theresia* und die 18. SS-Freiwilligen-Panzergrenadier-Division *Horst Wessel*, wenngleich einige Einheiten von dieser nach Galizien geschickt wurden und andere beim Niederschlagen des slowakischen Aufstands von August bis Oktober 1944 halfen.

Im Oktober 1944 querte die Rote Armee die ungarische Grenze und stürmte zur Donau. Südlich von Budapest erreichte sie den Fluß und errichtete am Westufer einen Brückenkopf für zukünftige Operationen.

Im Südwesten der Stadt lag der Plattensee. Zwischen ihm und dem Gebiet von Budapest hielten die Deutschen starke Verteidigungsstellungen. Bis zum 20. Dezember hatten die Sowjets die Überquerung der Donau erzwungen und dann das Südufer des Plattensees erreicht.

Links: Ein Panther und Grenadiere des IV. SS-Panzer-Korps im Januar 1945. Das Korps versuchte, Budapest zu entsetzen, doch die Stadt fiel im Februar 1945 an die Russen.

Die deutschen Hauptverteidigungen aber erwiesen sich für die Rote Armee als harte Nuß, da die Deutschen in dieser Kriegsphase natürliche Verteidigungslinien wie Flüsse oder „Festungsstädte“ ausnützten. Auch hatten die Sowjets ihre Nachschublinien überdehnt. Doch die Atempause war nur kurz. Marschall Tolbuchin leitete den Angriff um die Ostseite Budapests herum, die 6. Garde-Panzer-Armee griff aus dem Nordosten und die 46. Armee aus dem Süden an. So wurde die Stadt schließlich in einer massiven russischen Zangenbewegung umzingelt. Eine Zeitlang tobten die Kämpfe; die Russen konnten die Deutschen nicht schlagen und diese die Angreifer nicht zurückwerfen.

Budapest fällt

Am 26. Dezember 1944 wurde das IV. SS-Panzer-Korps mit der 3. SS-Panzer-Division *Totenkopf* und der 5. SS-Panzer-Division *Wiking* aus dem Warschauer Gebiet herangeholt, um Budapest zu entsetzen. Die Sowjets schlugen zwei Versuche, die Belagerung aufzubrechen, zurück, ehe sie ihrerseits mit einem Gegenangriff das IV. SS-Panzer-Korps in die Defensive zwangen. Die belagerte Garnison kämpfte weiter, doch das Ungleichgewicht war zu groß. Nach zwei Wochen des Kampfes mußte der Befreiungsversuch abgebrochen werden. Am 11. Februar 1945 versuchte die geschwächte, auf engstem Raum zusammengedrängte Garnison einen Ausbruch. Etwa 30.000 Mann wollten sich einen Weg westwärts freikämpfen. Doch die Deutschen wurden in Stücke geschlagen: Die 8. SS-Kavallerie-Division *Florian Geyer* und die 22. Freiwilligen-Kavallerie-Division der SS *Maria Theresia* wurden vernichtet. Nur 800 Überlebende durchbrachen die Einkreisung und erreichten die deutschen Linien, unter ihnen 170 Männer der Waffen-SS, alles, was von der 8. und 22. Kavallerie-Division noch übrig war. Der jugendliche Führer von *Florian Geyer*, SS-Brigadeführer und Generalmajor der Waffen-SS Joachim Rumohr, tötete sich selbst, nachdem er beim Fluchtversuch aus Budapest verwundet worden war. Die Stadt kapitulierte am 12. Februar.

Links: Starker Schlamm beeinflußte den Krieg an der Ostfront. Beweglichkeit war seinetwegen unmöglich, wie die 6. SS-Panzer-Armee zu Beginn der Operation „Frühlingserwachen“ im März 1945 feststellen mußte.

Die Überlebenden der beiden SS-Kavallerie-Divisionen bildeten den Kern einer neuen Einheit, der 37. SS-Freiwilligen-Kavallerie-Division *Lützow*. Doch diese erreichte nie die Stärke auch nur eines Regiments und existierte nur drei Monate lang, ehe sie vom russischen Vormarsch verschlungen wurde.

Der Fall Budapests machte eine große Zahl russischer Truppen für eine neue Offensive gegen das Dritte Reich frei, die die deutsch gehaltenen Ölfelder bei Nagy-Kanizsa in Ungarn bedrohte. Hitler war bei dem Gedanken, diese kostbare Ölquelle zu verlieren, entsetzt und entschied, nur eine neue Offensive könne die Rote Armee über die Donau zurückwerfen und die Lage in Ungarn insgesamt retten.

Die Heeresgruppe Süd mit der 6. Panzer-Armee, der 6. Armee und der ungarischen 3. Armee sollte von den Margarethe-Linien südlich vorstoßen, die 2. Armee der Heeresgruppe Südost von Westen die sowjetischen Linien angreifen. Diese Zangenbewegung sollte Tolbuchins 3. Ukrainische Front mit der 4. Garde-Armee, der 26. und 57. Armee und der 1. bulgarischen Armee zerschlagen. Das IV. SS-Panzer-Korps sollte beim Plattensee bleiben.

Die 6. SS-Panzer-Armee

Unter SS-Oberstgruppenführer „Sepp“ Dietrich enthielt die 6. SS-Panzer-Armee die besten Waffen-SS-Formationen: die *Leibstandarte*-Division, *Das Reich*-Division, die 9. SS-Panzer-Division *Hohenstaufen* und die 12. SS-Panzer-Division *Hitlerjugend*. Die *Leibstandarte*-Division unter SS-Brigadeführer Otto Kumm und die 12. SS-Panzer-Division *Hitlerjugend* unter SS-Oberführer Hugo Kraas bildeten zusammen das I. SS-Panzer-Korps, die *Das Reich*-Division, vorübergehend unter SS-Standartenführer Rudolf Lehmann, und die 9. SS-Panzer-Division *Hohenstaufen* unter SS-Oberführer Sylvester Stadler formten gemeinsam das II. SS-Panzer-Korps.

Die Operation erhielt den Decknamen „Frühlingserwachen", doch die Zeichen standen nicht gut dafür. Das Gebiet um den Plattensee ist vorwiegend sumpfig, obwohl normalerweise strenger Frost zu Beginn des Jahres den Boden hart genug für das Gewicht schwerer Fahrzeuge macht. Doch im Frühjahr 1945 kam der Tau weit eher als erwartet, und das Gelände verwandelte sich in einen Schlammsee, in dem Sepp Dietrichs Panzer manchmal bis zu den Geschütztürmen einsanken.

Schlechter Start

Als Vorspiel zum Hauptangriff hatte das I. SS-Panzer-Korps ohne große Probleme den sowjetischen Brückenkopf bei Estergom zerschlagen. Doch als die Sowjets einen großen Truppenteil von Elite-Waffen-SS-Truppen in der Region bemerkten, wurde ihnen rasch klar, daß eine größere Offensive drohte. Sie begannen, ihre Stellungen zu verstärken, die Tiefe ihrer Minenfelder zu vergrößern und Panzerabwehr-Verteidigungen vorzubereiten. Das Vorspiel des Hauptangriffs, obwohl selbst erfolgreich, hatte bloß die Rote Armee vorgewarnt.

Am 6. März, dem Tag, an dem die Operation begann, hatte starker Schneefall die Bedingungen weiter verschlechtert. Das I. SS-Panzer-Korps stand für den Angriff vorzüglich, seine Männer hatten ihre Stellungen rechtzeitig erreicht, doch das II. SS-Panzer-Korps mühte sich noch im Schlamm ab. Für seine schweren Fahrzeuge war ein Fortkommen fast unmöglich. Es war kein Wunder, daß der deutsche Angriff von Beginn an unter schweren Verlusten litt. Doch die Waffen-SS-Soldaten warfen sich mit fanatischer Kühnheit in den Kampf und drängten den Feind zurück, im Fall des I. SS-Panzer-Korps über eine Strecke von mehr als 40 km. Das II. SS-Panzer-Koprs jedoch konnte nur etwa 8 km weit vorrücken.

Wie stets konnten die Sowjets ihre Verluste relativ rasch ersetzen, während die Deutschen auf Männer angewiesen waren, die oft schlecht ausgebildet und ausgerüstet waren und in dieser Spätphase des Kriegs nicht ihr Leben opfern wollten. Die Offensive verlangsamte sich, und die deutsche Luftwaffe entdeckte einen massiven sowjetischen Aufmarsch, offenbar für einen Gegenangriff gedacht.

Am 16. März begann die sowjetische Offensive entlang des gesamten Westsektors von Budapest. Der russische Hammerschlag nagelte die deutsche Offensive fest. Verzweifelt gruppierte Dietrich um, um bedrohte Bereiche zu verstärken, doch die Sowjets drangen in jene Gebiete ein, aus denen die Verstärkungen abgezogen wurden. Die 6. SS-Panzer-Armee drohte abgeschnitten zu werden, als das IV. SS-Panzer-Korps um die Erhaltung der deutschen Basislinie kämpfte. *Das Reich* focht verzweifelt, um einen Korridor für seine Kameraden offenzuhalten, doch dann lief die ungarische Armee über und ließ die Flanke des II. SS-Panzer-Korps für die Sowjets weit offen. Die Deutschen konnten sich nur zurückziehen oder die besten ihrer noch vorhandenen Divisionen an der Ostfront verlieren. Bis zum 25. März hatten die Russen eine 100-km-Lücke in die deutschen Verteidigungen gerissen.

Neben den vier Elite-Panzer-Divisionen der 6. Panzer-Armee und den zwei Panzerdivisionen des IV. SS-Panzer-Korps wurden auch die 16. SS-Panzergrenadier-Division *Reichsführer SS* und die 18. SS-Freiwilligen-Panzergrenadier-Division *Horst Wessel* beim Plattensee in den Kampf geworfen. *Horst Wessel* war der Einkreisung Budapests entkommen und hatte sich in die Slowakei zurückgezogen. Doch innerhalb von 10 Tagen der Offensive war sie total ausgelöscht worden.

Die Waffen-SS in Ungnade

Hitler tobte wegen des Scheiterns der Waffen-SS-Divisionen. Als er erfuhr, daß Dietrichs Einheiten – die *Das Reich*-, die *Totenkopf*- und die *Hohenstaufen*-Division – vernichtet zu werden drohten, bekam er einen Wutausbruch. Sein Befehl, Wien zu halten, war mißachtet worden, und er war entsetzt, daß seine SS-Einheiten, erschöpft und mit geschwächtem Kampfeswillen, in der Stadt Zuflucht gesucht hatten. Hitler sagte alle Feiern zu seinem Geburtstag am 20. April 1945 ab und befahl, daß alle Männer jener Einheiten ihre geschätzten Ärmelschleifen abzulegen hätten. Himmler, der zu feige

war, mit diesen Befehl seinen Kommandeuren vor die Augen zu treten, übermittelte ihn schriftlich. Als Dietrich davon erfuhr, lud er die Kommandeure jener Einheiten – Otto Kumm, Karl Kreutz, Hellmuth Becker und Sylvester Stadler – zu einer Besprechung in sein Hauptquartier in Wien, wo er ihnen kategorisch erklärte, daß keine Armbinde abgelegt werden würde, und zu seinen Kommandeuren sagte: „Das ist die Belohnung für alles, was Sie in den letzten fünf Jahren geleistet haben." Er sandte an Hitlers Hauptquartier eine steife Antwort, in der er die Ausführung des Befehls verweigerte. Einer anderen Version zufolge habe er seine Antwort gemeinsam mit seinen eigenen Auszeichnungen in einem Nachttopf an Hitler gesandt. Ob wahr oder nicht, sie illustriert Dietrichs Gefühle sehr gut. Trotz Hitlers Grimm war die Waffen-SS so professionell, daß

Oben: Waffen-SS-Soldaten Anfang 1945 in Polen. Zu dieser Zeit betrug die russische Überlegenheit an der Ostfront 15 zu eins. Nur ihre überdehnten Nachschublinien bremsten die Rote Armee ein.

sie ihren Kampf für ihn und Deutschland bis zum Ende fortsetzte.

Nach der Zerschlagung der deutschen Offensive beim Plattensee ging der sowjetische Vormarsch im Westen Budapests in einer zweizinkigen Bewegung Richtung Pápa und Györ weiter. Am 2. April erreichte diese den Neusiedler See an der Grenze zwischen Österreich und Ungarn, zwei Tage danach waren die letzten deutschen Soldaten aus Ungarn verjagt. Die sowjetische 46. Armee wurde nun auf der Donau transportiert, um Wien aus dem Norden anzugreifen, während die 4. Garde-Armee von

Südosten her gegen die Stadt zog. Von den Waffen-SS-Divisionen, die in Ungarn gekämpft hatten, hatten sich die meisten zur Verteidigung Wiens nach Österreich zurückgezogen.

Die 9. SS-Panzer-Division *Hohenstaufen* war in Ungarn übel zugerichtet worden. Ihre Reste wurden zu kleinen Kampfgruppen geformt, die beim Rückzug nach Wien als Nachhut verbissen kämpften. Die 3. SS-Panzer-Division *Totenkopf* beteiligte sich ebenfalls an der Verteidigung der österreichischen Hauptstadt, während die 12. SS-Panzer-Division *Hitlerjugend* sich in stark befestigte Verteidigungsstellungen im Wienerwald im Südwesten der Stadt zurückzog. Von dort wurde sie aber schon nach wenigen Tagen durch den unerbittlichen sowjetischen Druck vertrieben.

Der Fall Wiens

Die *Das Reich*-Division verteidigte sich im Süden Wiens hartnäckig, ehe sie sich in die Stadt selbst zurückzog und am 13. und 14. April bei der Floridsdorfer Brücke in heftige Kämpfe verwickelt wurde. Trotz aller Anstrengung wurde sie durch starken russischen Druck aus der Stadt gedrängt. Einige Elemente kämpften im Westen Wiens weiter, doch der Hauptteil der Divisionsreste wurde ins Gebiet östlich von Dresden geschickt, um die in Deutschland eindringenden sowjetischen Einheiten aufzuhalten. Der Fall Wiens am 13. April brachte den Sowjets über 12.500 Gefangene. Im Norden bekämpfte das *Der Führer*-Regiment vom 6. bis 8. Mai einen Aufstand in Prag. Beim Rückzug westwärts aus der Stadt evakuierte es so viele Personen wie möglich. Doch statt die flüchtenden Deutschen zu verfolgen, stoppte Stalin größere Operationen in Österreich, um sich ganz auf den Stoß nach Berlin zu konzentrieren (vgl. Anhang 4, Karte 8).

Als sich die zerschlagenen deutschen Armeen der Ostfront tief ins Reich zurückzogen,

Links: Der Inspekteur der Wehrertüchtigungslager Gerhard Hein, Träger des Ritterkreuzes mit Eichenlaub, erteilt Rekruten der* Hitlerjugend *in den letzten Monaten des Krieges Anweisungen.

mußten die Waffen-SS-Divisionen nochmals eine Hauptrolle als Nachhut-Einheiten spielen. Die 10. SS-Panzer-Division *Frundsberg*, die Anfang 1945 Teil der 11. Panzer-Armee von SS-Obergruppenführer Felix Steiner war, nahm am Angriff auf die auf Berlin vorrückende 1. Weißrussische Front Marschall Schukows teil. Am 16. Februar attackierten *Nordland*, *Nederland*, *Frundsberg* und *Wallonien* in südwestlicher Richtung und krachten in Schukows Nordflanke. Doch die geschwächten deutschen Divisionen konnten den massiven sowjetischen Sturm nicht ernsthaft abdrängen und wurden in wenigen Tagen zurückgeschlagen.

Der Marsch auf Berlin

Nun holten die Russen Atem für den Todesstoß, die Einnahme Berlins. Im Norden befand sich Rokossowski mit der 2. Weißrussischen Front, im Zentrum Schukow mit der 1. Weißrussischen Front und im Süden Konjew mit der 1. Ukrainischen Front. Die Kommandeure der Roten Armee sahen das Ganze als Wettlauf ums erste Eintreffen in der Hauptstadt des Dritten Reiches. Stalin förderte diese Rivalität, um das Letzte aus seinen Kommandeuren herauszuholen. Am 28. März errichtete Schukow bei Küstrin einen Brückenkopf über die Oder, wo er seinen Angriff vom Stapel lassen würde. Um größtmögliche Wirkung zu erzielen, wollte er den Angriff mit einem Artilleriefeuer von nie dagewesener Intensität eröffnen, mit einem 30-minütigen Feuer aus über 8000 Artilleriestükken. Dann sollte der massive, direkte Sturm beginnen. Schukow hatte fast 150 Scheinwerfer zum Ausgangspunkt bringen lassen, um mit ihren mächtigen Strahlen die deutschen Verteidiger zu blenden. Konjew dagegen ging kein Risiko ein und plante ein 145minütiges Sperrfeuer, gefolgt von einem Angriff im Schutz der Dunkelheit.

Am 14. April begannen die ersten Probeangriffe. Zwei Tage darauf startete der Hauptsturm. Doch die deutschen Verteidiger kannten Schukows Plan und zogen sich aus ihren Stellungen zurück, ehe das Artilleriefeuer anfing. Als es vorbei war, kehrten sie rasch zurück und erwarteten die sowjetischen Stoßtruppen. Die Scheinwerfer-Taktik funktionierte nicht, da sie die angreifenden Sowjets beleuchteten und zu idealen Zielen machten. Trotz Schukows Drohungen konnten seine Truppen die Deutschen nicht aus ihren stark verteidigten Stellungen auf den Seelow-Anhöhen gegenüber dem Brükkenkopf vertreiben. Statt des erwarteten sofortigen Sieges brauchte es drei Tage heftigen Kampfes, ehe die Deutschen langsam zurückgezwungen wurden. Doch am 19. April waren die deutschen Verteidigungen überrannt, die Seelow-Anhöhen eingenommen, und Rossokowskis Stoß aus dem Norden hatte begonnen.

Konjew befahl seiner 3. und 4. Garde-Panzer-Armee, am 20. April in die Stadt einzubrechen, doch drei Tage später gab Stalin bekannt, daß Schukows Truppen den Hauptsturm durchführen sollten. Sie sollten die Ehre erhalten, den Führerbunker und den Reichstag einzunehmen. Hitler soll noch am 20. April einige Überlebende der 10. SS-Panzer-Division *Frundsberg* beim Bunker inspiziert haben; die Lage um den inneren Kreis der Nazis war zur Farce geworden.

Die Schlacht von Berlin

Am 21. April befahl Hitler einen Angriff zur Entlastung der Stadt. General Theodor Busse, der mit seiner 9. Armee die Oder-Linie südöstlich von Berlin verteidigte, sollte die Stadt entsetzen. Im Westen sollte General Walther Wenck die Amerikaner zurückhalten, und Steiners 11. Panzer-Armee sollte vom Norden her zur Entlastung Berlins angreifen. All das war reine Träumerei. Hätten Busse und Wenck ihre Stellungen zur Entlastung verlassen, so wären ihre bedauernswerten paar Männer sofort überwältigt worden. Und Steiners „Panzer-Armee“ existierte nur auf dem Papier, da seine besten Truppen bereits geopfert oder in die Stadt geschickt worden waren. *Nordland* war in Berlin, *Nederland* sollte im Süden einen sowjetischen Angriff stoppen, und die Wallonen waren in Stücke geschlagen worden.

Am 25. April war Berlin völlig eingeschlossen. Am nächsten Tag drangen 500.000 Mann der Roten Armee in die Stadt selbst ein. Der Kampf war wild, und die Waffen-SS nahm an

dieser letzten Schlacht teil. Am 28. April durchbrachen die Sowjets die Verteidigungsstellungen der Innenstadt und stürmten zum Reichstag. Wie stets kämpfte die SS mit großer Kühnheit. Man hatte die zerschmetterten Gebäude in Festungen mit schweren Maschinengewehren und Artillerie hinter Behelfsluken verwandelt.

Das SS-Begleitkommando war mit Hitlers Schutz beauftragt, und diese Einheit sollte über die Reste des Führers verfügen. In den letzten Kriegstagen hatte Hitler SS-Sturmbannführer Otto Günsche mitgeteilt, er und Eva Braun würden sich selbst töten. Zusätzlich wollte er sichergehen, daß ihre Leichen verbrannt würden, damit sie nicht den Russen in die Hände fielen. „Ich möchte nicht in einem

Oben: Waffen-SS-Soldaten kämpfen im März 1945 in Österreich. Die* Hohenstaufen- *und die* Totenkopf-*Division kämpften bei der Verteidigung Wiens im April, konnten den Fall der Stadt am 13. April aber nicht verhindern.

russischen Wachsfigurenkabinett ausgestellt werden“, meinte er zu Günsche.

Hitler tötete sich am 30. April 1945. Günsche sah seine Leiche als erster. Er befahl SS-Sturmbannführer Erich Kempka, das zum Verbrennen der Leichen nötige Benzin aufzustöbern. Eva Braun wurde neben Hitler gelegt, und gemäß den letzten Befehlen Hitlers entzündete Bormann den Wikinger-Scheiterhaufen. SS-Oberführer Wilhelm Mohnke weinte offen über

Hitlers Selbsttötung und steckte am nächsten Tag, dem 1. Mai, den Bunker in Brand. In der Nacht schloß er sich einer der Flüchtlingsgruppen an, wurde aber später von den Russen gefangengenommen, als er sich in einem Keller in der Schönhauser-Allee versteckte.

Der erste sowjetische Sturm auf den Reichstag vom 30. April wurde durch Artillerie und Katjuscha-Raketen unterstützt. Drei Infanterie-Bataillone griffen unter schwerem Feuer an und konnten eine Bresche in die Verteidigung schlagen. Im Gebäude kam es zum Kampf Mann gegen Mann. Die SS hatte die Keller in eine Festung verwandelt, und es dauerte zwei Tage harten Kampfes, ehe sie besiegt war. Etwa 2500 Verteidiger des Reichstages wurden getötet, 2000 gefangengenommen. Hitler war da schon tot und die Schlacht um Berlin vorüber. Am 2. Mai um 15 Uhr übergab Generalleutnant Weidling die Stadt an die Russen. Noch immer gab es Waffen-SS-Männer, die in verschiedenen Nestern des schrumpfenden

Oben: Die Reste einer deutschen Stadt nahe Berlin im April 1945. In dieser Phase des Kriegs waren die Elite-Divisionen der Waffen-SS nur noch Schatten ihrer selbst, doch kämpften sie beherzt weiter.

Rechts: Volkssturm-Rekruten wurden im April 1945 im Gebrauch des MG 42-Maschinengewehrs unterwiesen. Solche Maßnahmen waren völlig ungeeignet, den machtvollen Vormarsch der Roten Armee aufzuhalten.

Reichs kämpften. Sie fuhren damit fort, bis alle formellen Kapitulationsverhandlungen abgeschlossen waren.

Die Art, wie die Soldaten in Gefangenschaft gingen, zeigt den Preis, den die SS im Osten zahlte. Sie kapitulierten nicht unterwürfig, sondern waren stolz auf ihre Rolle als Hitlers Elite. Die 2. SS-Panzer-Division *Das Reich* gelangte in den letzten Kriegstagen in den Westen und ging in amerikanische Gefangenschaft. Die

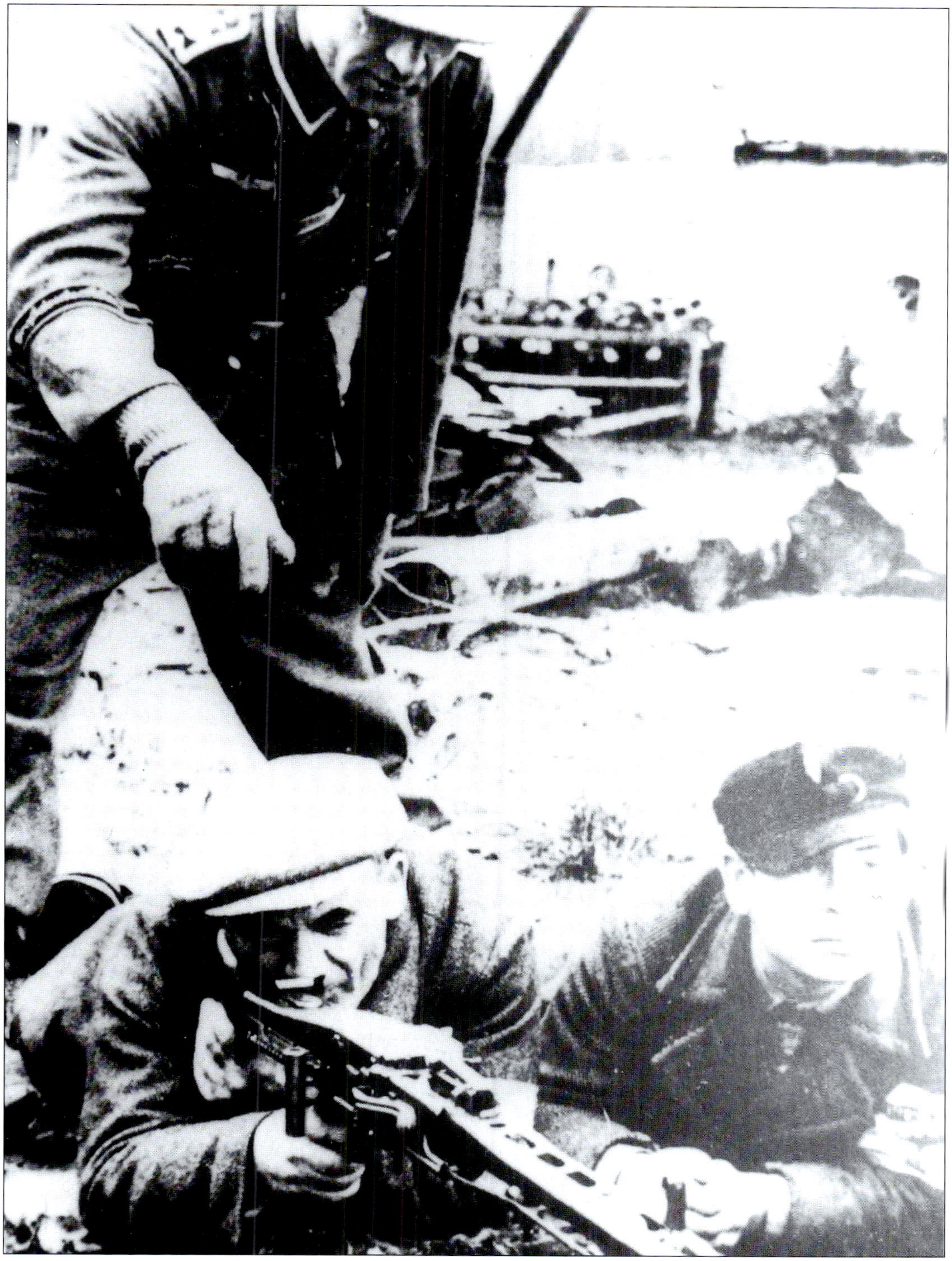

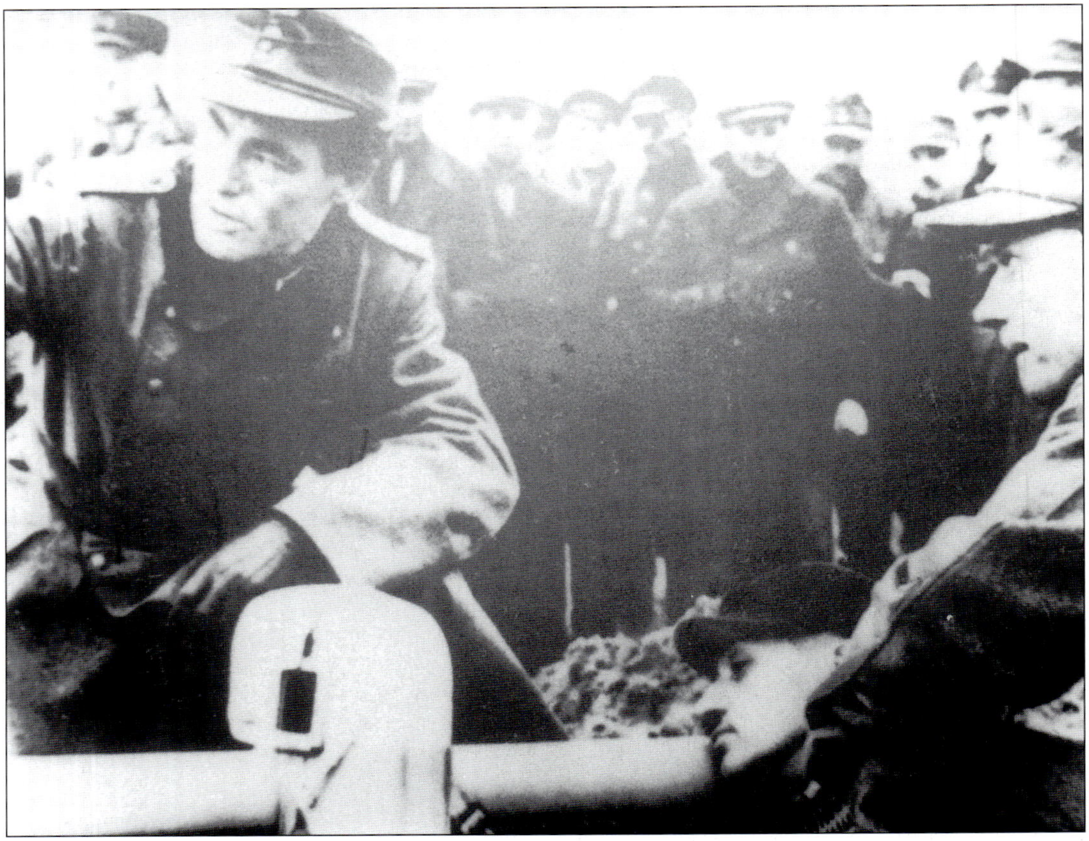

3. SS-Panzer-Division *Totenkopf* hatte sich in den Nordwesten Wiens zurückgezogen und ergab sich am 9. Mai den Amerikanern. Doch ihre Männer wurden den Russen übergeben, und nur wenige von ihnen überlebten die russische Gefangenschaft. Die 4. *SS-Polizei*-Panzergrenadier-Division kämpfte sich nach einer kurzen Rast südwestlich Stettins über die Elbe nach Wittenberge-Lenzen nördlich von Berlin in amerikanische Gefangenschaft durch.

Die Männer der 5. SS-Panzer-Division *Wiking* fochten eine Verteidigungsaktion von Stuhlweißenburg westlich von Budapest bis zurück in die Tschechoslowakei und wurde dort von ihrem Führer, SS-Oberführer Ullrich, von ihrem Eid entbunden. Die Offiziere konnten bei ihren Männern bleiben oder versuchen, nach Hause zu gelangen. Die Division ergab sich als Ganzes am 13. Mai den Amerikanern.

Oben: Der Volkssturm lernt in den letzten Kriegstagen in Berlin den Gebrauch des „Panzerschrecks". Bis zuletzt hängte Himmlers Begleit-Bataillon in den Straßen der Stadt Deserteure und „Drückeberger" auf.

Die traurigen Reste der 9. SS-Panzer-Division *Hohenstaufen* ergaben sich bei Steyr in Österreich den Amerikanern, ebenso die *Leibstandarte*-Division. Die 10. SS-Panzer-Division *Frundsberg* stand im Mai unter der 4. Armee der Heeresgruppe Mitte und kämpfte bei Cottbus und weiter südlich in Sachsen. Unter der Heeresgruppe Mitte zog die Division ins Protektorat Böhmen und Mähren und ging bei Schönau in russische Gefangenschaft. Die 12. SS-Panzer-Division *Hitlerjugend* konnte sich am 8. Mai den Amerikanern ergeben. Sie überschritt nahe bei Enns, südöstlich von Linz, die

Demarkationslinie und ging in amerikanische Gefangenschaft. Kurz vor der Demarkationslinie, weniger als 1,6 km vor ihr, inspizierte SS-Brigadeführer und Generalmajor der Waffen-SS Hugo Kraas ein letztes Mal die Überreste der Division. 455 Mann und ein Panzer waren alles, was von einer der stärksten gepanzerten Divisionen Deutschlands übriggeblieben war. Stolz und widerspenstig auch noch in der Niederlage, hatten die Männer den Befehl der Amerikaner, ihre Fahrzeuge als Zeichen der Kapitulation mit weißen Fahnen auszustatten, ignoriert.

Das Ende der Übermenschen

Die 11. SS-Freiwilligen-Panzergrenadier-Division *Nordland* wurde bei der Schlacht um Berlin aufgerieben. Die 14. Waffen-Grenadier-Division der SS (Ukrainische Nr. 1) aus der Ukraine ergab sich in der Tschechoslowakei den Sowjets. Der Großteil ihres verbliebenen Personals wurde rasch erschossen. Ein Teil der 15. Waffen-Grenadier-Division der SS (Lettische Nr. 1) aus Lettland nahm an der Verteidigung Berlins teil. Die 16. SS-Panzergrenadier-Division *Reichsführer SS* zog sich in die Untersteiermark im Süden Österreichs zurück, wurde aber aufgesplittert. Einige ihrer Einheiten kapitulierten südlich der Drau, andere zogen in Richtung Klagenfurt und ergaben sich den Amerikanern und Briten.

Die 22. Freiwilligen-Kavallerie-Division der SS *Maria Theresia*, die hauptsächlich aus Ungarn bestand, wurde im Kampf um Budapest zerstört. Die Rote Armee überrannte auch die hauptsächlich ungarische 25. Waffen-Grenadier-Division der SS (Ungarische Nr. 1) *Hunyadi* und die 26. Waffen-Grenadier-Division der SS (Ungarische Nr. 2) *Hungaria*, die gerade gebildet wurden. Die 34. Waffen-Grenadier-Division der SS *Landstorm Nederland*, kaum mehr als ein Regiment, wurde beim Fall Berlins ausgelöscht, und die zusammengewürfelten Reste der 27. SS-Freiwilligen-Panzergrenadier-Division (Flämische Nr. 1) *Langemarck* und der 28. SS-Freiwilligen-Panzergrenadier-Division *Wallonien* wurden ebenfalls beim Kampf um die Hauptstadt vernichtet, genauso wie die noch übrigen Freiwilligen der französischen 33. Waffen-Grenadier-Division der SS (Französische Nr. 1) *Charlemagne*.

Am Tag nach der Kapitulation wurden 13 französische Freiwillige ohne Kriegsgericht bei Bad Reichenhall erschossen. Den Befehl dazu gab der französische General Leclerc, Kommandeur der französischen 2. Panzer-Division, trotz des Umstands, daß die französischen Freiwilligen deutsche Uniformen trugen. Sie waren in ihren Einheiten nur im Osten eingesetzt gewesen und hatten sich am Tag der Kapitulation den Amerikanern ergeben. Die Unglücklichen wurden dann von der US-Army an Leclerc übergeben, der ein persönliches Interesse an diesen französischen Kriegsgefangenen zeigte und sie fragte: „Warum tragen Sie diese deutschen Uniformen?“ Einer antwortete: „General, warum tragen Sie diese amerikanische Uniform?“ Das reichte aus, ihr Todesurteil zu unterzeichnen.

Schlußbilanz

Die Waffen-SS hatte dem Führer nicht zum Sieg verholfen, doch stets kühn gekämpft, wenn man auch die von ihr in Rußland begangenen, entsetzlichen Greuel nicht leugnen kann.

Der unerschütterliche Einsatz der Waffen-SS-Männer verlängerte ohne Zweifel den Krieg im Osten, doch wie sehr, ist schwer einzuschätzen. Ihre Verläßlichkeit vermittelte vielleicht nicht nur Hitler und Himmler ein falsches Gefühl der Sicherheit, sondern auch dem deutschen Oberkommando. Ohne sie hätte das Offizierskorps seine Friedensbemühungen vielleicht nachdrücklicher verfolgt, und vielleicht hätte auch das Attentat auf Hitler vom 14. Juli 1944 bessere Früchte getragen, anstatt der SS noch mehr Macht zu bringen. Die schrecklichen Opferzahlen auf dem Schlachtfeld und in den Vernichtungslagern wären möglicherweise verringert worden.

Die Waffen-SS war eine Organisation, die in nie dagewesener Weise gekämpft hatte. Doch wenn ihre militärischen Taten auch beispielhaft waren, so hinterlassen ihre ideologischen Überzeugungen auch heute noch einen üblen Nachgeschmack.

1. SS-Panzer-Division *Leibstandarte SS Adolf Hitler*
SS-Panzergrenadier-Regiment 1
SS-Panzergrenadier-Regiment 2
SS-Panzer-Regiment 1
SS-Panzer-Artillerie-Regiment

2. SS-Panzer-Division *Das Reich*
SS-Panzergrenadier-Regiment 3 *Deutschland*
SS-Panzergrenadier-Regiment 4 *Der Führer*
SS-Panzer-Regiment 2
SS-Panzer-Artillerie-Regiment 2

3. SS-Division *Totenkopf*
SS-Panzergrenadier-Regiment 5 *Thule*
SS-Panzergrenadier-Regiment 6 *Theodor Eicke*
SS-Panzer-Regiment 3
SS-Panzer-Artillerie-Regiment 3

4. SS-Panzergrenadier-Division *SS-Polizei*
SS-Panzergrenadier-Regiment 7
SS-Panzergrenadier-Regiment 8
SS-Artillerie-Regiment 4
SS-Sturmgeschütz-Abteilung 4

5. SS-Panzer-Division *Wiking*
SS-Panzergrenadier-Regiment 9 *Germania*
SS-Panzergrenadier-Regiment 10 *Westland*
SS-Panzer-Regiment 5
SS-Panzer-Artillerie-Regiment 5

6. SS-Gebirgs-Division *Nord*
SS-Gebirgsjäger-Regiment 11 *Reinhard Heydrich*
SS-Gebirgsjäger-Regiment 12 *Michael Gaissmair*
SS-Gebirgs-Artillerie-Regiment 6
SS-Sturmgeschütz-Batterie 6

7. SS-Freiwilligen-Gebirgs-Division *Prinz Eugen*
SS-Freiwilligen-Gebirgsjäger-Regiment 13 *Artur Phleps*
SS-Freiwilligen-Gebirgsjäger-Regiment 14 *Skanderbeg*
SS-Freiwilligen-Gebirgs-Artillerie-Regiment 7
SS-Sturmgeschütz-Abteilung 7

8. SS-Kavallerie-Division *Florian Geyer*
SS-Kavallerie-Regiment 15
SS-Kavallerie-Regiment 16
SS-Kavallerie-Regiment 18
SS-Artillerie-Regiment (mot) 8
SS-Panzerjäger-Abteilung 8

9. SS-Panzer-Division *Hohenstaufen*
SS-Panzergrenadier-Regiment 19
SS-Panzergrenadier-Regiment 20
SS-Panzer-Regiment 9
SS-Panzer-Artillerie-Regiment 9

10. SS-Panzer-Division *Frundsberg*
SS-Panzergrenadier-Regiment 21
SS-Panzergrenadier-Regiment 22
SS-Panzer-Regiment 10
SS-Panzer-Artillerie-Regiment 10

11. SS-Freiwilligen-Panzergrenadier-Division *Nordland*
SS-Panzergrenadier-Regiment 23 *Norge*
SS-Panzergrenadier-Regiment 24 *Danmark*
SS-Panzer-Abteilung 11 *Hermann von Salza*
SS-Panzer-Artillerie-Regiment 11

12. SS-Panzer-Division *Hitlerjugend*
SS-Panzergrenadier-Regiment 25
SS-Panzergrenadier-Regiment 26
SS-Panzer-Regiment 12
SS-Panzer-Artillerie-Regiment 12

13. Waffen-Gebirgs-Division der SS (Kroatische Nr. 1) *Handschar*
SS-Waffen-Gebirgsjäger-Regiment 27
SS-Waffen-Gebirgsjäger-Regiment 28
SS-Waffen-Artillerie-Regiment 13
SS-Panzerjäger-Abteilung 13

14. Waffen-Grenadier-Division der SS (Ukrainische Nr. 1)
Waffen-Grenadier-Regiment der SS 29
Waffen-Grenadier-Regiment der SS 30
Waffen-Grenadier-Regiment der SS 31
Waffen-Artillerie-Regiment der SS 14

15. Waffen-Grenadier-Division der SS (Lettische Nr. 1)
Waffen-Grenadier-Regiment der SS 32
Waffen-Grenadier-Regiment der SS 33
Waffen-Grenadier-Regiment der SS 34
Waffen-Artillerie-Regiment der SS 15

16. SS-Panzergrenadier-Division *Reichsführer SS*
SS-Panzergrenadier-Regiment 35
SS-Panzergrenadier-Regiment 36
SS-Artillerie-Regiment 16
SS-Panzer-Abteilung 16

17. SS-Panzergrenadier-Division *Götz von Berlichingen*
SS-Panzergrenadier-Regiment 37
SS-Panzergrenadier-Regiment 38
SS-Panzer-Artillerie-Regiment 17
SS-Panzerjäger-Abteilung 17

18. SS-Freiwilligen-Panzergrenadier-Division *Horst Wessel*
SS-Panzergrenadier-Regiment 39
SS-Panzergrenadier-Regiment 40
SS-Artillerie-Regiment 18
SS-Panzerjäger-Abteilung 18

19. Waffen-Grenadier-Division der SS (Lettische Nr. 2)
Waffen-Grenadier-Regiment der SS 42 Voldemars Veiss
Waffen-Grenadier-Regiment der SS 43 Heinrich Schuldt
Waffen-Grenadier-Regiment der SS 44
Waffen-Artillerie-Regiment 19

20. Waffen-Grenadier-Division der SS (Estnische Nr. 1)
Waffen-Grenadier-Division der SS 45
Waffen-Grenadier-Division der SS 46
Waffen-Grenadier-Division der SS 47
Waffen-Artillerie-Regiment 20

21. Waffen-Gebirgs-Division der SS (Albanische Nr. 1) *Skanderbeg*
Waffen-Gebirgs-Division der SS 50
Waffen-Gebirgs-Division der SS 51
Waffen-Gebirgs-Artillerie-Regiment 21

22. Freiwilligen-Kavallerie-Division der SS *Maria Theresia*
Freiwilligen-Kavallerie-Regiment der SS 52
Freiwilligen-Kavallerie-Regiment der SS 53
Freiwilligen-Kavallerie-Regiment der SS 54
Freiwilligen-Kavallerie-Regiment der SS 55

23. Waffen-Gebirgs-Division der SS *Kama*
Waffen-Gebirgsjäger-Regiment der SS 56
Waffen-Gebirgsjäger-Regiment der SS 57
Waffen-Gebirgsjäger-Regiment der SS 58
Waffen-Gebirgs-Artillerie-Regiment der SS 23

23. Freiwilligen-Panzergrenadier-Division *Nederland*
SS-Freiwilligen-Panzergrenadier-Regiment 48 *General Seyffardt*
SS-Freiwilligen-Panzergrenadier-Regiment 49 *De Ruiter*

24. Waffen-Gebirgs-Division der SS *Karstjäger*
Waffen-Gebirgsjäger-Regiment der SS 59
Waffen-Gebirgsjäger-Regiment der SS 60
Waffen-Gebirgs-Artillerie-Regiment 24

25. Waffen-Grenadier-Division der SS (Ungarische Nr. 1) *Hunyadi*
Waffen-Grenadier-Regiment der SS 61
Waffen-Grenadier-Regiment der SS 62
Waffen-Grenadier-Regiment der SS 63
Waffen-Artillerie-Regiment der SS 25

26. Waffen-Grenadier-Division der SS (Ungarische Nr. 2) *Hungaria*
Waffen-Grenadier-Regiment der SS 64
Waffen-Grenadier-Regiment der SS 65
Waffen-Grenadier-Regiment der SS 66
SS-Panzer-Bataillon 26

27. SS-Freiwilligen-Panzergrenadier-Division (Flämische Nr. 1) *Langemarck*

28. SS-Freiwilligen-Panzergrenadier-Division *Wallonien*

29. Waffen-Grenadier-Division der SS (Russische Nr. 1)

29. Waffen-Grenadier-Division der SS (Italienische Nr. 1)
SS-Füsilier-Bataillon *Debica*
SS-Füsilier-Bataillon *Vendetta*

30. Waffen-Grenadier-Division der SS (Weissruthenische Nr. 1)
Waffen-Grenadier-Regiment der SS 75
Waffen-Grenadier-Regiment der SS 76
Waffen-Grenadier-Regiment der SS 77
Waffen-Artillerie-Regiment der SS 30

31. SS-Freiwilligen-Grenadier-Division
SS-Freiwilligen-Grenadier-Regiment 78
SS-Freiwilligen-Grenadier-Regiment 79
SS-Freiwilligen-Grenadier-Regiment 80
SS-Artillerie-Regiment 31

32. SS-Freiwilligen-Grenadier-Division *30. Januar*

33. Waffen-Kavallreie-Division der SS (Ungarische Nr. 3)

33. Waffen-Grenadier-Division der SS (Französische Nr. 1) *Charlemagne*

34. Waffen-Grenadier-Division der SS *Landstorm Nederland*
SS-Freiwilligen-Grenadier-Regiment 83
SS-Freiwilligen-Grenadier-Regiment 84

35. SS-Polizei-Grenadier-Division

36. Waffen-Grenadier-Division der SS

37. SS-Freiwilligen-Kavallerie-Division *Lützow*

38. SS-Grenadier-Division *Nibelungen*

Anmerkung:
Die theoretische Stärke einer Waf-fen-SS-Division betrug etwa 19.000 Mann, doch die später im Krieg gebildeten Einheiten erreichten diese Stärke nicht. Als der Krieg im Mai 1945 endete, waren die meisten ausländischen SS-Freiwilligen-Einheiten aufgelöst oder mit neu gebildeten, in dieser Liste aufgeführten Divisionen verschmolzen worden. Neben den hier erwähnten hatte die SS eine Reihe winziger Einheiten aufgestellt, etwa die Indische Legion. Militärisch waren sie nutzlos.

KOMMANDEURE EUROPÄISCHER EINHEITEN UND AN DER OSTFRONT MIT DEM RITTERKREUZ ZUM EISERNEN KREUZ AUSGEZEICHNETE EUROPÄISCHE FREIWILLIGE

Diese Liste gibt das Datum der Auszeichnung mit dem Ritterkreuz an, und, falls zutreffend, auch die höheren Grade des Ritterkreuzes – Eichenlaub, Eichenlaub mit Schwertern, Diamanten – sind angegeben. Die Zusätze und die Position des Empfängers in der Auszeichnungsliste werden in Klammern angeführt. Daneben gibt das Verzeichnis noch den Rang des jeweiligen Empfängers an.

III. (Germanisches) SS-Panzer-Korps

Steiner, Felix — 10.8.44 (Schwerter, 86.) SS-Obergruppenführer und General der Waffen-SS 23.12.1942 (Eichenlaub, 159.) 15.8.1940 (Ritterkreuz)

V. SS-Gebirgs-Korps

Phleps, Artur — 24.11.44 (Eichenlaub, 670.) SS-Obergruppenführer und General der Waffen-SS 4.7.43 (Ritterkreuz des Eisernen Kreuzes)

VI. Waffen-Armee-Korps der SS (Lettisches)

Krueger, Walter — 1.2.45 (Schwerter, 120.) SS-Obergruppenführer und General der Waffen-SS 31.8.43 (Eichenlaub, 286.) 13.12.1941 (Ritterkreuz des Eisernen Kreuzes)

IX. Waffen-Gebirgs-Korps der SS (Kroatisches)

Pfeffer-Wildenbruch, Karl — 4.2.45 (Eichenlaub, 723.) SS-Obergruppenführer und General der Waffen-SS 11.1.45 (Ritterkreuz des Eisernen Kreuzes)

Korps Pionier-Kommando III (Germanisches) SS-Panzer-Korps

Schaefer, Max — 25.1.45 (Eichenlaub, 714.) SS-Standartenführer 22.2.43 (Ritterkreuz des Eisernen Kreuzes)

7. SS-Freiwilligen-Gebirgs-Division *Prinz Eugen*

Dietsche, Bernhard — 17.7.43 SS-Sturmbannführer
Krombholz, Franz — 28.3.45 SS-Hauptsturmführer
Kumm, Otto — 4.4.45 (Schwerter, 138.) SS-Brigadeführer und Generalmajor der Waffen-SS 6.4.43 (Ritterkreuz des Eisernen Kreuzes)
Neumann, Eggert — 3.11.44 SS-Sturmbannführer
Paletta, Harry — 26.11.44 SS-Obersturmbannführer
Petersen, Heinrich — 13.11.43 SS-Obersturmbannführer

11. SS-Freiwilligen-Panzergrenadier-Division *Nordland*

Bunse, Fritz — 30.1.44 SS-Sturmbannführer
Christophersen, Egon — 11.7.44 SS-Unterscharführer
Fischer, Alred — 9.5.45 SS-Sturmbannführer
Gieseler, Karl-Heinz — 29.4.45 SS-Obersturmbannführer
Guerz, Martin — 23.10.44 SS-Hauptsturmführer
Haemel, Heinz — 16.6.44 SS-Hauptsturmführer
Hektor, Albert — 23.8.44 SS-Oberscharführer
Hund, Willi — 20.4.45 SS-Obersturmführer
Kam, Soeren — 7.2.45 SS-Untersturmführer
Karl, Friedrich-Wilhelm — 26.12.44 SS-Obersturmbannführer
Kausch, Paul-Albert — 23.8.44 SS-Obersturmbannführer
Knöchlein, Fritz — 16.11.44 SS-Obersturmbannführer
Kruegel, Albrecht — 12.3.44 SS-Sturmbannführer
Langendorf, Georg — 12.3.44 SS-Untersturmführer
Luengen, Siegfried — 16.11.44 SS-Hauptscharführer
Potschka, Herman — 26.12.44 SS-Sturmbannführer
Rott, Rudolf — 28.2.45 SS-Obersturmführer
Saalbach, Rudolf — 12.3.44 SS-Hauptsturmführer
Scholz, Fritz — SS-Gruppenführer und Generalleutnant der Waffen-SS 8.8.44 (Schwerter, 85.) 12.3.44 (Eichenlaub, 423.) 18.1.42 (Ritterkreuz des Eisernen Kreuzes)
Seebach, Walter — 12.3.44 SS-Obersturmführer
Sporck, Kaspar — 23.10.44 SS-Unterscharführer
Spoerle, Richard — 16.11.44 SS-Hauptsturmführer
Schulz-Streeck, Karl-Heinz — 2.5.45 SS-Sturmbannführer
Stoffers, Arnold — 12.3.44 SS-Obersturmbannführer
Vogt, Fritz — 16.3.45 (Eichenlaub, 785.) SS-Hauptsturmführer 4.9.44 (Ritterkreuz des Eisernen Kreuzes)
Wild, Philipp — 21.3.44 SS-Oberscharführer
Ziegler, Joachim — 28.4.45 (Eichenlaub, 848.) SS-Brigadeführer

13. Waffen-Gebirgs-Division der SS *Handschar*

Hampel, Desiderius — 3.5.45 SS-Standartenführer
Kinz, Helmut — 3.5.45 SS-Hauptsturmführer
Liecke, Karl — 3.5.45 SS-Sturmbannführer und Major der Polizei
Stenwedel, Albert — 3.5.45 SS-Sturmbannführer

14. Waffen-Grenadier-Division der SS

Freitag, Fritz — 30.9.44 SS-Brigadeführer und Generalmajor der Waffen-SS

15. Waffen-Grenadier-Division der SS

Aperats, Karlis	21.9.44 SS-Obersturmbannführer
Ax, Adolf	9.5.45 SS-Oberführer
Heilmann, Nikolaus	13.8.44 SS-Oberführer
Sensberg, Karlis	9.5.44 SS-Unterscharführer

19. Waffen-Grenadier-Division der SS

Adamsons, Mervaldis	25.4.34 SS-Untersturmführer
Ancans, Robert	25.1.45 SS-Untersturmführer
Ansons, Zanis	25.1.45 SS-Hauptscharführer
Butkus, Zanis	21.9.44 SS-Hauptsturmführer
Gaigals, Roberts	5.5.45 SS-Obersturmführer
Galdins, Nikolajs	25.1.45 SS-Obersturmbannführer
Reinholds, Voldemar	9.5.45 SS-Sturmbannführer
Riekstins, Alfreds	5.4.45 SS-Unterscharführer
Schuldt, Hinrich	25.3.44 (Schwerter, 56.) SS-Brigadeführer und Generalmajor der Waffen-SS 2.4.43 (Eichenlaub 220.) 5.4.42 (Ritterkreuz des Eisernen Kreuzes)
Streckenbach, Bruno	21.1.45 (Eichenlaub, 701.) SS-Gruppenführer und Generalmajor der Polizei 27.8.44 (Ritterkreuz des Eisernen Kreuzes)
Veiss, Voldemars	9.2.44 SS-Standartenführer

20. Waffen-Grenadier-Division der SS

Augsberger, Franz	31.3.45 SS-Brigadeführer und Generalmajor der Waffen-SS
Langhorst, Bernhard	5.4.45 SS-Sturmbannführer
Maitla, Paul	23.8.44 SS-Hauptsturmführer
Nugiseks, Harald	9.4.44 SS-Unterscharführer
Rebane, Alfons	9.5.45 (Eichenlaub, 875.) SS-Standartenführer 23.2.44 (Ritterkreuz des Eisernen Kreuzes)
Riipalu, Harald	23.8.44 SS-Obersturmbannführer

SS-Freiwilligen-Panzegrenadier-Bataillon *Narwa*, 5. SS-Panzer-Division *Wiking*

Eberhardt, Georg	4.8.43 SS-Sturmbannführer

22. SS-Freiwilligen-Kavallerie-Division der SS *Maria Theresia*

Ameiser, Anton	1.11.44 SS-Sturmbannführer
Vandieken, Anton	26.12.44 SS-Hauptsturmführer
Zehender, August	4.2.45 (Eichenlaub, 722.) SS-Brigadeführer und Generalmajor der Waffen-SS

SS-Freiwilligen-Legion *Nederland*

Mooyman, Gerardes	20.2.43 SS-Sturmmann

23. SS-Freiwilligen-Panzergrenadier-Division *Nederland*

Behler, Clemens	17.3.45 SS-Obersturmführer
Bruins, Derk-Elsko	23.8.44 SS-Rottenführer
Collani, Hans	19.8.44 SS-Obersturmbannführer
Ertel, Karl-Heinz	23.8.44 SS-Hauptsturmführer
Frühauf, Carl-Heinz	4.6.44 SS-Hauptsturmführer
Hellmers, Johannes	5.3.45 SS-Obersturmführer
Hofer, Lothar	5.4.45 SS-Sturmbannführer und Major der Polizei
Jenschke, Walter	18.12.44 Kanonier
Joerchel, Wolfgang	21.4.44 SS-Obersturmbannführer
Lohmann, Hanns-Heinrich	9.5.45 (Eichenlaub, 872.) SS-Obersturmbannführer 12.3.44 (Ritterkreuz des Eisernen Kreuzes)
Meyer, Hans	2.9.44 SS-Hauptsturmführer
Petersen, Otto	11.12.44 SS-Hauptsturmführer
Ruehle, von Lilienstern Hans-J.	2.2.44 SS-Hauptsturmführer
Rieth, Herbert-Albert	11.12.44 SS-Untersturmführer
Scheibe, Siegfried	9.5.45 SS-Sturmbannführer
Schlueter, Wilhelm	23.8.44 SS-Sturmbannführer und Major der Polizei
Schluifelder, Georg	26.11.44 SS-Standartenoberjunker
Scholz, Helmut	24.9.44 (Eichenlaub, 591.) SS-Obersturmführer 4.6.44 (Ritterkreuz des Eisernen Kreuzes)
Strapatin, Stefan	16.11.44 SS-Rottenführer
Wanhoefer, Günter	27.8.44 SS-Hauptsturmführer
Wagner, Jürgen	29.12.44 (Eichenlaub, 680.) SS-Brigadeführer und Generalmajor der Waffen-SS 24.7.43 Ritterkreuz des Eisernen Kreuzes)

27. SS-Freiwilligen-Panzergrenadier-Division *Langemarck*

Schellong, Conrad	28.2.45 SS-Sturmbannführer
Schrynen, Remi	21.9.44 SS-Sturmmann

28. SS-Freiwilligen-Panzergrenadier-Division *Wallonien*

Degrelle, Léon	27.8.44 SS-Sturmbannführer (Eichenlaub) 20.2.44 (Ritterkreuz des Eisernen Kreuzes)
Gillis, Léon	30.9.44 SS-Untersturmführer
Leroy, Jacques	20.4.45 SS-Untersturmführer

33. Waffen-Grenadier-Division der SS *Charlemagne*

Fenet, Henri-Joseph	29.4.45 SS-Hauptsturmführer
Vaulot, Eugène	29.4.45 SS-Unterscharführer

WAFFEN-SS-RÄNGE UND IHRE ÄQUIVALENTE BEIM DEUTSCHEN HEER

SS-Schütze	Soldat
SS-Oberschütze	kein Äquivalent
SS-Sturmmann	Obersoldat
SS-Rottenführer	Gefreiter
SS-Unterscharführer	Unteroffizier
SS-Scharführer	Unterfeldwebel
SS-Oberscharführer	Feldwebel
SS-Hauptscharführer	Oberfeldwebel
SS-Sturmscharführer	Stabsoberfeldwebel
SS-Untersturmführer	Leutnant
SS-Obersturmführer	Oberleutnant
SS-Hauptsturmführer	Hauptmann
SS-Sturmbannführer	Major
SS-Obersturmbannführer	Oberstleutnant
SS-Standartenführer	Oberst
SS-Oberführer	Generalmajor
SS-Brigadeführer und Generalmajor der Waffen-SS	Generalmajor
SS-Gruppenführer und Generalleutnant der Waffen-SS	Generalleutnant
SS-Obergruppenführer und General der Waffen-SS	General
SS-Oberstgruppenführer und Generaloberst der Waffen-SS	Generaloberst
Reichsführer SS	kein Äquivalent

WAFFEN-SS-RÄNGE DER OFFIZIERSANWÄRTER

Anfang 1940	SS-Junker SS-Standartenjunker SS-Standartenoberjunker
Ab Juli 1943	Führer-Bewerber SS-Junker SS-Standartenjunker SS-Standartenoberjunker

WAFFEN-SS-RÄNGE DER UNTEROFFIZIERSANWÄRTER

SS-Unterführer-Anwärter: Verpflichtet für 12 Jahre Dienst
SS-Unterführer-Bewerber: Verpflichtet für weniger als 12 Jahre Dienst

Die Namen der niedrigen Ränge hingen vom Einheitstyp ab, der der Soldat zugeteilt war. In zwei weiteren Fällen wurde die Vorsilbe „SS“ vor dem Rang durch das Wort „Legion“ oder „Waffen“ ersetzt. Rangbezeichnungen für Männer in ausländischen Freiwilligen-Legionen wurden durch Leg.-Schütze, Leg.-Sturmmann usw. ergänzt. Divisionen, die vor allem aus nichtgermanischen Freiwilligen bestanden, wurden als „Waffen-Division der SS“ bezeichnet. Die Rangtitel änderten sich dementsprechend, z. B. Waffen-Oberbannsturmführer der SS. Die folgende Tafel zeigt die Rangbezeichnungen für Schützen und Oberschützen der spezifischen Einheitstypen. Die erste Spalte bezeichnet die Art der Einheit, die zweite die Bezeichnung eines Schützen und die dritte die eines Oberschützen. Die Bezeichnungen der Ränge über dem Oberschützen findet man auf der gegenüberliegenden Seite.

SS-Panzer-Regiment	SS-Panzerschütze	SS-Panzeroberschütze
SS-Panzergrenadier-Regiment	SS-Panzergrenadier	SS-Panzerobergrenadier
SS-Grenadier-Regiment	SS-Grenadier	SS-Obergrenadier
SS-Gebirgs-Jäger-Regiment	SS-Jäger	SS-Oberschütze
SS-Reiter-Regiment	SS-Reiter	SS-Oberreiter
SS-Artillerie-Regiment	SS-Kanonier	SS-Oberkanonier
SS-Gebirgs-Artillerie-Regiment	SS-Kanonier	SS-Oberkanonier
SS-Sturmgeschütz-Einheit	SS-Kanonier	SS-Oberkanonier
SS-Panzer-Jäger-Einheit	SS-Schütze	SS-Oberschütze
SS-Kradschützen-Einheit	SS-Schütze	SS-Oberschütze
SS-Panzer-Späher-Einheit	SS-Panzerschütze	SS-Panzeroberschütze
SS-Flak-Einheit	SS-Kanonier	SS-Oberkanonier
SS-Pionier-Einheit	SS-Pionier	SS-Oberpionier
SS-Nachrichten-Einheit	SS-Funker	SS-Oberfunker
SS-Werfer-Einheit	SS-Kanonier	SS-Oberkanonier
SS-Radfahr-Einheit	SS-Schütze	SS-Oberschütze
SS-Nachschub-Einheit (Besp.)	SS-Fahrer	SS-Oberfahrer
SS-Nachschub-Einheit (Mot.)	SS-Kraftfahrer	SS-Oberkraftfahrer
SS-Sanitäts-Einheit	SS-Schütze	SS-Oberschütze
SS-Veterinär-Einheit	SS-Reiter	SS-Oberreiter
SS-Werkstatt-Einheit	SS-Schütze	SS-Oberschütze
SS-Feldgend.-Einheit	SS-Feldgendarm	
SS-Karstwehr-Bataillon	SS-Jäger	SS-Oberschütze
SS-Wehrgeologen-Bataillon	SS-Schütze	SS-Oberschütze
SS-Kriegsberichter-Abteilung	SS-Schütze	SS-Oberschütze
SS-Jäger-Bataillon 502	SS-Bewährungsschütze	

Operation Barbarossa
Juni bis Juli 1941

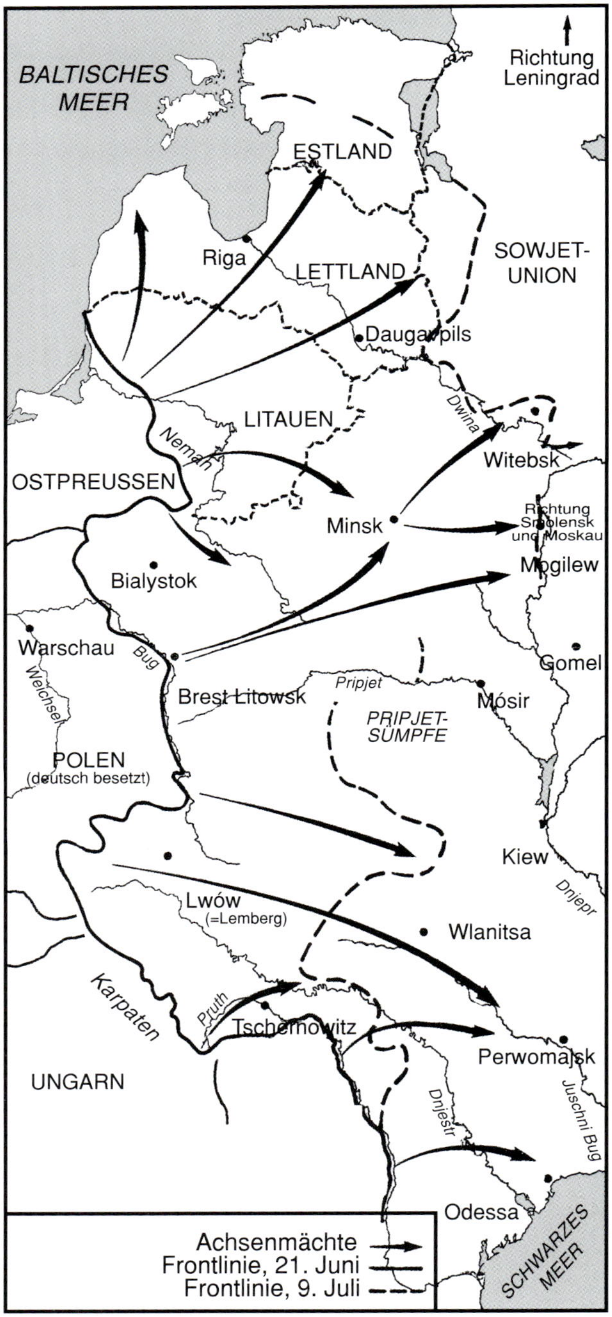

Am 22. Juni 1944 überschritten drei deutsche Heeresgruppen die Grenze der Sowjetunion, Operation Barbarossa begann. Nach Hitlers Plan sollten sie bis zu einer Linie östlich von Moskau vorstoßen. Die erste Phase sollte Kiew, Smolensk und Leningrad sichern. Vor der Invasion wurden die Brandenburger für Untergrund-Missionen eingesetzt, und sie führten ihre Tätigkeit bis zur Erneuerung der deutschen Offensive im Juli 1942 fort.

Ostfront, 1942–1944

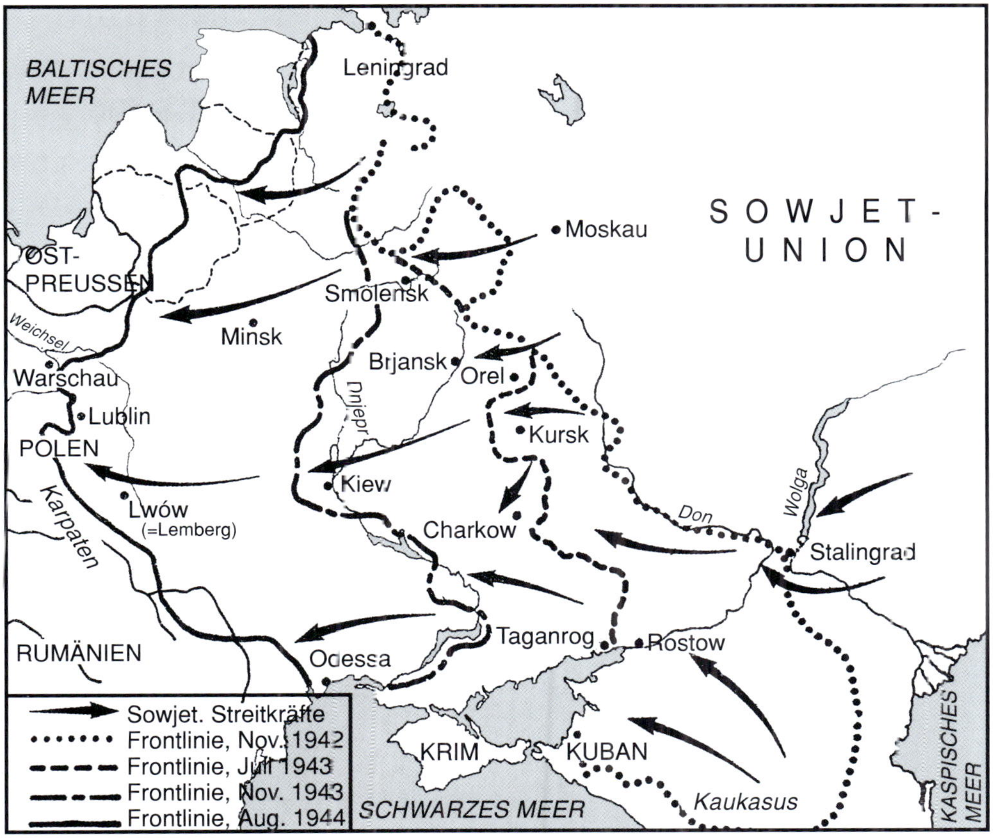

Die deutsche Sommeroffensive von 1942 kam im Kaukasus und bei Stalingrad zum Stehen. Im Winter 1942–43 kam es an der Ostfront zu einer dramatischen Wende, und die Deutschen wurden über den Don zurückgetrieben. Die deutschen Anstrengungen im Juli, die Kursk-Frontausbuchtung zu beseitigen, scheitern unter schweren Verlusten. Von da an rückten die Sowjets unerbittlich gegen die deutschen Grenzen vor.

Ostfront, 1942–1944

Deutsch besetzte und sowjetisch kontrollierte Gebiete

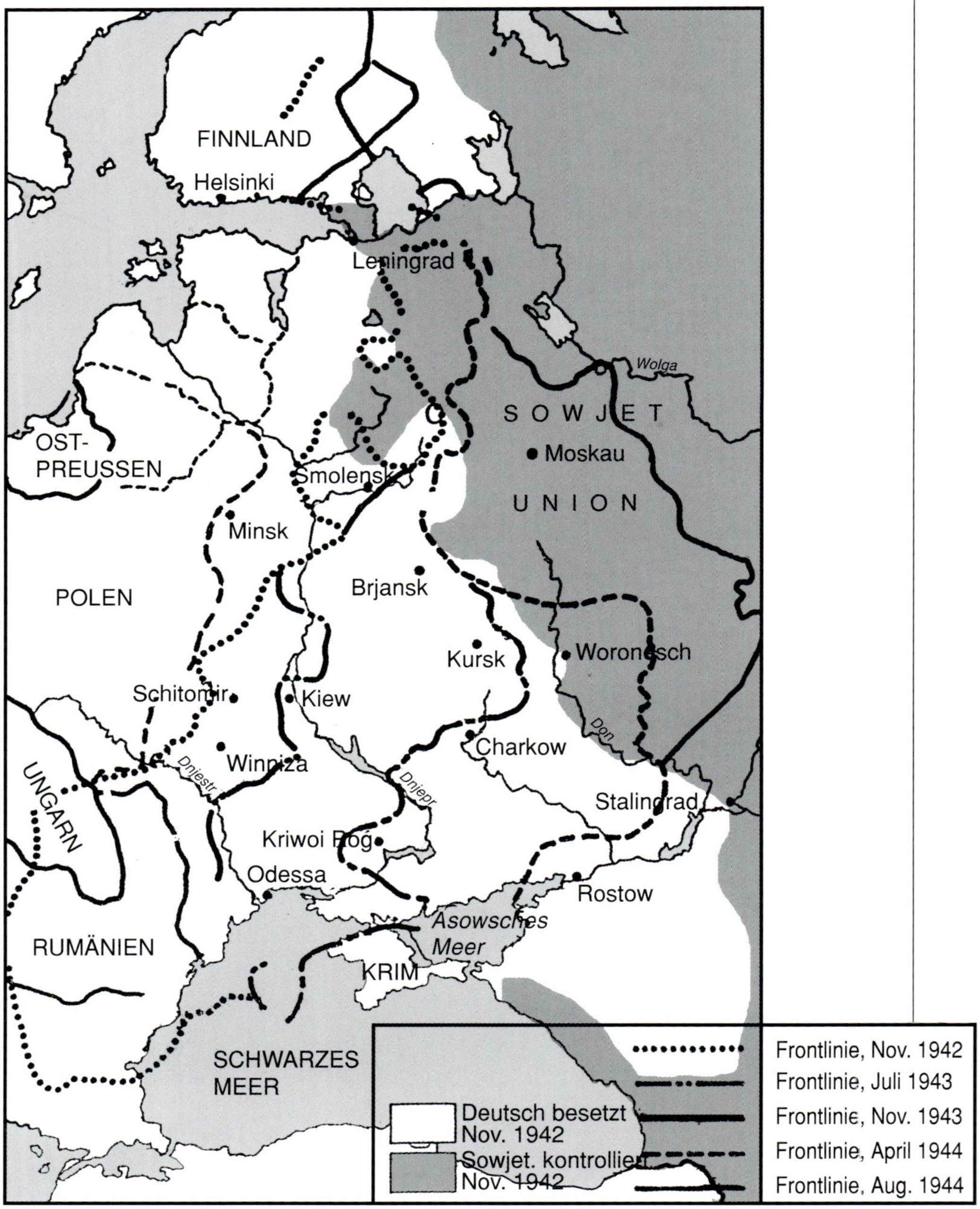

Ostfront, 1943

Im Sommer 1943 begannen die deutschen Panzer-Armeen im südlichsten Abschnitt der Ostfront die Operation Zitadelle, den Angriff auf die Frontausbuchtung bei Kursk. An der Spitze der deutschen Offensive standen die erstmals eingesetzten panzerbrechenden Ju 87G des Stukageschwaders 2.

Operation Zitadelle

Juli 1943

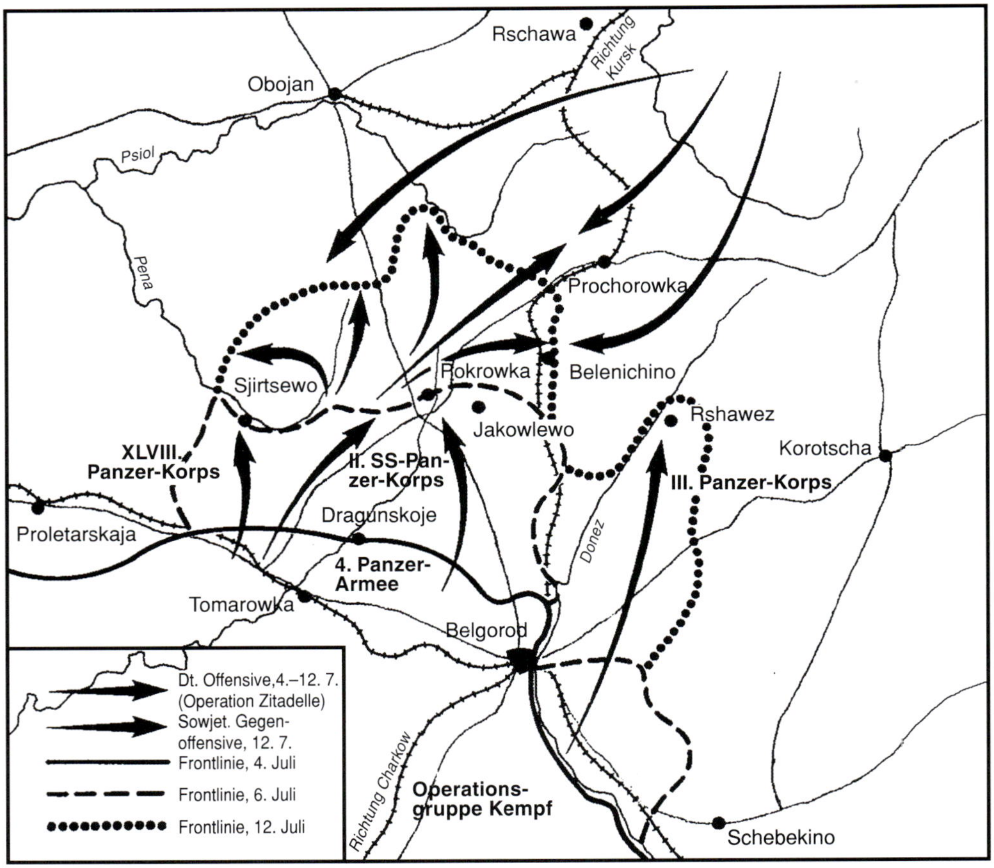

Am 4. Juli begannen die deutschen Armeen nördlich und südlich der Kursk-Frontausbuchtung die *Operation Zitadelle*. Im Süden stand die Division Großdeutschland an der Spitze des kämpfenden Teils des XLVIII. Panzer-Korps.

5. Garde-Panzer-Armee
Kursk, 3. – 23. August 1943

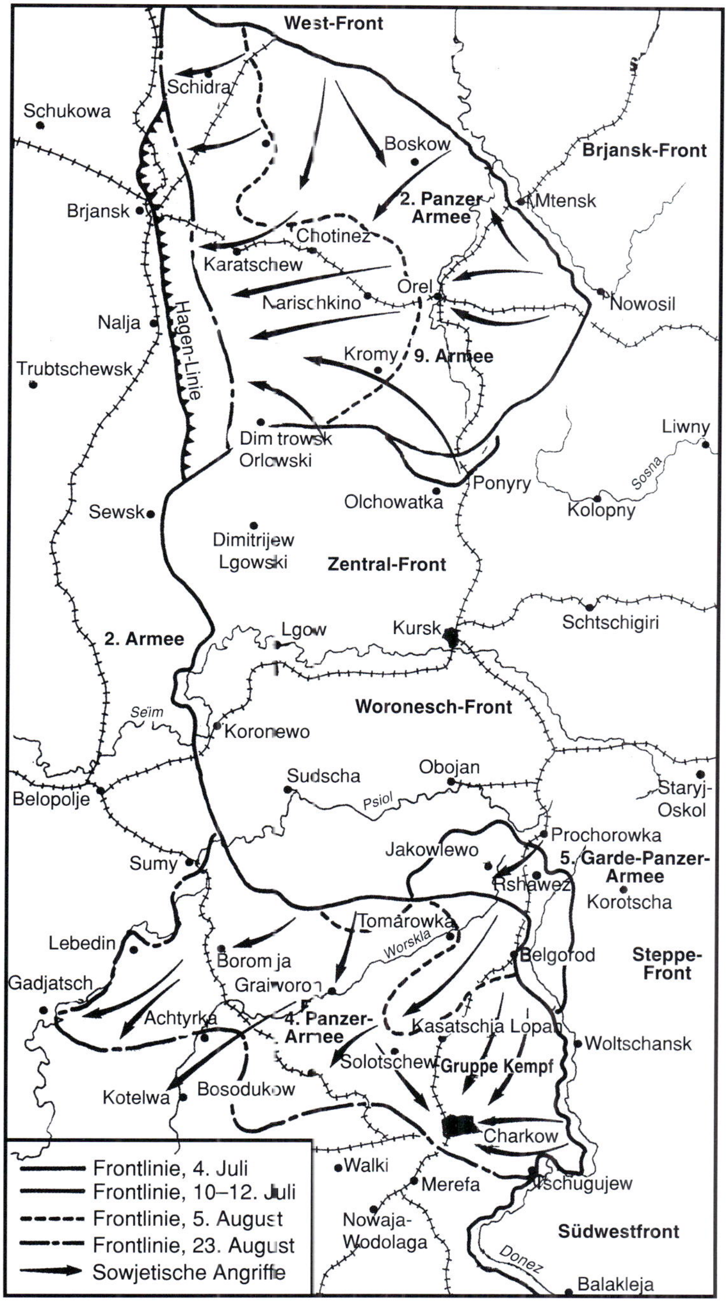

Die ukrainischen und weißrussischen Fronten
Dezember 1943 bis April 1944

Am 24. Dezember begann die Rote Armee eine neue Offensive an der 1. Ukrainischen Front. Im Januar folgten Angriffe an den Fronten weiter südlich. Die deutsche 1. Panzer-Armee wurde in einem Kessel bei Korsun-Schewtschenkowsky umzingelt. Die isolierten deutschen Divisionen wurden aus der Luft versorgt und kämpften heftig. Am 16. Februar starteten sie schließlich einen Ausbruch.

Deutschland, 1945

REGISTER

Dolci

**Süße Köstlichkeiten
nach original italienischen
Rezepten**

Einbandvorderseite: Oben:

Jogurtmousse mit frischen Pfirsichen

Rezept Seite 21

Unten:

Tiramisu

Rezept Seite 19
(jedoch ohne Himbeeren)

Dolci

Süße Köstlichkeiten nach original italienischen Rezepten

VERLEGT BEI
KAISER

Dieses Buch wurde aus dem italienischen Werk: »I Tuoi Dolci« zusammengestellt.
Einzig berechtigte Übertragung aus dem Italienischen:
Manuela Eder
Fachlich redigiert: Küchenchef Hubert Peroutka
Text und Rezepte: Terry Sarcina
Bildnachweis: Archiv IGDA (Paola Salvioni Martini, Ilic Feroldi, Monica Sarcina)

Deutsche Erstausgabe

Neuauflage 2002
email: office@kaiserverlag.com

Einbandgestaltung: Mario Oberhofer unter Verwendung von Fotos vom C. Bertelsmann Verlag, München
Satz: Context Type & Sign Pink, St. Veit/Glan
Druck und Bindearbeit: Gorenjski Tisk, Kranj, Slowenien

Inhalt

Rezepte in alphabetischer Reihenfolge

Süßes zum Löffeln

Creme Caramel

Crème caramel

ZUBEREITUNGSZEIT:
1 Stunde 15 Minuten

Zutaten für 4 Personen:
½ l Milch;
3 Eier;
2 Eidotter;
1 Vanilleschote;
150 g Kristallzucker

Für den Karamell:
3 EL Kristallzucker

Zum Garnieren:
1 EL Sultaninen;
20 g Pignolen

Zusätzliche Küchenutensilien:
1 Sturzform von 16 cm Durchmesser

- Die Milch mit der Vanilleschote in einer Kasserolle zum Kochen bringen und beiseite stellen. In einer Schüssel die Eier, die Eidotter und den Zucker mit einem Holzlöffel gut vermischen, aber nicht aufschlagen. Die Milch unter ständigem Rühren langsam zugießen, die Vanilleschote zuvor herausnehmen.
- Nun den Karamell zubereiten. Den Zucker mit 2 EL Wasser in einer Pfanne schmelzen, bis die Masse eine schöne goldbraune Farbe annimmt. Die Pfanne vom Feuer nehmen, den Inhalt in die Form gießen und gut auf der gesamten Oberfläche verteilen. Danach die Milchmischung durch ein Sieb in die Form gießen.
- Die Form im Wasserbad in das vorgeheizte Backrohr stellen – die Form soll nur bis zu einem Drittel der Höhe im Wasser stehen – und die Creme Caramel bei 160° etwa 1 Stunde garen. Nach Ende der Garzeit soll die Creme fest, aber nicht hart sein. Abkühlen lassen und in den Kühlschrank stellen.
- Vor dem Stürzen die Creme mit einem scharfen Messer am oberen Rand von der Form lösen. Auf eine Platte stürzen und eventuell in der Form verbliebenen Karamell darüber gießen.
- Zum Garnieren: Die Creme mit den Sultaninen und den Pignolen verzieren und kühl servieren.
- Am besten entfaltet sich das Aroma, wenn die Creme Caramel einen Tag im Voraus zubereitet und im Kühlschrank aufbewahrt wird.

1

2

3

Die warme Milch langsam in die Eier-Zucker-Masse einrühren (1), den Karamell in die Form gießen und auf der gesamten Oberfläche verteilen (2), dann die Masse durch ein Sieb in die Form gießen (3).

Panna Cotta mit Papaya

Crema cotta alla papaia

ZUBEREITUNGSZEIT:
1 Stunde + Zeit zum Kühlstellen

Zutaten für 10–12 Personen:
4 dl Sahne; 100 g Kristallzucker;
15 g Blattgelatine; 1 Vanilleschote;
1 Papaya von etwa 600 g;
9 Himbeeren

Zusätzliche Küchenutensilien:
1 Springform von 22 cm Durchmesser

- Die Gelatineblätter in kaltem Wasser einweichen. In der Zwischenzeit die Papaya schälen, in zwei Hälften schneiden, die Kerne entfernen, das Fruchtfleisch in dünne Scheiben schneiden. Ein Viertel der Papayascheiben zum Verzieren aufbewahren. Die Sahne mit der Vanilleschote und dem Zucker in einer Kasserolle zum Kochen bringen und einige Minuten kochen lassen, bis der Zucker ganz aufgelöst ist. Vom Feuer nehmen, die gut ausgedrückten Gelatineblätter dazugeben und mit einem Holzlöffel gut verrühren. Die Vanilleschote entfernen und die Creme kalt stellen.
- Die Springform mit einem Stück Backpapier desselben Durchmessers auslegen. Eine etwa 1,5 cm dicke Schicht Creme einfüllen und die Springform für 10–15 Minuten in den Kühlschrank stellen, bis die Creme fest, aber noch nicht hart geworden ist. Dann mit einer Lage Papayascheiben bedecken und eine weitere Schicht Creme einfüllen. Die Form nun wieder in den Kühlschrank stellen.
- Auf diese Weise weiter Lage um Lage einfüllen (dabei die Creme immer im Kühlschrank fest werden lassen) und mit einer Schicht Creme abschließen. Mindestens 2 Stunden kühl stellen.
- Vor dem Servieren die Creme mit einem scharfen Messer mit dünner Klinge vom Rand der Springform lösen, die Form öffnen und die Creme mit einer Palette auf eine Platte heben. Die verbliebenen Papayascheiben mit einem scharfen Messer in Form von Blütenblättern zurechtschneiden und die Creme damit verzieren. Die Himbeeren rasch in Eiswasser waschen und ebenfalls auf die Creme setzen.

Die Papaya schälen, teilen, die Kerne entfernen und in dünne Scheiben schneiden (1). Wenn die erste Cremeschicht etwas fester geworden ist, die Papayascheiben darauf verteilen (2).

1

2

Mokkapudding

Budino al caffè

ZUBEREITUNGSZEIT:
25 Minuten + Zeit zum Kühlstellen

Zutaten für 4–6 Personen:
1/2 l Milch; 4 Eidotter;
4 EL Kristallzucker;
2 EL Mehl; 1 EL Löskaffee;
1 EL ungesüßtes Kakaopulver;
1 EL Likör nach Geschmack

Für die Sauce:
2 dl Sahne; 2 EL Puderzucker

Zum Garnieren:
30 g Kochschokolade;
einige Kaffeebohnen

Zusätzliche Küchenutensilien:
1 Sturzform von 16 cm Durchmesser

- Die Milch in einer Kasserolle zum Kochen bringen. In der Zwischenzeit die Eidotter in einer Schüssel mit einem hölzernen Kochlöffel mit dem Zucker verrühren, bis eine homogene Masse entsteht. Nach und nach den Kakao und das Mehl zusammen unter ständigem Rühren durch ein Sieb einrieseln lassen.
- Den Löskaffee in der warmen Milch auflösen und das Ganze nach und nach in die Masse gießen, dabei ständig rühren. In eine Kasserolle umgießen, zum Kochen bringen und 8–10 Minuten auf kleiner Flamme kochen lassen. Öfters umrühren. Vom Feuer nehmen und abkühlen lassen, dabei ebenfalls immer wieder umrühren.
- Den Pudding in die mit Likör ausgespülte Form gießen und ganz abkühlen lassen. Vor dem Servieren den Pudding mit einem scharfen Messer vom Rand der Form lösen. Die Form kurz in heißes Wasser tauchen und dann auf eine Platte stürzen.
- 3 EL Sahne schlagen, in einen Spritzbeutel geben und auf den Pudding dressieren. Mit Kaffeebohnen verzieren. In einer Schüssel die verbliebene Sahne mit dem Staubzucker schlagen, bis eine dickflüssige Creme entsteht. Rund um den Pudding auf die Platte gießen.
- Die Schokolade im Wasserbad schmelzen. Aus einem Stück Backpapier eine kleine Tüte drehen, die Schokolade einfüllen, die Spitze abschneiden und zwei dünne konzentrische Kreise auf die Sauce dressieren. Die Schokolade mit einem Holzstäbchen so durch die Sauce ziehen, dass ein ansprechendes Muster entsteht.

1

2

Die Kaffeebohnen auf die Schlagsahne setzen (1), mit einem Holzstäbchen die Schokolade durch die Sahnesauce ziehen, sodass ein dekoratives Muster entsteht (2).

Flambierte Crêpes mit Orangenlikör

Crêpes all'arancia

ZUBEREITUNGSZEIT:
40 Minuten + Ruhezeit

Zutaten für 6 Personen:

Für den Teig:
100 g Mehl; 1 Ei; 1 Eidotter;
¹/₄ l Milch; 30 g Butter

Für die Sauce:
3 EL Grand Marnier;
4 EL Kristallzucker;
2 EL Zitronensaft;
6 EL Orangensaft;
Schale einer ¹/₂ Zitrone;
Schale einer Orange;
20 g Butter

Zum Flambieren:
1 Gläschen Armagnac

Zusätzliche Küchenutensilien:
1 Crêpespfanne

- Das Mehl in eine Schüssel sieben und eine Mulde hineindrücken. Das Ei und den Eidotter hineingeben und von der Mitte aus langsam mit dem Mehl verrühren, dabei nach und nach die Milch zugießen. Umrühren, bis eine homogene Masse entsteht. Etwa 1 Stunde in den Kühlschrank stellen.
- Die Crêpespfanne erhitzen, mit wenig Butter auspinseln und eine kleine Menge Teig eingießen. Die Pfanne rasch drehen, sodass sich der Teig über den gesamten Boden verteilt. Auf einer Seite backen, wenden und auf der anderen Seite zu Ende backen. Beiseite stellen und auf diese Weise acht Crêpes zubereiten.
- Den Zucker, die Butter, die Orangen- und Zitronenschalen in einer Pfanne erhitzen, bis der Zucker goldgelb wird, immer wieder mit einer Gabel umrühren, die Zitrusschalen dabei zwischen den Zinken der Gabel eingefädelt halten. Den Orangen- und Zitronensaft dazugeben und aufkochen lassen, bis sich der Karamell vollkommen aufgelöst hat. Den Grand Marnier hinzufügen, dann eines der Crêpes einlegen und auf beiden Seiten etwas ziehen lassen, einrollen und an den Pfannenrand schieben. Mit den anderen Crêpes ebenso verfahren.
- Die Crêpes in einer feuerfesten Form anrichten, den Armagnac darüber gießen, kurz erhitzen und flambieren. Die in feine Streifen geschnittenen Orangen- und Zitronenschalen dekorativ anordnen und heiß servieren.

1

2

Die Pfanne erhitzen, mit wenig Butter auspinseln und eine kleine Menge Teig eingießen (1). Die Crêpes in der Karamellsauce wenden und einrollen (2).

Glasierte Bananen mit Grand Marnier und Vanilleeis

Banane glasssate all'arancia

1

2

3

Die geschälten und der Länge nach geteilten Bananen mit Orangensaft und Likör begießen (1), mit Butterflöckchen belegen (2) und 10 Minuten ins Backrohr stellen, anschließend mit gehackten Nüssen und Rohrzucker bestreuen (3).

ZUBEREITUNGSZEIT:
25 Minuten

Zutaten für 4 Personen:
4 Bananen;
40 g Butter;
1 dl Orangensaft;
2 EL Grand Marnier;
50 g Walnusskerne;
40 g Rohrzucker;
300 g Vanilleeis

● Den Orangensaft mit dem Grand Marnier vermischen. Die Nüsse grob hacken. Die Bananen schälen und der Länge nach in zwei Hälften schneiden. In eine feuerfeste Form legen, den Orangensaft mit dem Grand Marnier darüber gießen und mit Butterflöckchen belegen.

● Die Form in das vorgeheizte Backrohr stellen und bei 220° 10 Minuten garen, ab und zu mit dem Saft begießen. Die Form aus dem Rohr nehmen, die Bananen mit den Nüssen und dem Rohrzucker bestreuen und weitere 5 Minuten ins Backrohr geben, bis die Bananen leicht glasiert aussehen. Heiß servieren und Vanilleeis dazu reichen.

Apfelgelee mit Calvados

Gelatina di mele al calvados

ZUBEREITUNGSZEIT:
30 Minuten + Zeit zum Kühlstellen

Zutaten für 6 Personen:
350 g Äpfel Granny Smith;
150 g Kristallzucker;
1 dl trockener Weißwein;
2 EL Calvados;
1 EL Zitronensaft;
1 Stückchen Zimtstange;
3,5 g Agar-Agar in Pulverform

Für die Sauce:
½ dl Calvados;
1 dl trockener Weißwein;
4 Eidotter;
1 dl Sahne;
80 g Kristallzucker

Zum Garnieren:
30 g grünes Zitronat

Zusätzliche Küchenutensilien:
6 niedrige Förmchen

● Die Äpfel schälen, das Kerngehäuse entfernen, das Fruchtfleisch in Scheiben schneiden und mit Zitronensaft beträufeln. Den Weißwein in eine Kasserolle gießen, den Zucker, ½ dl Wasser und den Zimt dazugeben. Aufkochen, die Äpfel mit dem Zitronensaft hineingeben und 10 Minuten kochen lassen. Das Ganze durch ein Sieb streichen oder den Zimt entfernen und im Mixer pürieren. Wieder in die Kasserolle gießen, Agar-Agar und Calvados hinzufügen und neuerlich aufkochen, unter ständigem Rühren mit einem Holzlöffel 2 Minuten kochen lassen. Das Gelee in die Formen füllen und mindestens 1 Stunde in den Kühlschrank stellen.

● In der Zwischenzeit die Calvadossauce zubereiten. Eidotter und Zucker in einer Schüssel verrühren, bis eine helle, homogene Creme entsteht, den Calvados und den Weißwein einrühren und das Ganze in eine Kasserolle gießen. Im Wasserbad erhitzen und mit einem Schneebesen aufschlagen, bis sich das Volumen verdoppelt hat. Vom Feuer nehmen und abkühlen lassen. Wenn die Creme vollkommen abgekühlt ist, die separat aufgeschlagene Sahne einrühren.

● Garnieren: Das Zitronat nach Belieben in Form schneiden. Das Apfelgelee stürzen, mit den Zitronatstücken verzieren und servieren. Die Calvadossauce separat dazu reichen.

Zuppa inglese

Zuppa inglese

1

2

3

Die Hälfte der Löffelbiskuits auf einer Seite mit Strega bepinseln (1), die andere Hälfte mit Alchermes (2). Die Form mit den Biskuits mit der bepinselten Seite nach außen auslegen, dann die Innenseite ebenfalls abwechselnd mit den beiden Likören bepinseln (3).

ZUBEREITUNGSZEIT:
35 Minuten

Zutaten für 6–8 Personen:
200 g Löffelbiskuits;
1 dl Likör Alchermes (lebhaft roter aromatisierter Likör, ersatzweise roter Curaçao);
1 dl Likör Strega (grünlich gelber Kräuterlikör);
2 EL Aprikosenkonfitüre (oder Pfirsichkonfitüre)

Für die Creme:
½ l Milch; 80 g Kristallzucker;
6 Eidotter; 50 g Mehl;
Schale einer unbehandelten Zitrone (nur die gelbe Haut); 1 EL Rum

Zum Garnieren:
1,5 dl Sahne

Zusätzliche Küchenutensilien:
1 Glasform von etwa 1 l Volumen

- Die Creme zubereiten. Die Milch in eine Kasserolle gießen, die gewaschene Zitronenschale dazugeben, aufkochen und vom Feuer nehmen. Eidotter und Zucker in einer Schüssel mit einem Holzlöffel verrühren, bis eine homogene Creme entsteht. Nach und nach das gesiebte Mehl einarbeiten und die Milch durch ein Sieb dazugießen. Alles gut vermengen, in eine Kasserolle gießen und zum Kochen bringen. Auf kleiner Flamme unter ständigem Rühren mit einem Holzlöffel 8–10 Minuten kochen, vom Feuer nehmen und abkühlen lassen. Den Rum dazugeben.
- Einige der Löffelbiskuits zum Auslegen des Bodens mit einem scharfen Messer zuschneiden. Die Hälfte der Löffelbiskuits auf einer Seite mit dem Strega bepinseln, die andere Hälfte mit dem Alchermes. Die Form so damit auslegen, dass sich die durch den Likör verschieden gefärbten Löffelbiskuits abwechseln.

Auch die andere Seite der Biskuits nun mit dem entsprechenden Likör bepinseln. Die Aprikosenkonfitüre mit 2 EL Wasser erhitzen und die Löffelbiskuits damit dünn bestreichen. Eine etwa 1 cm hohe Schicht Creme einfüllen. Mit Löffelbiskuits bedecken und diese mit Strega bepinseln. Wiederum eine Schicht Creme einfüllen und eine Lage Biskuits darauf legen und sie diesmal mit Alchermes bepinseln. So fortfahren, bis alle Zutaten aufgebraucht sind, mit Löffelbiskuits abschließen und mit Likör bepinseln. Die Form in den Kühlschrank stellen.

- Garnieren: Die Sahne schlagen, in einen Spritzbeutel mit Sterntülle füllen und dekorativ auf die Zuppa inglese dressieren. Bis zum Servieren kühl stellen.

Variation: Man kann auch unter die Hälfte der Creme 40 g geschmolzene Schokolade mischen.

Bavarese auf Herzoginart

Bavarese Contessa

ZUBEREITUNGSZEIT:
40 Minuten + Zeit zum Kühlstellen

Zutaten für 6–8 Personen:
¹/₄ l Milch;
60 g Kristallzucker;
4 Eidotter;
15 g Blattgelatine;
3 dl Sahne;
1 Vanilleschote;
1 Päckchen Vanillin;
100 g Himbeeren;
1 EL Kirsch

Zum Garnieren:
50 g Himbeeren;
einige Minzeblättchen

Zusätzliche Küchenutensilien:
1 Sturzform von etwa 1 l Volumen

- Alle Himbeeren rasch in Eiswasser waschen, vorsichtig trockentupfen und beiseite stellen. Die Gelatineblätter in kaltem Wasser einweichen. Die Milch mit der Vanilleschote in einer Kasserolle aufkochen und vom Feuer nehmen.
- Die Eidotter mit dem Zucker in einer Schüssel mit einem Holzlöffel vermengen, bis sich der Zucker gelöst hat. Nach und nach die Milch einrühren, die Vanilleschote zuvor entfernen. Das Ganze in eine Kasserolle gießen und auf ganz kleiner Flamme unter ständigem Rühren zum Kochen bringen.
- Die Kasserolle vom Feuer nehmen, die gut ausgedrückte Gelatine dazugeben und verrühren, bis sie sich ganz aufgelöst hat. In eine Schüssel gießen und zur Gänze erkalten lassen. Anschließend den Kirsch und 100 g Himbeeren dazugeben. Die Sahne schlagen und vorsichtig unter die Creme ziehen. Die Masse in eine mit kaltem Wasser ausgespülte Form gießen und mindestens 2 Stunden in den Kühlschrank stellen.
- Vor dem Servieren die Form kurz in heißes Wasser stellen. Die Bavarese auf eine Platte stürzen, mit den restlichen Himbeeren und den gewaschenen und trockengetupften Minzeblättchen garnieren.

Gefüllte Brandteigkrapfen mit Schokolade

Profiteroles al cioccolato

ZUBEREITUNGSZEIT:
50 Minuten

Zutaten für 8–10 Personen:

Für den Brandteig:
150 g Mehl; 80 g Butter; 4 Eier;
2 EL Vanillezucker;
1 Prise Salz; 1 Vanilleschote

Für die Fülle:
¼ l Milch; 60 g Kristallzucker;
3 Eidotter; 20 g Mehl;
½ Päckchen Vanillin;
Schale einer ½ unbehandelten Zitrone;
2,5 dl Sahne

Für die Glasur:
2 dl Milch; 3 dl Sahne; 5 Eidotter;
100 g Kochschokolade;
30 g Mehl (oder Maisstärke);
100 g Kristallzucker;
Schale einer ½ unbehandelten Zitrone

Für das Blech:
20 g Butter

- Das Backblech mit Butter bestreichen.
- Den Brandteig zubereiten. ¼ l Wasser, die Butter, das Salz und die Vanilleschote in eine Kasserolle geben und zum Kochen bringen. Sobald das Wasser kocht, sofort das gesamte Mehl hineingeben. Vom Feuer nehmen und umrühren, bis eine teigartige Konsistenz entsteht. Dann wieder auf den Herd setzen und weiter rühren, bis sich der Teig vom Boden und den Wänden löst.
- Vom Feuer nehmen, in eine Schüssel geben und mit dem Vanillezucker vermengen. Etwas abkühlen lassen und die Vanilleschote herausnehmen. Die Eier nach und nach einarbeiten, jedes Ei muss völlig aufgesogen sein, bevor man das nächste dazugibt. Den Teig in einen Spritzbeutel mit glatter Tülle geben und in nussgroßen Bällchen auf das Backblech dressieren. Nun das Backblech in das vorgeheizte Rohr geben und bei 190° etwa 20–25 Minuten backen, bis die Profiteroles aufgegangen und leicht goldbraun geworden sind.
- Nun die Fülle zubereiten. Die Milch mit der gewaschenen, trockengetupften Zitronenschale in einer Kasserolle zum Kochen bringen. Die Eidotter in einer Schüssel mit dem Zucker vermischen, das gesiebte Mehl mit dem Vanillin nach und nach dazugeben und die kochend heiße Milch durch ein Sieb langsam eingießen. Dabei ständig rühren. Das Ganze in eine Kasserolle umgießen und zum Kochen bringen, öfters umrühren, mit einem Deckel verschließen und 7–8 Minuten kochen lassen. Immer wieder umrühren. Vom Feuer nehmen und die Creme ganz auskühlen lassen. Die Sahne separat schlagen und vorsichtig unter die Creme ziehen. In einen Spritzbeutel mit glatter Tülle streichen und die Profiteroles damit füllen.
- Die Glasur zubereiten. Die Eidotter mit dem Zucker schaumig aufschlagen, bis die Masse hell wird, dann das gesiebte Mehl hinzufügen. Die Milch mit 2 dl Sahne und der gewaschenen Zitronenschale zum Kochen bringen und durch ein Sieb in die Eidottermasse gießen. Das Ganze in eine Kasserolle umgießen, bei mäßiger Hitze aufkochen und wenige Minuten kochen lassen. Vom Feuer nehmen, die klein gehackte Kochschokolade dazugeben und 1 Minute ruhen lassen. Dann rühren, bis sich die Schokolade ganz aufgelöst hat. Die Creme in eine Schüssel gießen und auskühlen lassen. Mit einer Gabel die gefüllten Brandteigkrapfen eintauchen, abtropfen lassen und in Pyramidenform auf einer Platte anrichten. Die übrige Sahne schlagen, in einen Spritzbeutel mit Sterntülle füllen und die Brandteigkrapfen damit verzieren. Kühl stellen.

1

2

Den Teig in nussgroßen Häufchen auf das mit Butter bestrichene Backblech dressieren (1). Einen Spritzbeutel mit glatter Tülle zum Füllen verwenden (2), die gefüllten Brandteigkrapfen dann einzeln in die Schokoladeglasur tauchen (3).

3

Bavarese mit Schokolade

Bavarese al cioccolato

ZUBEREITUNGSZEIT:
50 Minuten + Zeit zum Kühlstellen

Zutaten für 6–8 Personen:
80 g Kochschokolade;
4 Eidotter;
100 g Kristallzucker;
¼ l Milch;
4 dl Sahne;
15 g Blattgelatine;
1 dünner Biskuittortenboden;
2 EL Rum

Zum Verzieren:
100 g Kochschokolade;
80 g weiße Schokolade

Zusätzliche Küchenutensilien:
1 Springform von etwa 4 cm Höhe und 20 cm Durchmesser

- Die Gelatineblätter in kaltem Wasser einweichen. Die Schokolade grob hacken. Die Milch in einer Kasserolle erhitzen. Zucker und Eidotter in eine Schüssel geben und mit einem Holzlöffel verrühren, bis eine homogene Creme entsteht. Die warme Milch unter ständigem Rühren langsam zugießen.
- Das Ganze in eine Kasserolle gießen und unter ständigem Rühren bis knapp unter den Siedepunkt erhitzen. Vom Feuer nehmen, die gut ausgedrückte Gelatine und die gehackte Schokolade dazugeben. 1 Minute ruhen lassen, dann rühren, bis sich Gelatine und Schokolade vollkommen aufgelöst haben. Abkühlen lassen.
- In der Zwischenzeit den Tortenboden mit einem scharfen Messer auf die Größe des Bodens der Form zuschneiden. Mit Rum bepinseln und in die Springform legen. Die Sahne schlagen und vorsichtig unter die Creme ziehen. Die Bavarese in die Form gießen und für mindestens 2 Stunden in den Kühlschrank stellen. Zum Servieren die Form öffnen und die Bavarese auf eine Platte setzen.

Bavarese mit Schokolade

Bavarese al cioccolato

1

2

3

4

5

6

Verzieren:

- Auf einem Stück Backpapier 2 Quadrate mit 6 cm Seitenlänge aufzeichnen (1). Die Kochschokolade grob hacken und die Hälfte davon im Wasserbad schmelzen. Die geschmolzene Schokolade in einen Spritzbeutel mit glatter Tülle füllen und die beiden Quadrate mit einer dünnen Schicht ausfüllen (2). Die Schokolade an einem kühlen Ort 20–25 Minuten fest werden lassen.
- Die weiße Schokolade grob hacken und im Wasserbad schmelzen. Die geschmolzene Schokolade in einen Spritzbeutel mit glatter Tülle füllen und die beiden Schokoladequadrate mit einer dünnen Schicht bedecken. Mit einem Spatel gut verteilen (3). Die Schokolade nun 30 Minuten an einem kühlen Ort fest werden lassen. Die übrige Kochschokolade im Wasserbad schmelzen. Die geschmolzene Schokolade neuerlich in den Spritzbeutel mit glatter Tülle füllen und eine dünne Schicht über die weiße Schokolade ziehen. Mit einem Spatel gleichmäßig verteilen (4). An einem kühlen Ort 1 Stunde fest werden lassen.
- Anschließend die Ränder der Quadrate mit einem scharfen Messer und einem Lineal zuschneiden (5). Die Bavarese aus dem Kühlschrank nehmen und die beiden Schokoladequadrate schräg überlappend darauf setzen (6).

Tiramisu mit Himbeeren

Tiramisù con lamponi

ZUBEREITUNGSZEIT:
40 Minuten

Zutaten für 6 Personen:
250 g Löffelbiskuits;
2 EL Crème de Cassis;
150 g Mascarpone;
150 g *ricotta romana* oder Quark;
2 EL Kristallzucker;
1 Päckchen Vanillin;
300 g Himbeeren; 1 dl Sahne

Für die Zabaionecreme:
4 Eidotter; 12 EL trockener Marsala;
100 g Kristallzucker

- Die Zabaionecreme zubereiten: Die Dotter mit dem Zucker in einer Schüssel verrühren, bis eine weiße, schaumige Masse entsteht. Den Marsala mit einem Schneebesen einarbeiten. Das Ganze in eine Kasserolle umgießen und bei mäßiger Hitze mit dem Schneebesen schlagen, bis sich das Volumen verdoppelt hat. Die Masse darf nicht kochen. Die Zabaione vom Feuer nehmen und abkühlen lassen, ab und zu umrühren.
- Die Himbeeren rasch in Eiswasser waschen, abtropfen lassen und vorsichtig mit Küchenpapier trockentupfen. Die *ricotta* und den Mascarpone mit dem Zucker und dem Vanillin mit einem elektrischen Handrührgerät schaumig rühren. Zwei Drittel der Zabaionecreme hinzufügen und vorsichtig unterziehen.
- Eine Lage Löffelbiskuits in eine Form schichten und mit der Hälfte des Cassis-Likörs bestreichen. Darauf die Zabaione-Mascarpone-Creme verteilen und mit einem Spatel glatt streichen. Mit Himbeeren belegen, eine weitere Lage Löffelbiskuits darüber schichten und mit dem restlichen Cassis-Likör bestreichen. Die Sahne schlagen und unter die restliche Zabaionecreme heben, das Ganze gleichmäßig auf den Löffelbiskuits verteilen. Mit den restlichen Himbeeren belegen. Bis zum Servieren in den Kühlschrank stellen.

1

2

3

Eine Schicht Löffelbiskuits in eine Form legen und mit der Hälfte des Cassis-Likörs bestreichen (1), darauf die Mascarpone-Zabaione-Creme verteilen (2) und mit einer Lage Himbeeren bedecken (3).

Panna Cotta mit Karamellsauce

Panna cotta al caramello

ZUBEREITUNGSZEIT:
20 Minuten + Zeit zum Kühlstellen

Zutaten für 4 Personen:
1/2 l Sahne;
80 g Kristallzucker;
12 g Blattgelatine;
1 Vanilleschote

Für den Karamell:
4 EL Kristallzucker

Zusätzliche Küchenutensilien:
1 Sturzform mit ca. 14 cm Durchmesser

- Die Gelatineblätter in kaltem Wasser einweichen. Die Sahne mit dem Zucker und der Vanilleschote zum Kochen bringen. Die gut ausgedrückte Gelatine dazugeben. Vom Feuer nehmen und rühren, bis sich die Gelatine ganz aufgelöst hat.

- In der Zwischenzeit den Karamell zubereiten. Den Zucker mit 2 EL Wasser in einer kleinen Pfanne bei mäßiger Hitze schmelzen und karamellisieren lassen, bis er eine schöne goldbraune Farbe angenommen hat. Vom Feuer nehmen und den Karamell in die Form gießen. Die Form mehrmals drehen, sodass der Karamell auch die Wände bedeckt. Dann die Sahnemasse durch ein Sieb in die Form gießen, ganz auskühlen lassen und mehrere Stunden in den Kühlschrank stellen. Vor dem Servieren die Masse mit einem scharfen Messer von der Form lösen und auf eine Platte stürzen. Eventuell in der Form verbliebenen Karamell darüber gießen.

Jogurtmousse mit frischen Pfirsichen

Mousse di pesche allo yogurt

ZUBEREITUNGSZEIT:
25 Minuten

Zutaten für 6 Personen:
8 gelbe Pfirsiche;
4 Eidotter;
100 g Naturjogurt;
100 g Kristallzucker;
Saft einer Zitrone;
10 g Butter

Zum Garnieren:
einige Minzeblättchen

● Sechs der Pfirsiche schälen, in Viertel schneiden, die Kerne entfernen und in einer Kasserolle mit ½ dl Wasser und dem Zitronensaft etwa 15 Minuten auf kleiner Flamme kochen lassen. Vom Feuer nehmen, abkühlen lassen und im Mixer pürieren. Die übrigen Pfirsiche schälen, entkernen und in schmale Spalten schneiden. Die Butter in einer Pfanne schmelzen lassen, 1 TL Zucker hinzufügen und die Pfirsiche darin 3 Minuten von beiden Seiten braten, dabei vorsichtig wenden. Vom Feuer nehmen, abtropfen lassen und beiseite stellen.

● Die Eidotter und den restlichen Zucker in einer Schüssel mit einem Holzlöffel verrühren, bis eine schaumige Masse entsteht. 1 dl Wasser einrühren, im Wasserbad erhitzen und schlagen, bis sich das Volumen verdoppelt hat. Vom Feuer nehmen, den Jogurt und die pürierten Pfirsiche dazugeben und alle Zutaten gut vermengen. Schichtweise mit den gebratenen Pfirsichspalten abwechselnd in Dessertschalen füllen. Mit ein bis zwei Pfirsichspalten und gewaschenen Minzeblättchen garnieren.

Mandarinencreme

Crema al mandarino

ZUBEREITUNGSZEIT:
25 Minuten

Zutaten für 4 Personen:
3 Eidotter;
50 g Kristallzucker;
1 dl Mandarinensaft;
abgeriebene Schale einer unbehandelten Mandarine;
7 g Blattgelatine;
2,5 dl Sahne;
2 EL Mandarinenlikör

Zum Garnieren:
3 Mandarinen;
4 kandierte Kirschen;
1 dl Sahne;
einige Minzeblättchen

- Die Gelatine in einer Tasse mit kaltem Wasser einweichen. Die Eidotter in eine Schüssel geben und mit einem Holzlöffel mit dem Zucker vermengen. Die abgeriebene Mandarinenschale dazugeben und alles gut verrühren. In eine Kasserolle gießen, im Wasserbad erhitzen und schlagen, bis sich das Volumen verdoppelt hat – die Temperatur der Masse darf dabei niemals den Siedepunkt erreichen. Die gut ausgedrückte Gelatine einrühren, bis sie sich ganz gelöst hat. Vom Feuer nehmen und unter häufigem Rühren abkühlen lassen. Die Sahne schlagen und vorsichtig unterheben.
- Die Garnierung vorbereiten: Die Mandarinen schälen, die weißen Fäden entfernen und in Spalten teilen. Die Sahne schlagen und in einen Spritzbeutel mit Sterntülle füllen. Die Creme in Dessertschalen füllen und jede Portion mit Mandarinenspalten und einer Cocktailkirsche verzieren, die Sahne dekorativ aufdressieren. Bis zum Servieren im Kühlschrank aufbewahren.

Früchte in Gelee

Frutta in gelatina

ZUBEREITUNGSZEIT:
1 Stunde 30 Minuten + Zeit zum Kühlstellen

Zutaten für 4–8 Personen:
200 g Himbeeren; 100 g Erdbeeren;
50 g Heidelbeeren;
100 g rote Johannisbeeren;
1 kleine Melone; 2 reife Williamsbirnen;
5 dl Muskatwein; 2 EL Zitronensaft;
70 g Kristallzucker; 20 g Blattgelatine

- Eine Servierplatte zum Kühlen in den Kühlschrank stellen. Die Gelatineblätter in kaltem Wasser einweichen.
- Die Himbeeren, Erdbeeren, Heidelbeeren und roten Johannisbeeren rasch in Eiswasser waschen und mit Küchenpapier trockentupfen.
- Die Melone schälen, teilen, entkernen und in 4–5 mm dicke Scheiben schneiden. Die Birnen schälen, halbieren, den Strunk entfernen und die Hälften ebenfalls in 4–5 mm dicke Scheiben schneiden.
- Aus den Melonenscheiben mit einer gezahnten Ausstechform von 5 cm Durchmesser Halbkreise ausstechen. Mit einer gezahnten Ausstechform von 3 cm Durchmesser Halbkreise aus den Birnenscheiben ausstechen und mit Zitronensaft beträufeln.
- In einer Kasserolle 5 dl Wasser mit dem Zucker aufkochen und kochen lassen, bis sich der Zucker ganz aufgelöst hat. Die gut ausgedrückten Gelatineblätter dazugeben und mit einem Holzlöffel umrühren, bis sich die Gelatine vollständig aufgelöst hat. Die Flüssigkeit durch ein Sieb gießen und etwas abkühlen lassen, dann den Wein unter vorsichtigem Rühren dazugießen.
- Eine dünne Schicht Gelee auf die Platte gießen und im Kühlschrank etwa 10 Minuten fest werden lassen. Dann die Melonenscheiben in einem großen Kreis darauf anrichten, wie die Blütenblätter einer Blume. Die übrigen Melonenscheiben im Inneren des Kreises verteilen. Die Melonenscheiben mit einer dünnen Schicht Gelee überziehen und wieder in den Kühlschrank stellen.
- In der Zwischenzeit die Erdbeeren in dünne Scheiben schneiden. Die Platte wieder aus dem Kühlschrank nehmen und die Erdbeerscheiben überlappend auf den Melonenscheiben anrichten.
- Die äußeren Erdbeerscheiben sollen einen etwas kleineren Kreis auf den Melonenscheiben bilden, die restlichen werden wieder in der Mitte verteilt. Die Erdbeeren mit etwas Gelee bedecken und die Platte für weitere 15 Minuten in den Kühlschrank stellen.
- Nun die Platte wieder aus dem Kühlschrank nehmen und mit den Birnenscheiben einen Kreis formen, der die Erdbeeren leicht überlappt. Die Birnen mit Gelee bedecken und im Kühlschrank einige Minuten fest werden lassen.
- Nun die Himbeeren im Inneren des Birnenkreises anrichten, in der Mitte einen kleinen Kreis frei lassen und mit den Heidelbeeren ausfüllen.
- Die roten Johannisbeeren außen an den Rand des Melonenkreises setzen. Die Früchte mit einer dünnen Schicht Gelee bedecken und für weitere 10 Minuten in den Kühlschrank stellen.
- Die Platte aus dem Kühlschrank nehmen und die Früchte mit dem verbliebenen Gelee ganz bedecken. Nun für mindestens 2 Stunden kühl stellen.

1

2

Die Erdbeerscheiben überlappend auf den Melonenscheiben anrichten (1), die Himbeeren auf den Birnenscheiben anrichten (2), die Früchte mit Gelee bedecken (3).

3

Zitronenmousse »Charlotte«

Charlotte con mousse di limone

ZUBEREITUNGSZEIT:
40 Minuten + 6 Stunden zum Marinieren
+ Zeit zum Kühlstellen

Zutaten für 8–10 Personen:
300 g Löffelbiskuits;
2 EL Maraschino

Für die Zitronenmousse:
5 unbehandelte Zitronen;
150 g Puderzucker;
80 g Maisstärke;
6 Eier

Zum Verzieren:
2 unbehandelte Zitronen;
50 g grünes Zitronat;
30 g Orangeat;
100 g Kristallzucker

Zusätzliche Küchenutensilien:
1 Sturzform von 1,5 l Volumen

- Zuerst die Verzierung vorbereiten: Die Zitronen gründlich waschen, abtrocknen und in dünne Scheiben, dann in Spalten schneiden (1) und in eine Schüssel legen. Den Zucker mit 2 dl Wasser in einer Kasserolle zum Kochen bringen und 2 Minuten kochen lassen, bis er ganz aufgelöst ist. Den Sirup auf die Zitronenspalten gießen (2) und das Ganze 6 Stunden stehen lassen.
- Die Zitronenmousse zubereiten: Die Zitronen gründlich waschen, abtrocknen, die Schale abreiben, auspressen und den Saft in einer Schüssel auffangen. Die Eier trennen. Die Dotter mit Puderzucker gut verrühren, die gesiebte Maisstärke und die abgeriebene Zitronenschale dazugeben, mit einem Holzlöffel verrühren, ¼ dl Wasser dazugeben und den Zitronensaft durch ein Sieb eingießen.

Zitronenmousse »Charlotte«

Charlotte con mousse di limone

- Das Ganze in eine Kasserolle geben, langsam zum Kochen bringen und auf kleiner Flamme 2–3 Minuten kochen lassen. Öfters umrühren. Vom Feuer nehmen und etwas abkühlen lassen. Die Eiklar zu Schnee schlagen und vorsichtig unterziehen.
- Die Form mit den Löffelbiskuits auslegen und mit dem Maraschino bepinseln, eine Schicht Creme einfüllen und mit einer Lage Löffelbiskuits bedecken, mit Likör bepinseln und so fortfahren, bis alle Zutaten aufgebraucht sind. Etwas Creme zurückbehalten. Mit Löffelbiskuits abschließen. Die »Charlotte« für mindestens 2 Stunden in den Kühlschrank stellen. Anschließend auf eine Platte stürzen, die restliche Creme mit einem Spatel gleichmäßig auf der Oberfläche verteilen (3)

Verzieren:

- Die Zitronenspalten aus dem Sirup heben und auf Küchenpapier abtropfen lassen. Die kandierten Orangen in runde Scheibchen schneiden, aus dem Zitronat einige dünne Streifen für die Zweige und einige Blättchen ausschneiden (4). Mit einigen Zitronenspalten den Rand der »Charlotte« verzieren.
- Aus den restlichen Zitronenspalten auf der Oberfläche aus je 5 Teilen 3 Blüten formen (5), in die Mitte der Blüten ein Scheibchen kandierte Orange legen, dann die Blüten mit dem Zitronat verbinden und mit Blättchen verzieren (6).

1

2

3

4

5

6

Gestürzte Zitronencreme

Crema al limone

ZUBEREITUNGSZEIT:
1 Stunde 20 Minuten
+ Zeit zum Kühlstellen

Zutaten für 6 Personen:
½ l Milch;
130 g Kristallzucker;
5 Eier;
abgeriebene Schale
von 2 unbehandelten Zitronen

Für den Karamell:
4 EL Kristallzucker;
1 EL Zitronensaft

Zusätzliche Küchenutensilien:
1 Ringform von ¾ l Volumen

- Die Creme zubereiten: Die Milch mit der abgeriebenen Zitronenschale in einer Kasserolle zum Kochen bringen. Die Eier in einer Schüssel mit dem Zucker gut verrühren, aber nicht aufschlagen. Unter ständigem Rühren nach und nach die kochend heiße Milch einarbeiten.
- Den Karamell zubereiten: Den Zucker mit dem Zitronensaft und 2 EL Wasser in einer kleinen Pfanne schmelzen, bis er eine schöne goldbraune Farbe angenommen hat. Den Karamell in die Form gießen und auf der gesamten Oberfläche verteilen. Die zuvor zubereitete Masse hineingießen.
- Die Zitronencreme im Wasserbad im vorgeheizten Backrohr bei 160° etwa 1 Stunde garen. Die Form soll nicht mehr als bis zu einem Drittel ihrer Höhe im Wasser stehen. Nach der Garzeit soll die Creme fest, aber nicht hart sein. Ganz auskühlen lassen und in den Kühlschrank stellen.
- Die Creme vor dem Servieren am oberen Rand mit einem scharfen Messer von der Form lösen und auf eine Platte stürzen. Eventuell in der Form verbliebenen Karamell darüber gießen.

Milchreistörtchen

Tortine di riso

ZUBEREITUNGSZEIT:
40 Minuten + Zeit zum Kühlstellen

Zutaten für 6 Personen:
100 g Rundkornreis; 7 dl Milch; Schale einer unbehandelten Orange; 50 g Butter; 3 Eidotter; 100 g Kristallzucker; 3 g Blattgelatine; 1 EL Maraschino; 3 dl Sahne; 1 Prise Salz

Zum Garnieren:
30 g Milchschokolade

Zusätzliche Küchenutensilien:
6 runde Förmchen von 10 cm Durchmesser

- Die Gelatine in einer Schüssel mit kaltem Wasser einweichen. Den Reis waschen und abtropfen lassen. Die Milch in eine Kasserolle gießen, die abgeriebene Orangenschale und das Salz hinzufügen und zum Kochen bringen. Die Kasserolle vom Feuer nehmen, den Reis dazugeben, mit einem Deckel verschließen und im vorgeheizten Backrohr bei 190° 18–20 Minuten garen. Die Kasserolle aus dem Rohr nehmen, die Butter, die Eidotter, den Zucker und den Maraschino mit einem Holzlöffel unter den Reis mischen und anschließend die gut ausgedrückte Gelatine dazugeben. Gut verrühren, bis sie sich vollständig gelöst hat. Die Masse in eine Schüssel gießen und etwas abkühlen lassen.
- Die Sahne schlagen und vorsichtig unter den lauwarmen Reis heben. Die Förmchen mit kaltem Wasser auspinseln und die Masse darin verteilen. Mindestens 1 Stunde in den Kühlschrank stellen. In der Zwischenzeit die Schokolade in Späne hobeln. Vor dem Servieren die Förmchen kurz in heißes Wasser tauchen und auf eine Platte stürzen. Einige Schokoladespäne darüber streuen.

Die Milchreistörtchen nach dem Stürzen mit einigen Schokoladespänen bestreuen.

Pudding mit Mandelmakronen

Budino di amaretti

ZUBEREITUNGSZEIT:
1 Stunde

Zutaten für 4 Personen:
100 g Mandelmakronen *(amaretti);*
6 Eiklar;
30 g Butter;
20 g Mehl;
1 Glas Milch;
20 g Kristallzucker

Für den Karamell:
50 g Kristallzucker

Zusätzliche Küchenutensilien:
1 Puddingform aus Metall von 20 cm Durchmesser

- Den Karamell zubereiten: Den Zucker mit 2 EL Wasser in die Form geben und auf dem Herd erhitzen, bis der Zucker geschmolzen ist und eine schöne goldbraune Farbe angenommen hat. Die Form rasch schwenken, sodass sich der Karamell auf der gesamten Oberfläche verteilt.
- Die Butter in einer Kasserolle zerlassen, das Mehl und dann die Milch dazugeben und unter Rühren mit einem Holzlöffel 8–10 Minuten kochen lassen. Vom Feuer nehmen und abkühlen lassen, ab und zu umrühren, damit sich keine Haut bildet.
- In der Zwischenzeit die Makronen sehr fein zerkrümeln, eine davon zum Verzieren zurückbehalten. Die Eiklar zu Schnee schlagen. Die Makronenkrümel und den Eischnee vorsichtig unter die völlig erkaltete Masse heben.
- Die Masse in die Form mit dem Karamell geben und im Wasserbad im vorgeheizten Backrohr bei 180° 30–40 Minuten garen, bis sie fest geworden ist. Den Pudding an den Rändern mit einem scharfen Messer von der Form lösen, auf eine Platte stürzen und mit der zurückbehaltenen Makrone verzieren. Dieser Pudding kann lauwarm oder kalt serviert werden.

Bavarese mit Feigen

Bavarese di fichi

ZUBEREITUNGSZEIT:
1 Stunde 15 Minuten
+ Zeit zum Kühlstellen

Zutaten für 6–8 Personen:
500 g Feigen;
¼ l Milch;
200 g Kristallzucker;
4 Eidotter;
10 g Blattgelatine;
3 dl Sahne

Zum Garnieren:
2–3 reife, feste Feigen

Zusätzliche Küchenutensilien:
1 Sturzform

- Die Gelatineblätter in einer Schüssel mit kaltem Wasser einweichen. Die Feigen schälen und in eine Schüssel geben, grob mit einer Gabel zerquetschen, die Hälfte des Zuckers dazugeben, vorsichtig vermischen, dann alles in einer Kasserolle bei mäßiger Hitze erwärmen. Unter Rühren mit einem Holzlöffel zum Kochen bringen und etwas reduzieren. Vom Feuer nehmen und ganz abkühlen lassen.
- In der Zwischenzeit die Milch erhitzen. Die Eidotter in einer Schüssel mit dem restlichen Zucker zu einer homogenen, dickflüssigen Masse verrühren. Nach und nach die heiße Milch hinzufügen, alles in eine Kasserolle gießen und unter ständigem Rühren bis knapp unter den Siedepunkt erhitzen. Die gut ausgedrückte Gelatine dazugeben und gut verrühren. Vom Feuer nehmen und abkühlen lassen. Dann die Feigen dazugeben und alles gut vermengen. Die Sahne schlagen und vorsichtig unter die Masse ziehen, in die mit kaltem Wasser ausgespülte Form gießen und für mindestens 2 Stunden in den Kühlschrank stellen.
- Zum Garnieren die Feigen kurz vor dem Servieren in regelmäßige Spalten schneiden. Die Form kurz in heißes Wasser tauchen, die Bavarese auf eine Platte stürzen und mit den frischen Feigenspalten verzieren.

Schokoladecreme

Crema di cioccolato

1

2

3

ZUBEREITUNGSZEIT:
25 Minuten

Zutaten für 6 Personen:
$^{1}/_{2}$ l Milch;
100 g Kristallzucker;
4 Eidotter;
30 g Mehl;
2 dl Sahne;
1 Päckchen Vanillin;
130 g Kochschokolade (oder 2 EL ungesüßtes Kakaopulver);
2 EL Maraschino

Zum Garnieren:
30 g Kochschokolade

- Die Milch in einer Kasserolle aufkochen. Die Eidotter mit dem Zucker vermengen und mit einem Holzlöffel verrühren, bis eine homogene Masse entstanden ist. Nach und nach das mit dem Vanillin gesiebte Mehl einarbeiten, dabei die kochend heiße Milch langsam zugießen. Das Ganze in einer Kasserolle zum Kochen bringen und auf kleiner Flamme unter ständigem Rühren 5–6 Minuten kochen lassen.
- Die Schokolade grob hacken und in die Creme geben. Den Likör zugeben, gut verrühren, in eine Schüssel gießen und abkühlen lassen, dabei ab und zu umrühren.
- Die Sahne schlagen, vorsichtig unter die gänzlich erkaltete Creme heben und gut vermengen.
- Die Garnierung vorbereiten: Die Kochschokolade im Wasserbad schmelzen, aus Backpapier eine Tüte formen und die Schokolade einfüllen. Die Spitze abschneiden und die Creme mit einem dekorativen Muster verzieren.

Die gehackte Schokolade in die Creme geben (1), die geschlagene Sahne unter die erkaltete Creme heben (2), die Oberfläche mit der in eine Tüte aus Backpapier gefüllten, geschmolzenen Schokolade verzieren (3).

Panna Cotta mit Erdbeeren

Panna cotta alle fragole

ZUBEREITUNGSZEIT:
50 Minuten + Zeit zum Kühlstellen

Zutaten für 10–12 Personen:
4 dl Sahne;
100 g Kristallzucker;
15 g Blattgelatine;
1 Vanilleschote;
600 g Erdbeeren

Zusätzliche Küchenutensilien:
1 rechteckige, glatte Kuchenform

Panna Cotta mit Erdbeeren

Panna cotta alle fragole

- Die Gelatine in einer Schüssel mit kaltem Wasser einweichen. Die Erdbeeren rasch in Eiswasser waschen, auf Küchenpapier abtropfen lassen und vorsichtig trockentupfen, entstielen und in dünne Scheiben schneiden (1), einige ganze Erdbeeren zum Verzieren aufbewahren.
- Die Sahne mit dem Zucker und der Vanilleschote aufkochen, bis sich der Zucker zur Gänze aufgelöst hat, dann die gut ausgedrückte Gelatine dazugeben. Vom Feuer nehmen und rühren, bis sich die Gelatine ganz aufgelöst hat. Die Vanilleschote herausnehmen.
- Eine etwa 1 cm dicke Schicht Creme in die Form gießen (2). Die Form für 10 Minuten in den Kühlschrank stellen, bis die Creme sich etwas verfestigt hat. Wieder aus dem Kühlschrank nehmen und mit Erdbeerscheiben bedecken (3). Eine weitere Schicht Creme vorsichtig über die Erdbeeren gießen (4) und die Form wieder in den Kühlschrank stellen. So fortfahren, bis alle Zutaten aufgebraucht sind, mit Creme abschließen. Die Form für mindestens 2 Stunden in den Kühlschrank stellen. Vor dem Servieren kurz in heißes Wasser tauchen und vorsichtig auf eine Platte stürzen (5).

Verzieren:

- Die zurückbehaltenen Erdbeeren halbieren. Die Hälften mit einem scharfen Messer beidseitig zweimal keilförmig einschneiden, sodass aus jeder Hälfte drei Teile entstehen. Diese etwas versetzt auf der Oberfläche der Panna Cotta anordnen.

1

2

3

4

5

Gestürzte Heidelbeersahne

Mousse di mirtilli

ZUBEREITUNGSZEIT:
25 Minuten + Zeit zum Kühlstellen

Zutaten für 6 Personen:
250 g Heidelbeeren;
125 g Kristallzucker;
250 g geschlagene Sahne;
12 g Blattgelatine; 1 EL Zitronensaft

Zum Garnieren:
100 g Heidelbeeren;
100 g geschlagene Sahne

Zusätzliche Küchenutensilien:
1 Puddingform von 20 cm Durchmesser

- Die Gelatineblätter in einer kleinen Schüssel mit kaltem Wasser einweichen. Die Heidelbeeren rasch in Eiswasser waschen, vorsichtig mit Küchenpapier trockentupfen und mit dem Zucker und dem Zitronensaft im Mixer pürieren. Die Gelatineblätter abtropfen lassen und ausdrücken. Im Wasserbad in einer Kasserolle auflösen und die pürierten Heidelbeeren dazugeben. Mit einem Holzlöffel alle Zutaten gut vermengen. Anschließend vorsichtig die Schlagsahne unterziehen.
- Die Masse in die mit kaltem Wasser ausgespülte Form gießen und mindestens 2 Stunden in den Kühlschrank stellen. Vor dem Servieren die Form kurz in heißes Wasser stellen und auf eine Platte stürzen.
- Die Garnierung vorbereiten: Die Heidelbeeren rasch in Eiswasser waschen, auf ein Stück Küchenpapier legen und trockentupfen. Die geschlagene Sahne in einen Spritzbeutel mit kleiner Sterntülle füllen und auf und um die Süßspeise dressieren. Die Sahnekleckse mit den Heidelbeeren gefällig anordnen.

Quarkpudding nach römischer Art

Budino di ricotta alla romana

ZUBEREITUNGSZEIT:
1 Stunde

Zutaten für 6–8 Personen:
300 g *ricotta romana* oder Quark;
150 g Puderzucker;
3 Eier;
2 Eidotter;
1 Prise Zimt;
abgeriebene Schale einer Zitrone;
1 Prise Salz

Zum Garnieren:
100 g Milchschokolade

Für die Form:
30 g Butter;
20 g Paniermehl

Zusätzliche Küchenutensilien:
1 hohe, runde Form von 18 cm Durchmesser

- Die *ricotta* zweimal durch ein Sieb streichen und in eine Schüssel geben. Den Puderzucker dazugeben und die Eier und die Eidotter nacheinander einarbeiten.
- Alle Zutaten gut mit einem Holzlöffel vermengen, den Zimt, die abgeriebene Zitronenschale und das Salz dazugeben.
- Die Form mit Butter ausstreichen und mit Paniermehl bestreuen. Die zuvor zubereitete Masse einfüllen und im vorgeheizten Backrohr bei 180° etwa 40 Minuten backen. Die Form aus dem Ofen nehmen, den Pudding am oberen Rand mit einem scharfen Messer von der Form lösen und auf eine Platte stürzen. Ganz auskühlen lassen.
- Garnieren: Mit einem Kartoffel- oder Spargelschäler Späne von der Schokolade hobeln und damit die Oberfläche des Quarkpuddings sowie den Rand bestreuen.

Nektarinenmousse

Piccole mousses di pesche noci

ZUBEREITUNGSZEIT:
40 Minuten + Zeit zum Kühlstellen

Zutaten für 6 Personen:
350 g Nektarinen;
125 g Kristallzucker;
2,5 dl Sahne;
12 g Blattgelatine;
3 EL trockener Weißwein

Zum Garnieren:
2 Nektarinen;
50 g Kochschokolade;
Saft einer 1/2 Zitrone

- Die Gelatine in einer Tasse mit kaltem Wasser einweichen. Die Nektarinen waschen, abtrocknen, schälen, halbieren, den Kern entfernen und das Fruchtfleisch in kleine Stücke schneiden. Die Nektarinenstücke mit dem Weißwein in eine Pfanne geben, erhitzen und 6–7 Minuten köcheln lassen, ab und zu mit einem Holzlöffel umrühren. Vom Feuer nehmen, abkühlen lassen, den Zucker zugeben und im Mixer pürieren.
- Die Gelatine gut ausdrücken, im Wasserbad in einer Kasserolle zergehen lassen und zu den Nektarinen geben, gut untermischen. Die Sahne schlagen und vorsichtig unter die Masse ziehen. In mit kaltem Wasser ausgepinselte Förmchen verteilen und mindestens 2 Stunden in den Kühlschrank stellen. Vor dem Servieren die Förmchen kurz in heißes Wasser tauchen und die Mousse auf Dessertteller stürzen.
- Die Garnierung vorbereiten: Die Nektarinen waschen, schälen, in Scheiben schneiden und mit dem Zitronensaft beträufeln. Einige Minuten ziehen lassen, dann trockentupfen und dekorativ um die Süßspeise anordnen. Die Schokolade grob hacken, im Wasserbad schmelzen, in eine Tüte aus Backpapier füllen, die Spitze abschneiden und die Teller mit ansprechenden Mustern verzieren.

Kirschparfait

Parfait al Kirsch

ZUBEREITUNGSZEIT:
40 Minuten + Zeit zum Kühlstellen

Zutaten für 6 Personen:
120 g Kristallzucker; 5 Eidotter;
1/2 l Sahne; 4 EL Kirsch

Zum Garnieren:
30 g kandierte Kirschen;
30 g grünes Zitronat

Zusätzliche Küchenutensilien:
1 rechteckige Form von etwa
3/4 l Volumen

- Den Zucker mit 1 dl Wasser in eine Kasserolle geben, aufkochen und 7–8 Minuten kochen lassen, bis ein klarer, dickflüssiger Sirup entsteht.
- Die Dotter mit einem Schneebesen schaumig schlagen, den Sirup in dünnem Faden einfließen lassen und rasch verrühren. Den Kirsch dazugeben und unter ständigem Rühren abkühlen lassen.
- Die Sahne schlagen und vorsichtig unterziehen. Die Masse in die Form gießen und für mindestens 2 Stunden ins Gefrierfach oder den Gefrierschrank stellen. Vor dem Servieren die Form kurz in heißes Wasser tauchen und das Parfait auf eine Platte stürzen.
- Garnieren: Das Parfait in etwa 1 cm dicke Scheiben schneiden und jede davon mit einer halben kandierten Kirsche und einigen Zitronatstreifen verzieren.

Nach dem Unterheben der geschlagenen Sahne die Masse in die Form füllen und in den Gefrierschrank stellen.

Klassische Bavarese mit Vanille

Bavarese alla vaniglia

ZUBEREITUNGSZEIT:
40 Minuten + Zeit zum Kühlstellen

Zutaten für 6–8 Personen:
¼ l Milch; 60 g Kristallzucker;
4 Eidotter;
15 g Blattgelatine;
3 dl Sahne;
1 Vanilleschote;
1 Päckchen Vanillin

Zusätzliche Küchenutensilien:
1 Sturzform von etwa ¾ l Volumen

- Die Gelatineblätter in einer Tasse mit kaltem Wasser einweichen. Die Milch mit der Vanilleschote in einer Kasserolle zum Kochen bringen. Vom Feuer nehmen.
- Die Dotter in einer Schüssel mit dem Zucker und dem Vanillin mit einem Holzlöffel verrühren, bis eine homogene Masse entsteht. Die heiße Milch nach und nach zugießen, die Vanilleschote zuvor entfernen
- Alles zusammen in eine Kasserolle geben und auf ganz kleiner Flamme erhitzen, bis der Siedepunkt beinahe erreicht ist. Die Kasserolle vom Feuer nehmen, die Gelatine gut ausdrücken und dazugeben. Gut umrühren, bis sie sich ganz aufgelöst hat. In eine Schüssel gießen und abkühlen lassen.

Die Kasserolle vom Feuer nehmen und die abgetropfte, ausgedrückte Blattgelatine in der Masse aus Eidottern, Zucker und Milch auflösen.

- In der Zwischenzeit die Sahne schlagen und vorsichtig unter die völlig erkaltete Masse ziehen. Die Masse in die mit kaltem Wasser ausgepinselte Form gießen und mindestens 2 Stunden in den Kühlschrank stellen. Vor dem Servieren die Form kurz in heißes Wasser tauchen und die Creme auf eine Platte stürzen.

Mousse von Clementinen

Mousse di clementine

ZUBEREITUNGSZEIT:
40 Minuten + Zeit zum Kühlstellen

Zutaten für 6–8 Personen:
1/4 l Clementinensaft;
125 g Kristallzucker;
1/4 l Sahne;
abgeriebene Schale von 2 unbehandelten Clementinen;
4 Eidotter;
10 g Blattgelatine

Zum Verzieren:
2 Clementinen;
30 g Traubenzucker;
200 g Kristallzucker;
50 g Orangeat;
1 EL Mandelöl;
6 Marzipanblätter

Zusätzliche Küchenutensilien:
1 Sturzform von etwa 3/4 l Volumen

- Die Gelatineblätter in einer Tasse mit kaltem Wasser einweichen. Den Clementinensaft und die abgeriebene Clementinenschale in eine Kasserolle geben und erhitzen.
- Die Eidotter und den Zucker in eine Schüssel geben und mit einem Holzlöffel gut verrühren, bis eine homogene Masse entsteht. Den warmen Clementinensaft nach und nach unterrühren. Das Ganze in eine Kasserolle gießen.

Mousse von Clementinen

Mousse di clementine

- Unter ständigem Rühren mit einem Holzlöffel bis knapp unter den Siedepunkt erhitzen. Vom Feuer nehmen und die Gelatine gut unterrühren, bis sie sich ganz aufgelöst hat. Die Masse ganz auskühlen lassen.
- Die Sahne in einer Schüssel schlagen und vorsichtig unterziehen. Die Masse in die mit kaltem Wasser ausgepinselte Form gießen. Mindestens 2 Stunden in den Kühlschrank stellen.

Verzieren:

- Das Orangeat mit einem scharfen Messer in feine Streifen schneiden (1). Die Clementinen schälen, alle weißen Fäden entfernen und in Spalten teilen. In einer Kasserolle etwa 1 dl Wasser mit dem Zucker und dem Traubenzucker erhitzen. Zum Kochen bringen und 7–8 Minuten reduzieren, bis ein farbloser, dickflüssiger Sirup entstanden ist (die Temperatur sollte etwa 150° betragen). Die Kasserolle vom Feuer nehmen und mit einer Küchenzange die Clementinenspalten durch den Karamellsirup ziehen (2). Auf einer mit Mandelöl bepinselten Marmorplatte abtropfen lassen (3), überschüssiges Karamell mit einem Messer entfernen.
- Kurz vor dem Servieren die Form in heißes Wasser tauchen und die Creme auf eine Platte stürzen. Die Marzipanblätter kreisförmig darauf anordnen, rund um die Creme die karamellisierten Clementinenspalten auf der Platte anrichten (4). Die Orangeatstreifen dekorativ innerhalb des Kreises aus Marzipanblättern verteilen (5).

1

2

3

4

5

Sahneparfait mit Orangenschale

Parfait alle bucce d'arancia

ZUBEREITUNGSZEIT:
40 Minuten + Zeit zum Einweichen und Kühlstellen

Zutaten für 6 Personen:
200 g Kristallzucker;
5 Eidotter;
2,5 dl Orangensaft;
1/2 l Sahne;
2 unbehandelte Orangen

Zum Garnieren:
6 kandierte Blüten

Zusätzliche Küchenutensilien:
1 Sturzform von etwa 1 l Volumen

- Die Orangen sorgfältig waschen und abtrocknen. Die Orangenschale mit einer Gemüseraspel in dünnen Streifen abziehen und in eine kleine Schüssel geben. 100 g Kristallzucker mit 2 dl Wasser in eine Kasserolle geben, aufkochen und 2 Minuten kochen lassen, bis ein klarer Sirup entsteht. Noch heiß über die Orangenschalen gießen und diese 24 Stunden stehen lassen, bis sie leicht kandiert sind.
- Den Orangensaft in einer Kasserolle bei mäßiger Hitze aufkochen und auf die Hälfte reduzieren lassen. Den restlichen Zucker mit 1 dl Wasser in eine Kasserolle geben, aufkochen und 10 Minuten kochen lassen, bis ein klarer, ziemlich dickflüssiger Sirup entsteht.
- Die Dotter mit einem elektrischen Schneebesen schaumig schlagen, bis sie hell werden. Den Sirup in einem dünnen Faden einfließen lassen und rasch verrühren. Wenn die Masse schon beinahe ganz erkaltet ist, den reduzierten Orangensaft dazugeben.
- Die Orangenschalenstreifen abtropfen lassen und mit Küchenpapier trockentupfen. Die Hälfte davon grob hacken und mit der Parfaitmasse vermengen, die restlichen zum Garnieren beiseite stellen. Die Sahne schlagen und vorsichtig unter die Masse ziehen. In die mit Wasser ausgepinselte Form füllen und mindestens 2 Stunden in den Gefrierschrank oder ins Tiefkühlfach stellen.
- Vor dem Servieren die Form kurz in heißes Wasser tauchen und das Parfait auf eine Platte stürzen. Das Parfait mit den kandierten Orangenschalenstreifen und den kandierten Blüten verzieren.

Orangenparfait mit Honig

Semifreddo di miele e arancia

ZUBEREITUNGSZEIT:
50 Minuten + Zeit zum Kühlstellen

Zutaten für 6 Personen:
100 g Kristallzucker;
5 Eidotter;
$^1/_2$ l Sahne;
3 EL Cointreau;
50 g Honig

Zum Verzieren:
1 Orange;
50 g Orangeat;
1 TL Honig;
50 g Kristallzucker

Zusätzliche Küchenutensilien:
1 rechteckige Form von $^3/_4$ l Volumen

Orangenparfait mit Honig

Semifreddo di miele e arancia

● Den Zucker in einer Kasserolle mit 1 dl Wasser erhitzen, zum Kochen bringen und 7–8 Minuten kochen, bis ein klarer, dickflüssiger Sirup entsteht.

● Die Dotter mit dem elektrischen Handrührer schaumig rühren, den warmen Zuckersirup in einem dünnen Faden einfließen lassen und rasch verrühren. Den Cointreau und den Honig dazugeben und abkühlen lassen, dabei öfters umrühren. Die Sahne schlagen, vorsichtig unterheben und die Masse in die Form gießen. Mindestens 2 Stunden ins Tiefkühlfach oder in den Gefrierschrank stellen.

Verzieren:

● Die Orange waschen und mit Küchenpapier abtrocknen, mit einem scharfen Messer in 3 mm dicke Scheiben schneiden und diese halbieren (1). Den Zucker in einer Kasserolle mit 2 dl Wasser etwa 2 Minuten kochen lassen. Die Orangenscheiben in den Sirup legen und ziehen lassen, bis der Sirup abgekühlt ist.

● Das Orangeat in kleine Würfel schneiden (2), in eine Schüssel geben und mit dem Honig vermischen (3). Die Form kurz in heißes Wasser tauchen, die Ränder des Parfaits mit einem scharfen Messer von den Wänden lösen und auf eine Platte stürzen.

● Die Orangenscheiben abtropfen lassen und die Seitenwände des Parfaits damit belegen (4). Das Orangeat in einer Linie auf der Mitte der Oberfläche verteilen (5). Vor dem Servieren nochmals für eine halbe Stunde in den Kühlschrank stellen.

1

2

3

4

5

Parfait mit Grand Marnier

Farfait al Grand Marnier

ZUBEREITUNGSZEIT:
40 Minuten + Zeit zum Kühlstellen

Zutaten für 6 Personen:
120 g Kristallzucker;
5 Eidotter; 1/2 l Sahne;
4 EL Grand Marnier;
1 etwa 1 cm dicke, rechteckige Scheibe Biskuittortenboden

Zum Garnieren:
2 dl frische Sahne; 1 Prise Mohn;
20 g bunte Zuckerstreusel

Zusätzliche Küchenutensilien:
1 rechteckige Form von etwa 1 l Volumen

- Den Tortenboden mit einem scharfen Messer in der Größe der Form zuschneiden und beiseite stellen. Den Zucker mit 1 dl Wasser in eine Kasserolle geben, aufkochen und 7–8 Minuten kochen lassen, bis ein klarer, dickflüssiger Sirup entsteht. Die Dotter mit einem Schneebesen schaumig schlagen, den Sirup in einem dünnen Faden einfließen lassen und rasch verrühren. Den Grand Marnier dazugeben und unter ständigem Rühren abkühlen lassen.
- Die Sahne schlagen und vorsichtig unterziehen. Die Masse in die Form gießen, mit dem Tortenboden bedecken und für mindestens 2 Stunden ins Gefrierfach oder den Gefrierschrank stellen. Vor dem Servieren die Form kurz in heißes Wasser tauchen und das Parfait auf eine Platte stürzen.
- Garnieren: Die Sahne schlagen, in einen Spritzbeutel füllen und rund um den Rand des Parfaits auf die Platte dressieren. Auf der Mitte der Oberfläche ebenfalls etwas Sahne aufdressieren. Die Sahne auf der Platte mit Mohn, die Sahne auf der Oberfläche mit den bunten Zuckerstreuseln bestreuen.

1

2

Den heißen Zuckersirup in die aufgeschlagenen Eidotter einrühren (1), den Grand Marnier dazugeben (2) und die geschlagene Sahne unterziehen (3).

3

Cappuccinoparfait

Semifreddo al caffellatte

1

2

3

ZUBEREITUNGSZEIT:
1 Stunde + Zeit zum Kühlstellen

Zutaten für 6–8 Personen:
½ l Sahne; 6 Eidotter;
150 g Kristallzucker;
1 Portionsbeutel Löskaffee;
15 g Blattgelatine

Für die Schokoladetässchen:
200 g weiße Schokolade;
100 g Kochschokolade

- Zuerst die Tässchen vorbereiten: Aus biegsamem Karton 4 cm hohe, 20–21 cm lange Streifen zuschneiden, kreisförmig biegen und mit Klammern zusammenheften. Mit gleich großen Backpapierstreifen auslegen und die Förmchen auf Backpapier stellen.
- Die weiße Schokolade grob hacken und im Wasserbad bei mäßiger Hitze schmelzen. Die Wände und den Boden der Förmchen mit einem Küchenpinsel mit einer nicht zu dicken Schicht weißer Schokolade auspinseln. An einen kühlen Ort stellen, bis die Schokolade fest geworden ist.
- In der Zwischenzeit das Sorbet zubereiten. Den Löskaffee in einer Tasse mit ein wenig Sahne auflösen, die restliche Sahne schlagen und in den Kühlschrank stellen. Die Eidotter in einer Schüssel mit dem Zucker schaumig rühren. Den Löskaffee unterrühren. Die Gelatine gut ausdrücken, im Wasserbad zergehen lassen und gut mit der Dottermasse vermengen. Die Sahne aus dem Kühlschrank nehmen und mit einem Holzlöffel unter die Masse heben.
- Das Ganze dann in einen Spritzbeutel mit glatter Tülle füllen und in die Schokoladetässchen dressieren. Mindestens 1 Stunde in den Kühlschrank stellen.
- Vor dem Servieren die Klammern von den Kartonstreifen lösen und den Karton sehr vorsichtig abnehmen. Anschließend das Backpapier ebenfalls sehr vorsichtig abziehen.
- Mit einem Spargelschäler einige Schokoladespäne von der Kochschokolade abhobeln, den Rest grob hacken und im Wasserbad schmelzen. Aus Backpapier eine kleine Tüte formen, die geschmolzene Schokolade einfüllen, die Spitze abschneiden und die Tässchen aus weißer Schokolade damit verzieren.
- Auf jede Portion einige Schokoladespäne streuen. Bis zum Servieren in den Kühlschrank stellen.

Mit einem Küchenpinsel eine kleine Menge weiße Schokolade an den Wänden und am Boden der Förmchen verteilen (1), mit dem Parfait füllen (2), die Kartonstreifen vorsichtig entfernen (3), dann die Tässchen mit geschmolzener Kochschokolade verzieren (4).

4

Parfait von Mandarinorangen

Semifreddo al mandarancio

ZUBEREITUNGSZEIT:
40 Minuten + Zeit zum Kühlstellen

Zutaten für 6 Personen:
120 g Kristallzucker;
5 Eidotter;
¼ l Mandarinorangensaft;
abgeriebene Schale von 4 Mandarinorangen;
½ l Sahne

Zum Verzieren:
4 kernlose Mandarinorangen;
100 g Kristallzucker;
1 dl Sahne;
etwas Öl;
einige Minzeblättchen

Zusätzliche Küchenutensilien:
1 halbrunde Form von etwa 1 l Volumen

Parfait von Mandarinorangen

Semifreddo al mandarancio

1 2 3 4 5

● Den Mandarinorangensaft in eine Kasserolle gießen. Bei mäßiger Hitze aufkochen und etwa auf die Hälfte reduzieren lassen.

● Den Zucker mit 1 dl Wasser in eine Kasserolle geben und zum Kochen bringen, etwa 10 Minuten kochen lassen, bis ein dickflüssiger, klarer Sirup entstanden ist.

● Die Eidotter in einer Schüssel mit einem elektrischen Handrührer schaumig rühren, bis die Masse hell und locker wird. Dann den Zuckersirup in einem dünnen Faden einfließen lassen und mit dem elektrischen Handrührer rasch untermengen. So lange rühren, bis die Masse fast gänzlich erkaltet ist. Den Mandarinorangensaft und die abgeriebene Mandarinorangenschale hinzufügen.

● Die Sahne schlagen und vorsichtig unter die Masse ziehen. In die mit Wasser ausgepinselte Form füllen und mindestens 2 Stunden in den Gefrierschrank oder ins Tiefkühlfach stellen.

● Die Form anschließend kurz in heißes Wasser tauchen und das Parfait auf eine Platte stürzen, in Scheiben schneiden und etwa 30 Minuten in den Kühlschrank stellen.

Verzieren:

● Die Mandarinorangen schälen, alle weißen Fäden entfernen und in Spalten teilen. Den Zucker mit 3 EL Wasser in eine Pfanne geben und unter ständigem Rühren zergehen lassen, bis er eine leicht goldgelbe Farbe angenommen hat. Den Pfannenboden dann kurz in einen Behälter mit kaltem Wasser tauchen.

● Die Mandarinorangenspalten mit einer Küchenzange im Karamell wenden (1), sofort herausheben und auf einer mit Öl bepinselten Marmorplatte abtropfen lassen. Die Sahne schlagen und bis kurz vor dem Servieren im Kühlschrank aufbewahren.

● Das Parfait aus dem Kühlschrank nehmen und jeweils zwei Scheiben auf Desserttellern anrichten (2). Jeweils vier karamellisierte Mandarinorangenspalten symmetrisch darauf anordnen (3). Die Sahne in einen Spritzbeutel mit Sterntülle füllen und in der Mitte auf die Parfaitscheiben aufdressieren (4). Die Sahne mit einigen gewaschenen Minzeblättchen verzieren (5).

Kleine Überraschungsbomben

Piccole bombe a sorpresa

ZUBEREITUNGSZEIT:
30 Minuten + Zeit zum Kühlstellen

Zutaten für 6–8 Personen:
300 g Kirschen; 20 g Butter;
1 EL Kristallzucker; 250 g Vanilleeis

Für das Sahneeis:
1/4 l Milch; 1/4 l Sahne;
130 g Kristallzucker; 1 EL Cognac

Zum Garnieren:
1,5 dl Sahne

Zusätzliche Küchenutensilien:
6–8 Dariolförmchen; 1 Eismaschine

- Die Förmchen in den Gefrierschrank stellen.
- Das Sahneeis zubereiten: Die Milch mit der Sahne und dem Zucker in einer Kasserolle auf kleiner Flamme erhitzen und rühren, bis sich der Zucker aufgelöst hat. Vom Feuer nehmen und gänzlich erkalten lassen, dabei öfters mit einem Holzlöffel umrühren. Den Cognac zur abgekühlten Creme geben. Das Ganze in die Eismaschine füllen und die angegebene Zeit einstellen.
- In der Zwischenzeit die Kirschen sorgfältig waschen, abtropfen lassen, trockentupfen, halbieren und entsteinen. Die Butter in einer Kasserolle mit Antihaftbeschichtung zerlassen, die Hälfte der Kirschen und den Zucker dazugeben und unter ständigem Rühren mit einem Holzlöffel kurz anrösten. Vom Feuer nehmen und abkühlen lassen. Das Vanilleeis in eine Schüssel geben und vorsichtig mit den Kirschen vermischen (einige zum Verzieren zurückbehalten).
- Die Förmchen aus dem Gefrierschrank nehmen und mit dem Sahneeis füllen. Mit einem Löffel in der Mitte aushöhlen und das herausgenommene Sahneeis im Gefrierschrank aufbewahren. Den Hohlraum mit dem Vanille-Kirsch-Eis füllen und mit dem zurückbehaltenen Sahneeis verschließen. Die Förmchen mindestens 2 Stunden in den Gefrierschrank stellen. Vor dem Servieren auf eine Platte stürzen.
- Die Garnierung vorbereiten: Die Sahne schlagen und in einen Spritzbeutel mit Sterntülle füllen, jeweils eine halbe Kirsche auf die kleinen Eisbomben geben und ein Häufchen Sahne aufdressieren.

1

2

Die Form mit dem Sahneeis mit einem Löffel aushöhlen (1), mit Vanille-Kirsch-Eis füllen (2) und vor dem Servieren mit Sahne dressieren (3).

3

Mandarinensorbet

Mandarini a sorpresa

1

2

3

Die Mandarinenhälften mit einem Löffel aushöhlen (1), das Fruchtfleisch durch ein Sieb pressen und so entsaften (2), aus den Hälften kleine Deckel formen, indem man einen Mandarinenschalenstreifen wie einen Griff in zwei kleine Einschnitte steckt (3).

ZUBEREITUNGSZEIT:
50 Minuten + Zeit zum Kühlstellen

Zutaten für 6 Personen:
genügend Mandarinen
für 3 dl Mandarinensaft (etwa 1 kg);
125 g Kristallzucker; 1 EL Zitronensaft;
1/2 Eiklar; abgeriebene Schale einer
unbehandelten Mandarine

Zusätzliche Küchenutensilien:
1 Eismaschine

- Die Mandarinen auspressen (3 Stück zum Garnieren zurückbehalten) und den Saft durch ein Sieb in eine Schüssel gießen. Die drei zurückbehaltenen Mandarinen sorgfältig waschen, abtrocknen und teilen. Das Fruchtfleisch herauslösen, durch ein Sieb streichen und zu dem Mandarinensaft geben. Insgesamt benötigt man etwa 3 dl. Mit einem spitzen Messer zwei kleine Öffnungen in die ausgehöhlten Mandarinenhälften schneiden, jeweils einen Streifen Mandarinenschale zurechtschneiden und wie einen Deckelgriff in die Öffnungen stecken. Die sechs Mandarinendeckel auf eine Platte stellen und bis zum Servieren im Gefrierschrank aufbewahren.
- Den Zucker mit 1,5 dl Wasser in eine Kasserolle geben, aufkochen und 3–4 Minuten kochen lassen, bis der Zucker ganz aufgelöst und ein klarer Sirup entstanden ist. Vom Feuer nehmen und ganz abkühlen lassen. Den Mandarinensaft, den Zitronensaft und die abgeriebene Mandarinenschale dazugeben, alles gut vermengen und etwa 30 Minuten stehen lassen. Dann in die Eismaschine füllen und auf die angegebene Zeit einstellen. Nach der Hälfte der Zeit das leicht aufgeschlagene Eiklar dazugeben.
- Zum Servieren mit einem Eisportionierer Kugeln formen und auf den Tellern anrichten, mit den Mandarinendeckeln jede Kugel bedecken.

Zabaioneparfait

Semifreddo allo zabaione

ZUBEREITUNGSZEIT:
50 Minuten + Zeit zum Kühlstellen

Zutaten für 4–6 Personen:
8 Eidotter;
1/4 l trockener Marsala;
200 g Kristallzucker;
4 dl Sahne;
20 g Orangeat in einem Stück;
10 g grünes Zitronat

Zusätzliche Küchenutensilien:
1 Sturzform von 1 l Volumen

- Die Eidotter in einer Schüssel mit einem elektrischen Handrührer schaumig rühren, bis die Masse hell und locker wird. Den Marsala dazugeben und gut verrühren. Das Ganze im Wasserbad erhitzen und mit dem Schneebesen schlagen, bis sich das Volumen verdoppelt hat. Vom Feuer nehmen, in eine Schüssel geben und ganz auskühlen lassen, ab und zu umrühren.

- In der Zwischenzeit die Sahne schlagen und vorsichtig unter die Masse ziehen. In die mit Wasser ausgepinselte Form füllen und mindestens 2 Stunden in den Gefrierschrank oder ins Tiefkühlfach stellen. Die Form anschließend kurz in heißes Wasser tauchen und das Parfait auf eine Platte stürzen, in Scheiben schneiden und etwa 30 Minuten in den Kühlschrank stellen.
- Mit einem scharfen Messer das Orangeat in regelmäßige Streifen schneiden. Mit einer runden Ausstechform von 2–3 cm Durchmesser eine Scheibe aus dem grünen Zitronat ausstechen. Die Scheibe in die Mitte der Oberfläche des Parfaits legen und die Orangeatstreifen strahlenförmig darauf anordnen. Vor dem Servieren noch etwa 30 Minuten in den Kühlschrank stellen, damit es etwas weicher wird.

Rotweinsorbet mit Birnen

Sorbetto di pera al vino rosso

ZUBEREITUNGSZEIT:
50 Minuten + Zeit zum Kühlstellen

Zutaten für 6–8 Personen:
½ l Rotwein mit kräftigem Körper;
800 g reife Birnen;
200 g Kristallzucker;
½ Eiklar; 1 Gläschen Birnenschnaps

Zusätzliche Küchenutensilien:
1 Eisbombenform; 1 Eismaschine

- Die Birnen waschen, schälen, halbieren, den Strunk entfernen und in Spalten schneiden. Den Rotwein mit ¼ l Wasser in einer kleinen Kasserolle mit dem Zucker auf kleiner Flamme erhitzen, dabei ständig mit einem Holzlöffel rühren, bis der Zucker ganz aufgelöst ist. Die Birnen dazugeben und die Hitze etwas steigern. Langsam zum Kochen bringen und etwa 15 Minuten kochen lassen. Mit der Schaumkelle die Birnen danach aus dem Rotweinsirup nehmen.
- Einige Spalten zum Garnieren zurückbehalten, die anderen durch ein Sieb passieren oder im Mixer pürieren. Das Püree wieder in den Rotweinsirup geben und gut vermengen. In den Kühlschrank stellen und etwa 30 Minuten stehen lassen. Anschließend den Birnenschnaps zugeben, das Ganze in eine Eismaschine füllen und auf die in der Bedienungsanleitung angegebene Zeit einstellen. Nach der halben Zeit das Eiklar dazugeben.
- Das fertige Sorbet in die Form füllen und bis zum Servieren in den Gefrierschrank oder ins Gefrierfach des Kühlschranks stellen. 20 Minuten vor dem Servieren die Form kurz in heißes Wasser tauchen und das Sorbet auf eine Platte stürzen. Weitere 10 Minuten in den Gefrierschrank stellen. Die zurückbehaltenen Birnenspalten in dünne Scheiben schneiden und dekorativ auf der Platte und auf dem Sorbet anrichten.

1

2

Die Birnenspalten in die Kasserolle mit dem Wein und dem Zucker legen (1), weich kochen, pürieren und wieder in den Rotweinsirup geben (2).

Erdbeersorbet

Sorbetto di fragole

ZUBEREITUNGSZEIT:
40 Minuten

Zutaten für 4 Personen:
350 g Erdbeeren; Saft einer 1/2 Zitrone; 125 g Kristallzucker; 1/2 Eiklar

Zum Garnieren:
einige Minzestängel

Zusätzliche Küchenutensilien:
1 Eismaschine

- Den Zucker mit 1,5 dl Wasser in eine Kasserolle geben, aufkochen und 4–5 Minuten kochen lassen, bis der Zucker ganz aufgelöst ist. Vom Feuer nehmen und zur Gänze erkalten lassen. In der Zwischenzeit die Erdbeeren rasch in Eiswasser waschen, abtropfen lassen, vorsichtig mit Küchenpapier trockentupfen und entstielen.
- Die Erdbeeren mit dem Zitronensaft in den Mixer geben und kurz pürieren, anschließend die Masse durch ein Sieb in eine Schüssel streichen. Den Zuckersirup dazugeben und mit einem Holzlöffel gut verrühren, dann das Ganze in eine Eismaschine füllen und auf die in der Bedienungsanleitung angegebene Zeit einstellen. Nach der Hälfte der Zeit das mit einer Gabel leicht aufgeschlagene Eiklar dazugeben.
- Das Sorbet in einen Spritzbeutel mit großer Sterntülle füllen und in Gläser dressieren, die zuvor im Gefrierschrank gekühlt wurden. Jede Portion abschließend mit einem Zweiglein Minze verzieren.

Champagnersorbet

Sorbetto allo champagne

ZUBEREITUNGSZEIT:
40 Minuten

Zutaten für 4 Personen:
4 dl Champagner;
180 g Kristallzucker;
1 grüner Apfel;
1 EL Zitronensaft;
½ Eiklar

Zusätzliche Küchenutensilien:
1 Eismaschine

- Den Zucker mit 3 dl Wasser in eine Kasserolle geben, aufkochen und 2–3 Minuten kochen lassen, bis der Zucker aufgelöst ist und ein klarer Sirup entsteht. In eine Schüssel gießen und ganz auskühlen lassen.
- Den Apfel waschen, schälen, teilen, den Strunk entfernen und entsaften. Den Apfel- und den Zitronensaft sowie den Champagner mit dem erkalteten Zuckersirup vermengen. Das Ganze in eine Eismaschine füllen und auf die in der Bedienungsanleitung angegebene Zeit einstellen. Nach der Hälfte der Zeit das Eiklar zugeben. Das fertige Sorbet vor dem Servieren in einen Spritzbeutel mit schräger Tülle geben und in Dessertschalen oder gekühlte Gläser dressieren.

Eisbombe »Jamaica«

Semifreddo Giamaica

ZUBEREITUNGSZEIT:
1 Stunde + Zeit zum Kühlstellen

Zutaten für 8 Personen:
120 g Kristallzucker;
5 Eidotter;
40 g Kochschokolade;
½ l Sahne;
40 g karamellisierte Nüsse;
1 dl Orangensaft;
abgeriebene Schale von 2 unbehandelten Orangen;
½ EL Löskaffee;
1 EL Milch;
80 g Milchschokolade

Für das Schokoladeeis:
½ l Milch;
4 Eidotter;
125 g Kristallzucker;
100 g Kochschokolade
(oder 50 g ungesüßtes Kakaopulver);
1 Vanilleschote

Zusätzliche Küchenutensilien:
1 rechteckige Form von etwa 1 l Volumen;
1 Eismaschine

- Zuerst das Schokoladeeis zubereiten: Die Kochschokolade fein hacken und beiseite stellen. Die Eidotter mit dem Zucker in einer Schüssel mit einem Holzlöffel verrühren, bis eine homogene Masse entsteht. Die Milch mit der Vanilleschote in einer Kasserolle zum Kochen bringen, vom Feuer nehmen, die Vanilleschote entfernen und die Milch unter ständigem Rühren langsam in die Eidottermasse einfließen lassen. Das Ganze im Wasserbad kurz erhitzen – das Wasser soll die Kasserolle dabei nur zu einem Drittel ihrer Höhe bedecken.

Eisbombe »Jamaica«

Semifreddo Giamaica

- Mit einem Holzlöffel schlagen, bis sich die Masse verdichtet und am Löffel haften bleibt. Sie soll jedoch nicht kochen. Vom Feuer nehmen, die gehackte Schokolade dazugeben und rühren, bis sie sich ganz aufgelöst hat. Abkühlen lassen und in die Eismaschine füllen. Auf die in der Bedienungsanleitung angegebene Zeit einstellen. Das fertige Eis in die Form füllen und den Boden und die Wände damit bedecken (1), anschließend in den Gefrierschrank stellen.
- In der Zwischenzeit den Orangensaft in eine Kasserolle gießen und bei mäßiger Hitze zum Kochen bringen. Auf die Hälfte reduzieren. Die Nüsse fein hacken. Den Löskaffee in einer Tasse Milch auflösen. Den Zucker mit 1 dl Wasser in eine Kasserolle geben, aufkochen und 7–8 Minuten kochen lassen, bis ein klarer, dickflüssiger Sirup entsteht. Die Dotter mit einem Schneebesen schaumig schlagen, den Sirup in einem dünnen Faden einfließen lassen und rasch verrühren.
- Diese Masse zu gleichen Teile auf drei Schüsseln verteilen. Die Kochschokolade hacken und im Wasserbad zergehen lassen, zusammen mit den Haselnüssen in eine der Schüsseln geben und gut vermengen. In die zweite Schüssel den reduzierten Orangensaft und die abgeriebene Orangenschale, in die dritte den gelösten Kaffee geben und gut verrühren. Die Sahne schlagen und zu gleichen Teilen auf die drei Schüsseln verteilen und mit den verschiedenen Cremes vermengen.
- Die Form aus dem Kühlschrank nehmen, die Schokoladecreme mit den Haselnüssen einfüllen, mit einem Spatel glatt streichen (2) und für 10 Minuten in den Gefrierschrank stellen. Dann die Kaffeecreme vorsichtig einfüllen (3), ebenfalls glatt streichen und weitere 10 Minuten in den Gefrierschrank stellen. Mit der Orangencreme auffüllen, ebenfalls glatt streichen (4) und die Form dann für mindestens 2 Stunden in den Gefrierschrank stellen.
- Vor dem Servieren die Form kurz in heißes Wasser tauchen und die Eisbombe auf eine Platte stürzen. Mit einem Spargelschäler einige Späne von der Milchschokolade abhobeln und die Eisbombe damit bestreuen (5). Sofort servieren.

1

2

3

4

5

Sahneparfait mit Erdbeersauce

Semifreddo con salsa di fragole

ZUBEREITUNGSZEIT:
45 Minuten + Zeit zum Kühlstellen

Zutaten für 10–12 Personen:

Für das Parfait:
½ l Sahne;
130 g Kristallzucker;
8 Eidotter;
1 Prise Vanillin

Für die Erdbeersauce:
300 g reife Erdbeeren;
150 g Kristallzucker;
1 Gläschen Likör Aurum
(ein Kräuterlikör, ersatzweise Bénédictine);
abgeriebene Schale einer unbehandelten Zitrone

Zum Garnieren:
3 Erdbeeren

Zusätzliche Küchenutensilien:
1 Sturzform von etwa 1 l Volumen

- Das Parfait zubereiten: Den Zucker mit 1 dl Wasser in eine Kasserolle geben, aufkochen und 7–8 Minuten kochen lassen, bis ein klarer, dickflüssiger Sirup entsteht. Die Eidotter mit dem Vanillin in eine Schüssel geben und mit einem elektrischen Handrührgerät schaumig schlagen, bis die Masse flaumig und hell wird. Den Sirup in einem dünnen Faden einfließen lassen und rasch verrühren. Die Sahne schlagen und vorsichtig unter die völlig erkaltete Masse ziehen. In die Form füllen und mindestens 2 Stunden in den Gefrierschrank oder ins Tiefkühlfach stellen.
- In der Zwischenzeit die Sauce zubereiten: Die Erdbeeren rasch in Eiswasser waschen, vorsichtig mit Küchenpapier trockentupfen und entstielen. Im Mixer zusammen mit dem Zucker, dem Likör und der abgeriebenen Zitronenschale pürieren, bis eine cremige Sauce entsteht. In eine Sauciere gießen und in den Kühlschrank stellen. Vor dem Servieren die Form kurz in heißes Wasser tauchen und das Sorbet auf eine Platte stürzen.
- Garnieren: Die restlichen Erdbeeren rasch in Eiswasser waschen, vorsichtig mit Küchenpapier trockentupfen und entstielen. Zwei davon in dünne Scheiben schneiden. Diese in Blütenform auf dem Sorbet anrichten und die verbliebene ganze Erdbeere in die Mitte der Blüte setzen. Servieren und die Erdbeersauce separat dazu reichen.

Schokolademarquise

Marquise au chocolat

1

2

Die Seitenwände der Form mit Biskuitboden auskleiden, einen Streifen auf den Boden legen (1), die Creme einfüllen und den zweiten Streifen darauf legen (2).

ZUBEREITUNGSZEIT:
1 Stunde + Zeit zum Kühlstellen

Zutaten für 8 Personen:

Für den Biskuittortenboden:
80 g Mehl; 80 g Kristallzucker;
3 Eier; 15 g Butter;
1 Päckchen Vanillin

Für die Creme:
200 g Kochschokolade; 5 Eidotter;
100 g Kristallzucker; 50 g Butter;
100 g ungesüßtes Kakaopulver;
4 dl Sahne; 50 g Puderzucker;
1 Tasse Kaffee (ungesüßt)

Zum Garnieren:
100 g Milchschokolade

Zusätzliche Küchenutensilien:
rechteckige Form (etwa 24 cm Länge)

• Den Tortenboden zubereiten: Die Butter in einer Kasserolle zerlassen. Die Eidotter und den Zucker mit einem Schneebesen oder einem elektrischen Handrührgerät schaumig schlagen. Das Mehl mit dem Vanillin zusammensieben und mit einem Holzlöffel unter die Eidottermasse mengen. Die zerlassene Butter hinzufügen und die Masse in die gebutterte, bemehlte Form füllen.

• Im vorgeheizten Rohr bei 190° 30 Minuten backen, die Oberfläche soll goldgelb sein. Aus dem Backrohr nehmen und abkühlen lassen.

• Die Creme zubereiten: Die Schokolade im Wasserbad schmelzen und etwas abkühlen lassen. Die Eidotter und den Zucker in einer Schüssel mit einem Holzlöffel schaumig rühren. Unter ständigem Rühren die geschmolzene Schokolade untermengen.

• Die Butter in einer anderen Schüssel mit dem Schneebesen glatt rühren, bis eine weiche Creme entsteht. Den Kakao nach und nach untermengen und das Ganze in die Schokoladecreme einrühren. Die Sahne mit Puderzucker schlagen und ebenfalls zu der Creme geben, alle Zutaten gut vermengen.

• Den Tortenboden quer in 3 etwa 1,5 cm dicke Schichten schneiden. Von einer der Schichten zwei 2 cm breite Streifen abschneiden. Die beiden Schichten und die Streifen mit Kaffee bepinseln, die Längsseiten der Form mit den Schichten auslegen und einen der Streifen auf den Boden legen. Die Form mit der zuvor zubereiteten Creme füllen und den verbliebenen Tortenbodenstreifen darauf legen. Die Form für mindestens 2 Stunden in den Kühlschrank stellen.

• Vor dem Servieren die Form kurz in heißes Wasser tauchen und die Marquise auf eine Platte stürzen. Die Oberfläche mit Schokoladespänen bestreuen, die man mit einem gebogenen Spargelschäler von der Milchschokolade abhobelt.

Bavarese mit Himbeeren

Bavarese di lamponi

ZUBEREITUNGSZEIT:
1 Stunde 15 Minuten
+ Zeit zum Kühlstellen

Zutaten für 6–8 Personen:
¼ l Milch; 250 g Himbeeren; 200 g Kristallzucker; 4 Eidotter; 3 dl Sahne; 10 g Blattgelatine

Für den Teig:
2 Eier; 50 g Mehl; 50 g Kristallzucker; ½ Päckchen Vanillin

Zum Garnieren:
150 g Himbeeren; 1 EL Aprikosenkonfitüre

Für das Backblech:
15 g Butter; 1 EL Mehl

Zusätzliche Küchenutensilien:
1 rechteckige Form von etwa 1 l Volumen

- Den Teig zubereiten: Die Eidotter und den Zucker mit einem Holzlöffel schaumig rühren, das zusammen mit dem Vanillin gesiebte Mehl untermischen, die Eiklar zu Schnee schlagen und vorsichtig unterheben. Ein Backblech mit Butter bestreichen und den Boden mit gebuttertem und bemehltem Backpapier auslegen, die Masse in einen Spritzbeutel füllen und in der Größe der rechteckigen Form auf das Backpapier dressieren. Im vorgeheizten Rohr bei 190° 18–20 Minuten backen, aus dem Ofen nehmen, auf ein sauberes Küchentuch stürzen, das Backpapier vorsichtig abziehen und die Ränder gerade zuschneiden. Abkühlen lassen.
- Die Creme zubereiten: Die Gelatineblätter in einer Schale mit kaltem Wasser einweichen. Die Himbeeren rasch in Eiswasser waschen, vorsichtig mit Küchenpapier trockentupfen, im Mixer pürieren und durch ein Sieb streichen.
- Die Milch erhitzen. Die Eidotter und den Zucker mit einem Holzlöffel schaumig rühren, die heiße Milch nach und nach einrühren. Das Ganze in eine Kasserolle gießen und unter ständigem Rühren bis knapp unter den Siedepunkt erhitzen. Die gut ausgedrückte Gelatine dazugeben und rühren, bis sie sich ganz aufgelöst hat. Vom Feuer nehmen und abkühlen lassen. Die pürierten Himbeeren dazugeben. Die Sahne schlagen und unterziehen. In die mit Wasser ausgespülte Form füllen, das Biskuitrechteck darauf legen und mindestens 2 Stunden in den Kühlschrank stellen.

1

2

Die Schlagsahne unter die Masse mit den pürierten Himbeeren ziehen (1), in die mit Wasser ausgespülte Form füllen (2) und den Biskuitboden darauf legen.

- In der Zwischenzeit die Garnierung vorbereiten. Die Himbeeren rasch in Eiswasser waschen und vorsichtig mit Küchenpapier trockentupfen. Vor dem Servieren die Form kurz in heißes Wasser tauchen und die Bavarese auf eine Platte stürzen. Die Himbeeren dicht an dicht auf der Oberfläche verteilen. Die Aprikosenkonfitüre mit 1 EL Wasser erhitzen, gut verrühren und die Himbeeren damit überziehen.

3

»Pashka« – Russische Osterspeise

Pashka – Dolce russo di Pasqua

ZUBEREITUNGSZEIT:
40 Minuten + Zeit zum Kühlstellen

Zutaten für 8 Personen:
500 g *ricotta romana* oder Frischquark;
50 g geschälte Mandeln;
50 g kandierte Kirschen, in Würfel geschnitten;
80 g Sultaninen;
100 g Butter;
1 EL Rosenwasser (oder Vanilleextrakt);
80 g Orangeat und grünes Zitronat, in Würfel geschnitten;
2 Eidotter;
80 g Kristallzucker

Zum Verzieren:
1 kandierte Orange;
1 kandierte Zitrone;
50 g Zitronat;
50 g kandierte Kirschen;
1 EL Heidelbeeren

Zusätzliche Küchenutensilien:
1 zylindrische Form von 20–22 cm Höhe und 16 cm Durchmesser

»Pashka« – Russische Osterspeise

Pashka – Dolce russo di Pasqua

- Den Quark in ein sauberes Tuch schlagen und im Kühlschrank 24 Stunden abtropfen lassen, die Butter bei Zimmertemperatur weich werden lassen.
- Die Eidotter und den Zucker mit einem Schneebesen oder einem elektrischen Handrührgerät schaumig schlagen, bis eine helle, homogene Masse entsteht. Den mittlerweile sehr trockenen Quark zweimal durch ein Sieb streichen und zur Eidottermasse geben. Die weiche Butter in kleinen Stücken, die Sultaninen, die grob gehackten Mandeln, das Rosenwasser und die kandierten Fruchtwürfel dazugeben und alle Zutaten gut vermischen.
- Die Form mit einem sauberen Gazetuch auslegen. Die Masse einfüllen, die Enden des Gazetuches darüber schlagen und mit einem Gewicht beschweren. Mindestens 12 Stunden in den Kühlschrank stellen. Nach der Ruhezeit die Flüssigkeit abgießen, die sich eventuell gebildet hat, das Gazetuch öffnen und die Süßspeise auf eine Platte stürzen.

Verzieren:

- Die kandierte Orange quer in dünne Scheiben schneiden, aus der Mitte eine etwa 1 cm dicke Scheibe schneiden. Die Zitrone und das Zitronat ebenfalls in ganz dünne Scheiben schneiden. Aus dem Zitronat kleine Blätter ausschneiden (1). Die kandierten Kirschen halbieren (2). Die Blätter am unteren Rand der Pashka anordnen (3), die Heidelbeeren unten in die Zwischenräume zwischen die Blätter setzen, die kandierten Kirschen oben (4). Die Seitenwand der Süßspeise abwechselnd mit den kandierten Orangen- und Zitronenscheiben belegen, diese mit einem Messer oder einem Spatel festdrücken (5). Zum Schluss die dicke Orangenscheibe halbieren und eine der Hälften bis zur Schale einschneiden. Die beiden Hälften kreuzweise anordnen und oben auf die Pashka setzen (6). Die Süßspeise bis zum Servieren in den Kühlschrank stellen.

1

2

3

4

5

6

Erdbeerknödel

Canederli alle fragole

ZUBEREITUNGSZEIT:
50 Minuten

Zutaten für 6–8 Personen:
250 g *ricotta romana*
oder Frischquark;
150 g Mehl; 60 g Butter;
abgeriebene Schale einer
unbehandelten Zitrone;
1 Ei; 50 g Kristallzucker;
150 g Erdbeeren; Salz

Zum Garnieren:
50 g Butter;
50 g Paniermehl;
1 EL Puderzucker

- Die Butter bei Zimmertemperatur weich werden lassen. Das Ei mit einer Gabel verquirlen. Die weiche Butter in Stückchen in eine Schüssel geben, die abgeriebene Zitronenschale, den Zucker und eine Prise Salz hinzufügen und mit einem Holzlöffel vermengen, bis die Masse schaumig wird. Das Ei sorgfältig untermengen, dann das Mehl und den Quark dazugeben und alle Zutaten gut vermischen.
- Die Erdbeeren rasch in Eiswasser waschen, vorsichtig mit Küchenpapier trockentupfen und entstielen. Jede der Erdbeeren in einen Esslöffel Teig einschlagen und zu kleinen Knödeln formen. In einem großen, niedrigen Topf reichlich Wasser zum Kochen bringen, salzen und die Erdbeerknödel darin auf kleiner Flamme 7–8 Minuten garen. Nicht zu viele auf einmal einlegen. Mit der Schaumkelle herausheben und auf Küchenpapier abtropfen lassen.
- Zum Garnieren das Paniermehl in einer Pfanne mit der zerlassenen Butter und Puderzucker rösten und die Knödel vorsichtig darin wälzen. Heiß servieren.

1

2

Jede Erdbeere in etwa einen Esslöffel Teig einschlagen (1). Die Knödel mit einer Schaumkelle aus dem Kochwasser heben (2).

Omelette soufflee mit Äpfeln

Omelette soffiata alle mele

ZUBEREITUNGSZEIT:
40 Minuten

Zutaten für 6 Personen:
3 Äpfel; 60 g Butter;
6 Eier; 140 g Kristallzucker;
1 Prise Zimt

Zusätzliche Küchenutensilien:
1 Tortenform von 22 cm Durchmesser

- Die Äpfel waschen, schälen, halbieren, den Strunk entfernen und in nicht zu dünne Spalten schneiden.
- 40 g Butter in einer Pfanne zerlassen, die Apfelspalten hineingeben und 5 Minuten garen, dabei öfters wenden. Mit einer Prise Zimt würzen, mit 40 g Kristallzucker bestreuen und die Äpfel von beiden Seiten goldgelb karamellisieren, zum Wenden einen Holzlöffel benutzen.
- Die Eier trennen, die Eidotter mit dem restlichen Zucker in einer Schüssel aufschlagen, bis eine helle, schaumige Masse entsteht. Die Eiklar zu einem festen Schnee schlagen und vorsichtig unter die Masse heben.
- 20 g Butter in der Tortenform zerlassen, die Masse einfüllen und 1 Minute auf kleiner Flamme etwas stocken lassen. Die Form dann in das vorgeheizte Backrohr stellen und 10–15 Minuten bei 180° garen.
- Die Form aus dem Ofen nehmen und die Omelette auf eine Platte stürzen. Die Äpfel darauf anrichten und sofort servieren.

Anstelle der Äpfel kann man auch andere Obstsorten wie Bananenscheiben oder frische Ananasstücke nehmen. Außerdem kann man einige in Maraschino eingeweichte Korinthen über die Früchte streuen.

Ananas-Charlotten

Charlottes di ananas

1

2

3

4

ZUBEREITUNGSZEIT:
40 Minuten

Zutaten für 6 Personen:
1 mittelgroße Ananas;
2 Äpfel; 1 Kiwi; 1/2 Zitrone;
1 EL Kristallzucker; 50 g Butter

Zusätzliche Küchenutensilien:
6 Dariolförmchen von 8–9 cm Durchmesser

- Mit einem scharfen Messer die Schale der Ananas abschneiden, den Strunk entfernen. Die Hälfte des Fruchtfleisches klein schneiden und in eine Schüssel geben. Einen Apfel schälen, den Strunk entfernen, ebenfalls klein schneiden und zu den Ananasstückchen geben. Die Zitrone auspressen und den Saft über die Früchte geben.
- Den zweiten Apfel schälen, den Strunk entfernen und das Fruchtfleisch in Würfel schneiden. Die Butter in einer Pfanne zerlassen und die Apfelwürfel darin rösten, vom Feuer nehmen, den Zucker dazugeben und im Mixer pürieren; mit den Fruchtstückchen vermischen.
- Die Kiwi schälen und in dünne Scheiben schneiden, die zweite Hälfte der Ananas der Länge nach in feine Scheiben schneiden. Eine Kiwischeibe auf den Boden jedes der Förmchen geben, die Wände mit den halbierten Ananasstreifen auskleiden. Die Früchtemasse in die Förmchen füllen und im auf 180° vorgeheizten Backofen 7–8 Minuten erwärmen. Auf eine Platte stürzen und lauwarm servieren.

Die Hälfte der Ananas der Länge nach in dünne Scheiben schneiden (1), auf den Boden jeder Form eine Kiwischeibe legen (2), mit den halbierten Ananasstreifen auskleiden (3) und mit der Früchtemasse füllen (4).

Gebackene Köstlichkeiten

Cannoli mit kandierten Früchten

Cannoli alla siciliana

ZUBEREITUNGSZEIT:
1 Stunde + Ruhezeit für Teig und Fülle

Zutaten für 12–15 Cannoli:
150 g Mehl; 1 TL Löskaffee;
1 TL ungesüßtes Kakaopulver;
1 gehäufter EL Kristallzucker;
1 Prise Salz; 1 TL Weißweinessig;
15 g Butterschmalz (oder Butter);
trockener Weißwein oder Marsala;
1 Eiklar;
reichlich Erdnussöl zum Frittieren

Für die Fülle:
300 g *ricotta romana* oder Frischquark;
100 g Kristallzucker;
etwas Orangenblütenwasser
(ersatzweise einige Tropfen
Vanilleessenz);
30 g klein geschnittener, kandierter
Kürbis;
10 g klein geschnittenes Orangeat;
50 g klein geschnittene Kochschokolade;
etwas Zimt

Zum Garnieren:
2 EL Puderzucker

Zusätzliche Küchenutensilien:
spezielle Metallröhrchen für Cannoli (ersatzweise Bambusröhrchen von etwa 3 cm Durchmesser und 15–20 cm Länge)

- Das Mehl sieben und eine große Mulde in die Mitte drücken. Das Butterschmalz in Flöckchen, das Salz, den Zucker, den Essig, den Kaffee und den Kakao in die Mitte geben. Dann die Zutaten mit dem Mehl verkneten, dabei nach und nach den Weißwein zugeben. Kneten, bis ein glatter, elastischer Teig entsteht. In Frischhaltefolie einschlagen und an einem kühlen Ort etwa 30 Minuten ruhen lassen. Anschließend den Teig 2–3 mm dick ausrollen und mit einem Teigrädchen Scheiben von 8–10 cm Durchmesser ausschneiden. Die Teigreste verkneten, ausrollen und weitere Scheiben ausschneiden. Dann alle Scheiben mit den Fingern oval zurechtziehen.
- Die Metall- oder Bambusröhrchen mit wenig Öl (vorzugsweise Mandelöl) einfetten, um jedes eines der ovalen Teigblätter wickeln und mit etwas Eiklar verschließen. In einem geräumigen, hohen Topf reichlich Erdnussöl erhitzen und die Röhrchen hineinstellen, bis der Teig eine schöne goldbraune Farbe angenommen hat. Herausnehmen und auf Küchenpapier zum Abtropfen legen. Wenn die Cannoli etwas abgekühlt sind, vorsichtig von den Röhrchen streifen und neue Teigblätter aufwickeln. Bei den speziellen Metallblechröhrchen kann man die Spitze etwas zusammendrücken, um die Cannoli besser abnehmen zu können.
- Nun die Fülle zubereiten: Den Quark durch ein feines Sieb streichen, mit ein paar Tropfen Orangenblüten- oder Vanilleessenz aromatisieren, den Zucker zugeben und mit einem elektrischen Handrührgerät gründlich vermengen. Alle anderen Zutaten dazugeben, gut vermischen und etwa 30 Minuten in den Kühlschrank stellen.
- Die Cannoli erst kurz vor dem Servieren füllen. Dazu die Fülle in einen Spritzbeutel mit glatter Tülle streichen und die Creme in die Röhrchen dressieren. Mit Puderzucker bestreuen.

Gebackene Apfelscheiben

Frittelle di mele

2

3

ZUBEREITUNGSZEIT:
60 Minuten + Ruhezeit

Zutaten für 6–8 Personen
800 g Äpfel; 4 EL Kristallzucker;
Saft einer Zitrone;
1 Prise gemahlener Zimt;
3 EL Maraschino;
Erdnussöl zum Frittieren

Für den Backteig:
180 g Mehl; 2 Eier;
30 g Butter; 2 dl Weißwein;
25 g Kristallzucker; 1 Prise Salz

Die Äpfel ohne Strunk in Scheiben schneiden (1), mit Zitronensaft und Maraschino beträufeln, mit Zucker und Zimt bestreuen (2), durch den Backteig ziehen (3) und von beiden Seiten goldgelb backen (4).

1

4

- Zuerst den Backteig zubereiten: Die Butter in einer Pfanne zerlassen. Das Mehl mit dem Salz in eine große Schüssel sieben und eine Mulde in die Mitte drücken. Die Eier trennen, die Eidotter in die Mulde geben, ebenso die zerlassene Butter und den Zucker. Mit einem Holzlöffel verrühren und von der Mitte aus mit dem Mehl vermengen, dabei nach und nach den Weißwein zugeben. Den Teig mindestens 1 Stunde an einem nicht zu kühlen Ort ruhen lassen. Vor der Verwendung des Teiges die Eiklar zu festem Schnee schlagen und vorsichtig unter den Backteig ziehen.
- Die Zitrone auspressen und den Saft beiseite stellen. Die Äpfel schälen, den Strunk ausstechen und in etwa 5 mm dicke Scheiben schneiden. In eine Schüssel legen und mit dem Zitronensaft beträufeln. Den Maraschino darüber gießen und mit dem mit Zimt vermischten Zucker bestreuen. 20–30 Minuten ziehen lassen.
- Das Öl in einer Pfanne erhitzen. Die Apfelscheiben abtropfen lassen und nacheinander durch den Teig ziehen, dabei sorgfältig wenden, sodass sie ganz mit Teig bedeckt sind.
- Jeweils nicht mehr als zwei oder drei Apfelscheiben gleichzeitig von beiden Seiten goldgelb backen.
- Mit der Schaumkelle aus der Pfanne heben und zum Abtropfen auf Küchenpapier legen. Auf einer Platte anrichten, mit Puderzucker bestreuen und heiß servieren.
- Will man die gebackenen Apfelscheiben im Voraus zubereiten, so werden sie zum Servieren im Backrohr aufgewärmt und erst danach mit Puderzucker bestreut.

Krapfen

Krapfen

ZUBEREITUNGSZEIT:
50 Minuten + Ruhezeit

Zutaten für 8–10 Personen:

Für den Teig:
450 g Mehl;
30 g Bierhefe;
3 dl Milch;
80 g Butter;
6 Eidotter;
70 g Kristallzucker;
abgeriebene Schale einer unbehandelten Zitrone;
1 Prise Salz;
1 Päckchen Vanillin;
reichlich Erdnussöl zum Frittieren

Für die Fülle:
200 g Aprikosenkonfitüre;
2 EL Rum

Zum Garnieren:
2 EL Kristallzucker

- Die Butter bei Zimmertemperatur weich werden lassen.
- Den Teig zubereiten: Das Mehl mit dem Zucker in eine Schüssel sieben und eine Mulde hineindrücken. Die abgeriebene Zitronenschale, die Eidotter und das Salz in die Mitte geben und mit dem Mehl vermengen.
- Die Bierhefe in einer kleinen Schüssel zerkrümeln und mit dem Vanillin in etwas lauwarmer Milch auflösen, dann das Ganze mit dem Mehl vermischen. Die Butter in Stückchen schneiden und ebenfalls dazugeben.
- Mit den Händen 20 Minuten kräftig durchkneten, dabei den Teig immer wieder auf die Arbeitsplatte schlagen, damit er elastisch wird. Den Teig in ein sauberes Tuch einschlagen und an einem warmen Ort 2 Stunden gehen lassen.
- Den Teig neuerlich 2 Minuten durchkneten und dann im Kühlschrank mindestens 2 Stunden (bis zu 10–12 Stunden) ruhen lassen.
- Die Konfitüre mit dem Rum vermischen. Den Teig aus dem Kühlschrank nehmen und auf der bemehlten Arbeitsfläche etwa 1 cm stark ausrollen, etwa 6 cm breite Streifen zurechtschneiden, auf die Hälfte der Teigstreifen in Abständen von 3–4 cm jeweils einen gehäuften Teelöffel Fülle setzen. Mit den restlichen Streifen bedecken und um die Marmeladehäufchen herum mit den Fingern gut andrücken.
- Mit einer Ausstechform von etwa 3 cm Durchmesser die Krapfen ausstechen und an einem warmen Ort 1 Stunde gehen lassen. Reichlich Öl erhitzen und die Krapfen darin von beiden Seiten gleichmäßig goldbraun backen. Zum Abtropfen auf Küchenpapier legen. Mit Kristallzucker bestreuen, lauwarm servieren.

Gebackene Quarkküchlein

Tortelloni di ricotta

ZUBEREITUNGSZEIT:
1 Stunde

Zutaten für 6–8 Personen

Für den Teig:
300 g Mehl;
100 g Kristallzucker;
½ Glas trockener Weißwein;
50 g Butter;
abgeriebene Schale einer unbehandelten Zitrone;
1 Prise Salz; 1 Ei;
2 EL Puderzucker;
reichlich Erdnussöl zum Frittieren

Für die Fülle:
250 g *ricotta romana* oder Frischquark;
3 Eidotter;
70 g Kristallzucker;
1 Prise gemahlener Zimt;
2 EL Rum

Zum Garnieren:
2 EL Puderzucker

- Die Butter bei Zimmertemperatur weich werden lassen.
- Zuerst die Fülle zubereiten: Den Quark mit dem Kristallzucker in eine Schüssel geben und mit einem Holzlöffel zu einer homogenen Creme verrühren. Die Eidotter nacheinander untermengen. Mit dem Zimt und dem Rum aromatisieren. Alles gut vermengen und beiseite stellen.
- Nun den Teig zubereiten: Das Mehl auf ein Nudelbrett sieben und eine Mulde hineindrücken. Den Kristallzucker, die abgeriebene Zitronenschale, das Salz, das Ei sowie die Butter in kleinen Stückchen in die Mulde geben. Alle Zutaten gut verkneten, dabei nach und nach den Wein zugeben. Der Teig soll eher fest werden. Den Teig mit einer Teigrolle oder in der Nudelmaschine zu einem dünnen Blatt ausrollen und mit einem Teigrädchen in Quadrate von etwa 3 cm Seitenlänge schneiden.
- Auf die Mitte jedes Quadrates 1 EL der zuvor zubereiteten Fülle setzen, diagonal zusammenfalten und die Ränder des nun dreieckigen Küchleins gut mit den Fingern zusammendrücken. Die Enden der Basis der Dreiecke zusammenführen und etwas festdrücken, sodass die typische Tortelloniform entsteht.
- Die Küchlein in reichlich heißem, aber nicht kochend heißem Öl von beiden Seiten goldgelb backen. Mit einer Schaumkelle herausheben und auf Küchenpapier abtropfen lassen. Auf einer Platte anrichten und mit Puderzucker bestreuen. Heiß oder lauwarm servieren.

Weinteigkrapfen

Chiacchiere a girandola

ZUBEREITUNGSZEIT:
1 Stunde + Ruhezeit

Zutaten für 6 Personen:
300 g Mehl;
2 Eier;
6 EL Sahne;
6 EL trockener Weißwein;
2 EL Kristallzucker;
1 Prise Salz;
reichlich Erdnussöl zum Frittieren

Zum Garnieren:
2 EL Puderzucker

- Die Eier in einer Schüssel mit einem Holzlöffel mit dem Zucker vermengen. Die Sahne, den Weißwein und das Salz dazugeben und alles gut vermischen. Nach und nach das Mehl einarbeiten, bis ein glatter, homogener Teig entsteht. An einem kühlen Ort mindestens 1 Stunde ruhen lassen.
- Nach der Ruhezeit den Teig zu einem dünnen Blatt ausrollen. Mit einer gezahnten Ausstechform von 8–10 cm Durchmesser die Krapfen ausstechen und jeweils in der Mitte mit den Fingerspitzen anheben und leicht drehen.
- Reichlich Öl erhitzen und die Krapfen darin goldbraun backen. Mit einer Schaumkelle herausheben und auf Küchenpapier abtropfen lassen. Abkühlen lassen und mit Puderzucker bestreuen.

1

2

3

Mit einer Ausstechform runde Krapfen ausstechen (1), die Mitte mit den Fingerspitzen anheben und leicht drehen (2), in reichlich heißem Öl backen und auf Küchenpapier abtropfen lassen (3).

Frittiertes Kürbisröllchen

Frittelle di zucca

ZUBEREITUNGSZEIT:
50 Minuten

Zutaten für 4 Personen:
350 g Kürbis;
150 g *ricotta romana* oder Frischquark;
2 Mandelmakronen;
1 Prise gemahlener Zimt;
20 g Butter;
3 EL Mehl;
reichlich Erdnussöl zum Frittieren

Zum Garnieren:
80 g Kristallzucker

- Ein Backblech einfetten. Den Kürbis schälen und entkernen. In Stücke schneiden und auf das Backblech legen. Im vorgeheizten Backrohr bei 180° 15 Minuten garen, bis das Fruchtfleisch weich ist. Aus dem Ofen nehmen und noch warm durch ein Sieb streichen oder im Mixer pürieren.
- Den Quark ebenfalls durch ein Sieb streichen und in eine Schüssel geben. Mit einem Holzlöffel cremig rühren. Die zerbröckelten Makronen, den Zimt und das Kürbispüree dazugeben. Alles gut mit einem Holzlöffel vermengen.
- Den Teig auf ein bemehltes Brett geben, glatt streichen und auskühlen lassen. Zwei Rollen von etwa 2 cm Durchmesser formen. Mit einem Messer in Stücke von etwa 3 cm Länge schneiden und im auf dem Brett verbliebenen Mehl wälzen.
- Reichlich Öl erhitzen und jeweils nicht zu viele Röllchen gleichzeitig darin goldbraun backen. Mit der Schaumkelle herausheben und zum Abtropfen auf Küchenpapier legen. Mit Kristallzucker bestreuen und lauwarm servieren.

Frittierte Birnenspalten mit Kokosflocken

Frittelle di pere e coco

ZUBEREITUNGSZEIT:
30 Minuten + Zeit zum Marinieren

Zutaten für 6 Personen:
6 mittelgroße Kaiserbirnen;
30 g Kristallzucker;
2 EL Maraschino;
Saft einer Zitrone;
60 g Mehl; 1 Ei;
30 g Kokosflocken;
reichlich Erdnussöl zum Frittieren

Zum Garnieren:
2 EL Puderzucker

- Die Birnen schälen, den Strunk entfernen und das Fruchtfleisch in regelmäßige, etwa 5 mm dicke Spalten schneiden. In eine Schüssel legen und mit Kristallzucker bestreuen. Den Maraschino mit dem Zitronensaft vermischen und über die Birnenspalten gießen. Die Spalten vorsichtig wenden, sodass alle mit der Marinade bedeckt sind. Etwa 1 Stunde marinieren.
- Die Birnenspalten vorsichtig herausheben, sorgfältig abtropfen lassen und zuerst im Mehl, dann im mit einer Gabel verquirlten Ei und schließlich in den Kokosflocken wenden. Reichlich Öl nicht zu stark erhitzen und die Birnenspalten darin von beiden Seiten goldgelb backen.
- Zum Abtropfen auf saugfähiges Küchenpapier legen, zweimal wenden und auf einer Platte anrichten. Mit Puderzucker bestreuen und warm servieren.

Gefüllte Pfirsichblüten

Fiori di pesche

ZUBEREITUNGSZEIT:
1 Stunde + Ruhezeit

Zutaten für 8–10 Personen:
250 g Mehl;
2 Eier;
1 Eidotter;
abgeriebene Schale einer unbehandelten Zitrone;
1 Prise Salz;
1/2 Gläschen Maraschino;
30 g Butter;
trockener Weißwein;
reichlich Erdnussöl zum Frittieren

Für die Fülle:
600 g Pfirsiche;
180 g Rohrzucker;
60 g Mandelmakronen *(amaretti)*

Zum Garnieren:
2 EL Puderzucker

- Das Mehl mit dem Zucker zusammen auf die Arbeitsfläche sieben und eine Mulde in die Mitte drücken. Ein Ei und den Eidotter sowie die Butter, die Zitronenschale und den Maraschino hineingeben. Alle Zutaten von der Mitte aus zu einem glatten Teig verarbeiten, dabei nach Bedarf Weißwein zugeben, bis ein fester, aber noch weicher Teig entsteht. In Frischhaltefolie einschlagen und an einem kühlen Ort etwa 30 Minuten ruhen lassen.
- In der Zwischenzeit die Fülle zubereiten: Die Pfirsiche waschen, kurz in kochendem Wasser blanchieren, dann mit kaltem Wasser abschrecken und schälen. Halbieren, die Kerne herausnehmen und das Fruchtfleisch mit dem Zucker in eine Kasserolle geben. Etwa 15 Minuten köcheln lassen. Vom Feuer nehmen, die zerkrümelten Makronen dazugeben, gut vermischen und abkühlen lassen.
- Den Teig zu einem dünnen Blatt ausrollen und in zwei gleich große Hälften schneiden. Eine Hälfte mit dem mit einer Gabel verquirlten Ei bestreichen und in regelmäßigen Abständen von etwa 4 cm nussgroße Häufchen der Pfirsichfülle darauf setzen. Mit der anderen Hälfte bedecken und um die Fülle herum mit den Fingern andrücken. Mit einer blütenförmigen Ausstechform die Pfirsichblüten ausstechen und in reichlich heißem Öl backen, dabei nicht zu viele gleichzeitig einlegen. Mit einem Sieblöffel herausheben und auf Küchenpapier abtropfen lassen. Mit Puderzucker bestreuen und lauwarm servieren.

Gebackene Ananasscheiben

Frittelle d'ananas

ZUBEREITUNGSZEIT:
50 Minuten + Ruhezeit

Zutaten für 6 Personen:
1 Ananas;
2 Zitronen;
2 EL Puderzucker

Für den Teig:
200 g Mehl;
2 Eier;
2 dl Milch;
30 g Butter;
25 g Kristallzucker;
1 Prise Salz;
reichlich Erdnussöl zum Frittieren

- Den Teig zubereiten: Die Eier trennen, die Butter zerlassen. Das Mehl in eine große Schüssel sieben und eine Mulde hineindrücken. Die Eidotter, die zerlassene Butter, den Zucker und das Salz hineingeben, mit einem Holzlöffel verrühren und von der Mitte aus langsam das Mehl einarbeiten. Dabei nach und nach die Milch zugießen. Der Teig soll eine leicht cremige Konsistenz aufweisen. Bei Zimmertemperatur etwa 2 Stunden ruhen lassen.
- Die Ananas vorbereiten: Die Zitronen auspressen und den Saft beiseite stellen. Die Ananas schälen, in Scheiben schneiden und mit einem runden Ausstecher den Strunk in der Mitte herausschneiden. Die Scheiben in eine Schüssel legen und mit dem Zitronensaft beträufeln. Etwa 2 Stunden zum Marinieren stehen lassen.
- Die Eiklar erst kurz vor der Verwendung des Backteiges zu festem Schnee schlagen und unter den Teig ziehen. Die Ananasscheiben abtropfen lassen und nacheinander durch den Teig ziehen.
- Anschließend gleich in die Pfanne mit reichlich heißem Öl geben und von beiden Seiten goldbraun backen. Auf Küchenpapier abtropfen lassen, mit Puderzucker bestreuen und auf einer Platte anrichten. Warm servieren.

1

2

3

Mit einem schmalen, runden Ausstecher den Strunk in der Mitte der Ananasscheiben ausschneiden (1), durch den Teig ziehen (2), in heißem Öl von beiden Seiten goldbraun backen, mit einer Schaumkelle herausheben und auf Küchenpapier abtropfen lassen (3).

Reiskrapfen

Frittelle di riso e amaretti

ZUBEREITUNGSZEIT:
50 Minuten

Zutaten für 8–10 Personen:
1 l Milch; 200 g Reis;
70 g Butter;
60 g Kristallzucker;
1 Prise Salz; 1 Prise Vanillin;
100 g Mandelmakronen *(amaretti)*;
30 g Mehl; 3 Eier;
3 EL Paniermehl;
reichlich Erdnussöl zum Frittieren

- Die Makronen fein hacken und beiseite stellen. Die Milch in eine Kasserolle geben, den mit dem Mehl vermischten Reis, Salz und das Vanillin zugeben, gut verrühren, zum Kochen bringen und auf ganz kleiner Flamme etwa 25 Minuten garen, dabei immer wieder umrühren.
- Das Ganze in eine Schüssel gießen und 50 g Butter in kleinen Stückchen, den Zucker (1 EL zurückbehalten), ein Ei und die gehackten Makronen dazugeben und mit einem Holzlöffel verrühren, bis eine homogene Masse entsteht. Die Masse auf eine Marmorplatte oder ein mit Butter bestrichenes und mit wenig Paniermehl bestreutes Backblech gießen, glatt streichen (die Masse soll etwa 1 cm hoch sein) und abkühlen lassen. Mit einem Messer rautenförmige Krapfen zurechtschneiden.
- Die restlichen Eier in einer Schüssel mit einer Gabel verquirlen, das Paniermehl auf einen Teller geben. Die Krapfen zuerst durch das verquirlte Ei ziehen und dann im Paniermehl wenden. Jeweils nicht zu viele gleichzeitig in nicht zu heißem Öl frittieren. Mit einem Sieblöffel herausheben und auf Küchenpapier abtropfen lassen. Mit Kristallzucker bestreuen und warm servieren.

1

2

3

Den mit dem Mehl vermischten Reis in die Milch geben (1), nach der Kochzeit die Butter, den Zucker, ein Ei und die gehackten Makronen untermengen (2), die Masse auf eine Marmorplatte streichen und mit einem Messer in rautenförmige Stücke teilen (3).

Quarkteigkringel

Ciambelline di ricotta

ZUBEREITUNGSZEIT:
50 Minuten + Ruhezeit

Zutaten für 600 g Kringel:
200 g *ricotta romana* oder Frischquark;
300 g Mehl; 1 Eidotter;
100 g Kristallzucker;
20 g Bierhefe; 4 EL Milch;
abgeriebene Schale einer
unbehandelten Zitrone;
reichlich Erdnussöl zum Frittieren

Zum Garnieren:
2 EL Puderzucker

- Den Quark in einer Schüssel mit einem Holzlöffel mit dem Eidotter vermischen. Nach und nach das gesiebte Mehl dazugeben.
- Die Milch in einer kleinen Kasserolle erwärmen. Die Bierhefe in der lauwarmen Milch auflösen und zu dem Teig geben. Die abgeriebene Zitronenschale hinzufügen und alle Zutaten mit einem Holzlöffel gut vermischen. Den Teig an einem warmen Ort etwa 1 Stunde ruhen lassen.
- Aus dem Teig Kringel formen und jeweils nicht zu viele gleichzeitig in reichlich heißem Öl frittieren. Mit einer Schaumkelle herausheben, zum Abtropfen auf Küchenpapier legen, mit Puderzucker bestreuen und auf einer Platte anrichten. Warm servieren.

1

2

Den Quark mit dem Eidotter verrühren (1), das Mehl einarbeiten (2), die in Milch aufgelöste Hefe zugeben (3) und die Kringel in heißem Erdnussöl backen. Zum Abtropfen auf Küchenpapier legen (4).

3

4

Türkenhörnchen

Frittelle alla turca

ZUBEREITUNGSZEIT:
40 Minuten

Zutaten für 6–8 Personen
150 g Mehl; 120 g Butter;
50 g Sultaninen;
5 Eier; 1 Vanilleschote;
1 EL Vanillezucker;
1 Prise Salz;
reichlich Erdnussöl zum Frittieren

Zum Garnieren:
2 EL Puderzucker

- Die Sultaninen waschen und mit einem Tuch trockentupfen. In einer Kasserolle 2 dl Wasser, die Butter, das Salz und die Vanilleschote mit dem ausgekratzten Mark zum Kochen bringen. Beim ersten Aufwallen das gesamte Mehl zusetzen. Die Kasserolle vom Feuer nehmen und kräftig mit einem Holzlöffel durchrühren. Dann das Ganze wieder auf den Herd stellen und weiterrühren, bis der Teig sich vom Topfboden löst und zu brutzeln beginnt.
- Vom Feuer nehmen und den Teig in eine Schüssel geben. Die Vanilleschote entfernen, etwas abkühlen lassen, den Vanillezucker hinzufügen und gut mit dem Teig vermengen. Dann die Eier eines nach dem anderen einarbeiten, ein Ei muss immer ganz vom Teig aufgenommen worden sein, bevor man das nächste zugibt. Die Sultaninen untermengen.
- Den Teig in einen Spritzbeutel mit glatter Tülle füllen. Reichlich Öl erhitzen, nach und nach etwa 50 cm lange Teigstücke aus dem Beutel drücken, mit einem Messer abschneiden und direkt ins heiße Öl fallen lassen. Jeweils nicht zu viele gleichzeitig goldgelb backen, mit einer Schaumkelle herausheben und auf Küchenpapier abtropfen lassen. Mit Puderzucker bestreuen und lauwarm servieren.

Gebackene Makronen

Frittelle di amaretti

ZUBEREITUNGSZEIT:
30 Minuten + Ruhezeit

Zutaten für 6 Personen:
150 g Mandelmakronen *(amaretti)*;
30 g Erdbeerkonfitüre;
1 dl Grappa;
2 Eiklar;
reichlich Erdnussöl zum Frittieren

Für den Teig:
200 g Mehl;
2 Eidotter;
2 dl Milch;
30 g Butter;
25 g Kristallzucker;
1 Prise Salz

Zum Garnieren:
1 EL Puderzucker

- Den Teig zubereiten: Die Butter in einer Kasserolle zerlassen. Das Mehl in eine große Schüssel sieben und eine Mulde hineindrücken. Die Eidotter, die zerlassene Butter, das Salz und den Zucker in die Mitte geben. Mit einem Holzlöffel langsam das Mehl einarbeiten, dabei nach und nach die Milch zugießen. Der Teig soll eine leicht cremige Konsistenz aufweisen. An einem warmen Ort 2 Stunden ruhen lassen.
- Den Boden der Makronen mit etwas Erdbeerkonfitüre bestreichen, je zwei zusammensetzen und mit Grappa bepinseln. Kurz vor dem Frittieren die Eiklar zu festem Schnee schlagen und unter den Teig ziehen.
- Die Makronen durch den Teig ziehen und jeweils nicht zu viele gleichzeitig in heißem Öl goldgelb backen. Mit der Schaumkelle herausheben und zum Abtropfen auf Küchenpapier legen. Mit Puderzucker bestreuen. Die gebackenen Makronen in Konfektschälchen aus Papier setzen, auf einer Platte anrichten und nach Belieben mit Minzeblättchen und Makronen verzieren.

1

2

3

4

Ein wenig Erdbeerkonfitüre auf den Boden der Makronen geben (1), je zwei davon zusammensetzen (2), mit Grappa bepinseln (3) und durch den Teig ziehen (4).

Wiener Beignets

Bignè alla viennese

ZUBEREITUNGSZEIT:
40 Minuten + Ruhezeit

Zutaten für 6 Personen:

Für den Teig:
150 g Mehl; 70 g Butter;
2 EL Kristallzucker;
5 g Bierhefe;
3 EL Milch;
1 Prise Salz;
reichlich Erdnussöl zum Frittieren

Für den Sirup:
100 g Kristallzucker;
1 unbehandelte Orange;
1 unbehandelte Zitrone;
1/2 Vanilleschote;
1 Gewürznelke

- Den Teig zubereiten: Die Milch mit der in Stückchen geschnittenen Butter in einer Kasserolle erwärmen. Den Zucker dazugeben und verrühren. Die Bierhefe in einer Tasse mit 2 EL warmem Wasser auflösen und in die Milch gießen. Das Mehl mit dem Salz in eine Schüssel sieben, das Ei und die Milch mit einem Holzlöffel unterrühren. Den Teig etwa 20 Minuten kräftig kneten und schlagen, bis er sich von Schüssel und Händen löst und glatt, weich und elastisch wird. In Frischhaltefolie einschlagen und an einem warmen Ort mindestens 30 Minuten ruhen lassen.
- Anschließend den Teig nochmals kurz durchkneten. Ein Tablett mit Backpapier auslegen, aus dem Teig haselnussgroße Kügelchen formen und auf das Backpapier setzen, dabei darauf achten, dass zwischen den Kügelchen genügend Abstand verbleibt. Weitere 30 Minuten gehen lassen.
- In der Zwischenzeit den Sirup zubereiten: Die Zitrone und die Orange sorgfältig waschen, abtrocknen und mit einem sehr scharfen Messer dünn schälen – nur die gelbe bzw. orangefarbene Haut abschälen. 1/4 l Wasser in eine Kasserolle gießen, den Zucker, die Orangen- und Zitronenschale, die Vanilleschote und die Gewürznelke dazugeben. Bei mäßiger Hitze einige Minuten kochen lassen, bis sich der Zucker ganz aufgelöst hat. Vom Feuer nehmen.
- Mit einem scharfen Messer das Backpapier rund um die daran haftenden Beignets durchschneiden. Reichlich Öl erhitzen, die Beignets einzeln nacheinander mit einer Küchenzange am Papier fassen und zum Backen ins heiße Öl tauchen. Etwas abtropfen lassen, dann rasch in den Sirup tauchen, wieder abtropfen lassen, das Papier abziehen und auf einer Platte anrichten. Abkühlen lassen und servieren.

Milchreiskrapfen nach griechischer Art

Polpettine dolci alla greca

ZUBEREITUNGSZEIT:
1 Stunde

Zutaten für 8 Personen:
180 g Rundkornreis;
2 dl Milch;
100 g Kristallzucker;
1 Prise Salz;
1/2 TL Anissamen;
50 g Butter;
60 g Mehl; 4 Eier;
30 g Sultaninen;
1 Prise Zimt; 2 EL Paniermehl;
reichlich Erdnussöl zum Frittieren

- Die Sultaninen in einer Tasse mit wenig lauwarmem Wasser einweichen. Reichlich Wasser in einem großen Topf zum Kochen bringen und den Reis darin etwa 15 Minuten garen. In ein Sieb abgießen und mit kaltem Wasser abschrecken. Den Reis wieder in den Kochtopf geben und die Milch dazugeben. Bei mäßiger Hitze zum Kochen bringen und etwa 10 Minuten weiterkochen, jedenfalls solange, bis der Reis die Milch zur Gänze aufgesogen hat. Öfters mit einem Holzlöffel umrühren.
- Die Eier trennen. Die Dotter in eine Schüssel geben und mit einer Gabel etwas aufschlagen. Den Topf mit dem Reis vom Feuer nehmen, den Zucker, das Salz und den Zimt dazugeben. Alles gut vermengen, anschließend die in Stückchen geschnittene Butter und die Anissamen untermengen. Die Masse abkühlen lassen und die Eidotter, das gesiebte Mehl und die gut abgetropften und abgetrockneten Sultaninen beimengen. Die Eiklar zu Schnee schlagen und vorsichtig unter die Masse heben.
- Mit den Händen Bällchen aus der Masse formen, im Paniermehl wenden und in reichlich nicht zu heißem Öl frittieren. Mit einem Sieblöffel herausheben, zum Abtropfen auf Küchenpapier legen. Auf einer Platte anrichten und heiß oder lauwarm servieren.

Gefüllte Apfelküchlein

Tortelli ripieni alle mele

ZUBEREITUNGSZEIT:
1 Stunde

Zutaten für 6–8 Personen:

Für den Teig:
300 g Mehl;
50 g Kristallzucker;
3 Eier;
50 g Butter;
abgeriebene Schale einer Zitrone;
2 EL Kirsch;
1 Prise Salz;
reichlich Erdnussöl zum Frittieren

Für die Fülle:
2 Äpfel;
40 g Kristallzucker;
20 g Sultaninen;
1 EL Kirsch

Zum Garnieren:
1 EL Puderzucker

- Die Fülle zubereiten: Die Sultaninen in einer Tasse mit lauwarmem Wasser einweichen, abgießen, trockentupfen und klein hacken. Die Äpfel schälen, den Strunk entfernen, das Fruchtfleisch in Stücke schneiden und mit dem Zucker bestreut in einer Kasserolle bei mäßiger Hitze erhitzen. ½ Glas Wasser hinzufügen und unter ständigem Rühren mit einem Holzlöffel zum Kochen bringen. 20 Minuten kochen. Vom Feuer nehmen, abkühlen lassen und den Kirsch und die gehackten Sultaninen untermengen. Die Butter bei Zimmertemperatur weich werden lassen.
- Den Teig zubereiten: Das Mehl auf die Arbeitsplatte sieben und eine Mulde in die Mitte drücken. Den Zucker, das Salz und die abgeriebene Zitronenschale dazugeben, die Butter in kleinen Stückchen, die Eier und den Kirsch in die Mitte geben. Alle Zutaten zu einem homogenen Teig verkneten und diesen in ein etwa 2 mm dickes Blatt ausrollen. Mit einer gezahnten Ausstechform Scheiben ausstechen.
- Auf die Hälfte der Scheiben je ein Häufchen Fülle in die Mitte setzen. Mit den verbliebenen Teigscheiben bedecken und die Ränder mit den Fingern gut andrücken. Die Küchlein in reichlich nicht zu heißem Öl von beiden Seiten goldgelb backen, mit einem Sieblöffel herausheben und auf Küchenpapier abtropfen lassen. Mit Puderzucker bestreuen und lauwarm servieren.

Orangenkleeblätter

Quadrifogli all'arancia

ZUBEREITUNGSZEIT:
1 Stunde

Zutaten für 4 Personen:
50 g Mehl;
250 g Kartoffeln;
30 g Butter;
80 g Kristallzucker;
1 unbehandelte Orange;
1 Eidotter;
1 Prise Salz;
reichlich Erdnussöl zum Frittieren

Zum Garnieren:
1 EL Puderzucker

- Die Butter bei Zimmertemperatur weich werden lassen. Die Orange waschen, abtrocknen und beiseite legen. Die Kartoffeln waschen und in einen Kochtopf mit kaltem Wasser geben. Salzen und zum Kochen bringen. Abgießen, schälen, durch die Kartoffelpresse passieren und abkühlen lassen. In der Zwischenzeit die Orangenschale abreiben (nur die orangefarbene Haut).
- Die passierten Kartoffeln in eine Schüssel geben. Die Butter in Stückchen schneiden und mit einem Holzlöffel mit den Kartoffeln vermischen. Den Zucker, das Mehl und die abgeriebene Orangenschale dazugeben und alles gut vermengen. Mit den bemehlten Händen eine Rolle formen, flach drücken und mit einer Ausstechform Kleeblätter ausstechen. In reichlich nicht zu heißem Öl von beiden Seiten backen, mit einem Sieblöffel herausheben und zum Abtropfen auf Küchenpapier legen. Mit Puderzucker bestreuen und lauwarm servieren.

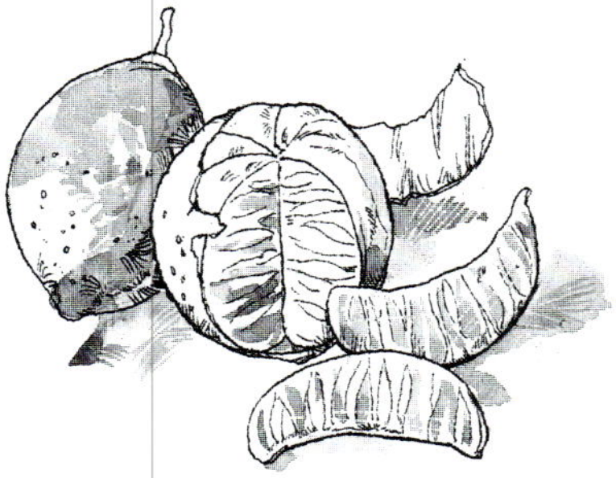

Marzipantaler

Dischi al marzapane

1

2

3

Taler ausstechen (1), das Marzipan mit dem Orangeat vermischen (2), einen Teelöffel Fülle auf die Hälfte der Taler setzen und mit den restlichen bedecken (3), dann die gefüllten Taler durch das Ei ziehen (4).

4

ZUBEREITUNGSZEIT:
40 Minuten

Zutaten für 6–8 Personen:
6 kleine Brioches;
100 g Marzipan;
100 g Orangeat;
1 EL Grand Marnier;
½ l Milch;
4 Eier;
1 Päckchen Vanillezucker;
reichlich Erdnussöl zum Frittieren

Für die Zimtsahne:
1 Zimtstange;
50 g Kristallzucker;
1,5 dl Sahne

- Die Brioches in etwa 1 cm dicke Scheiben schneiden und mit einer runden Ausstechform Taler ausstechen. Das Orangeat fein hacken, das Marzipan klein zerkrümeln, beides in eine Schüssel geben und mit dem Grand Marnier gut vermischen. Auf die Hälfte der Taler je einen Teelöffel der Marzipanmasse setzen und mit den restlichen Talern bedecken.
- Die Eier in eine Schüssel geben, den Vanillezucker dazugeben und mit einem Schneebesen verquirlen. Die gefüllten Taler durch die Eier ziehen und jeweils nicht zu viele gleichzeitig in reichlich nicht zu heißem Öl von beiden Seiten zart goldgelb backen. Mit einem Sieblöffel herausheben und zum Abtropfen auf Küchenpapier legen.
- Die Zimtsahne zubereiten: 1 dl Wasser in einer kleinen Kasserolle mit dem Zucker aufkochen und 2–3 Minuten kochen lassen, bis der Zucker ganz aufgelöst ist. Die Zimtstange zerkrümeln, in den Sirup geben und noch wenige Minuten auf kleiner Flamme weiterkochen lassen. Vom Feuer nehmen, den Sirup durch ein Sieb gießen und ganz auskühlen lassen. Die Sahne schlagen und den Zuckersirup vorsichtig darunter ziehen. Die Taler auf einer Platte anrichten und lauwarm servieren. Die Zimtsahne separat dazu reichen.

Fruchtecken

Triangoli alla frutta

ZUBEREITUNGSZEIT:
1 Stunde 40 Minuten

Zutaten für 6–8 Personen:

Für den Teig:
300 g Mehl; 50 g Kristallzucker;
3 Eier; 50 g Butter;
abgeriebene Schale einer
unbehandelten Zitrone;
2 EL Maraschino; 1 Prise Salz;
reichlich Erdnussöl zum Frittieren

Für die Fruchtfülle:
500 g Äpfel; 300 g Himbeeren;
200 g Kristallzucker;
Saft einer ½ Zitrone

Zum Garnieren:
2 EL Puderzucker

- Die Butter bei Zimmertemperatur weich werden lassen.
- Die Fruchtfülle zubereiten: Die Äpfel waschen, schälen und in Stücke schneiden. Die Himbeeren rasch in Eiswasser waschen, mit Küchenpapier trockentupfen und durch ein Sieb passieren.
- Die Äpfel mit dem Zitronensaft und dem Zucker bei mäßiger Hitze etwa 1 Stunde köcheln lassen, dabei immer wieder mit einem Holzlöffel umrühren. 20 Minuten vor Ende der Kochzeit das Himbeerpüree dazugeben. Die Fruchtmasse sollte ziemlich dickflüssig werden. Ganz abkühlen lassen.
- In der Zwischenzeit den Teig zubereiten. Das Mehl auf die Arbeitsfläche sieben und eine Mulde in die Mitte drücken. Den Zucker, das Salz und die abgeriebene Zitronenschale darüber streuen, die in Stücke geschnittene Butter, die Eier und den Maraschino in die Mulde geben. Alle Zutaten zu einem glatten Teig verkneten, an einem kühlen Ort etwa 1 Stunde ruhen lassen.
- Den Teig zu einem etwa 2 mm dicken Blatt ausrollen und mit einem Teigrädchen in 7–8 cm breite Streifen schneiden.
- Auf die Hälfte der Streifen in regelmäßigen Abständen von etwa 3–4 cm je einen Teelöffel Fruchtfülle setzen. Die übrigen Teigstreifen darauf legen und mit den Fingern um die Fülle herum gut andrücken.
- Mit dem Teigrädchen dreieckige Täschchen zuschneiden und in reichlich heißem Öl von beiden Seiten goldbraun backen. Mit einem Sieblöffel herausheben und auf Küchenpapier abtropfen lassen. Mit Puderzucker bestreuen und servieren.

1

Die Fülle in kleinen Häufchen auf einen Teigstreifen setzen (1), mit einem zweiten Teigstreifen bedecken und die Fruchtecken zuschneiden (2).

2

Festtagsgebäck

Le gale

ZUBEREITUNGSZEIT:
1 Stunde

Zutaten für 8–10 Personen:
500 g Mehl; 2 Eier;
2 Eidotter; 2 EL Kristallzucker;
abgeriebene Schale einer unbehandelten Zitrone; 1 Prise Salz;
½ Gläschen Maraschino; 30 g Butter;
trockener Weißwein;
2 EL Puderzucker;
reichlich Erdnussöl zum Frittieren

- Das Mehl zusammen mit dem Salz und dem Zucker auf die Arbeitsfläche sieben, eine Mulde in die Mitte drücken. Die Eier, die Butter, die abgeriebene Zitronenschale und den Maraschino hineingeben. Alles verkneten, dabei nach Bedarf Weißwein zugeben, bis ein homogener, glatter, weicher Teig entsteht. In Frischhaltefolie einschlagen und an einem kühlen Ort 30 Minuten ruhen lassen.
- Den Teig zu einem sehr dünnen Blatt ausrollen und mit einem Teigrädchen in etwa 4 cm breite Streifen schneiden, diese dann diagonal in Rauten von etwa 18–20 cm Seitenlänge teilen. Die Rauten in der Mitte einschneiden, dabei nicht zu nahe an die Ecken kommen, damit der Teig nicht durchreißt.
- Eine der Spitzen jeder Raute vorsichtig durch den Schnitt fädeln, sodass die für dieses Gebäck typische Schleifenform entsteht. In reichlich nicht zu heißem Erdnussöl frittieren, bis der Teig goldbraun und knusprig wird. Mit einem Sieblöffel herausheben und zum Abtropfen auf Küchenpapier legen. Abkühlen lassen.
- Mit Puderzucker bestreuen und auf einer Platte anrichten.

1

2

3

Die Teigrauten in der Mitte einschneiden (1) und jeweils eine der Spitzen durch den Einschnitt ziehen (2). In reichlich nicht zu heißem Erdnussöl backen (3).

Rosinenküchlein

Tortelli dell'Oltrepò

ZUBEREITUNGSZEIT:
1 Stunde

Zutaten für 6–8 Personen:
250 g Mehl;
40 g Kristallzucker;
6 EL Milch;
6 EL Marsala;
2 Eier;
50 g Sultaninen;
½ Päckchen Backpulver;
1 Prise Salz;
reichlich Erdnussöl zum Frittieren

Zum Garnieren:
100 g Kristallzucker

- Die Sultaninen in lauwarmem Wasser einweichen, abtropfen lassen, trockentupfen und leicht bemehlen. Das restliche Mehl zusammen mit dem Backpulver, dem Salz und dem Zucker in eine Schüssel sieben. Unter ständigem Rühren mit einem Holzlöffel nach und nach die Milch und den Marsala dazugeben, dann die Eier und zum Schluss die Rosinen untermengen. Alle Zutaten gut vermischen.
- Reichlich Öl erhitzen, mit einem Teelöffel Teighäufchen abstechen und ins nicht zu heiße Öl fallen lassen, goldbraun backen, herausheben und auf Küchenpapier abtropfen lassen. Im Kristallzucker wälzen und auf einer Platte anrichten. Heiß servieren.

Blätterteigtaschen mit Birnenfülle

Rissoles di pere

ZUBEREITUNGSZEIT:
1 Stunde

Zutaten für 6–8 Personen:
300 g Blätterteig;
½ kg Birnen;
70 g Kristallzucker;
1 Ei;
reichlich Erdnussöl zum Frittieren

Für die Rumsauce:
100 g Apfelgelatine;
1 EL weißer Rum;

Zum Garnieren:
1 EL Puderzucker

- Die Birnen waschen, schälen, das Kerngehäuse entfernen und das Fruchtfleisch kleinwürfelig schneiden. Mit dem Zucker und einem ½ dl Wasser in eine Kasserolle geben und auf kleiner Flamme etwa 25 Minuten köcheln lassen, ab und zu mit einem Holzlöffel umrühren. Die Masse soll ziemlich dickflüssig werden.
- In der Zwischenzeit den Blätterteig zu einem Blatt von etwa 3 mm Stärke ausrollen. Mit einer gezahnten Ausstechform von etwa 8 cm Durchmesser zahlreiche Scheiben ausstechen. Das Ei in einer kleinen Schüssel mit einer Gabel verschlagen. Die Hälfte der Scheiben am Rand mit Ei bestreichen und in die Mitte je einen gehäuften Teelöffel Birnenfülle setzen. Mit den restlichen Blätterteigscheiben belegen und die Ränder mit den Fingern gut festdrücken. Jeweils nicht zu viele Blätterteigtaschen zugleich in reichlich nicht zu heißem Öl frittieren. Wenn beide Seiten eine schöne goldbraune Farbe angenommen haben, mit dem Sieblöffel herausheben und zum Abtropfen auf saugfähiges Küchenpapier legen.
- Die Sauce zubereiten: Die Apfelgelatine in einer Kasserolle bei mäßiger Hitze zerlassen (ersatzweise helles Tortengelee in etwas Apfelsaft auflösen), vom Feuer nehmen und mit dem Rum verrühren. Die Blätterteigtaschen mit Puderzucker bestreuen, anrichten und warm servieren, die Sauce separat dazu reichen.

Süße »Pantoffel«

Ciabattine di sfoglia

ZUBEREITUNGSZEIT:
20 Minuten + Zeit zum Kühlstellen

Zutaten für 6 Personen:
200 g Blätterteigreste;
2 EL Puderzucker

- Auf diese Weise kann man die Blätterteigreste verwerten, die von anderen Rezepten wie etwa den Birnentäschchen übrig geblieben sind. Die Blätterteigreste gut mit den Händen verkneten und eine Rolle von etwa 3 cm Durchmesser formen. In Frischhaltefolie einschlagen und mindestens 2 Stunden im Kühlschrank ruhen lassen. Anschließend mit einem scharfen Messer in etwa 3 mm dicke Scheiben schneiden.
- Die Arbeitsfläche mit Zucker bestreuen und die Teigscheiben darin zu dünnen, länglich ovalen »Pantoffeln« ausrollen, einmal wenden, damit der Zucker auch auf der anderen Seite haftet.
- Die »Pantoffeln« auf ein mit Wasser bepinseltes Backblech legen und im vorgeheizten Backrohr bei 220° etwa 8 Minuten goldbraun backen. Aus dem Rohr nehmen, sofort mit einem Spatel vom Blech lösen, abkühlen lassen und auf einer Platte anrichten.

Torten

Mandel-Pignolen-Torte

Torta mantovana

ZUBEREITUNGSZEIT:
1 Stunde

Zutaten für 6–8 Personen:
1 Ei; 4 Eidotter; 150 g Puderzucker; abgeriebene Schale einer ½ unbehandelten Zitrone; 170 g Mehl; 150 g Butter; 30 g geschälte Mandeln; 30 g geschälte Pinienkerne

Zum Garnieren:
1 EL Aprikosengelatine;
30 g gehobelte Mandeln;
5 ganze Mandeln;
1 TL Puderzucker

Zusätzliche Küchenutensilien:
1 Tortenform von etwa 22 cm Durchmesser

- Die Torte zubereiten: Die Mandeln und Pignolen im vorgeheizten Rohr bei 190° einige Minuten rösten, klein hacken und beiseite stellen. Die Butter in einer kleinen Pfanne zerlassen und beiseite stellen. Die Form mit Butter ausstreichen und leicht bemehlen.
- Das Ei, die Eidotter, den Puderzucker und die abgeriebene Zitronenschale schaumig rühren, nach und nach das gesiebte Mehl und die zerlassene Butter unterrühren, alle Zutaten gut vermengen. Die Masse in die Tortenform füllen, glatt streichen und mit den gehackten Mandeln und Pignolen bestreuen. Im vorgeheizten Rohr bei 180° 35–40 Minuten backen. Die Torte aus der Form nehmen und abkühlen lassen.
- Die Garnierung vorbereiten: Die Aprikosengelatine mit 1 EL Wasser erhitzen und glatt rühren (ersatzweise helles Tortengelee in 1 EL Aprikosensaft aus der Dose auflösen). Den oberen Rand der Torte damit bepinseln und mit den gehobelten Mandeln belegen. Auf ein Stück Karton einen Stern zeichnen und diesen ausschneiden. Diese Schablone auf die Mitte der Torte legen und den Puderzucker darüber sieben. Die Schablone abnehmen und den Zuckerstern mit den ganzen Mandeln verzieren.

1

2

3

Das Ei, die Eidotter, die abgeriebene Zitronenschale und den Puderzucker mit einem Schneebesen schaumig rühren (1), die Masse in die mit Butter ausgestrichene, bemehlte Form gießen (2) und mit den gehackten Mandeln und Pignolen bestreuen (3).

Saint-Honoré-Torte

Saint-Honoré

ZUBEREITUNGSZEIT:
50 Minuten

Zutaten für 6–8 Personen:
200 g Blätterteig;
8 Beignets;
1 etwa 2 cm hoher Biskuitboden von 25 cm Durchmesser;
2 dl Schlagsahne

Für die Saint-Honoré-Creme:
5 Eidotter;
80 g Kristallzucker;
½ l Milch;
60 g Mehl;
½ Päckchen Vanillin;
abgeriebene Schale einer unbehandelten Zitrone;
5 dl geschlagene Sahne;
2 EL trockener Marsala;
40 g ungesüßtes Kakaopulver

Für den Sirup:
50 g Kristallzucker;
etwas abgeriebene Zitronen- und Orangenschale;
1 EL Rum

Für den Karamell:
100 g Kristallzucker

- Den Blätterteig zu einer Scheibe mit etwa 26 cm Durchmesser ausrollen. Auf ein mit etwas Wasser bepinseltes Backblech legen, mehrmals mit einer Gabel einstechen und im vorgeheizten Rohr bei 220° 15 Minuten leicht goldbraun backen. Aus dem Rohr nehmen und abkühlen lassen.
- In der Zwischenzeit die Creme zubereiten. Die Milch in eine Kasserolle gießen, die Zitronen- und Orangenschale dazugeben und zum Kochen bringen. Den Zucker mit den Eidottern in einer Schüssel verrühren, das mit dem Vanillin gesiebte Mehl nach und nach untermengen, die

Saint-Honoré-Torte

Saint-Honoré

kochend heiße Milch durch ein Sieb langsam zugießen, dabei ständig rühren und darauf achten, dass sich keine Klümpchen bilden.

- Das Ganze in eine Kasserolle geben und unter ständigem Rühren bei mäßiger Hitze aufkochen. Zugedeckt auf kleiner Flamme 7–8 Minuten kochen lassen, ab und zu umrühren. Vom Feuer nehmen und den Marsala untermengen. Die Creme zu gleichen Teilen auf zwei Schüsseln verteilen.
- In eine der Schüsseln das Kakaopulver geben und gut unter die Creme mischen. Zur Gänze erkalten lassen. Dann jeweils die Hälfte der geschlagenen Sahne unter die helle und die dunkle Creme heben. Bis zur Verwendung in den Kühlschrank stellen.
- Den Sirup zubereiten: 1 dl Wasser in einer Kasserolle mit dem Zucker und der Zitronen- und Orangenschale erhitzen und etwa 2 Minuten kochen lassen, ab und zu umrühren. Vom Feuer nehmen und abkühlen lassen. Den Rum einrühren.
- Mit einem scharfen Messer den Blätterteigboden zu einer Scheibe von etwa 24 cm Durchmesser zurechtschneiden, ebenso den Biskuitboden. Die Reste aufbewahren. Die Kakaocreme in einen Spritzbeutel streichen und vier Beignets damit füllen, die anderen Beignets mit der hellen Creme füllen.
- Den Karamell zubereiten: Den Zucker in einer Pfanne mit 4 EL Wasser schmelzen und leicht goldbraun karamellisieren. Die Beignets kurz eintauchen.

1

2

3

4

Verzieren:

- Eine Schicht helle Saint-Honoré-Creme auf den Blätterteigboden streichen. Den Biskuitboden darauf legen und mit dem Sirup bepinseln. Die Oberfläche und die Seiten der Torte dünn mit der dunklen Creme bedecken und mit einer Palette glatt streichen. Die Reste des Biskuitbodens zwischen den Fingern zerkrümeln und mit der Palette gut an die Außenwand der Torte drücken (1).
- Die Beignets in regelmäßigen Abständen am Tortenrand verteilen (2), dazwischen Schlagsahne aufdressieren. Mit einem Spritzbeutel mit schräger Tülle Häufchen aus heller Creme in Streifen auf die Torte dressieren (3), mit dunkler Creme abwechseln (4).

Pistaziencremetorte

Crostata di pistacchi

ZUBEREITUNGSZEIT:
1 Stunde + Ruhezeit

Zutaten für 6 Personen:

Für den Teig:
150 g Mehl; 70 g Butter;
30 g Kristallzucker;
2 Eidotter;
abgeriebene Schale einer unbehandelten Zitrone;
$^1/_2$ Päckchen Vanillin

Für die Fülle:
$^1/_2$ l Milch;
5 Eidotter;
100 g Kristallzucker;
20 g kandiertes grünes Zitronat;
100 g Pistazien;
1 EL Kirsch;
40 g Mehl

Zum Verzieren:
70 g Kochschokolade;
40 g Pistazien;
1 dl Sahne

Für die Form:
20 g Butter;
1 EL Mehl

Zusätzliche Küchenutensilien:
1 Tortenform von etwa 24 cm Durchmesser

Pistaziencremetorte

Crostata di pistacchi

1

- Die Form mit Butter ausstreichen und bemehlen. Die Butter bei Zimmertemperatur weich werden lassen.
- Den Teig zubereiten: Das Mehl zusammen mit dem Vanillin auf die Arbeitsfläche sieben, eine Mulde in die Mitte drücken. Die in Stückchen geschnittene Butter, den Zucker, die Eidotter und die abgeriebene Zitronenschale in die Mitte geben. Alle Zutaten gut mit den Händen vermengen, nicht zu stark durchkneten. Eine Kugel formen, in Frischhaltefolie einschlagen und im Gemüsefach des Kühlschranks mindestens 30 Minuten ruhen lassen.
- In der Zwischenzeit die Fülle zubereiten: Die Pistazien kurz in kochendem Wasser blanchieren, abgießen, mit kaltem Wasser abschrecken, schälen und klein hacken. Die Milch zum Kochen bringen. Die Eidotter mit dem Zucker in einer Kasserolle vermengen, die gehackten Pistazien dazugeben und nach und nach das Mehl untermengen. Die kochend heiße Milch langsam mit einem Holzlöffel einrühren, darauf achten, dass sich keine Klümpchen bilden.
- Das Ganze auf kleiner Flamme erhitzen und unter ständigem Rühren zum Kochen bringen. Zugedeckt auf ganz kleiner Flamme 7–8 Minuten köcheln lassen, ab und zu umrühren. Vom Feuer nehmen und abkühlen lassen, den Kirsch und das Vanillin sowie das gehackte kandierte Zitronat dazugeben.
- Den Teig aus dem Kühlschrank nehmen und 3 mm dick ausrollen, die Tortenform damit auslegen. Mit einer Gabel mehrmals einstechen, die Pistazienmasse einfüllen und glatt streichen. Im vorgeheizten Backrohr bei 180° etwa 30 Minuten backen. Die Form aus dem Rohr nehmen, abkühlen lassen und die Torte herausheben.

Verzieren:

- Die Pistazien kurz überbrühen, abgießen und schälen. Die Kochschokolade grob hacken und im Wasserbad schmelzen. Die geschmolzene Schokolade in eine aus Backpapier gedrehte Tüte füllen (1), die Spitze abschneiden und ein Gitter aus feinen Streifen über die Torte ziehen (2). Die Sahne schlagen, in einen Spritzbeutel mit kleiner Sterntülle füllen und auf die Schnittpunkte der Gitterlinien zierliche Häufchen aufdressieren (3), jedes Häufchen mit einer Pistazie verzieren (4). Bis zum Servieren in den Kühlschrank stellen.

2

3

4

Obsttorte

Torta di frutta fresca

ZUBEREITUNGSZEIT:
1 Stunde 30 Minuten

Zutaten für 6–8 Personen:
½ kg Äpfel;
½ kg Williamsbirnen;
150 g Mehl; 75 g Kristallzucker;
2 Eier; 1 Glas Milch;
70 g Butter;
1 Päckchen Backpulver;
1 Prise Salz;
2 EL Aprikosengelatine

Für die Form:
30 g Butter; 1 EL Mehl

Zum Garnieren:
1 Apfel; ¼ Granatapfel

Zusätzliche Küchenutensilien:
1 Tortenform von etwa 24 cm Durchmesser

- Zuerst den Tortenboden vorbereiten: Die Tortenform mit Butter ausstreichen und den Boden mit Backpapier auslegen, auch das Papier mit Butter bestreichen und leicht bemehlen. Die Butter in Stücke schneiden und in einer kleinen Kasserolle zerlassen. Die Eier in einer Schüssel mit dem Zucker schaumig rühren. Nach und nach das mit dem Backpulver gesiebte Mehl, die zerlassene Butter, die Milch und das Salz untermengen. Alles gut vermengen, Der Teig soll glatt und flüssig sein.
- Die Äpfel und die Birnen schälen, den Strunk entfernen, in dünne Scheiben schneiden und die Tortenform damit auslegen. Den Teig langsam über die Früchte gießen. Im vorgeheizten Rohr bei 180° etwa 1 Stunde backen.
- Die Form aus dem Ofen nehmen. Die Ränder der Torte von der Form lösen. Die Torte auf einen Teller stürzen und das Backpapier vorsichtig abziehen. Dann die Torte vom Teller auf eine Platte stürzen.
- Die Garnierung vorbereiten: Die Aprikosengelatine mit 2 EL Wasser erhitzen, glatt rühren und die Oberfläche der Torte damit bepinseln (ersatzweise helles Tortengelee in 2 EL Aprikosensaft aus der Dose auflösen). Den Apfel schälen, vierteln, das Kerngehäuse entfernen und in dünne Spalten schneiden. Die Apfelspalten fächerartig überlappend auf der Oberfläche der Torte anordnen. Die Kerne aus dem Granatapfel lösen und damit die Mitte der Torte verzieren. Am Rand zwischen die Apfelspalten ebenfalls jeweils einen Granatapfelkern legen. Die Apfelscheiben mit der restlichen Aprikosengelatine bepinseln.

Traubenkuchen

Clafoutis all'uva

ZUBEREITUNGSZEIT:
1 Stunde

Zutaten für 6 Personen:
300 g weiße Trauben;
200 g blaue Trauben;
3 Eier;
200 g Mehl;
120 g Butter;
120 g Kristallzucker;
1 Päckchen Backpulver

Zum Garnieren:
einige weiße und blaue Trauben;
50 g Aprikosengelatine

Zusätzliche Küchenutensilien:
1 Tortenform von etwa 24 cm Durchmesser

- Die Butter auf ganz kleiner Flamme zerlassen. Die Form mit etwas flüssiger Butter auspinseln und leicht bemehlen.
- Die Trauben waschen, von den Stängeln zupfen, trockentupfen, halbieren und entkernen. Das Mehl mit der Hefe in eine große Schüssel sieben, den Zucker dazugeben und eine Mulde in die Mitte drücken. Die Eier und die zerlassene Butter hineingeben und alle Zutaten gut vermengen. Zum Schluss die Trauben vorsichtig untermischen.
- Die Masse in die Form füllen und glatt streichen. Im vorgeheizten Rohr bei 200° etwa 40 Minuten backen. Aus dem Rohr nehmen, 5 Minuten ruhen lassen. Den Kuchen aus der Form lösen und auf eine Platte geben.
- Die Aprikosengelatine in einer kleinen Kasserolle mit 1 EL Wasser erwärmen und glatt rühren (ersatzweise helles Tortengelee in 1 EL Aprikosensaft aus der Dose auflösen). Die Oberfläche des Kuchens mit Gelatine bepinseln. Die Trauben zum Garnieren waschen, halbieren und entkernen und den Rand abwechselnd mit weißen und blauen Traubenhälften verzieren. In die Mitte eine weiße Traube und rundherum sechs blaue Traubenhälften legen. Auch die Trauben mit Aprikosengelatine bepinseln.

Sandkuchen mit Erdbeeren

Torta sablé alle fragole

ZUBEREITUNGSZEIT:
45 Minuten + Ruhezeit

Zutaten für 6–8 Personen:
500 g Erdbeeren;
150 g Mehl;
50 g geschälte Mandeln;
60 g Kristallzucker;
100 g Butter;
1 Eidotter;
abgeriebene Schale einer ½ unbehandelten Zitrone;
100 g Himbeergelatine

Zusätzliche Küchenutensilien:
1 Springform von 24 cm Durchmesser

- Die Form mit Butter ausstreichen und leicht bemehlen. Die Butter bei Zimmertemperatur weich werden lassen.
- Die Mandeln grob hacken und in einer Mühle fein mahlen. Das Mehl sieben und mit dem Zucker und den gemahlenen Mandeln vermengen.
- In die Mitte eine Mulde drücken und die in Stücke geschnittene Butter, den Eidotter und die abgeriebene Zitronenschale hineingeben. Alle Zutaten rasch mit den Händen verkneten und den Teig zu einer Kugel formen. In Frischhaltefolie einschlagen und im Gemüsefach des Kühlschranks mindestens 1 Stunde ruhen lassen. Anschließend den Teig 3–4 mm dick ausrollen und die Form damit auslegen. Mit einer Gabel mehrmals einstechen und im vorgeheizten Backrohr bei 190° 25 Minuten backen. Nach fünf Minuten kontrollieren, ob sich Blasen gebildet haben und mit den Händen flach drücken. Aus dem Rohr nehmen und zur Gänze abkühlen lassen.
- Die Himbeergelatine in einer kleinen Kasserolle mit 1 EL Wasser erhitzen und glatt rühren, dann vom Feuer nehmen (ersatzweise rotes Tortengelee in 1 EL Himbeersaft auflösen). Die Erdbeeren rasch in Eiswasser waschen, vorsichtig trockentupfen und entstielen. Der Länge nach in feine Scheiben schneiden.
- Den Tortenboden auf eine Platte legen und die Oberfläche mit etwas abgekühlter Himbeergelatine bepinseln, die Erdbeeren in konzentrischen Kreisen auflegen. Zum Schluss die Erdbeeren mit der restlichen Himbeergelatine bepinseln.

Bayrischer Apfelkuchen

Torta bavarese

ZUBEREITUNGSZEIT:
1 Stunde + Ruhezeit

Zutaten für 8 Personen:

Für den Teig:
200 g Mehl;
100 g Butter;
80 g Kristallzucker;
1 Eidotter;
abgeriebene Schale einer 1/2 unbehandelten Zitrone;
1/2 Päckchen Vanillin

Für die Fülle:
200 g Mascarpone;
100 g Kristallzucker;
2 Eier;
2 Äpfel Granny Smith;
Saft einer 1/2 Zitrone

Zum Verzieren:
2 Äpfel Granny Smith;
50 g Kristallzucker;
1 dl Weißwein

Zusätzliche Küchenutensilien:
1 Springform von 24 cm Durchmesser

Bayrischer Apfelkuchen

Torta bavarese

- Die Form sorgfältig mit Butter ausstreichen und bemehlen.
- Den Teig zubereiten: Das Mehl zusammen mit dem Vanillin auf die Arbeitsfläche sieben, in die Mitte eine Mulde drücken. Die in Stücke geschnittene Butter, den Zucker, den Eidotter und die abgeriebene Zitronenschale hineingeben. Alle Zutaten rasch mit den Fingern vermengen, nicht zu stark durchkneten. Den Teig zu einer Kugel formen, in Frischhaltefolie einschlagen und im Gemüsefach des Kühlschranks mindestens 30 Minuten ruhen lassen.
- Den Teig zu einem 3–4 mm starken Blatt ausrollen und die Form damit auslegen. Den Rand mit einer Pinzette zu dekorativen Zähnchen zurechtzupfen, den Boden mehrmals mit der Gabel einstechen. Im vorgeheizten Backrohr bei 180° etwa 6 Minuten backen, aus dem Rohr nehmen und abkühlen lassen.
- In der Zwischenzeit die Fülle zubereiten. Den Apfel schälen, das Kerngehäuse entfernen und das Fruchtfleisch in dünne Scheiben schneiden. Mit dem Zitronensaft beträufeln. Den Mascarpone und den Zucker in eine Schüssel geben. Mit einem Holzlöffel vermengen und die Eier eines nach dem anderen unterrühren. Die Apfelscheiben mit dem Zitronensaft dazugeben und alles gut vermengen. Die Masse in die Form mit dem Tortenboden füllen und glatt streichen. Im vorgeheizten Backrohr 170° etwa 20 Minuten backen. Aus dem Rohr nehmen und abkühlen lassen.

Verzieren:

- Den Weißwein in eine Schüssel gießen und mit dem Zucker vermischen (1). Die Äpfel waschen und mit der Schale halbieren, das Kerngehäuse entfernen und mit einem Kugelausstecher zahlreiche kleine Kugeln aus dem Fruchtfleisch schneiden. Die Kugeln sofort in die Schüssel mit dem Wein geben (2). Etwa 30 Minuten ziehen lassen, dann das Ganze in eine Pfanne gießen (3) und bei kräftiger Hitze garen, bis die Äpfel zu karamellisieren beginnen und eine goldgelbe Farbe annehmen (4). Vom Feuer nehmen und abkühlen lassen. Den Kuchen dicht mit den karamellisierten Apfelkugeln belegen (5).

1

2

3

4

5

Karamelltorte

Torta al caramello

1

2

3

Den Karamell zubereiten (1), abkühlen lassen und mit der Creme vermengen (2), den Tortenboden quer durchschneiden (3) und die Karamellcreme auf den Tortenboden in der Form gießen (4).

4

ZUBEREITUNGSZEIT:
1 Stunde

Zutaten für 10–12 Personen:
1 Biskuittortenboden von etwa 24 cm Durchmesser

Für die Karamellcreme:
2 Eidotter; 120 g Kristallzucker; 1/4 l Milch; 2 dl Sahne; 20 g Mehl; 1/4 Päckchen Vanillin; abgeriebene Schale einer 1/2 unbehandelten Zitrone

Zum Garnieren:
3 dl Sahne; 50 g Nusskrokant

Zusätzliche Küchenutensilien:
1 Tortenform von etwa 24 cm Durchmesser

- Die Karamellcreme zubereiten: Die Sahne in einer dickwandigen Kasserolle mit 80 g Kristallzucker zum Kochen bringen. Auf kleiner Flamme köcheln lassen und immer wieder umrühren, bis der Zucker goldbraun karamellisiert. Vom Feuer nehmen und abkühlen lassen. Die Milch mit der Zitronenschale in einer Kasserolle zum Kochen bringen. Den restlichen Zucker mit den Eidottern in einer Schüssel gut verrühren. Das mit dem Vanillin gesiebte Mehl nach und nach untermengen. Die kochend heiße Milch durch ein Sieb langsam unter ständigem Rühren mit einem Holzlöffel einfließen lassen. Darauf achten, dass sich keine Klümpchen bilden. Die Masse wieder in die Kasserolle gießen und unter ständigem Rühren neuerlich bei mäßiger Hitze zum Kochen bringen. Zugedeckt auf kleiner Flamme 7–8 Minuten kochen lassen, ab und zu umrühren. Die Creme in eine Schüssel gießen und den Karamell dazugeben. Gut verrühren.
- Den Tortenboden mit einem scharfen Messer teilen, sodass zwei dünne Scheiben entstehen. Eine Scheibe auf den Boden der Form legen, die Karamellcreme darüber gießen und glatt streichen. Mit der zweiten Scheibe bedecken und 30 Minuten in den Kühlschrank stellen.
- Die Torte aus der Form nehmen und Oberfläche und Wände mit der Sahne bedecken und glatt streichen. Mit einem scharfen Messer 8–12 strahlenförmige Linien in die Oberfläche ritzen. Die Torte im Kühlschrank aufbewahren und die Einschnitte erst kurz vor dem Servieren mit dem zerkrümelten Nusskrokant bestreuen.

Kokoskuchen

Sformato alla noce di cocco

1

2

3

ZUBEREITUNGSZEIT:
1 Stunde 10 Minuten

Zutaten für 6 Personen:
40 g Mehl;
60 g Puderzucker;
50 g Butter;
5 Eier;
70 g Kokosflocken;
1 EL Milch

Für die Form:
20 g Butter;
30 g Kristallzucker

Zusätzliche Küchenutensilien:
1 rechteckige Kuchenform

- Die Form mit Butter ausstreichen und mit Zucker bestreuen.
- Die Eier trennen. Die Milch mit Puderzucker und der in Stücke geschnittenen Butter erhitzen und gut verrühren. Vom Feuer nehmen und das gesiebte Mehl dazugeben. Unter ständigem Rühren wieder erhitzen, bis sich der Teig vom Topfboden und den Wänden zu lösen beginnt und eine Kugel bildet.
- Vom Feuer nehmen und abkühlen lassen, dann die Eidotter unter den lauwarmen Teig mischen. Die Eiklar zu Schnee schlagen und vorsichtig unterziehen. Die Kokosflocken untermengen. Die Masse in die Form füllen und im vorgeheizten Rohr bei 170° 40 bis 50 Minuten backen. Aus dem Rohr nehmen, auf eine Platte stürzen und servieren. Vanillesauce separat dazu reichen.

Den Puderzucker mit der Milch und der Butter verrühren (1), die Eidotter nach und nach unterrühren (2), den Eischnee vorsichtig unterziehen (3).

Karamellbirnentorte

Torta di pere caramellate

ZUBEREITUNGSZEIT:
1 Stunde 20 Minuten

Zutaten für 8–10 Personen:
1 Tortenboden von 24 cm Durchmesser und etwa 2 cm Stärke;
1,5 kg Williamsbirnen;
150 g Kristallzucker; 3 dl Marsala;
2 dl trockener Weißwein;
50 g karamellisierte Mandeln;
16 kandierte Veilchen

Für den Hefeteig:
80 g Kartoffelstärke; 50 g Mehl;
70 g Butter; 100 g Kristallzucker;
2 Eier; ½ Päckchen Backpulver

Für die Weinschaumcreme:
4 Eidotter; 1,5 dl Marsala;
1,5 dl trockener Weißwein;
100 g Kristallzucker; 40 g Mehl

Für den Sirup:
50 g Kristallzucker; 1 EL Kirsch;
1 EL Likör Alchermes (ein lebhaft roter, aromatisierter Likör, ersatzweise roter Curaçao);
1 EL Grand Marnier;
abgeriebene Schale einer ½ unbehandelten Zitrone;
abgeriebene Schale einer ½ unbehandelten Orange

Für die Form:
20 g Butter; 20 g Mehl

Zusätzliche Küchenutensilien:
1 Springform von etwa 24 cm Durchmesser

- Die Form mit Butter ausstreichen und bemehlen.
- Zuerst den Hefeteig zubereiten: Die Butter bei Zimmertemperatur weich werden lassen, in eine Schüssel geben, den Zucker dazugeben und mit einem Holzlöffel schaumig rühren. Eines nach dem anderen die Eier dazugeben, dann das mit dem Backpulver und der Stärke zusammengesiebte Mehl unterrühren. In die Tortenform füllen und glatt streichen. Im vorgeheizten Backrohr bei 180° 35–40 Minuten backen. Aus dem Rohr nehmen, abkühlen lassen und quer durchschneiden, sodass man eine etwa 2 cm hohe Scheibe erhält. Die Reste kann man für andere Rezepte aufbewahren.
- In der Zwischenzeit die Birnen waschen, abtrocknen, schälen und in 4–6 Spalten schneiden, den Strunk dabei entfernen. Den Weißwein und den Marsala mit dem Zucker auf kleiner Flamme erhitzen und etwa 8–10 Minuten kochen lassen. Dann die Birnenspalten dazugeben und weitere 15 Minuten kochen, bis der Sirup sehr dickflüssig geworden ist. Die Birnenspalten ab und zu wenden. Vom Feuer nehmen und abkühlen lassen.
- Während die Birnen kochen, die Weinschaumcreme zubereiten: Den Wein und den Marsala zusammen erhitzen, aber nicht aufkochen. Die Eidotter in einer Schüssel gut mit dem Zucker verrühren, aber nicht aufschlagen. Dann nach und nach das Mehl unterrühren, anschließend den heißen Wein einfließen lassen, dabei ständig mit einem Holzlöffel rühren. Das Ganze wieder in die Kasserolle gießen und auf kleiner Flamme 7–8 Minuten kochen lassen. Die Creme vom Feuer nehmen, in eine Schüssel gießen und abkühlen lassen.
- In der Zwischenzeit den Sirup zubereiten. 1 dl Wasser mit dem Zucker und der abgeriebenen Orangen- und Zitronenschale zum Kochen bringen, ab und zu mit einem Holzlöffel umrühren. Den Sirup 2 Minuten kochen lassen, dann vom Feuer nehmen und den Kirsch, den Grand Marnier und den Alchermes hinzufügen.
- Den Boden der Form mit Backpapier auslegen. Die Mandeln hacken, den Tortenboden in die Form legen und mit Sirup bestreichen. Die Hälfte der Birnen und der gehackten Mandeln zum Garnieren zurückbehalten, mit dem Rest der gut abgetropften Birnen den Tortenboden belegen. Mit der Weinschaumcreme bedecken und mit dem Rest der gehackten Mandeln bestreuen. Die Hefeteigscheibe darüber legen und im vorgeheizten Backrohr bei 180° etwa 20 Minuten backen.
- Die Torte aus der Form lösen und abkühlen lassen. In die Mitte der Oberfläche die gehackten Mandeln legen, die zurückbehaltenen Birnenspalten rundherum wie Blütenblätter anrichten, den Rand mit den kandierten Veilchen verzieren.

Gestürzter Pfirsich-Pflaumen-Kuchen

Torta rovesciata di pesche e prugne

ZUBEREITUNGSZEIT:
1 Stunde

Zutaten für 6 Personen:
600 g Pfirsiche; 400 g Pflaumen; 100 g Butter; 100 g Kristallzucker; 250 g Blätterteig

Zusätzliche Küchenutensilien:
1 Tortenform von 24 cm Durchmesser

- Die Butter bei Zimmertemperatur weich werden lassen. Die Pfirsiche in kochendem Wasser überbrühen, abgießen, mit kaltem Wasser abschrecken, schälen, je nach Größe in 4–6 Spalten teilen und den Kern entfernen. Die Pflaumen sorgfältig waschen, abtrocknen, vierteln und entkernen. Die Butter gleichmäßig auf dem Tortenboden verteilen, den Zucker darüber streuen. Die Pfirsich- und Pflaumenspalten abwechselnd einlegen, vom Rand beginnend konzentrische Kreise bilden. Die Form auf dem Herd auf ganz kleiner Flamme erhitzen, bis der Zucker zu karamellisieren beginnt, die Form dabei öfters drehen, damit sich die Hitze gleichmäßig verteilt. Vom Feuer nehmen und zur Gänze abkühlen lassen.
- In der Zwischenzeit den Blätterteig 3–4 mm dick ausrollen und eine Scheibe ausschneiden, die etwas größer ist als die Form. Die Früchte damit bedecken und den Rand mit dem Stiel eines Kochlöffels nach unten drücken. Mit einer Gabel mehrmals einstechen und im vorgeheizten Rohr bei 200° 15–20 Minuten backen, bis der Teig eine schöne goldbraune Farbe angenommen hat. Aus dem Rohr nehmen und in der Form abkühlen lassen. Kurz vor dem Servieren die Form nochmals auf dem Herd erhitzen, darauf achten, dass sich die Hitze über den gesamten Boden verteilt. Auf eine Platte stürzen und lauwarm servieren.

Vollkorntorte mit Karotten und Nüssen

Torta integrale con carote e nocciole

ZUBEREITUNGSZEIT:
1 Stunde 30 Minuten

Zutaten für 6–8 Personen:
300 g Karotten;
150 g Vollkornmehl;
150 g geschälte Haselnüsse;
4 Eier;
1 dl Olivenöl extravergine;
2 EL Honig;
80 g Sultaninen;
1 Päckchen Backpulver;
1 Prise Zimt

Zum Verzieren:
170 g Haselnüsse (ohne die harte Schale);
150 g Kristallzucker;
100 g Kochschokolade;
2 EL Honig;
2 EL Mandel- oder Erdnussöl

Für die Form:
20 g Butter;
20 g Mehl

Zusätzliche Küchenutensilien:
1 Tortenform von etwa 24 cm Durchmesser

- Die Form sorgfältig mit Butter ausstreichen und leicht bemehlen.
- Die Karotten schälen, waschen, abtrocknen und fein raspeln. Die Haselnüsse im Backrohr leicht rösten, die dünne Haut mit einem Tuch zwischen den Händen abreiben, die geschälten Nüsse fein hacken. Die Sultaninen waschen und in einer Tasse mit lauwarmem Wasser einweichen.
- Die Eier mit dem Öl in eine Schüssel geben und mit einem Holzlöffel verrühren. Die geraspelten Karotten, den Honig und nach und nach das Mehl zugeben, anschließend die gehackten Haselnüsse, den Zimt und die Hefe. Dann die abgetropften und gut ausgedrückten Sultaninen dazugeben, al-

Vollkorntorte mit Karotten und Nüssen

Torta integrale con carote e nocciole

les gut vermischen und in die vorbereitete Tortenform füllen. Bei 180° im vorgeheizten Rohr etwa 50 Minuten backen. Nach Ablauf der Garzeit die Torte aus dem Rohr nehmen und aus der Form lösen. Abkühlen lassen.

Verzieren:

- Die Haselnüsse 2–3 Minuten im vorgeheizten Rohr bei 180° rösten, dann die dünne Haut mit einem Tuch abreiben. Den Zucker mit 2 EL Wasser in einer kleinen Kasserolle erhitzen und 3 Minuten unter ständigem Rühren kochen lassen. Vom Feuer nehmen und die Haselnüsse hineingeben, mit einem Spatel umrühren, sodass alle Nüsse von einer dünnen Zuckerschicht überzogen sind. Die Kasserolle wieder auf den Herd setzen und bei mäßiger Hitze unter ständigem Rühren die Haselnüsse karamellisieren.
- Eine Marmorplatte mit Öl bepinseln und die karamellisierten Nüsse darauf ausbreiten, mit den in Öl getauchten Fingerspitzen zusammenklebende Nüsse voneinander lösen. Abkühlen lassen. Die Kochschokolade grob hacken und im Wasserbad schmelzen. 16 Nüsse nacheinander in die Schokolade tauchen (1), herausheben und auf ein Gitter legen, bis die Schokoladeschicht fest geworden ist. Die restlichen karamellisierten Nüsse grob hacken und beiseite stellen (2). Den Honig auf ganz kleiner Flamme erhitzen, die Oberfläche der Torte damit bepinseln (3) und anschließend mit den gehackten Nüssen bedecken (4). Zum Schluss mit den in Schokolade getunkten Haselnüssen verzieren (5).

1

2

3

4

5

Blätterteigtorte mit Melonen

Sfogliata al melone

ZUBEREITUNGSZEIT:
55 Minuten

Zutaten für 4 Personen:
150 g fertiger Blätterteig (auch tiefgekühlt);
1 Honigmelone von etwa 700 g;
70 g Kristallzucker;
1 Vanilleschote;
50 g Löffelbiskuits oder trockene Plätzchen

Zum Garnieren:
50 g Aprikosengelatine

Zusätzliche Küchenutensilien:
1 niedrige Tortenform von 24 cm Durchmesser

- Den Blätterteig auf der Arbeitsfläche etwa 4 mm dick ausrollen. Mit einem scharfen Messer eine Scheibe von etwa 26 cm Durchmesser zuschneiden und die leicht angefeuchtete Tortenform damit auslegen, am Rand etwas hochziehen. Mehrmals mit einer Gabel einstechen.
- Die Melone schälen, entkernen und in dünne, regelmäßige Spalten schneiden. In eine Kasserolle legen, den Zucker und die Vanilleschote dazugeben, erhitzen und bei mäßiger Hitze etwa 10 Minuten köcheln lassen. Die Löffelbiskuits zerkrümeln und den Blätterteigboden damit bestreuen. Die Vanilleschote entfernen und die Melonenscheiben abtropfen lassen. Den Blätterteig strahlenartig und leicht überlappend mit einer Schicht Melonenscheiben belegen, darüber eine weitere Schicht in einem etwas kleineren Kreis in umgekehrter Richtung anordnen.
- Im vorgeheizten Backrohr bei 190° etwa 25 Minuten backen, bis der Blätterteig leicht goldbraun wird. Aus dem Rohr nehmen und aus der Form lösen, auf einer Platte anrichten. Die Aprikosengelatine mit 1 EL Wasser erhitzen (ersatzweise helles Tortengelee in 1 EL Aprikosensaft aus der Dose auflösen) und die Melonenscheiben damit bestreichen. Nach Belieben mit einer Marzipanblüte verzieren und lauwarm oder kalt servieren.

Früchtetorte mit Quark

Crostata lievitata con ricotta e frutta

ZUBEREITUNGSZEIT:
1 Stunde 20 Minuten + Ruhezeit

Zutaten für 12 Personen:
300 g Mehl;
120 g Butter;
50 g Kristallzucker;
2 Eier;
15 g Bierhefe;
4 EL Milch;
1 Prise Salz

Für die Quarkfülle:
300 g *ricotta romana* oder Quark;
100 g Kristallzucker;
2 Eidotter;
3 EL Mehl;
2 EL saure Sahne;
1 EL abgeriebene Orangenschale;
1 Päckchen Vanillin;
1 Prise Salz;
1 Prise Muskatnuss;
1 EL Puderzucker

Zum Verzieren:
10–12 weiße Trauben;
10–12 blaue Trauben;
200 g Erdbeeren;
1 Banane;
1 Kiwi;
10 Himbeeren;
1 EL Zitronensaft;
100 g Aprikosengelatine

Zusätzliche Küchenutensilien:
1 Springform von 24 cm Durchmesser

- Die Form sorgfältig mit Butter ausstreichen und leicht bemehlen.
- Den Teig zubereiten: Die Hefe in einer Tasse mit lauwarmer Milch auflösen. Zwei gehäufte Esslöffel Mehl sieben, eine Mulde in die Mitte drücken und die Milch mit der Hefe hineingießen. Verkneten und zu einer Kugel formen. In einer Schüssel mit lauwarmem Wasser gehen lassen. Wenn sich das Volumen verdoppelt hat, aus dem Wasser nehmen, trockentupfen und in die Mitte des restlichen, auf die Arbeitsplatte gesiebten Mehls legen.

Früchtetorte mit Quark

Crostata lievitata con ricotta e frutta

• Den Zucker, die Eier, die in Stückchen geschnittene Butter und das Salz dazugeben und alle Zutaten zu einem weichen, elastischen Teig verkneten. In eine bemehlte Schüssel geben, kreuzweise einschneiden, mit einem Tuch bedecken und neuerlich an einem warmen Ort gehen lassen, bis sich das Volumen verdoppelt hat. Den Teig nochmals durchkneten, ausrollen und die Form damit auslegen. Zum Schluss nochmals 20–25 Minuten gehen lassen.

• In der Zwischenzeit die Quarkfülle zubereiten: Den Quark zweimal durch ein Sieb streichen und in eine Schüssel geben, dann den Zucker, die Eidotter, das Mehl, die saure Sahne, die abgeriebene Orangenschale, das Vanillin, das Salz und die Muskatnuss dazugeben, alle Zutaten mit einem Holzlöffel gut vermengen. Anschließend die Masse auf dem Tortenboden verteilen, glatt streichen und mit Puderzucker bestreuen.

• Im vorgeheizten Backrohr bei 180° etwa 35–40 Minuten backen, aus dem Rohr nehmen und abkühlen lassen.

Verzieren:

• Die Himbeeren, die Trauben und die Erdbeeren separat in Eiswasser waschen und trockentupfen. Die Trauben halbieren und entkernen (1), die Banane schälen und in Scheiben schneiden, in eine Schüssel geben und mit dem Zitronensaft beträufeln, damit sie nicht braun wird. Die Kiwi schälen, vierteln und in Scheiben schneiden (2). Die Erdbeeren entstielen und in dünne Scheiben schneiden, eine ganze Erdbeere zurückbehalten.

• Den Rand der Torte mit Erdbeerscheiben belegen, weiter innen die Bananenscheiben ebenfalls im Kreis und überlappend anordnen (3), anschließend die weißen und blauen Traubenhälften abwechselnd und danach die Himbeeren auflegen. In der Mitte die Kiwischeiben blütenartig anordnen (4) und die ganze Erdbeere in die Mitte der Blüte setzen.

• Die Aprikosengelatine in einer kleinen Kasserolle mit 1 EL Wasser auflösen (ersatzweise helles Tortengelée mit 1 EL Aprikosensaft aus der Dose auflösen) und die Früchte damit überziehen (5).

1

2

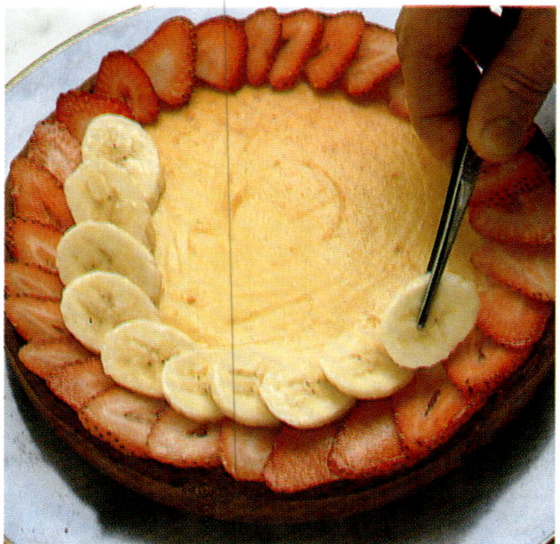
3

4

5

Himbeer-Brombeer-Torte

Torta gelatinata di more e lamponi

ZUBEREITUNGSZEIT:
1 Stunde + Ruhezeit

Zutaten für 6–8 Personen:
300 g Brombeeren; 100 g Himbeeren;
2 EL Aprikosengelatine

Für den Teig:
170 g Mehl; 85 g Butter;
40 g Kristallzucker; 1 Eidotter;
abgeriebene Schale einer 1/2 unbehandelten Zitrone;
1/2 Päckchen Vanillin

Für die Creme:
1/4 l Milch; 2 Eidotter;
50 g Kristallzucker; 25 g Mehl;
abgeriebene Schale einer 1/2 unbehandelten Zitrone;
1 EL Kirsch oder Maraschino

Für die Form:
20 g Butter; 20 g Mehl

Zusätzliche Küchenutensilien:
1 niedrige Tortenform von 24 cm Durchmesser

- Die Form mit Butter ausstreichen und bemehlen.
- Den Teig zubereiten: Die Butter bei Zimmertemperatur weich werden lassen. Das Mehl zusammen mit dem Vanillin auf die Arbeitsfläche sieben und eine Mulde in die Mitte drücken. Die in Stücke geschnittene Butter, den Zucker, den Eidotter und die abgeriebene Zitronenschale hineingeben und alle Zutaten mit den Fingern rasch verkneten. Den Teig nicht zu stark durchkneten. In Frischhaltefolie einschlagen und im Gemüsefach des Kühlschranks mindestens 30 Minuten ruhen lassen.
- In der Zwischenzeit die Creme zubereiten. Die Milch in eine Kasserolle gießen, die abgeriebene Zitronenschale dazugeben und aufkochen. Die Eidotter in einer Schüssel gut mit dem Zucker vermengen. Nach und nach das gesiebte Mehl unterrühren. Die kochend heiße Milch durch ein Sieb unter ständigem Rühren langsam einfließen lassen. Es sollen sich keine Klümpchen bilden. Das Ganze in eine Kasserolle gießen und bei mäßiger Hitze unter ständigem Rühren zum Kochen bringen. Zugedeckt auf kleiner Flamme 7–8 Minuten kochen lassen. Vom Feuer nehmen, den Kirsch hinzufügen und abkühlen lassen.
- Die Himbeeren und Brombeeren rasch in Eiswasser waschen und vorsichtig trockentupfen. Den Teig aus dem Kühlschrank nehmen und zu einem 3–4 mm dicken Blatt ausrollen. Die Tortenform damit auslegen, den Rand mit einer Pinzette dekorativ zurechtzupfen, den Boden mit der Gabel mehrmals einstechen. Die Creme ebenfalls in die Form füllen und glatt streichen. Auf der Cremeschicht die Himbeeren und Brombeeren verteilen. Im vorgeheizten Backrohr bei 180° 30–35 Minuten backen.
- Aus dem Rohr nehmen, die Torte aus der Form lösen und auf einer Platte abkühlen lassen. Die Aprikosengelatine in einer kleinen Kasserolle mit etwas Wasser erhitzen (ersatzweise helles Tortengelee in etwas Aprikosensaft aus der Dose auflösen), aufkochen und die Himbeeren und Brombeeren damit bestreichen. Abkühlen lassen und servieren.

Früchtebrot nach ligurischer Art

Pandolce alla ligure

ZUBEREITUNGSZEIT:
1 Stunde 20 Minuten + Ruhezeit

Zutaten für 6–8 Personen:
500 g Mehl; 150 g Butter;
130 g Kristallzucker;
1 Prise Salz; 30 g Bierhefe;
3 EL trockener Marsala;
$^1/_2$ TL gemahlener Zimt;
30 g kandiertes grünes Zitronat;
30 g Orangeat;
100 g Pignolen;
250 g Sultaninen;
5 g Anis- oder Fenchelsamen

- Ein Backblech mit Butter bestreichen und leicht bemehlen. Die Butter bei Zimmertemperatur weich werden lassen. Die Hefe in einer Tasse mit wenig lauwarmem Wasser auflösen.
- Das Mehl auf die Arbeitsfläche sieben und eine Mulde in die Mitte drücken. Die aufgelöste Hefe hineingießen und etwas vermengen, dann den Zucker, die in Stücke geschnittene Butter, das Salz und den Marsala dazugeben. Alle Zutaten gut vermengen und den Teig etwa 15 Minuten kräftig kneten, bis er glatt und elastisch geworden ist, dabei immer wieder gegen die Arbeitsfläche schlagen. In ein Tuch einschlagen und an einem warmen Ort etwa 30 Minuten gehen lassen.
- Anschließend den Teig wieder zur Hand nehmen und nochmals kurz durchkneten, damit der Gärprozess unterbrochen wird. In eine große Schüssel geben (der Teig sollte nur ein Drittel des Volumens beanspruchen), mit einem feuchten Tuch bedecken und im Kühlschrank etwa 12 Stunden ruhen lassen. Die Sultaninen waschen, abtropfen lassen und in lauwarmem Wasser einweichen. Abgießen und sorgfältig trockentupfen. Die kandierten Früchte kleinwürfelig schneiden.
- Den Teig nochmals kurz durchkneten, die Pignolen, die Sultaninen, die kandierten Früchte und die Anis- oder Fenchelsamen dazugeben, alles gut verkneten. Einen runden Laib formen, auf das Backblech legen und mit einem etwa 2 cm hohen Aluminiumring oder einem mit Alufolie umwickelten Kartonstreifen in Form halten. An einem warmen Ort nochmals $2^1/_2$ Stunden gehen lassen. Anschließend den Laib auf der Oberfläche mit einer dünnen Klinge dreimal einschneiden. Im vorgeheizten Backrohr bei 180° etwa 1 Stunde backen. Aus dem Rohr nehmen und vor dem Servieren ganz abkühlen lassen.

Nusstorte

Torta nocciolata

ZUBEREITUNGSZEIT:
1 Stunde

Zutaten für 6–8 Personen:
150 g geschälte Haselnüsse;
100 g *ricotta romana* oder Quark;
100 g Butter; 100 g Kristallzucker;
4 Eier; abgeriebene Schale einer ½ unbehandelten Zitrone;
1 Prise Salz

Zum Garnieren:
2 EL Aprikosenkonfitüre;
50 g Kochschokolade;
1 EL Vanillezucker

Für die Form:
30 g Mehl; 10 g Butter

Zusätzliche Küchenutensilien:
1 etwa 5,5 cm hohe Tortenform von 26 cm Durchmesser

- Die Form mit Butter ausstreichen und bemehlen. Die Butter bei Zimmertemperatur weich werden lassen. Die *ricotta romana* zweimal durch ein Sieb streichen. Die Haselnüsse kurz im Backrohr rösten und die dünne braune Haut mit einem Tuch abreiben. Dann die Nüsse sehr fein hacken oder mahlen. Die Eier trennen. Die Schokolade fein hacken.
- Die Butter und den Zucker in eine Schüssel geben und mit einem Holzlöffel schaumig rühren. Die Eidotter nacheinander einarbeiten. Die *ricotta romana*, die Haselnüsse und die abgeriebene Zitronenschale dazugeben. Die Eiklar mit einer Prise Salz steif schlagen und vorsichtig unter die Masse heben. Im vorgeheizten Backrohr bei 180° etwa 40 Minuten backen. Aus dem Rohr nehmen, ganz abkühlen lassen und auf eine Platte stürzen.
- Zum Verzieren die Aprikosenkonfitüre mit 1 EL Wasser in einer kleinen Kasserolle erhitzen und glatt rühren. Die Oberfläche der Torte damit bestreichen. Wenn der Konfitüreüberzug abgekühlt ist, die Oberfläche und den Rand mit der gehackten Schokolade bedecken und mit Vanillezucker bestreuen.

Die Aprikosenkonfitüre soll hauptsächlich dafür sorgen, dass die Schokolade gut an der Oberfläche haften bleibt. Man kann sie auch durch Pfirsichkonfitüre ersetzen. Konfitüre von roten Früchten wie Erdbeeren oder Himbeeren ist wegen des stärkeren Geschmacks weniger geeignet.

Neapolitanischer Quarkkuchen

Pastiera napoletana

ZUBEREITUNGSZEIT:
2 Stunden 20 Minuten

Zutaten für 8 Personen:

Für den Teig:
300 g Mehl;
100 g Butter;
50 g Butter- oder Margarineschmalz;
150 g Kristallzucker;
3 Eidotter;
1 Prise Salz

Für die Fülle:
400 g *ricotta romana* oder Quark;
200 g Weizen (mindestens 4 Tage in kaltem Wasser einweichen, das Wasser täglich wechseln);
6 Eidotter;
4 Eiklar;
200 g Kristallzucker;
150 g Orangeat und kandiertes Zitronat;
100 g kandierte Kirschen;
$^1/_2$ l Milch;
Schale einer $^1/_2$ unbehandelten Zitrone;
20 g Orangenblütenwasser;
1 nussgroßes Stück Butter;
gemahlener Zimt;
Salz

Zum Verzieren:
80 g weiße Schokolade;
2 unbehandelte Orangen;
4 EL Kristallzucker;
40 g Kochschokolade

Zusätzliche Küchenutensilien:
1 Tortenform von 24 cm Durchmesser

Neapolitanischer Quarkkuchen

Pastiera napoletana

- Mit einem Spargelschäler die Schale in dünnen Streifen spiralförmig von den Orangen abziehen, zwei kleine Dreiecke für die Schnäbel der Tauben zuschneiden. Die Orangenschalenstreifen um ein dünnes Holzstäbchen wickeln und zusammen mit den Dreiecken in einen schmalen Behälter geben. 4 EL Zucker mit 2 dl Wasser aufkochen und 2 Minuten kochen lassen. Über die Orangenschalen gießen und diese mit einem Gewicht beschweren, damit die Holzstäbchen nicht auf dem Sirup schwimmen. 24 Stunden stehen lassen.
- Den Teig zubereiten: Das Mehl zusammen mit dem Zucker und dem Salz sieben, eine Mulde in die Mitte drücken und die Butter, das Schmalz und drei Eidotter hineingeben. Alle Zutaten rasch mit den Händen vermengen, nicht zu stark durchkneten. Den Teig in ein bemehltes Tuch einschlagen und an einem kühlen Ort etwa 30 Minuten ruhen lassen.
- Die Fülle zubereiten: Den Weizen gut abtropfen lassen und 250 g abwiegen. Mit der Milch, der Zitronenschale, dem nussgroßen Stück Butter, einer Prise Zimt, einer Prise Salz und 2 EL Zucker auf ganz kleiner Flamme köcheln lassen, bis der Weizen die Milch zur Gänze aufgesogen hat. Die Zitronenschale entfernen und abkühlen lassen. In eine große Schüssel gießen, die *ricotta romana* durch ein Sieb streichen und dazugeben, den restlichen Zucker, eine weitere Prise Zimt, die klein geschnittenen kandierten Früchte und das Orangenblütenwasser dazugeben und alles gut vermengen. Die Eidotter nacheinander einarbeiten, dann die mit einer Prise Salz steif geschlagenen Eiklar vorsichtig unterziehen.
- Zwei Drittel des Teiges zu einem etwa 4 mm starken Blatt ausrollen und die mit Butter ausgestrichene und bemehlte Tortenform damit auslegen. Die Fülle hineingießen und glatt streichen.

Verzieren:

- Die Orangenschalenstreifen und -dreiecke aus dem Sirup heben und auf Küchenpapier abtropfen lassen. Das Holzstäbchen vorsichtig herausziehen und die Orangenschale trocknen lassen.
- Auf ein Stück Karton die Umrisse einer kleinen Taube, eines Flügels und einer kreisrunden Scheibe mit zwei gegenüberliegenden Einschnitten zeichnen und die Schablonen ausschneiden. Den restlichen Teig 4 mm dick ausrollen, die Kartonschablonen darauf legen und die Umrisse der Scheibe (1), zweier Tauben (2) und zweier Flügel mit einem scharfen Messer nachziehen. Acht Halbkreise ausschneiden (3).

1

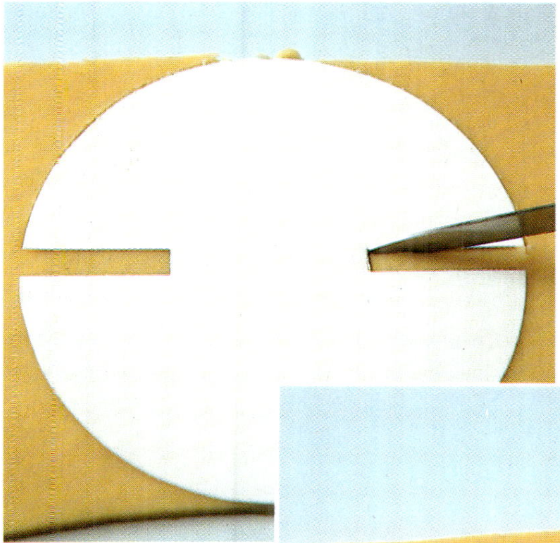

2

3

4

Neapolitanischer Quarkkuchen

Pastiera napoletana

- Die Halbkreise mit der geraden Seite nach außen in regelmäßigen Abständen auf den Rand der Torte legen. Im vorgeheizten Backrohr bei 180° etwa 1 Stunde backen. Wenn die Fülle gar ist und der Teig eine schöne goldbraune Farbe angenommen hat, die Torte aus dem Rohr nehmen und abkühlen lassen.
- In der Zwischenzeit die Tauben und die Scheibe auf ein mit Butter bestrichenes und bemehltes Backblech legen. Die Flügel auf die Taubenkörper legen und leicht festdrücken. Im vorgeheizten Backrohr bei 180° etwa 15 Minuten backen, bis sie schön goldgelb geworden sind. Aus dem Rohr nehmen und abkühlen lassen.
- Die Tauben auf ein Gitter legen. Die weiße Schokolade im Wasserbad schmelzen und in einen kleinen Spritzbeutel füllen. Die Tauben ganz mit der Schokolade überziehen (4). Mit einem Spatel glatt streichen, die kleinen dreieckigen Orangenschalenstücke auf den Schnabel setzen. Die Kochschokolade im Wasserbad schmelzen, in eine Tüte aus Backpapier füllen und die Augen sowie Flügel- und Schwanzfedern damit einzeichnen. Die Schokolade an einem kühlen Ort fest werden lassen.
- Die Scheibe auf die Mitte der Torte legen (5). Die Tauben in die Einschnitte setzen (6) und die Orangenschalenstreifen sternförmig auf der Oberfläche anordnen (7). Bis zum Servieren im Kühlschrank aufbewahren.

5

6

7

Kranzkuchen mit kandierten Früchten

Ciambella a sorpresa

ZUBEREITUNGSZEIT:
55 Minuten + Ruhezeit

Zutaten für 8 Personen:
300 g Mehl;
80 g Butter;
80 g Kristallzucker;
4 EL Milch;
20 g Bierhefe;
3 Eidotter;
100 g Sultaninen;
60 g kandierte Früchte;
1 Prise Zimt;
abgeriebene Schale einer unbehandelten Zitrone;
1 Prise Salz;
1 Ei

- Das Backblech mit Butter bestreichen und leicht bemehlen. Die Hefe in lauwarmer Milch auflösen. Die Eidotter, den Zucker und das Salz in eine Schüssel geben und vermengen. Das Mehl auf die Arbeitsfläche sieben und eine Mulde in die Mitte drücken. Die Milch mit der Hefe in die Mitte gießen und etwas verrühren. Die Eidotter-Zucker-Mischung, die abgeriebene Zitronenschale und die in Stückchen geschnittene Butter hinzufügen. Alle Zutaten gut vermengen und den Teig lange und energisch mit den Händen durchkneten und immer wieder gegen die Arbeitsplatte schlagen, damit er elastisch und glatt wird. Mit einem Tuch bedecken und an einem warmen Ort etwa 40–50 Minuten gehen lassen.
- In der Zwischenzeit die Sultaninen in wenig lauwarmem Wasser einweichen. Die kandierten Früchte in kleine Stückchen hacken. Den Teig nach der Ruhezeit wieder zur Hand nehmen und zu einem rechteckigen, etwa 6–7 mm starken Blatt ausrollen. Die gut abgetropften Sultaninen und die kandierten Früchte darauf verteilen und mit Zimt bestreuen. Den Teig eng zusammenrollen und die Enden gut verschließen, zu einem Ring formen und auf das Backblech legen.
- Mit einer Schere einige Male einschneiden. An einem warmen Ort nochmals gehen lassen, bis sich das Volumen verdoppelt hat. Mit dem verquirlten Ei bestreichen und im vorgeheizten Backrohr bei 180° etwa 40 Minuten backen, bis der Teig eine schöne goldbraune Farbe angenommen hat. Aus dem Rohr nehmen und auf einer Platte anrichten.

Zitronenkranzkuchen mit Rosinen

Ciambella al limone e uvetta

ZUBEREITUNGSZEIT:
55 Minuten

Zutaten für 8 Personen:
150 g Kristallzucker;
6 Eier;
1 unbehandelte Zitrone;
100 g Sultaninen;
100 g Mehl;
20 g Butter für die Form

Zum Garnieren:
1 EL Puderzucker

Zusätzliche Küchenutensilien:
1 Ringform von 24 cm Durchmesser

- Die Form mit Butter ausstreichen und leicht bemehlen. Die Sultaninen mit kaltem Wasser waschen, abtrocknen und in 1 EL Mehl wälzen. Die Zitrone waschen und abtrocknen, die Schale abreiben und den Saft auspressen.
- Die Eier trennen. Die Eidotter mit dem Zucker in einer Schüssel schaumig rühren. Die abgeriebene Zitronenschale hinzufügen und gut verrühren, den Zitronensaft dazugeben und die Masse weitere 3–4 Minuten mit dem Schneebesen schlagen. Nach und nach das gesiebte Mehl einarbeiten, zum Schluss die bemehlten Rosinen untermengen.
- Die Eiklar zu Schnee schlagen und vorsichtig unterheben. Die Masse in die Form füllen und im vorgeheizten Backrohr bei 170° etwa 40 Minuten backen, bis die Oberfläche eine schöne goldbraune Farbe angenommen hat. Aus dem Rohr nehmen und auf eine Platte stürzen. Ganz abkühlen lassen und mit Puderzucker bestreuen.

Orangentorte

Torta all'arancia

ZUBEREITUNGSZEIT:
1 Stunde 20 Minuten

Zutaten für 6–8 Personen:
200 g Mehl; 130 g Kristallzucker;
130 g Butter; 3 Eier;
2 unbehandelte Orangen;
½ Päckchen Backpulver

Für den Sirup:
2 Orangen; 70 g Kristallzucker

Zum Garnieren:
1 Orange; 20 g gehobelte Mandeln

Zusätzliche Küchenutensilien:
1 Tortenform von 24 cm Durchmesser

- Die Butter 30 Minuten bei Zimmertemperatur weich werden lassen. Die Tortenform mit Butter ausstreichen und bemehlen.
- Die Orangen gründlich waschen, abtrocknen und die Schale abreiben, dann den Saft auspressen (man benötigt etwa 6–7 EL).
- Die Eidotter in einer Schüssel mit dem Zucker sehr schaumig rühren, die Eiklar aufbewahren. Nach und nach unter ständigem Rühren mit einem Holzlöffel das mit dem Backpulver gesiebte Mehl, die in Stücke geschnittene Butter, die abgeriebene Orangenschale und den Orangensaft dazugeben. Alle Zutaten gut vermengen.
- Die Eiklar zu steifem Schnee schlagen und vorsichtig unter die Masse heben. Das Ganze in die Tortenform gießen und im vorgeheizten Backrohr bei 180° 40 Minuten backen. Die Torte aus dem Backrohr nehmen, aus der Form lösen und abkühlen lassen.
- Den Sirup zubereiten: Die Orangen auspressen und den Saft und den Zucker in einer kleinen Kasserolle zum Kochen bringen. Einige Minuten kochen lassen, bis ein klarer Sirup entstanden ist. Den Sirup auf die Torte gießen und gleichmäßig über die gesamte Oberfläche verteilen.
- Zum Verzieren die Orange quer in etwa 5 mm dicke Scheiben schneiden, die Scheiben halbieren und die Schale mit einem scharfen Messer bis auf ein kleines Stück am Ende von den Orangenscheiben lösen. Die Orangenschale ringförmig aufrollen und unter dem festen Ende feststecken.
- Die halben Orangenscheiben sternförmig in der Mitte der Torte anordnen und den Rand mit einem Kreis aus überlappenden Mandeln verzieren.

1

2

Den Eischnee vorsichtig unter die zuvor zubereitete Masse heben (1) und das Ganze in die Tortenform füllen (2). Den Orangensaft mit dem Zucker in einer kleinen Kasserolle zum Kochen bringen (3), die Torte mit dem fertigen Sirup übergießen (4).

3

4

Cassata

La cassata

ZUBEREITUNGSZEIT:
1 Stunde + Zeit zum Kühlstellen

Zutaten für 8 Personen:

Für das Schokoladebiskuit:
3 Eier; 70 g Mehl; 20 g Kakao; 15 g Butter; 1 Päckchen Vanillin; 80 g Kristallzucker

Für die Cremes:
40 g Eiklar; 100 g Kristallzucker; 170 g Butter; 1 EL ungesüßtes Kakaopulver (oder 60 g geschmolzene Kochschokolade); 2 EL Maraschino; 100 g gemischte kandierte Früchte; 40 g Kochschokolade

Zum Garnieren:
400 g Marzipan; 70 g geschälte Pistazien; 2 EL Puderzucker; 2 EL Aprikosengelatine; 20 g Kochschokolade

Für die Tortenform:
20 g Butter; 20 g Mehl

Zusätzliche Küchenutensilien:
1 Tortenform von 24 cm Durchmesser; 1 halbrunde Form von 22 cm Durchmesser

- Die Tortenform sorgfältig mit Butter ausstreichen und leicht bemehlen.
- Das Schokoladebiskuit zubereiten: Die Butter in einer kleinen Kasserolle zerlassen. Die Eier mit dem Zucker mit einem elektrischen Handrührer sehr schaumig rühren. Nach und nach das Mehl, das Vanillin und den Kakao vorsichtig un-

Cassata

La cassata

termengen, zum Schluss die Butter einrühren.

- Die Masse in die vorbereitete Form füllen und im vorgeheizten Backrohr bei 180° etwa 30–35 Minuten backen. Aus dem Rohr nehmen, das Biskuit aus der Form lösen und abkühlen lassen.
- In der Zwischenzeit die Cremes zubereiten: Die Butter bei Zimmertemperatur weich werden lassen. Die Schokolade und die kandierten Früchte grob hacken. 60 g Kristallzucker in einer Kasserolle mit ein wenig Wasser erhitzen und 5 Minuten kochen lassen, bis ein klarer Sirup entstanden ist.
- Die Eiklar mit dem restlichen Zucker steif schlagen und den Sirup in dünnem Faden in den Schnee einfließen lassen, dabei mit einem elektrischen Handrührgerät rühren, bis die Masse völlig erkaltet ist. Anschließend die in Stückchen geschnittene Butter dazugeben und rühren, bis eine weiche, glatte Creme entstanden ist.
- Ein Drittel der Creme in eine Schüssel gießen und mit dem Kakao vermischen. Die restliche Creme in einer anderen Schüssel mit dem Maraschino, der gehackten Schokolade und den kandierten Früchten vermengen. Alle Zutaten gut vermischen.
- Das Biskuit mit einem scharfen Messer quer durchschneiden, sodass eine 1,5 cm dicke und eine etwa 2 cm dicke Scheibe entstehen. Die dickere Scheibe so zuschneiden, dass ihr Durchmesser 2 cm größer ist als der der halbrunden Form.
- Die Form mit der dünneren Scheibe auslegen und gleichmäßig mit zwei Drittel der Kakaocreme bestreichen. Die restliche Creme gleichmäßig auf die andere Biskuitscheibe streichen. Die Form mit der Früchtecreme auffüllen und die Fülle gut zusammendrücken. Die andere Biskuitscheibe mit der Creme nach unten auf die Form legen und festdrücken. Die Cassata mindestens 2 Stunden in den Kühlschrank stellen.
- Die Garnierung vorbereiten: Die Cassata auf eine Platte stürzen. Die Aprikosengelatine mit 2 EL Wasser erhitzen und glatt rühren. Die Oberfläche der Cassata damit bestreichen. Die Pistazien 1 Minute in kochendem Wasser blanchieren, abgießen, schälen und sehr fein hacken oder mahlen. Die gemahlenen Pistazien mit der Marzipanrohmasse verkneten.
- Die Marzipanmasse auf einer mit Puderzucker bestreuten Arbeitsfläche dünn ausrollen. Die Cassata damit überziehen. Das Marzipan mit den Händen gut festdrücken, sodass es perfekt haftet. Die Kochschokolade grob hacken und im Wasserbad schmelzen. Eine Tüte aus Backpapier drehen, die geschmolzene Schokolade einfüllen, die Spitze abschneiden und die Cassata nach Belieben damit verzieren. Den unteren Rand mit einem scharfen Messer gleichmäßig zuschneiden und die Cassata bis zum Servieren im Kühlschrank aufbewahren.

1

2

3

4

5

Die Form mit der dünneren der beiden Biskuitscheiben auslegen (1), mit der Kakaocreme bestreichen (2), mit Früchtecreme auffüllen (3) und den dickeren Biskuitboden mit der mit Creme bestrichenen Seite nach unten darauf legen (4). Die gestürzte Cassata mit dem Pistazien-Marzipan überziehen (5).

Rosinenkuchen

Plum-cake

ZUBEREITUNGSZEIT:
1 Stunde 10 Minuten

Zutaten für 6–8 Personen:
250 g Mehl; 200 g Kristallzucker;
250 g Butter; 7 Eier;
250 g gemischte Rosinen
(Sultaninen, Zibeben und Korinthen);
100 g gemischte kandierte Früchte
(Orangeat, Zitronat);
1 Päckchen Backpulver;
1 Päckchen Vanillin;
abgeriebene Schale einer
unbehandelten Zitrone; 4 EL Rum

Zum Garnieren:
50 g kandierte Früchte in Streifen;
1 EL Puderzucker

Zusätzliche Küchenutensilien:
1 rechteckige Kuchenform

- Die Rosinen waschen, trockentupfen und in einer kleinen Schüssel im Rum einweichen. Die Butter bei Zimmertemperatur weich werden lassen, in eine Schüssel geben und mit einem Holzlöffel zu einer weichen, schaumigen Creme rühren, unter ständigem Rühren den Zucker dazugeben. Anschließend die Eier eines nach dem anderen einarbeiten und zum Schluss das mit dem Vanillin und der Hefe zusammengesiebte Mehl untermengen.
- Die Rosinen ausdrücken, mit Küchenpapier trockentupfen, leicht bemehlen und bis auf einige wenige zusammen mit den kandierten Früchten und der abgeriebenen Zitronenschale in die Masse geben.
- Die Form mit Butter ausstreichen und mit ebenfalls mit Butter bestrichenem und bemehltem Backpapier so auslegen, dass etwa 3 cm über den Rand der Form hinausragen. Nun die Masse hineingießen, sie soll die Form bis zu zwei Drittel füllen. Die zurückbehaltenen gemischten Rosinen darüber verteilen und im vorgeheizten Backrohr bei 180° etwa 50 Minuten backen. Aus dem Ofen nehmen, aus der Form lösen und abkühlen lassen.
- Zum Verzieren den abgekühlten Rosinenkuchen mit Puderzucker bestreuen und mit den kandierten Fruchtstreifen kreuzweise belegen, sodass ein Gittermuster entsteht.

Die gewaschenen, abgetrockneten und leicht bemehlten Rosinen in den Teig geben (1), dann das Ganze in die mit Butter bestrichene und bemehlte, mit Backpapier ausgelegte Form füllen (2).

Schokolademoussetorte

Torta alla mousse di cioccolato

ZUBEREITUNGSZEIT:
1 Stunde 20 Minuten + Zeit zum Kühlstellen

Zutaten für 8–10 Personen:

Für die Torten:
100 g Mehl;
50 g Maisstärke;
50 g ungesüßtes Kakaopulver;
6 Eier;
80 g Butter;
150 g Kristallzucker;
1 Päckchen Vanillin

Für den Rumsirup:
50 g Kristallzucker;
4 EL dunkler Rum

Für die Schokolademousse:
220 g Kochschokolade;
1 dl Sahne;
3 Eier;
50 g Kristallzucker;
2 EL Rum;
1 EL starker Kaffee

Zum Verzieren:
1 EL Puderzucker;
1 EL ungesüßtes Kakaopulver;
40 g weiße Schokolade;
40 g Kochschokolade

Zusätzliche Küchenutensilien:
2 Springformen von 24 cm Durchmesser

Schokolademoussetorte

Torta alla mousse di cioccolato

- Beide Tortenformen mit Butter ausstreichen und leicht bemehlen.
- Die Torten zubereiten: Die Butter in einer kleinen Kasserolle zerlassen und beiseite stellen. Die Eier mit dem Zucker in einer Schüssel mit einem elektrischen Handrührer sehr schaumig rühren. Das Mehl, die Maisstärke, den Kakao und das Vanillin zusammensieben und vorsichtig unter die Eiermasse rühren. Die geschmolzene Butter nach und nach untermengen. Die Masse auf die beiden Tortenformen verteilen und mit einem Spatel glatt streichen. Im vorgeheizten Backrohr bei 190° etwa 35 Minuten backen. Aus der Form lösen und ganz abkühlen lassen.
- Den Sirup zubereiten: In einer Kasserolle 2 dl Wasser mit dem Zucker erhitzen und 3 Minuten kochen lassen. Vom Feuer nehmen und abkühlen lassen, anschließend den Rum unterrühren.
- In der Zwischenzeit die Schokolademousse zubereiten: Die Eidotter mit dem Zucker mit einem Holzlöffel schaumig rühren. Die Schokolade grob hacken, im Wasserbad bei mäßiger Hitze schmelzen und unter die Masse mengen. Die Sahne und den Kaffee dazugeben und alles gut vermengen. Das Ganze in eine Kasserolle gießen und unter ständigem Rühren mit einem Holzlöffel kochen, bis die Creme dickflüssig wird und den Löffel überzieht. Vom Feuer nehmen, abkühlen lassen, den Rum einrühren und die zu Schnee geschlagenen Eiklar unter die Creme heben. Für mindestens 30 Minuten in den Kühlschrank stellen.

1

2

3

4

Verzieren:

- Mit einem scharfen Messer eine der Torten quer durchschneiden, sodass zwei gleich dicke Scheiben entstehen. Mit dem Sirup bestreichen, ein Drittel der Schokolademousse auf eine der Scheiben streichen, mit der anderen Scheibe bedecken, die restliche Schokolademousse auf Oberfläche und Rand verteilen und glatt streichen.
- Die andere Torte in 2–3 etwa 2 cm dicke Scheiben und diese wiederum in 2 cm breite Streifen, dann in Würfel schneiden. Die Würfel auf der Oberfläche und am Rand der Torte verteilen (1) und mit den Händen vorsichtig festdrücken.
- Auf ein Stück quadratischen Karton von etwa 30 cm Seitenlänge einen Raster mit Quadraten von 3 cm Seitenlänge zeichnen und mit einer Schere jedes zweite Quadrat versetzt ausschneiden, sodass ein Schachbrettmuster entsteht. Die Schablone auf die Torte legen und Kakaopulver darüber sieben (2). Die Schablone vorsichtig von der Torte nehmen, den überschüssigen Kakao abstreifen und nochmals auf die Torte legen, diesmal jedoch so versetzt, dass die Kartonquadrate die mit Kakao bestreuten Quadrate auf der Torte abdecken. Puderzucker darüber sieben (3).
- Mit einem gebogenen Kartoffelschäler Späne von der weißen Schokolade und der Kochschokolade abhobeln. Die weißen Späne auf die dunklen Quadrate, die dunklen Späne auf die weißen Quadrate legen (4). Die Torte bis zum Servieren im Kühlschrank aufbewahren.

Savarin »Jamaica«

Savarin alla giamaicana

ZUBEREITUNGSZEIT:
1 Stunde 20 Minuten + Ruhezeit

Zutaten für 8 Personen:

Für den Teig:
330 g Mehl; 80 g Butter;
1 dl Milch; 20 g Kristallzucker;
20 g Bierhefe;
4 Eier; 10 g Salz

Für den Sirup:
180 g Kristallzucker;
1 unbehandelte Orange;
¹/₄ l Jamaicarum

Zum Garnieren:
300 g Erdbeeren;
4 EL Erdbeergelatine

Zusätzliche Küchenutensilien:
1 Ringform von 22 cm Durchmesser

- Die Form mit Butter ausstreichen und bemehlen. Die Bierhefe in der lauwarmen Milch auflösen. Die Butter bei Zimmertemperatur weich werden lassen.
- Das Mehl auf die Arbeitsfläche oder in eine große Schüssel sieben, eine Mulde in die Mitte drücken, die Milch mit der Hefe zugeben und ein wenig verrühren. Dann die in Stückchen geschnittene Butter, den Zucker, das Salz und die Eier dazugeben. Alles gut vermengen, den Teig mit den Händen eine Weile kräftig durchkneten, bis er weich und glatt geworden ist und sich von der Arbeitsfläche oder der Schüssel löst. Mit einem Tuch bedecken und an einem warmen Ort ruhen lassen, bis sich das Volumen verdoppelt hat. Den Teig in die Form füllen, sie soll zu drei Viertel gefüllt sein. An einem warmen Ort neuerlich gehen lassen, bis der Teig bis zum Rand der Form aufgegangen ist. Im vorgeheizten Backrohr bei 200° etwa 40 Minuten backen.
- In der Zwischenzeit den Sirup zubereiten: Die Orange waschen und mit einem scharfen Messer oder einem Kartoffelschäler die orangefarbene Haut abziehen. ¹/₂ l Wasser in eine Kasserolle gießen, die Orangenschale und den Zucker dazugeben und zum Kochen bringen. 5 Minuten kochen lassen, vom Feuer nehmen, den Rum dazugeben und mit einem Holzlöffel verrühren.
- Den Savarin aus dem Backrohr nehmen und etwas abkühlen lassen. Den zuvor zubereiteten Sirup langsam über den lauwarmen Savarin gießen, sodass er die Flüssigkeit zur Gänze aufnimmt. Ganz abkühlen lassen.
- Zum Verzieren die Erdbeeren rasch in Eiswasser waschen, vorsichtig mit Küchenpapier trockentupfen, entstielen und der Länge nach in gleichmäßige Scheiben schneiden. Die Erdbeergelatine im Wasserbad (ersatzweise rotes Tortengelee mit etwas Erdbeersaft aus der Dose) auflösen. Den Savarin auf eine Platte stürzen und mit der Gelatine bestreichen, eine kleine Menge zurückbehalten. Auf der Oberfläche die Erdbeerscheiben überlappend im Kreis auflegen, auch den unteren Rand des Savarins mit Erdbeeren verzieren. Zum Schluss die Erdbeerscheiben ebenfalls mit Gelatine bepinseln.

Mailänder Birnenkuchen

Timballo di pere alla milanese

ZUBEREITUNGSZEIT:
1 Stunde 20 Minuten + Ruhezeit

Zutaten für 6–8 Personen:
250 g Mehl; 120 g Butter;
70 g Kristallzucker; 1 Eidotter;
abgeriebene Schale einer ½
unbehandelten Zitrone;
½ Päckchen Vanillin

Für die Fülle:
4 Williamsbirnen; ½ l Rotwein;
100 g Kristallzucker;
60 g Aprikosenkonfitüre

Zum Garnieren:
20 g Puderzucker

Zusätzliche Küchenutensilien:
1 Tortenform von 22 cm Durchmesser

- Die Tortenform mit Butter ausstreichen und bemehlen.
- Den Teig zubereiten: Die Butter weich werden lassen. Das Mehl mit dem Vanillin auf die Arbeitsfläche sieben und eine Mulde in die Mitte drücken. Die Butter, den Eidotter und die abgeriebene Zitronenschale hineingeben und mit den Fingerspitzen vermengen, den Teig nicht zu stark durchkneten. In Frischhaltefolie 2 Stunden im Kühlschrank ruhen lassen.
- In der Zwischenzeit die Fülle zubereiten: Die Birnen waschen und schälen, eine zum Verzieren ganz lassen, die anderen vierteln und das Kerngehäuse entfernen. Alle Birnen in eine Kasserolle geben. Den Wein, 3 dl Wasser und den Zucker dazugeben und auf kleiner Flamme etwa 10 Minuten köcheln lassen. Vom Feuer nehmen und die Birnen in der Flüssigkeit abkühlen lassen.
- Zwei Drittel des Teiges zu einem 3–4 mm starken Blatt ausrollen. Die Tortenform damit auslegen und mit einer Gabel mehrmals einstechen. Die Birnenviertel aus der Flüssigkeit heben, auf dem Tortenboden verteilen und mit der Aprikosenkonfitüre bedecken. Den restlichen Teig ausrollen und die Birnen damit bedecken, die Ränder zusammendrücken. Im vorgeheizten Backrohr bei 180° etwa 40–50 Minuten backen, aus der Form lösen und abkühlen lassen.
- Die Garnierung vorbereiten: Den Kuchen mit dem Puderzucker bestreuen und auf eine Platte heben. Die ganze Birne aus der Flüssigkeit nehmen und vorsichtig mit Küchenpapier abtupfen. Das Kerngehäuse ausstechen, mit einem scharfen Messer die Birne mehrmals der Länge nach einschneiden, dabei nicht ganz bis zum Stiel durchschneiden. Die Birne auf die Mitte der Torte setzen und etwas drehen, sodass sich die Spalten fächerartig öffnen.

1

2

Die Birnenviertel und die ganze Birne mit dem Wein und dem Zucker aufkochen (1), die Viertel in die Tortenform geben und mit Aprikosenkonfitüre überziehen (2).

Himbeertorte

Torta di lamponi

ZUBEREITUNGSZEIT:
1 Stunde + Zeit zum Kühlstellen

Zutaten für 8–10 Personen:

Für die Torte:
80 g Mehl; 80 g Kristallzucker;
3 Eier; 40 g Butter

Für die Fülle:
200 g Himbeeren;
¹/₄ l Milch;
50 g Kristallzucker;
3 Eidotter;
35 g Mehl;
abgeriebene Schale einer unbehandelten Zitrone;
¹/₄ l Sahne;
10 g Blattgelatine;
1 EL Himbeerkonfitüre;
1 EL Zitronensaft

Für den Sirup:
50 g Kristallzucker;
3 EL Himbeergrappa (ersatzweise Himbeergeist)

Zum Verzieren:
100 g Heidelbeeren;
100 g Himbeeren;
3 Kumquat (asiatische Zwergorangen)

Zusätzliche Küchenutensilien:
1 Springform von 24 cm Durchmesser

• Die Torte zubereiten: Die Form mit Butter ausstreichen und leicht bemehlen. Die Eier mit dem Zucker in einer Schüssel sehr schaumig rühren. Das gesiebte Mehl nach und nach mit einem Holzlöffel unterrühren, die separat zerlassene Butter dazugeben und ebenfalls untermengen. Die Masse in die Form gießen und im vorgeheizten Backrohr bei 180° 30–40 Minuten backen.

Himbeertorte

Torta di lamponi

● Die Torte aus dem Rohr nehmen, wenn die Oberfläche schön goldbraun geworden ist. Aus der Form lösen und ganz abkühlen lassen.

● Den Sirup zubereiten: 1 dl Wasser mit dem Zucker in einer Kasserolle aufkochen, 2–3 Minuten kochen lassen, dabei ab und zu mit einem Holzlöffel umrühren. Wenn sich der Zucker ganz aufgelöst hat, die Kasserolle vom Feuer nehmen, etwas abkühlen lassen und mit dem Himbeergrappa verrühren.

● Die Fülle zubereiten: Die Gelatine in einer Tasse mit kaltem Wasser einweichen. Die Himbeeren rasch in Eiswasser waschen, abtropfen lassen, mit einem Stück Küchenpapier vorsichtig trockentupfen, etwa 70 g abwiegen und im Mixer pürieren. Die ganzen Himbeeren bis zur Verwendung im Kühlschrank aufbewahren.

● Die Milch in eine Kasserolle gießen. Die Zitronenschale dazugeben und aufkochen. In der Zwischenzeit die Eidotter mit dem Zucker in einer Schüssel schaumig rühren, das gesiebte Mehl dazugeben und dann die kochend heiße Milch durch ein Sieb langsam eingießen, dabei ständig rühren, damit sich keine Klümpchen bilden.

● Das Ganze in eine Kasserolle gießen und bei mäßiger Hitze zum Kochen bringen, dabei ständig mit einem Holzlöffel rühren. Zugedeckt 7–8 Minuten kochen lassen, ab und zu umrühren. Vom Feuer nehmen, die abgetropfte, gut ausgedrückte Gelatine dazugeben und rühren, bis sie sich ganz aufgelöst hat. Zwei Drittel dieser Creme in eine größere, ein Drittel in eine kleine Schüssel gießen. Ganz abkühlen lassen und die separat geschlagene Sahne unter die Creme in der großen Schüssel heben, das Himbeerpüree unter die Creme in der kleinen Schüssel mischen.

Verzieren:

● Die Torte mit einem scharfen Messer quer halbieren. Eine Scheibe in die Tortenform legen und mit wenig Sirup bestreichen, darauf eine Schicht der Creme mit der Schlagsahne verteilen. Den äußeren Rand mit Himbeeren belegen, die restlichen Himbeeren in der Mitte anrichten. Die restliche Sahnecreme darauf verteilen. Die zweite Tortenscheibe darauf legen und mit dem restlichen Sirup bestreichen.

● Die Himbeerkonfitüre mit dem Zitronensaft in einer kleinen Kasserolle erhitzen, glatt rühren und die Oberfläche der Torte damit bestreichen. Schließlich die Himbeercreme darüber gießen und mit einem Spatel glatt streichen.

● Die Kumquats waschen, abtrocknen und halbieren. Die Himbeeren und die Heidelbeeren rasch in Eiswasser waschen und vorsichtig trockentupfen. Die Heidelbeeren auf der Oberfläche in Halbkreisen anordnen, sodass ein Stern entsteht (1), in die Mitte jedes Halbkreises eine Kumquat-Hälfte mit der Schnittfläche nach unten setzen (2), links und rechts davon je eine Himbeere platzieren und in der Mitte der Torte sieben Himbeeren blütenartig anordnen (3). Vor dem Servieren mindestens zwei Stunden in den Kühlschrank stellen.

1

2

3

Apfel-Nuss-Torte

Torta di mele e noci

2

3

1

Die Zitronenschale in die Masse geben (1), die Hälfte in die Tortenform gießen, Äpfel, Amaretti, Walnusskerne, Sultaninen darauf verteilen, mit Vanillezucker bestreuen und mit den restlichen Apfelscheiben belegen (2). Rest der Masse darüber gießen (3).

ZUBEREITUNGSZEIT:
1 Stunde 20 Minuten + Ruhezeit

Zutaten für 6–8 Personen:
1 kg Äpfel; 200 g Mehl;
100 g Kristallzucker; 2 Eidotter;
50 g Butter; 2 dl Milch;
1 Gläschen Cognac;
40 g Walnusskerne; 40 g Sultaninen;
4 Mandelmakronen *(amaretti)*;
1 Päckchen Vanillezucker;
1/2 Päckchen Backpulver;
abgeriebene Schale einer 1/2 unbehandelten Zitrone;
1 EL Paniermehl

Zum Garnieren:
1 EL Puderzucker; 20 g Sultaninen;
1 Apfel; 2 EL Kristallzucker;
1 ganzer Walnusskern

Zusätzliche Küchenutensilien:
1 Tortenform von 22 cm Durchmesser

- Die Tortenform mit Butter ausstreichen und mit dem Paniermehl bestreuen. Die Äpfel waschen, schälen, Kerngehäuse entfernen und das Fruchtfleisch in feine Scheiben schneiden. Die Eidotter in einer Schüssel mit dem Zucker verrühren, die erweichte, in Stückchen geschnittene Butter sowie nach und nach das zusammen mit der Hefe gesiebte Mehl, die Milch, die Zitronenschale und den Cognac dazugeben und alles gut vermengen.
- Die Hälfte der Masse in die Form gießen. Die Hälfte der Apfelscheiben darauf verteilen, mit den zerkrümelten *amaretti* bestreuen, einige gewaschene Sultaninen und Walnusskerne darauf legen und mit etwas Vanillezucker bestreuen. Dann mit den restlichen Äpfeln und den übrigen Zutaten eine weitere Lage darüber schichten. Die restliche Kuchenmasse darüber gießen und im vorgeheizten Backrohr bei 170° etwa 40–50 Minuten backen. Aus dem Backrohr nehmen und abkühlen lassen.
- Die Garnierung vorbereiten: Den Apfel schälen, das Kerngehäuse entfernen und das Fruchtfleisch in feine Scheiben schneiden. 3 EL Wasser mit dem Zucker in einer Kasserolle aufkochen und kochen lassen, bis sich der Zucker ganz aufgelöst hat, er soll jedoch keine Farbe annehmen. Die Kasserolle vom Feuer nehmen und die Apfelscheiben im Sirup etwa 1 Stunde ziehen lassen. Anschließend die Apfelscheiben gut abtropfen lassen und mit Küchenpapier trockentupfen.
- Auf die Mitte der Torte eine Kartonscheibe von 8 cm Durchmesser legen, dann den Puderzucker durch ein Sieb über die ganze Torte streuen. Den Karton vorsichtig abnehmen. Die Apfelspalten in drei Gruppen auf der Torte verteilen, die Mitte mit den Rosinen und dem Walnusskern verzieren.

Vollkorntorte mit Jogurt

Torta integrale allo yogurt

ZUBEREITUNGSZEIT:
1 Stunde 20 Minuten

Zutaten für 8 Personen:
350 g Vollkornmehl;
150 g Butter;
3 Eier;
6 EL Honig;
1 TL geriebene Muskatnuss;
1 TL Zimt;
1 Prise Nelkenpulver;
200 g Jogurt;
1 Päckchen Backpulver

Zum Garnieren:
3 dl Sahne;
2 EL Honig

Für die Form:
20 g Butter;
20 g Mehl

Zusätzliche Küchenutensilien:
1 Tortenform von 24 cm Durchmesser

- Die Form sorgfältig mit Butter ausstreichen und leicht bemehlen.
- Die Butter bei Zimmertemperatur weich werden lassen. In eine Schüssel geben und mit dem Honig vermischen. Die Eier eines nach dem anderen mit einer Gabel ein wenig aufschlagen und in die Butter einarbeiten. Das Mehl zusammen mit der Hefe und den Gewürzen in eine Schüssel sieben und die Butter-Eier-Mischung dazugeben. Mit einem Holzlöffel alles gut vermengen und den Jogurt unterrühren. Alle Zutaten zu einer homogenen Masse verrühren.
- Die Masse in die Form füllen und glatt streichen. Im vorgeheizten Backrohr bei 180° etwa 1 Stunde backen. Aus dem Backrohr nehmen, auf eine Platte stürzen und abkühlen lassen.
- Die Garnierung vorbereiten: Die Sahne schlagen und die Hälfte davon gleichmäßig auf der Oberfläche und an den Seiten der Torte verteilen. Den Rest in einen Spritzbeutel mit Sterntülle füllen und einen kleinen Kreis aus Sahnehäufchen auf die Mitte der Torte dressieren, weitere acht Kreise in regelmäßigen Abständen rundherum. In die Mitte jedes Kreises einen Teelöffel Honig geben. Die restliche Sahne ebenfalls in kleinen Häufchen auf die Torte dressieren.

Haselnusskuchen

Schiacciata di nocciole

ZUBEREITUNGSZEIT:
55 Minuten

Zutaten für 6 Personen:
100 g Mehl;
70 g Maismehl;
100 g geschälte Haselnüsse;
120 g Butter;
100 g Kristallzucker;
abgeriebene Schale einer unbehandelten Zitrone;
50 g Honig;
1 Eidotter;
1 TL Puderzucker

Zusätzliche Küchenutensilien:
1 Tortenform von 22 cm Durchmesser

- Die Haselnüsse im vorgeheizten Backrohr bei 180° leicht rösten. Aus dem Rohr nehmen und die dünne braune Haut abreiben, dann die Nüsse fein hacken oder mahlen. Die Tortenform sorgfältig mit Butter ausstreichen und leicht bemehlen. Die Butter bei Zimmertemperatur weich werden lassen.
- Das gesiebte Mehl, das Maismehl, den Zucker und die gehackten Nüsse auf der Arbeitsfläche vermischen und eine Mulde in die Mitte drücken. Die in Stückchen geschnittene Butter, den Eidotter, die abgeriebene Zitronenschale und den Honig hineingeben. Die Zutaten rasch mit den Fingerspitzen vermengen, den Teig nicht zu stark kneten. Die Tortenform gleichmäßig mit dem Teig füllen.
- Im vorgeheizten Backrohr bei 170° 35 Minuten backen, aus der Form lösen und abkühlen lassen. Mit einer aus Papier ausgeschnittenen Schablone belegen und mit Puderzucker bestreuen. Die Schablone vorsichtig abnehmen und den Kuchen servieren.

Gedeckter Mürbteigkuchen mit Trockenfrüchten

Spongata

ZUBEREITUNGSZEIT:
1 Stunde + Ruhezeit

Zutaten für 8 Personen:
250 g Mehl; 125 g Butter;
3 EL trockener Weißwein;
1 Eidotter; 20 g Kristallzucker;
1 Prise Salz; 40 g Walnusskerne;
30 g geschälte Mandeln;
40 g Sultaninen;
30 g geschälte Haselnüsse;
40 g kandierte Früchte; 30 g Pignolen;
150 g Feigen-Apfel-Konfitüre;
3 EL Rum

Zum Garnieren:
40 g Puderzucker;
3 geschälte Mandeln;
1 geschälte Haselnuss;
6 Sultaninen

Für die Form:
20 g Butter; 20 g Mehl

Zusätzliche Küchenutensilien:
1 Tortenform von 24 cm Durchmesser

- Die Form sorgfältig mit Butter ausstreichen und leicht bemehlen. Die Butter bei Zimmertemperatur weich werden lassen.
- Das Mehl mit dem Salz auf die Arbeitsfläche sieben und eine Mulde in die Mitte drücken. Die in Stückchen geschnittene Butter, den Zucker und den Eidotter hineingeben. Alle Zutaten rasch mit den Fingerspitzen vermengen, bis die Masse aus lauter Krümeln besteht, dann den Wein zugießen und weiter kneten, den Teig nicht zu stark durcharbeiten. In Frischhaltefolie einschlagen und mindestens 1 Stunde im Kühlschrank ruhen lassen.
- In der Zwischenzeit die Haselnüsse 2–3 Minuten im vorgeheizten Backrohr bei 200° rösten, aus dem Rohr nehmen und die braune Haut mit einem Tuch abreiben. Mit den Walnüssen vermischen und zusammenhacken. Die Mandeln kurz in kochendem Wasser überbrühen, abgießen und schälen. Die Mandelkerne im heißen Backrohr einige Minuten trocknen lassen, sie sollen aber keine Farbe annehmen. Aus dem Rohr nehmen, abkühlen lassen und sehr fein hacken oder mahlen.
- Die kandierten Früchte klein hacken. Die Sultaninen in einer Tasse mit lauwarmem Wasser einweichen. Die gehackten Nüsse, die Mandeln, die kandierten Früchte, die Pignolen und die abgetropften und ausgedrückten Sultaninen in eine Schüssel geben und gut vermengen. In einer anderen Schüssel den Rum mit der Konfitüre vermischen.
- Den Teig aus dem Kühlschrank nehmen, in zwei Hälften teilen und zu zwei runden Blättern ausrollen, das eine soll etwas größer sein als das andere. Das größere Teigblatt in die Tortenform legen und die Nüsse-Früchte-Mischung darauf verteilen. Mit dem zweiten Teigblatt bedecken und die Ränder mit den Fingerspitzen gut zusammendrücken. Im vorgeheizten Backrohr bei 180° 30–40 Minuten backen. Aus dem Rohr nehmen, aus der Form lösen und abkühlen lassen.
- Zum Garnieren den Kuchen auf eine Platte setzen und mit Puderzucker bestreuen. Die Mandeln mit einem scharfen Messer halbieren und in der Mitte der Oberfläche damit eine Blüte formen. In die Mitte der Blüte die Haselnuss legen, zwischen die Blütenblätter jeweils eine Sultanine setzen.

Große Etagentorte in Gold

La torta d'oro

ZUBEREITUNGSZEIT:
2 Stunden

Zutaten für 25–30 Personen:

Für den Mürbteig:
450 g Mehl;
250 g Butter;
150 g Kristallzucker;
1 Eidotter;
abgeriebene Schale einer unbehandelten Zitrone;
1 Prise Vanillin

Für die Fülle:
10 Eier;
350 g Kristallzucker;
450 g Mandeln;
½ Glas Südwein (Madeira, Marsala oder auch ein anderer süßer Dessertwein)
1 Päckchen Vanillin

Zum Garnieren:
300 g Aprikosenkonfitüre;
1,4 kg Marzipanrohmasse;
2 Päckchen Safran;
2 unbehandelte Orangen
100 g Kristallzucker;
30 g Zuckerperlen in Gold;
1 EL Goldflitter

Zusätzliche Küchenutensilien:
3 Springformen von 28, 22 und 16 cm Durchmesser

Große Etagentorte in Gold

La torta d'oro

1

2

- Die drei Formen sorgfältig mit Butter ausstreichen und leicht bemehlen. Die Butter bei Zimmertemperatur weich werden lassen.
- Den Mürbteig zubereiten: Das Mehl mit dem Salz auf die Arbeitsfläche sieben und eine Mulde in die Mitte drücken. Die in Stückchen geschnittene Butter, den Zucker, das Vanillin, die abgeriebene Zitronenschale und den Eidotter hineingeben. Alle Zutaten rasch mit den Fingerspitzen vermengen, den Teig nicht zu stark durchkneten. Eine Kugel formen, in Frischhaltefolie einschlagen und an einem kühlen Ort etwa 30 Minuten ruhen lassen. Zwei Drittel des Teiges anschließend zu einem 3 mm starken Blatt ausrollen und die drei Tortenformen damit auslegen, den Teig mehrmals mit einer Gabel einstechen.
- Die Fülle zubereiten: Die Mandeln im Backrohr leicht rösten, abkühlen lassen und mit 2 EL Zucker zusammen mahlen. Die Eier trennen, die Eidotter mit dem restlichen Zucker sehr schaumig rühren. Die Mandel-Zucker-Mischung, das Vanillin und den Likör untermischen, dann vorsichtig die zu steifem Schnee geschlagenen Eiklar unterheben. Die Masse in die drei Tortenformen füllen.
- Den restlichen Mürbteig zu drei runden, den Durchmessern der Formen entsprechenden Blättern ausrollen und die gefüllten Tortenformen damit bedecken. Mehrmals mit einer Gabel einstechen. Im vorgeheizten Backrohr bei 190° etwa 40 Minuten backen. Aus dem Rohr nehmen, abkühlen lassen und aus den Formen lösen.

3

4

Große Etagentorte in Gold

La torta d'oro

Verzieren:

- Die Orangen in feine Scheiben schneiden. 50 g Kristallzucker mit 2 dl Wasser in eine Kasserolle geben, aufkochen und 2 Minuten kochen lassen. Die Orangenscheiben in den warmen Sirup legen, abkühlen lassen und bis zur Verwendung im Kühlschrank aufbewahren.
- Den Safran in einer Tasse mit 1 EL warmem Wasser auflösen. Die Marzipanmasse mit dem aufgelösten Safran verkneten, bis sie gleichmäßig goldgelb gefärbt ist. Die Marzipanmasse dann in einen kleineren, einen mittelgroßen und einen größeren Teil teilen. Zu drei etwa 1–2 mm dicken, runden Blättern ausrollen, die jeweils so groß sein sollen, dass man die drei Torten damit zur Gänze bedecken kann.
- Die Aprikosenkonfitüre mit 3 EL Wasser erhitzen, glatt rühren und Oberfläche und seitliche Ränder der drei Torten damit bestreichen, ein wenig davon zurückbehalten. Die Marzipanblätter mit der Teigrolle anheben und über die Torten legen (1), am Rand gut festdrücken und das überschüssige Marzipan mit einem scharfen Messer abschneiden. Die Torten auf einer Platte etagenförmig auftürmen (2).
- Die Orangenscheiben zum Abtropfen auf Küchenpapier legen und vorsichtig abtupfen. Einige davon halbieren und den Rand der untersten Torte damit verzieren (3). Die ganzen Orangenscheiben auf den Rand der zweiten und dritten Torte setzen, dabei so umbiegen, dass sie sowohl den unteren Rand der oberen Torte als auch den Rand der Oberfläche der unteren Torte bedecken (4).
- Die zurückbehaltene Aprikosenkonfitüre in eine Tüte aus Backpapier füllen, die Spitze abschneiden und in regelmäßigen Abständen kleine Tröpfchen davon auf die Seitenwände der Torten verteilen (5). Darauf jeweils eine goldene Zuckerperle setzen (6).
- Den restlichen Zucker in einer Pfanne mit 3 EL Wasser karamellisieren, bis er eine schöne goldgelbe Farbe angenommen hat. Etwa 2 mm dick auf eine mit Öl bepinselte Marmorplatte gießen. Mit einer sternförmigen und einer runden, ebenfalls mit Öl bepinselten Ausstechform einen Stern und eine runde Platte ausstechen und fest werden lassen. Einen Pinsel zuerst in Aprikosenkonfitüre, dann in den Goldflitter tauchen und den Rand des Sterns damit verzieren (7). Den Stern mit zwei Tropfen Karamell auf der runden Platte aufrecht stehend fixieren und ganz oben auf die Torte setzen (8).

5

6

7

8

Kastaniencremetorte

Torta di pasta di castagne

ZUBEREITUNGSZEIT:
1 Stunde 40 Minuten

Zutaten für 10 Personen:
200 g Mehl; 200 g Kristallzucker;
2 TL Speisesoda; 3 Eier;
1,5 dl Maiskeimöl; 1 Päckchen Vanillin;
500 g Kastaniencreme;
1 Gläschen Weinbrand oder Cognac

Zum Garnieren:
150 g Marrons glacés;
1 EL Puderzucker;
80 g Kochschokolade

Für die Form:
30 g Butter

Zusätzliche Küchenutensilien:
1 Springform von 24 cm Durchmesser

- Die Form mit reichlich Butter ausstreichen.
- Den Teig zubereiten: Das Mehl mit dem Zucker und dem Speisesoda in eine große Schüssel sieben, die Eier, das Öl, die Kastaniencreme und das Vanillin dazugeben. Mit einem Holzlöffel vermengen, bis eine glatte, homogene Masse entsteht. In die Tortenform füllen und im vorgeheizten Backrohr bei 180° etwa 50 Minuten backen. Aus dem Rohr nehmen, etwa 30 Minuten stehen lassen und die Torte erst dann aus der Form lösen. Die Oberfläche mit dem Weinbrand (Cognac) bestreichen und ganz abkühlen lassen.
- In der Zwischenzeit die Garnierung vorbereiten: Die grob gehackte Schokolade in einer kleinen Kasserolle im Wasserbad schmelzen, auf Backpapier gießen und mit einem Spatel zu einem etwa 1 cm dicken Blatt glatt streichen. An einem kühlen Ort fest, aber nicht ganz hart werden lassen. Mit einem scharfen Messer sechs Blätter unterschiedlicher Form und Größe zuschneiden und ganz fest werden lassen.
- Die Oberfläche der Torte mit Puderzucker bestreuen. Auf eine Platte setzen und den Rand mit den Marrons glacés verzieren, vier davon zurückbehalten. Die Schokoladeblätter vorsichtig vom Backpapier lösen und dekorativ auf der Torte arrangieren. Mit den zurückbehaltenen Marrons glacés den Rand verzieren, mit ein wenig geschmolzener Schokolade fixieren.

1

Die Kastaniencreme (1) in die Schüssel mit dem Mehl, dem Zucker und den Eiern geben, alle Zutaten zu einer glatten Masse vermengen (2) und in die Tortenform füllen (3).

2

3

Rhabarberkuchen

Torta al rabarbaro

1

2

3

Den Rhabarber in Stückchen schneiden (1), die Stücke in eine Kasserolle geben, mit dem Zucker bestreuen (2), die mit Teig ausgelegte Tortenform mit dem gekochten Rhabarber füllen (3).

ZUBEREITUNGSZEIT:
1 Stunde + Ruhezeit

Zutaten für 4 Personen:

Für den Teig:
125 g Mehl; 80 g Butter; 30 g Kristallzucker; 1 Eidotter; abgeriebene Schale einer ½ unbehandelten Zitrone; 1 Prise Vanillin

Für die Fülle:
600 g Rhabarberstangen; 130 g Kristallzucker; abgeriebene Schale einer unbehandelten Zitrone

Zum Garnieren:
150 g geschlagene Sahne; 1 etwa 6 cm langes Stück einer Rhabarberstange

Zusätzliche Küchenutensilien:
1 Tortenform von 22 cm Durchmesser

- Die Form sorgfältig mit Butter ausstreichen und leicht bemehlen. Die Butter bei Zimmertemperatur weich werden lassen.
- Den Teig zubereiten: Das Mehl mit dem Vanillin auf die Arbeitsfläche sieben und eine Mulde in die Mitte drücken. Die in Stückchen geschnittene Butter, den Zucker, die abgeriebene Zitronenschale und den Eidotter hineingeben. Alle Zutaten rasch mit den Fingerspitzen vermengen, den Teig nicht zu stark durchkneten. Eine Kugel formen, in Frischhaltefolie 1 Stunde im Kühlschrank ruhen lassen.
- In der Zwischenzeit die Fülle zubereiten: Den Rhabarber waschen, in 5 cm lange Stücke schneiden und die Fäden abziehen. In eine Kasserolle geben und mit Zucker bestreuen. Etwa 1 Stunde stehen lassen, dann auf ganz kleiner Flamme etwa 20 Minuten schmoren. Vom Feuer nehmen und die abgeriebene Zitronenschale untermischen.
- Den Teig zu einem 3 mm starken Blatt ausrollen und die Tortenform damit auslegen. Mit einer Gabel mehrmals einstechen und mit der Rhabarbermasse füllen. Im vorgeheizten Backrohr bei 180° etwa 20–30 Minuten backen. Aus dem Rohr nehmen, aus der Form lösen und abkühlen lassen.
- Die Garnierung vorbereiten: Die geschlagene Sahne in einen Spritzbeutel mit Sterntülle füllen und in zwei konzentrischen Kreisen auf die Oberfläche der Torte dressieren. Den Rhabarber waschen, in Stückchen schneiden und in die Mitte der Torte geben.

Melonentorte

Torta al melone

ZUBEREITUNGSZEIT:
1 Stunde + Ruhezeit

Zutaten für 6 Personen:

Für den Teig:
125 g Mehl;
60 g Butter;
1 Eidotter;
70 g Kristallzucker;
abgeriebene Schale einer 1/2 unbehandelten Zitrone;
1 Prise Vanillin

Für das Melonengelee:
1 Honigmelone;
6 g Blattgelatine;
1 EL Zitronensaft;
30 g Kristallzucker

Zum Verzieren:
3 EL geschlagene Sahne;
40 g Marzipanrohmasse;
5 g geschälte Pistazien

Zusätzliche Küchenutensilien:
1 Tortenform von 22 cm Durchmesser

- Die Form sorgfältig mit Butter ausstreichen und leicht bemehlen. Die Butter bei Zimmertemperatur weich werden lassen.
- Den Teig zubereiten: Das Mehl mit dem Vanillin auf die Arbeitsfläche sieben und eine Mulde in die Mitte drücken. Die in Stückchen geschnittene Butter, den Zucker, die abgeriebene Zitronenschale und den Eidotter hineingeben. Alle Zutaten rasch mit den Fingerspitzen vermengen, den Teig nicht zu stark durchkneten. In Frischhaltefolie einschlagen und mindestens 1 Stunde im Kühlschrank ruhen lassen.
- Den Teig zu einem etwa 3 mm dicken Blatt ausrollen und die Tortenform damit auslegen. Mit einer Gabel mehrmals einstechen, den Rand mit den Zinken der Gabel dekorativ eindrücken. Im vorgeheizten Backrohr bei 180° etwa 20 Minuten backen, bis der Teig leicht goldbraun wird. Aus dem Rohr nehmen, aus der Form lösen und abkühlen lassen.

Melonentorte

Torta al melone

1

2

3

4

5

● Das Melonengelee zubereiten: Die Gelatine in einer Schüssel mit kaltem Wasser einweichen. Das obere Viertel der Melone abschneiden, schälen, die Kerne entfernen und in acht Spalten teilen (1). Den Rest der Melone entkernen und mit den entsprechenden Kugelausstechern acht kleine und vier große Kugeln ausstechen (2). Die Melonenspalten und -kugeln bis zur Verwendung im Kühlschrank aufbewahren.

● Nun die Melone schälen, den Rest des Fruchtfleisches in Stücke schneiden und im Mixer pürieren. Das Melonenpüree in eine Kasserolle gießen, den Zucker und den Zitronensaft dazugeben und auf kleiner Flamme erhitzen. 10 Minuten unter ständigem Rühren mit einem Holzlöffel ganz leicht köcheln lassen. Vom Feuer nehmen, die gut ausgedrückte Gelatine dazugeben und rühren, bis sie sich vollständig aufgelöst hat. Das Ganze durch ein Sieb auf den Tortenboden gießen und ganz abkühlen lassen.

Verzieren:

● Die Pistazien wenige Minuten in kochendem Wasser überbrühen, schälen und sehr fein hacken oder mahlen. Mit der Marzipanrohmasse verkneten, ausrollen und mit einem scharfen Messer vier ovale Blättchen zuschneiden und Blattadern einritzen.

● In der Mitte der Torte die acht Melonenspalten versetzt anordnen (3). Den Rand mit den Melonenkugeln verzieren (4). Die geschlagene Sahne in einen Spritzbeutel mit Sterntülle füllen und um und auf die Kuppel aus Melonenspalten dressieren. Zum Schluss die vier Marzipanblättchen auf die Spitze der Melonenkuppel setzen (5).

Kiwitorte

Clafoutis di kiwi

ZUBEREITUNGSZEIT:
1 Stunde + Ruhezeit

Zutaten für 8 Personen:
200 g Mehl;
50 g Kristallzucker;
135 g Butter; 1 Eidotter

Für die Fülle:
10 Kiwis; 1/4 l Sahne;
150 g Puderzucker; 2 Eier;
1 Gläschen Pflaumenschnaps
oder Armagnac

Für die Form:
20 g Butter; 20 g Mehl

Zusätzliche Küchenutensilien:
1 Springform von 24–26 cm
Durchmesser

- Die Form sorgfältig mit Butter ausstreichen und leicht bemehlen.
- Den Teig zubereiten: Die Butter bei Zimmertemperatur weich werden lassen. Das Mehl auf die Arbeitsfläche sieben und eine Mulde in die Mitte drücken. Die in Stückchen geschnittene Butter, den Zucker und den Eidotter hineingeben. Alle Zutaten rasch mit den Fingerspitzen vermengen, den Teig nicht zu stark durchkneten. In Frischhaltefolie einschlagen und mindestens 1 Stunde im Kühlschrank ruhen lassen.
- Den Teig zu einem 3–4 mm starken Blatt ausrollen und die Form damit auslegen. Mit einer Gabel mehrmals einstechen und im vorgeheizten Backrohr bei 180° etwa 20 Minuten backen, bis der Teig eine leicht goldbraune Farbe annimmt. Nach 8–10 Minuten Backzeit den Boden mit der Hand flach drücken, damit sich keine Blasen bilden. Nach der Backzeit aus der Form lösen und abkühlen lassen.
- In der Zwischenzeit die Fülle zubereiten. Die Kiwis mit einem scharfen Messer schälen und in etwa 1 cm dicke Scheiben schneiden. Die Kiwischeiben auf dem abgekühlten Tortenboden verteilen. Die Sahne in einer Schüssel mit der Hälfte des Puderzuckers, den mit einer Gabel leicht aufgeschlagenen Eiern und dem Likör vermischen und über die Kiwischeiben gießen. Im vorgeheizten Backrohr nochmals bei 180° etwa 20 Minuten backen.
- Die Torte aus dem Rohr nehmen, den Rand mit Alufolie abdecken und die Fülle mit dem restlichen Puderzucker bestreuen. Nach einigen Minuten, wenn der Zucker aufgelöst ist, die Torte nochmals bei starker Oberhitze in das Backrohr stellen und 3–4 Minuten backen, bis der Zucker zu karamellisieren beginnt. Aus dem Rohr nehmen, die Alufolie abnehmen und die Torte lauwarm servieren.

Pfirsichkuchen

Flan di pesche

ZUBEREITUNGSZEIT:
55 Minuten

Zutaten für 6–8 Personen:
200 g fertiger Blätterteig;
40 g geschälte Mandeln;
1 kg reife, feste Pfirsiche

Zum Garnieren:
1 EL Aprikosengelatine;
20 g gehobelte Mandeln

Zusätzliche Küchenutensilien:
1 Springform von 22 cm Durchmesser

- Die Mandeln kurz in kochendem Wasser überbrühen, abgießen, schälen und im vorgeheizten Backrohr bei 180° leicht rösten. Aus dem Rohr nehmen und fein hacken oder mahlen. Auch die gehobelten Mandeln kurz im Backrohr rösten. Die Pfirsiche 2 Minuten in kochendem Wasser überbrühen, schälen, entsteinen und vierteln.
- Den Blätterteig etwa 3 mm dick ausrollen, die mit Wasser ausgepinselte Form damit auslegen und den Boden mehrmals mit einer Gabel einstechen. Mit den gemahlenen Mandeln bestreuen und mit den Pfirsichspalten belegen. Im vorgeheizten Backrohr bei 180° etwa 30–35 Minuten backen. In der Zwischenzeit die Aprikosengelatine mit 1 EL Wasser erhitzen.
- Die Torte aus dem Rohr nehmen, aus der Form lösen und auf eine Platte setzen. Die Pfirsiche mit der Gelatine bestreichen und mit den gehobelten Mandeln verzieren. Kalt oder lauwarm servieren.

Karamellisierter Früchtekuchen

Torta caramellata di frutta

ZUBEREITUNGSZEIT:
1 Stunde

Zutaten für 6–8 Personen:
200 g Mehl; 300 g Kristallzucker;
200 g Butter; 1/2 Päckchen Backpulver;
4 Eier; 300 g Aprikosen;
300 g Äpfel; 300 g Birnen

Zusätzliche Küchenutensilien:
1 Tortenform von 22 cm Durchmesser

- Die Butter bei Zimmertemperatur weich werden lassen. 150 g Butter und 150 g Kristallzucker in eine Schüssel geben und mit einem Holzlöffel sehr schaumig rühren. Dann die Eier eines nach dem anderen unterrühren, zum Schluss das mit dem Backpulver zusammengesiebte Mehl einarbeiten. Den Teig eine Weile ruhen lassen.
- In der Zwischenzeit den restlichen Zucker mit 4 EL Wasser in die Tortenform geben, bei mäßiger Hitze auf dem Herd erhitzen und den Zucker karamellisieren lassen. Die Form dabei immer wieder schwenken, sodass sich der Karamell auf den gesamten Boden und die Wand verteilt.
- Die Aprikosen in kochendem Wasser überbrühen und schälen, halbieren und entsteinen. Die Birnen und die Äpfel waschen, vierteln, das Kerngehäuse entfernen und schälen.
- Die restliche Butter in einer Schüssel zu einer weichen Creme rühren und auf dem mittlerweile in der Form erkalteten Karamell verteilen. Die Apfel- und Birnenviertel sowie die Aprikosenhälften darauf verteilen und mit dem zuvor zubereiteten Teig gleichmäßig bedecken. Im vorgeheizten Backrohr bei 170° etwa 35–40 Minuten backen. Den Kuchen aus dem Rohr nehmen und sogleich auf eine Platte stürzen. Lauwarm oder kalt servieren.

1

2

Die aufgeschlagene Butter auf dem Karamell auf dem Boden der Tortenform verteilen (1), die Früchte darauf legen und dann mit dem zuvor zubereiteten Teig bedecken (2).

Teufelskuchen

Devil's cake

ZUBEREITUNGSZEIT:
1 Stunde 20 Minuten

Zutaten für 6–8 Personen:
80 g Butter; 150 g Rohrzucker;
2 Eier; 2 dl Milch;
60 g Kochschokolade; 200 g Mehl;
1 TL Speisesoda; 1 TL Backpulver;
1 Prise Salz; 1 Päckchen Vanillin;
100 g Walnusskerne; 1 TL Zitronensaft

Zum Garnieren:
50 g Kochschokolade;
50 g weiße Schokolade

Zusätzliche Küchenutensilien:
1 rechteckige Kuchenform

- Die Form sorgfältig mit Butter ausstreichen und leicht bemehlen.
- Die Butter bei Zimmertemperatur weich werden lassen, in eine Schüssel geben und mit dem Zucker schaumig rühren. Die Eier eines nach dem anderen einarbeiten und alles sorgfältig vermengen.
- In der Zwischenzeit die grob gehackte Schokolade mit wenig Milch in einer Kasserolle auf ganz kleiner Flamme schmelzen, vom Feuer nehmen, abkühlen lassen und mit der zuvor zubereiteten Masse vermengen. Das Mehl mit dem Speisesoda, dem Backpulver, dem Vanillin und dem Salz in eine Schüssel sieben und die gehackten Nüsse dazugeben. Das Ganze nach und nach abwechselnd mit der mit dem Zitronensaft gesäuerten restlichen Milch in die Schokolademasse einrühren. Alle Zutaten gut mit einem Holzlöffel vermengen. Die Masse in die Form gießen und im vorgeheizten Backrohr bei 180° etwa 50–60 Minuten backen. Aus dem Rohr nehmen, 10 Minuten ruhen lassen, dann den Kuchen aus der Form lösen und abkühlen lassen.
- Zum Verzieren die Kochschokolade und die weiße Schokolade in kleine Stücke brechen und separat im Wasserbad schmelzen. Ebenfalls separat auf Backpapier gießen, mit dem Spatel etwa 2 mm dick glatt streichen und fest, aber nicht hart werden lassen. In Streifen schneiden und die Oberfläche des Kuchens damit verzieren, die hellen abwechselnd mit den dunklen Streifen auflegen.

Reistorte »Bergamo«

Torta alla bergamasca

ZUBEREITUNGSZEIT:
1 Stunde 30 Minuten

Zutaten für 6 Personen:
150 g Reis; 4 dl Milch;
4 Eier; 100 g Kristallzucker;
80 g Butter; 50 g Kochschokolade;
30 g kandierte Kirschen;
30 g grünes Zitronat; 30 g Orangeat

Zum Garnieren:
50 g Orangeat; 50 g Zitronat;
1 EL Puderzucker

Für die Form:
20 g Butter; 1 EL Mehl

Zusätzliche Küchenutensilien:
1 Tortenform von 24 cm Durchmesser

- Die Form mit Butter ausstreichen, den Boden mit Backpapier auslegen, leicht mit Butter bestreichen und bemehlen. Die Butter bei Zimmertemperatur weich werden lassen. Die kandierten Früchte in kleine Stückchen schneiden, die Schokolade grob hacken.
- Die Milch in eine Kasserolle gießen, den Reis dazugeben und auf kleiner Flamme zum Kochen bringen. Etwa 30 Minuten köcheln lassen. Vom Feuer nehmen, etwas abkühlen lassen und anschließend im Mixer zu einer homogenen Creme pürieren. In eine Schüssel gießen, die Eidotter, die in Stücke geschnittene Butter und den Zucker dazugeben und mit einem Holzlöffel gut verrühren. Die kandierten Früchte und die gehackte Schokolade dazugeben, gleichmäßig untermengen und schließlich die zu Schnee geschlagenen Eiklar unterheben.
- Die Masse in die Tortenform füllen und glatt streichen. Im vorgeheizten Backrohr bei 170° etwa 45–50 Minuten backen, aus dem Rohr nehmen, stürzen, das Backpapier vorsichtig abnehmen und die Torte abkühlen lassen.
- Zum Verzieren aus dem Orangeat 2–3 mm dicke Scheiben von etwa 1 cm Durchmesser, aus dem Zitronat 2–3 mm dicke Dreiecke mit etwa 1 cm Seitenlänge ausschneiden. Die Torte mit Puderzucker bestreuen und den Rand der Oberfläche abwechselnd mit den Dreiecken und Scheiben aus den kandierten Früchten belegen. In die Mitte eine Orangeatscheibe legen und rundherum vier Dreiecke aus Zitronat anordnen.

Aprikosenkuchen mit Kirsch

Dolce di albicocche al Kirsch

1

2

3

Die entsteinten Aprikosen in etwa 1 cm dicke Ringe schneiden (1). Die weiche Butter etwas aufschlagen und die Eidotter dazugeben (2), die Masse abwechselnd mit den Aprikosenringen in die Form füllen (3).

ZUBEREITUNGSZEIT:
1 Stunde

Zutaten für 6–8 Personen:
500 g frische Aprikosen (oder 400 g Aprikosen aus der Dose);
100 g Butter;
150 g Kristallzucker;
120 g Mehl;
4 Eier;
½ Gläschen Kirsch;
1 Päckchen Vanillin;
1 Päckchen Backpulver;
1 EL Paniermehl

Zum Garnieren:
1 EL Puderzucker

Zusätzliche Küchenutensilien:
1 rechteckige Kuchenform von 25 cm Länge und 12 cm Breite

- Die Form mit Butter ausstreichen und mit dem Paniermehl bestreuen. Die Aprikosen waschen, abtrocknen, entsteinen und in etwa 1 cm dicke Ringe schneiden. Die Eier trennen. Die Butter in Stückchen schneiden, in eine Schüssel geben und bei Zimmertemperatur weich werden lassen.
- Die Butter mit einem Holzlöffel cremig rühren und die Eidotter einen nach dem anderen einrühren. Den Zucker und das Vanillin dazugeben und die Masse schaumig rühren. Den Kirsch und das zusammen mit dem Backpulver gesiebte Mehl hinzufügen und alle Zutaten gut vermengen. Zum Schluss die zu steifem Schnee geschlagenen Eiklar vorsichtig unterheben.
- Zwei Drittel der Masse in die Form geben und einen Teil der Aprikosenringe darauf verteilen. Mit der restlichen Masse bedecken und mit den verbliebenen Aprikosenringen belegen. Im vorgeheizten Rohr bei 190° etwa 40 Minuten backen. Aus dem Backrohr nehmen, den Kuchen aus der Form lösen und ganz abkühlen lassen. Vor dem Servieren mit Puderzucker bestreuen.

Ananas-Bananen-Torte

Torta di banane e ananas

ZUBEREITUNGSZEIT:
1 Stunde 15 Minuten

Zutaten für 6–8 Personen:
250 g Mehl;
180 g Butter; 3 Eier;
180 g Kristallzucker;
abgeriebene Schale einer unbehandelten Zitrone;
1 Päckchen Backpulver;
1 dl Weinbrand;
400 g Ananasstücke;
300 g Bananen

Zusätzliche Küchenutensilien:
1 Tortenform von 24 cm Durchmesser

- Die Form sorgfältig mit Butter ausstreichen und leicht bemehlen. Die Hälfte der abgetropften Ananasstücke aus der Dose in eine Schüssel geben. Die Bananen schälen und in Scheiben schneiden. Zu den Ananasstücken in die Schüssel geben. Die Hälfte des Weinbrands und 1 EL Zucker dazugeben und vorsichtig vermischen. Etwa 10–15 Minuten ziehen lassen.
- In der Zwischenzeit die Butter in einer kleinen Kasserolle zerlassen. Die Eier mit dem restlichen Zucker in einer Schüssel schaumig rühren, nach und nach das mit dem Backpulver gesiebte Mehl, die zerlassene Butter, die abgeriebene Zitronenschale und den restlichen Weinbrand einrühren, zum Schluss die Ananas mit den Bananen dazugeben. Alle Zutaten gut vermengen.
- Die Masse in die Tortenform füllen und im vorgeheizten Rohr bei 180° etwa 50 Minuten backen, bis die Oberfläche schön goldgelb wird. Aus dem Rohr nehmen, abkühlen lassen und die lauwarme Torte auf ein Kuchengitter stürzen. Ganz abkühlen lassen, auf eine Platte setzen und mit den restlichen Ananasstücken verzieren.

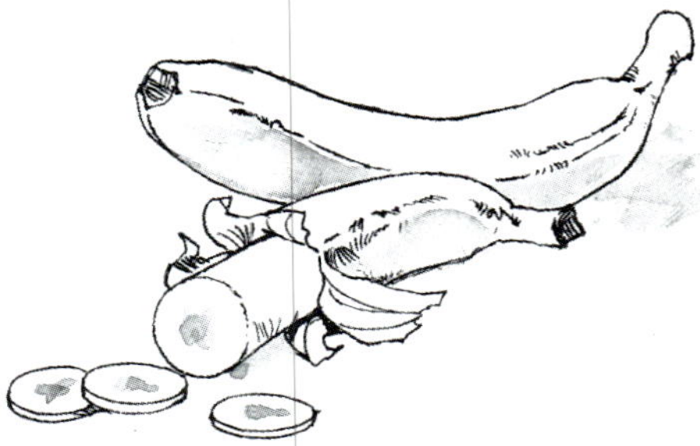

Mürber Birnenkuchen

Crostata di pere

ZUBEREITUNGSZEIT:
1 Stunde

Zutaten für 8 Personen:
300 g Mehl; 100 g Butter;
130 g Kristallzucker;
½ Päckchen Backpulver; 1 Ei;
600 g Birnen; 2 EL Zitronensaft

Zum Garnieren:
1 EL Puderzucker

Zusätzliche Küchenutensilien:
1 Tortenform von etwa 26 cm Durchmesser

- Die Form sorgfältig mit Butter ausstreichen und leicht bemehlen. Die Butter bei Zimmertemperatur weich werden lassen. Das Mehl auf die Arbeitsfläche sieben, 80 g Kristallzucker darüber streuen und eine Mulde in die Mitte drücken. Die in Stückchen geschnittene Butter und das Ei hineingeben. Alle Zutaten rasch mit den Fingerspitzen vermengen, den Teig nicht zu stark durchkneten. Den Teig ausrollen und die Tortenform damit auslegen. Den Boden mehrmals mit einer Gabel einstechen.

- Die Birnen waschen, abtrocknen, schälen, das Kerngehäuse ausstechen und das Fruchtfleisch in dünne Spalten schneiden. Die Birnenspalten in eine Schüssel legen und mit dem Zitronensaft beträufeln. Die Spalten dann in konzentrischen Kreisen auf den Tortenboden legen und mit dem restlichen Zucker bestreuen.
- Im vorgeheizten Backrohr bei 180° etwa 40 Minuten backen. Aus dem Rohr nehmen, aus der Form lösen, auf eine Platte legen und ganz abkühlen lassen. Vor dem Servieren mit Puderzucker bestreuen.

Waldbeerenkuchen

Crostata di lamponi e more

Die Himbeeren und Brombeeren am besten mit einer Küchenzange auf die Creme setzen (1) und mit der mit 1 EL Wasser erhitzten Aprikosengelatine bestreichen (2).

1

2

ZUBEREITUNGSZEIT:
40 Minuten + Ruhezeit

Zutaten für 6–8 Personen:

Für den Teig:
170 g Mehl; 85 g Butter;
1 Eidotter; 40 g Kristallzucker;
abgeriebene Schale einer ½ Zitrone;
½ Päckchen Vanillin

Für die Creme:
¼ l Milch; 2 Eidotter;
50 g Kristallzucker; 25 g Mehl;
abgeriebene Schale einer ½ Zitrone;
1 EL Kirsch

Zum Garnieren:
250 g Himbeeren; 100 g Brombeeren;
3 EL Aprikosengelatine

Zusätzliche Küchenutensilien:
1 niedrige Tortenform von 22–24 cm Durchmesser

- Die Tortenform mit Butter ausstreichen und leicht bemehlen.
- Den Mürbteig zubereiten: Die Butter bei Zimmertemperatur weich werden lassen. Das Mehl mit dem Vanillin auf die Arbeitsfläche sieben und eine Mulde in die Mitte drücken. Die Butter, den Zucker, die abgeriebene Zitronenschale und den Eidotter hineingeben. Alle Zutaten rasch mit den Fingerspitzen vermengen, den Teig nicht zu stark durchkneten. Eine Kugel formen, in Frischhaltefolie einschlagen und 30 Minuten im Kühlschrank ruhen lassen.
- Den Teig 3–4 mm dick ausrollen und die Form damit auslegen. Den Rand mit den Gabelzinken eindrücken. Mit einer Gabel den Boden einstechen.
- Den Tortenboden im vorgeheizten Backrohr bei 180–200° etwa 20 Minuten backen, bis der Teig schön goldbraun geworden ist. Aus dem Rohr nehmen und ganz abkühlen lassen.
- In der Zwischenzeit die Creme zubereiten. Die Milch in eine Kasserolle gießen, die Zitronenschale dazugeben und aufkochen. Die Eidotter in eine Schüssel geben und gut mit dem Zucker verrühren, nach und nach das gesiebte Mehl unterrühren und die kochend heiße Milch unter ständigem Rühren langsam durch ein Sieb einfließen lassen, es sollen sich keine Klümpchen bilden. Das Ganze in eine Kasserolle gießen und unter ständigem Rühren bei mäßiger Hitze aufkochen. Zugedeckt auf kleiner Flamme 7–8 Minuten kochen lassen, öfters umrühren. Vom Feuer nehmen, den Kirsch unterrühren und abkühlen lassen.
- Zum Verzieren die Himbeeren und Brombeeren in Eiswasser waschen und mit Küchenpapier trockentupfen.
- Den Mürbteigboden aus der Form lösen und auf eine Platte legen. Die Creme darauf gießen und glatt streichen. Die Himbeeren und Brombeeren in konzentrischen Kreisen auflegen.
- Die Aprikosengelatine mit 1 EL Wasser erhitzen und die Beeren damit überziehen. Kühl servieren.

Blätterteigschnitte mit Kastaniencreme

Millefoglie alla crema di marrons glacés

ZUBEREITUNGSZEIT:
1 Stunde

Zutaten für 6–8 Personen:
300 g fertiger Blätterteig

Für die Creme:
300 g Marrons glacés;
2 EL Maraschino oder ein anderer Likör nach Geschmack;
1 dl Milch; 3 dl Sahne

Zum Garnieren:
1 EL Puderzucker; 3 Marrons glacés;
80 g gehackte Kochschokolade

- Den Blätterteig 2–3 mm dick ausrollen, auf ein mit Wasser bepinseltes Backblech legen, mit einer Gabel mehrmals einstechen und im vorgeheizten Backrohr bei 200° etwa 15 Minuten backen, der Teig soll eine schöne goldbraune Farbe annehmen. Aus dem Rohr nehmen und abkühlen lassen. Den Teig dann mit einem scharfen Messer in fünf etwa 10 x 20 cm große Rechtecke schneiden.
- In der Zwischenzeit die Creme zubereiten: Die Marrons glacés grob hacken und zusammen mit dem Likör im Mixer pürieren, bis eine weiche, homogene Creme entstanden ist. Die Sahne schlagen und vorsichtig unter die Kastaniencreme heben. Eines der Blätterteigrechtecke mit einer etwa 5 mm hohen, gleichmäßigen Schicht Creme bestreichen, dann ein weiteres Blätterteigrechteck darauf legen. So fortfahren, bis alle Zutaten aufgebraucht sind und mit Blätterteig abschließen. Mit Puderzucker bestreuen.
- Zum Verzieren die Schokolade im Wasserbad schmelzen. Ein Konfektschälchen aus Papier mit der geschmolzenen Schokolade auspinseln, den Rest auf ein Blatt Backpapier gießen und mit einem Spatel zu einer etwa 3 mm hohen Schicht verteilen. Etwas fest werden lassen, dann vier Blätter zuschneiden und ganz fest werden lassen.
- Das Konfektschälchen vorsichtig von der Schokolade lösen und das so entstandene Schokoladenäpfchen auf die Mitte der Blätterteigschnitte setzen. Eine der Marrons glacés hineinlegen. Die Schokoladeblätter vorsichtig vom Backpapier lösen und die Oberfläche damit verzieren. Die restlichen beiden Marrons glacés halbieren und die Servierplatte damit verzieren.

Die Kastaniencreme gleichmäßig auf ein Blätterteigblatt streichen (1), mit einem zweiten bedecken (2).

1

2

Maistorte

Torta di mais

ZUBEREITUNGSZEIT:
1 Stunde 20 Minuten

Zutaten für 6–8 Personen:
500 g fein gemahlenes Maismehl;
100 g getrocknete Feigen;
150 g Sultaninen;
1 Päckchen Vanillin;
1 Apfel; 250 g Butter;
100 g Kristallzucker;
Saft einer ½ Zitrone;
Saft einer Orange;
1 dl Milch;
1 Päckchen Backpulver;
1 Prise Salz

Zum Garnieren:
1 EL Puderzucker;

Zusätzliche Küchenutensilien:
1 Springform von 24–26 cm Durchmesser

- Die Form mit Butter ausstreichen und mit Maismehl leicht bestreuen.
- Die Sultaninen in einer Tasse mit lauwarmem Wasser einweichen. Die getrockneten Feigen in Stückchen schneiden, den Apfel schälen, das Kerngehäuse entfernen und das Fruchtfleisch in feine Scheiben schneiden.
- Die Butter zerlassen. Das Maismehl zusammen mit dem Backpulver und dem Vanillin in eine große Schüssel sieben, die gut abgetropften und abgetrockneten Sultaninen, die Feigen, die Apfelscheiben, den Zucker, das Salz, den Orangensaft und den Zitronensaft dazugeben und alle Zutaten gut vermengen. Die zerlassene Butter unterrühren, dann die Milch zugießen und rühren, bis eine weiche, homogene Masse entstanden ist. In die Tortenform füllen und glatt streichen.
- Im vorgeheizten Backrohr bei 180° 40–50 Minuten backen. Aus dem Rohr nehmen und ganz abkühlen lassen. Die Torte anschließend auf eine Platte stürzen und die gesamte Oberfläche gleichmäßig mit Puderzucker bestreuen.

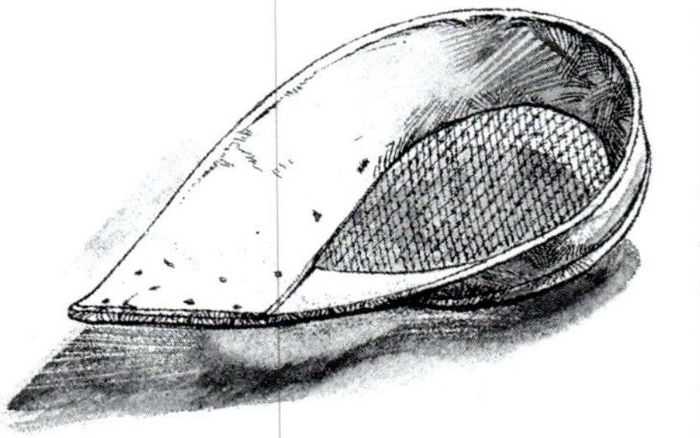

Griechische Reistorte

Torta di riso alla greca

ZUBEREITUNGSZEIT:
1 Stunde 20 Minuten

Zutaten für 6 Personen:
$^1/_2$ l Milch;
180 g Reis;
4 Eier;
100 g Kristallzucker;
100 g Butter;
50 g Kochschokolade;
100 g kandierte Früchte (Kirschen, Orangeat, Zitronat);
1 EL Mehl

Zum Garnieren:
1 kandierte Kirsche;
50 g Orangeat und grünes Zitronat;
1 EL Puderzucker

Zusätzliche Küchenutensilien:
1 Tortenform von 22 cm Durchmesser

- Die Form mit Butter ausstreichen und den Boden mit Backpapier auslegen. Auch das Backpapier mit Butter bestreichen und leicht bemehlen.
- Die Butter bei Zimmertemperatur weich werden lassen. Die kandierten Früchte in kleine Würfel schneiden, die Schokolade grob hacken.
- Die Milch in eine Kasserolle gießen und den Reis dazugeben. Auf kleiner Flamme aufkochen und etwa 30 Minuten kochen lassen. Vom Feuer nehmen und abkühlen lassen, anschließend im Mixer pürieren, bis die Konsistenz cremig ist. In eine Schüssel gießen, die Eidotter und die in Stückchen geschnittene Butter dazugeben und mit einem Holzlöffel glatt rühren. Die kandierten Früchte und die gehackte Schokolade untermengen, die Eiklar zu Schnee schlagen und vorsichtig unter die Masse heben.
- Die Masse in die Form füllen und glatt streichen. Im vorgeheizten Backrohr bei 170° etwa 40 Minuten backen. Aus dem Rohr nehmen, auf eine Platte stürzen, das Backpapier abziehen und ganz abkühlen lassen.
- Die Reistorte mit Puderzucker bestreuen. Blüten und Blätter aus den kandierten Früchten zuschneiden und die Torte damit verzieren, die kandierte Kirsche in die Mitte setzen.

Krümeltorte

Torta sbrisolona

1

2

Das Mehl sowie den Zucker und die Mandeln auf der Arbeitsfläche aufhäufen (1), die Butter, die Eidotter und die Zitronenschale in die Mulde in der Mitte geben (2) und den krümeligen Teig in die Form füllen (3).

3

ZUBEREITUNGSZEIT:
1 Stunde

Zutaten für 6 Personen:
100 g Weizenmehl;
100 g feinstes Maismehl;
100 g Kristallzucker;
100 g geschälte Mandeln;
120 g Butter; 2 Eidotter;
abgeriebene Schale einer unbehandelten Zitrone;
1 EL Paniermehl

Zum Garnieren:
1 EL Puderzucker;
3 geschälte Mandeln;
3 grüne Blättchen; 1 Papierschablone

Zusätzliche Küchenutensilien:
1 niedrige Tortenform von 22–24 cm Durchmesser

- Die Form sorgfältig mit Butter ausstreichen und mit Paniermehl bestreuen. Die Butter bei Zimmertemperatur weich werden lassen. Die Mandeln fein hacken. Das Weizenmehl auf die Arbeitsfläche sieben, das Maismehl, den Zucker und die gehackten Mandeln dazugeben und eine Mulde in die Mitte drücken. Die in Stückchen geschnittene Butter, den Zucker, die abgeriebene Zitronenschale und die Eidotter hineingeben. Alle Zutaten rasch mit den Fingerspitzen vermengen, den Teig nicht kneten, die Masse soll krümelig werden. Nun die Masse etwa 1 cm hoch in die Tortenform füllen.
- Im vorgeheizten Backrohr bei 180° etwa 35–40 Minuten backen, aus der Form lösen und danach ganz abkühlen lassen.
- Die Garnierung vorbereiten: Die Torte mit der Schablone bedecken und mit Puderzucker bestreuen. Die Schablone vorsichtig abnehmen und die Torte mit den geschälten Mandeln und den grünen Blättchen verzieren.

Quarktorte mit Kaffee

Torta di ricotta e caffè

ZUBEREITUNGSZEIT:
1 Stunde 20 Minuten + Ruhezeit

Zutaten für 8 Personen:

Für den Teig:
150 g Mehl; 75 g Butter;
50 g Kristallzucker;
30 g Walnusskerne;
1 Eidotter

Für die Fülle:
200 g Mascarpone;
150 g *ricotta romana* oder Quark
80 g Puderzucker; 2 Eier;
3 EL ungesüßtes Kakaopulver;
1 EL Löskaffee

Zum Garnieren:
1 EL Kakopulver; 1 TL Puderzucker;
30 Kaffeebohnen

Zusätzliche Küchenutensilien:
1 Tortenform von 22 cm Durchmesser

- Die Tortenform mit Butter ausstreichen, bis zur Hälfte der Höhe mit Backpapier auslegen und dieses ebenfalls mit Butter bestreichen.
- Den Teig zubereiten: Die Butter im Wasserbad zerlassen. Die Nüsse sehr fein hacken oder mahlen. Das Mehl auf die Arbeitsfläche sieben und eine Mulde in die Mitte drücken. Die gemahlenen Nüsse, die zerlassene Butter, den Zucker und den Eidotter hineingeben. Alles rasch mit den Fingerspitzen vermengen, nicht zu stark kneten. In Frischhaltefolie einschlagen und etwa 30 Minuten im Gemüsefach des Kühlschranks ruhen lassen.
- Den Teig anschließend in die Form legen und mit einem Löffelrücken auseinander drücken, bis er die Form bis zur halben Höhe auskleidet. Im vorgeheizten Backrohr bei 180° etwa 15 Minuten backen. Aus dem Rohr nehmen und ganz abkühlen lassen, noch nicht aus der Form lösen.
- In der Zwischenzeit die Fülle zubereiten: Die *ricotta romana* zweimal durch ein Sieb streichen, in eine Schüssel geben, den Mascarpone hinzufügen und mit einem Holzlöffel gut vermengen. Den Zucker dazugeben und die Masse schaumig rühren. Den Kakao, den in 1 EL heißem Wasser gelösten Löskaffee und die Eier eines nach dem anderen unterrühren. Alle Zutaten gut vermengen und die Masse in die Form füllen.
- Im vorgeheizten Backrohr bei 160° nochmals 20 Minuten backen, wenn nötig, die Oberfläche mit einem Stück Backpapier bedecken.
- Die Garnierung vorbereiten. Die gesamte Oberfläche mit dem Kakaopulver bestreuen, dabei ein Sieb verwenden. Aus einem Stück Papier eine Schablone mit Motiven nach Belieben anfertigen und auf die Torte legen. Mit Puderzucker bestreuen, die Schablone vorsichtig abnehmen und die Torte mit den Kaffeebohnen verzieren.

Apfelstrudel

Strudel di mele

ZUBEREITUNGSZEIT:
1 Stunde 35 Minuten

Zutaten für 8 Personen:

Für den Teig:
250 g Mehl; 1 Ei; 50 g Butter;
1 EL Kristallzucker; 1 Prise Salz

Für die Fülle:
1 kg Äpfel; 4 EL Weinbrand;
100 g Butter; 1 EL Paniermehl;
100 g Kristallzucker;
abgeriebene Schale einer Zitrone;
1 Prise gemahlener Zimt;
80 g Sultaninen;
50 g Pignolen; 1 EL Puderzucker

- Ein Backblech mit Butter bestreichen. Die Sultaninen in einer Tasse mit kaltem Wasser einweichen, die Butter bei Zimmertemperatur weich werden lassen. Das Mehl mit dem Salz und dem Zucker auf die Arbeitsfläche sieben und eine Mulde in die Mitte drücken. 5–6 EL lauwarmes Wasser, das Ei und die weiche Butter hineingeben. Alle Zutaten verkneten und den Teig kräftig durcharbeiten, immer wieder gegen die Arbeitsfläche schlagen, damit er elastisch wird. Eine Kugel formen, in ein leicht bemehltes Tuch einschlagen und 25 Minuten ruhen lassen.
- In der Zwischenzeit die Fülle zubereiten: Die Äpfel schälen, das Kerngehäuse entfernen und das Fruchtfleisch fein hobeln. In eine Schüssel geben und mit dem Weinbrand übergießen. Das Paniermehl bei kräftiger Hitze in einer Pfanne goldbraun rösten und beiseite stellen. Die Butter zerlassen und ebenfalls beiseite stellen. Die abgeriebene Zitronenschale in einer kleinen Schüssel mit dem Zimt und dem Zucker vermischen.
- Den Teig wieder zur Hand nehmen und auf ein bemehltes Tuch legen. Zu einem etwa 5 mm dicken Blatt ausrollen. Mit den bemehlten Händen den Teig vom Tuch abheben und gleichmäßig mit den Fingern auseinander ziehen, bis er ganz dünn ist. Das Teigblatt mit der zerlassenen Butter bepinseln und mit dem Paniermehl bestreuen, einen Rand von etwa 2 cm frei lassen. Die Äpfel, die abgetropften und ausgedrückten Sultaninen, die Pignolen und die Zuckermischung gleichmäßig auf dem Teig verteilen.
- Den Strudel mit Hilfe des Tuches einrollen und die Ränder gut festdrücken, damit er sich während des Backens nicht öffnet. Dann den Strudel vorsichtig auf das Blech gleiten lassen, mit der zuvor beiseite gestellten Butter bestreichen und im vorgeheizten Backrohr bei 180° etwa 1 Stunde backen.
- Aus dem Rohr nehmen, auf eine Platte legen und mit Puderzucker bestreuen. Lauwarm servieren.

1

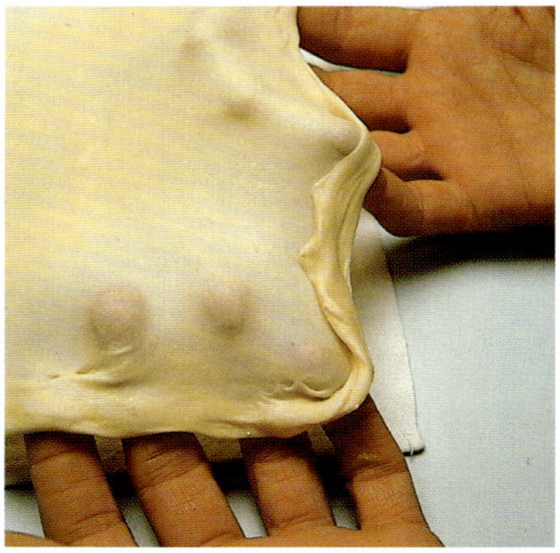

2

3

Für den »gezogenen Strudelteig« das Teigblatt anheben und mit den Händen auseinander ziehen, bis es sehr dünn geworden ist (1), die Äpfel auf dem mit dem Paniermehl bestreuten Teigblatt verteilen (2) und den Strudel mit Hilfe des Tuches einrollen (3).

Quarksahnetorte mit Aprikosen

Torta di ricotta e albicocche

ZUBEREITUNGSZEIT:
1 Stunde + Zeit zum Kühlstellen

Zutaten für 6–8 Personen:

Für den Teig:
3 Eier; 120 g Kristallzucker;
1 Päckchen Vanillezucker;
100 g Mehl; 50 g Kartoffelstärke;
1 Päckchen Backpulver;
abgeriebene Schale einer
unbehandelten Zitrone;
1 Prise Salz

Für die Fülle:
500 g *ricotta romana* oder Quark;
200 g Kristallzucker;
1 unbehandelte Zitrone;
2 dl Sahne; 600 g Aprikosen;
5 EL Kirsch

Zum Garnieren:
1 EL Puderzucker;
20 g geschälte Pistazien

Für die Form:
20 g Butter; 20 g Mehl

Zusätzliche Küchenutensilien:
1 Springform von 24 cm Durchmesser

- Die Tortenform mit Butter ausstreichen, mit Backpapier auslegen, auch dieses mit Butter bestreichen und leicht bemehlen.
- Den Teig zubereiten: Die Eier trennen. Die Eidotter mit einem elektrischen Handrührer mit dem Zucker und 2 EL warmem Wasser sehr schaumig rühren, bis die Masse fast weiß ist. Das mit der Stärke zusammengesiebte Mehl, die abgeriebene Zitronenschale und den Vanillezucker untermischen. Die Eiklar mit dem Salz zu festem Schnee schlagen und vorsichtig unterheben. Die Masse in die Tortenform füllen und im vorgeheizten Backrohr bei 200° etwa 30 Minuten backen. Aus dem Rohr nehmen und abkühlen lassen.
- In der Zwischenzeit die Füllcreme zubereiten: Die Zitrone sorgfältig waschen, die Schale abreiben, den Saft auspressen und in einer Tasse auffangen. Die *ricotta* zweimal durch ein Sieb streichen, in eine Schüssel geben, den Zitronensaft, die abgeriebene Zitronenschale und den Zucker dazugeben und alles gut vermengen. 2 EL Kirsch unterrühren. Die Sahne schlagen und unter die Creme heben.
- Die Torte stürzen und quer durchschneiden. Die Aprikosen in kochendem Wasser überbrühen, schälen, vierteln, entsteinen und in eine Schüssel legen, den restlichen Kirsch darüber gießen und 15–20 Minuten ziehen lassen. Die Aprikosen abgießen, die Flüssigkeit auffangen, eine Hälfte der Torte in die Tortenform legen und mit der Flüssigkeit bepinseln. Die Hälfte der Creme einfüllen und glatt streichen. Die Aprikosen darauf verteilen und mit der restlichen Creme bedecken. Die zweite Tortenhälfte darauf legen und leicht festdrücken. Mindestens 2 Stunden in den Kühlschrank stellen.
- Zum Servieren auf eine Tortenplatte setzen, mit Puderzucker bestreuen und mit den grob gehackten Pistazien verzieren.

Kastanienkuchen

Il castagnaccio

ZUBEREITUNGSZEIT:
45 Minuten

Zutaten für 6–8 Personen:
300 g Kastanienmehl;
50 g Sultaninen;
50 g Pignolen;
1 Zweiglein Rosmarin;
¹/₄ l Milch;
1 Prise Salz;
2 EL Olivenöl extravergine

Zusätzliche Küchenutensilien:
1 Springform von 28 cm Durchmesser

- Die Form mit wenig Öl auspinseln.
- Die Sultaninen waschen, abtropfen lassen und mit Küchenpapier trockentupfen. Den Rosmarinzweig abzupfen, die Blätter in kleine Stücke reißen. Das Mehl mit dem Salz in eine Schüssel sieben, unter ständigem Rühren mit einem Holzlöffel langsam ¹/₄ l Wasser zugießen, es sollen sich keine Klümpchen bilden. Die Masse etwa 2 cm hoch in die Form füllen, mit den Rosinen, den Pignolen und dem Rosmarin bestreuen und mit dem restlichen Öl beträufeln.
- Im vorgeheizten Backrohr bei 180° etwa 30 Minuten backen, aus der Form lösen und lauwarm oder kalt servieren.

Variation: Man kann die Pignolen durch Walnüsse ersetzen oder damit mischen.

Aprikosen-Apfel-Birnen-Kuchen

Crostata con composta di mele

ZUBEREITUNGSZEIT:
1 Stunde 15 Minuten + Ruhezeit

Zutaten für 8 Personen:

Für den Teig:
150 g Mehl; 75 g Butter;
70 g Kristallzucker; 1 Eidotter;
abgeriebene Schale einer Zitrone

Für die Fülle und zum Garnieren:
500 g Äpfel; 150 g Kristallzucker;
3 Birnen; 200 g Aprikosen;
1,5 dl trockener Weißwein;
1 EL Aprikosengelatine

Für die Form:
20 g Butter; 20 g Mehl

Zusätzliche Küchenutensilien:
1 niedrige Tortenform von etwa 24 cm Durchmesser

- Die Form sorgfältig mit Butter ausstreichen und leicht bemehlen.
- Den Teig zubereiten: Die Butter bei Zimmertemperatur weich werden lassen. Das Mehl auf die Arbeitsfläche sieben und eine Mulde in die Mitte drücken. Die in Stückchen geschnittene Butter, den Zucker, die abgeriebene Zitronenschale und den Eidotter hineingeben. Alle Zutaten rasch mit den Fingerspitzen vermengen, den Teig nicht zu stark durchkneten. Eine Kugel formen, in Frischhaltefolie 1 Stunde im Gemüsefach des Kühlschrank ruhen lassen.
- In der Zwischenzeit die Äpfel waschen, schälen, das Kerngehäuse ausstechen und das Fruchtfleisch würfelig schneiden. In eine Kasserolle geben und 100 g Kristallzucker hinzufügen. Auf kleiner Flamme langsam erhitzen und 5 Minuten köcheln lassen, ab und zu mit einem Holzlöffel umrühren. Vom Feuer nehmen und abkühlen lassen. Die Birnen waschen, schälen, halbieren und das Kerngehäuse entfernen. 2 dl Wasser mit dem Wein und dem restlichen Zucker zum Kochen bringen und so lange kochen lassen, bis der Zucker ganz aufgelöst ist. Nun die Birnen einlegen und etwa 15 Minuten auf kleiner Flamme garen. Aus der Flüssigkeit heben und jede Birnenhälfte in zwei oder drei Spalten schneiden. Die Aprikosen in kochendem Wasser überbrühen, schälen, halbieren, entsteinen, eine halbe Aprikose zurückbehalten und die restlichen in Spalten schneiden.
- Den Teig wieder zur Hand nehmen und zu einem 3 mm starken Blatt ausrollen, die Tortenform damit auslegen, das Apfelkompott darauf verteilen und im vorgeheizten Backrohr bei 180° etwa 35–40 Minuten backen. Aus dem Rohr nehmen und abkühlen lassen.
- Die Gelatine mit 1 EL Wasser (ersatzweise helles Tortengelee mit 1 EL Aprikosensaft aus der Dose) erhitzen, die Oberfläche der Torte mit wenig Gelatine bestreichen. Die Früchte in konzentrischen Kreisen abwechselnd auflegen, in die Mitte der Torte die Aprikosenhälfte setzen. Die Früchte mit der restlichen Gelatine überziehen.

Birnenkuchen

Clafoutis di pere

Die auf dem Tortenboden strahlenförmig verteilten Birnenspalten mit dem Teig übergießen.

ZUBEREITUNGSZEIT:
1 Stunde + Ruhezeit

Zutaten für 6 Personen:

Für den Teig:
125 g Mehl; 60 g Butter;
70 g Kristallzucker; 1 Eidotter;
abgeriebene Schale einer 1/2 Zitrone;
1 Prise Vanillin

Für die Fülle:
2 Birnen; 2 Eier;
4 EL Milch; 40 g gemahlene Mandeln;
50 g Kristallzucker; 1 EL Kirsch

Zum Garnieren:
20 g Puderzucker; 1 Birne;
50 g Kristallzucker

Zusätzliche Küchenutensilien:
1 Tortenform von 24 cm Durchmesser

- Die Form sorgfältig mit Butter ausstreichen und leicht bemehlen.
- Die Butter bei Zimmertemperatur weich werden lassen. Das Mehl mit dem Vanillin auf die Arbeitsfläche sieben und eine Mulde in die Mitte drücken. Butter, Zucker, die abgeriebene Zitronenschale und den Eidotter hineingeben. Alle Zutaten mit den Fingerspitzen vermengen, den Teig nicht zu stark durchkneten. Eine Kugel formen, in Frischhaltefolie 1 Stunde im Kühlschrank ruhen lassen. Anschließend den Teig zu einem etwa 3 mm dicken Blatt ausrollen und die Tortenform damit auslegen, den Boden mit einer Gabel mehrmals einstechen und den Rand mit den Gabelzinken eindrücken.
- Die Fülle zubereiten: Die gemahlenen Mandeln, den Zucker, die Eier, die Milch und den Kirsch in einer Schüssel mit einem Holzlöffel zu einem flüssigen Teig verrühren. Die Birnen waschen, schälen, das Kerngehäuse ausstechen und das Fruchtfleisch in Spalten schneiden. Die Birnenspalten strahlenförmig auf dem Tortenboden verteilen, mit dem Teig übergießen und im vorgeheizten Rohr bei 180° etwa 30 Minuten backen, aus dem Rohr nehmen, aus der Form lösen und abkühlen lassen.
- In der Zwischenzeit die Garnierung vorbereiten: Die Birne waschen, abtrocknen und in Streifen bis zum oberen Drittel einschneiden. Die Schale im unteren Teil vom Fruchtfleisch lösen. Den geschälten Teil der Birne abschneiden. In einer Kasserolle 1 dl Wasser mit dem Zucker zum Kochen bringen, so lange rühren, bis sich der Zucker ganz aufgelöst hat und die Birne mit der Schale hineinlegen. Etwa 2 Minuten kochen.
- Den Kuchen mit Puderzucker bestreuen, die Birne in die Mitte setzen und die Schalenstreifen spiralförmig einrollen.

Dörrpflaumencremekuchen

Crostata alla crema di prugne

ZUBEREITUNGSZEIT:
45 Minuten + Ruhezeit

Zutaten für 4–5 Personen:
150 g Mehl; 90 g Butter;
1 Eidotter; 50 g Kristallzucker;
1 Prise Salz

Für die Dörrpflaumencreme:
230 g entsteinte Dörrpflaumen;
2 EL Weinbrand oder Cognac;
2 EL Puderzucker; 2 EL Sahne

Zum Garnieren:
2 Dörrpflaumen; 3 EL Sahne

Zusätzliche Küchenutensilien:
1 Tortenform von 24 cm Durchmesser

- Die Form sorgfältig mit Butter ausstreichen und leicht bemehlen. Die Butter bei Zimmertemperatur weich werden lassen. Das Mehl auf die Arbeitsfläche sieben und eine Mulde in die Mitte drücken. Die Butter, den Zucker, das Salz und den Eidotter hineingeben. Alle Zutaten mit den Fingerspitzen vermengen, den Teig nicht zu stark durchkneten. In Frischhaltefolie einschlagen und mindestens 1 Stunde im Kühlschrank ruhen lassen.
- Den Teig zu einem 3 mm starken Blatt ausrollen und die Form damit auslegen, den Boden mehrmals mit einer Gabel einstechen.
- Im vorgeheizten Backrohr bei 190° etwa 20 Minuten backen, bis der Teig schön goldgelb geworden ist. Aus der Form lösen und abkühlen lassen.
- In der Zwischenzeit die Dörrpflaumencreme zubereiten: Die Dörrpflaumen 7–8 Minuten in wenig kochend heißem Wasser einweichen. Aus dem Wasser heben, abtropfen lassen und zusammen mit dem Weinbrand, dem Zucker, 2 EL Einweichwasser und der Sahne im Mixer pürieren, bis eine homogene Creme entstanden ist. Die Dörrpflaumencreme auf dem Tortenboden verteilen und glatt streichen.
- Zum Verzieren die Sahne mit einem Schneebesen dickflüssig schlagen. Vier Kleckse am Rand der Torte verteilen, einen größeren in die Mitte setzen. Die Sahnekleckse mit einem Zahnstocher sternförmig auseinander ziehen.
- Eine der Dörrpflaumen in vier Spalten teilen und je eine davon auf die kleineren Sterne setzen. Die zweite Dörrpflaume auf den mittleren Stern setzen. Zimmerwarm servieren.

1

2

3

Die Tortenform mit dem Mürbteig auslegen und den Boden mit einer Gabel mehrmals einstechen (1), die Dörrpflaumen zusammen mit dem Weinbrand, der Sahne und dem Zucker zu einer homogenen Creme pürieren (2) und auf dem fertig gebackenen Tortenboden gleichmäßig verteilen (3).

Quarktorte »Gargano«

Crostata di ricotta del Gargano

ZUBEREITUNGSZEIT:
1 Stunde 20 Minuten

Zutaten für 8 Personen:
300 g Mehl; 100 g Butter;
80 g Kristallzucker;
1 Päckchen Backpulver;
1 Ei; 1 Prise Salz

Für die Fülle:
300 g *ricotta romana* oder Quark;
1 Ei; 80 g Kristallzucker;
70 g gemischte kandierte Früchte;
1 Prise Zimt;
3 EL Maraschino

Zum Garnieren:
40 g Orangeat;
40 g kandiertes grünes Zitronat;
1 EL Puderzucker

Zusätzliche Küchenutensilien:
1 Tortenform von 24 cm Durchmesser

- Die Form sorgfältig mit Butter ausstreichen und leicht bemehlen. Die Butter bei Zimmertemperatur weich werden lassen.
- Die Fülle zubereiten: Den Quark in einer Schüssel mit einem Holzlöffel cremig rühren. Den Zucker, die in kleine Würfel geschnittenen kandierten Früchte, den Zimt und den Maraschino untermischen, zum Schluss das Ei dazugeben und alle Zutaten gut vermengen.
- Den Teig zubereiten: Das Mehl mit dem Backpulver auf die Arbeitsfläche sieben, eine Mulde hineindrücken und den Zucker und das Salz, die in Stückchen geschnittene Butter und das Ei hineingeben. Alle Zutaten rasch mit den Fingerspitzen vermengen, den Teig nicht zu stark durchkneten. Zu einem 3–4 mm dicken Blatt ausrollen und die Form damit auslegen, den überschüssigen Teig aufbewahren. Die Quarkmasse in die Form füllen und mit einem Spatel glatt streichen.
- Den restlichen Teig ausrollen und in 10 etwa 2 cm breite Streifen schneiden. Die Streifen zu Spiralen eindrehen und gitterförmig über die Torte legen. Zwischen die Streifen abwechselnd Orangeat- und Zitronatstückchen legen.
- Im vorgeheizten Backrohr bei 180° etwa 1 Stunde backen, aus dem Rohr nehmen, etwas ruhen lassen und dann aus der Form lösen. Mit Puderzucker bestreuen und kalt servieren.

1

2

3

Die Quarkfülle in die Form füllen und mit einem Spatel glatt streichen (1), mit einem Gitter aus spiralig eingedrehten Teigstreifen belegen (2) und in die Gitteröffnungen abwechselnd kandierte Zitronat- und Orangeatstücke setzen (3).

Englischer Apfelkuchen

Flan di mele gratinate all'inglese

ZUBEREITUNGSZEIT:
1 Stunde + Ruhezeit

Zutaten für 8 Personen:
200 g Mehl; 100 g Butter;
1 Prise Salz; 600 g Äpfel;
3 EL Aprikosengelatine;
70 g Kristallzucker;
2 EL Zitronensaft;
3 kandierte Veilchen

Für die Form:
20 g Butter; 20 g Mehl

Zusätzliche Küchenutensilien:
1 niedrige Tortenform von 24 cm Durchmesser

- Die Form mit Butter ausstreichen und leicht bemehlen.
- Den Teig zubereiten: Die Butter bei Zimmertemperatur weich werden lassen. Das Mehl mit dem Salz auf die Arbeitsfläche oder in eine große Schüssel sieben und eine Mulde in die Mitte drücken. Die in Stückchen geschnittene Butter in die Mitte geben und rasch mit dem Mehl vermengen, sodass lauter kleine Krümel entstehen. 3 EL kaltes Wasser in die Mitte geben und die Zutaten rasch zu einem Teig verkneten. Zu einer Kugel formen und in Frischhaltefolie 1 Stunde im Kühlschrank ruhen lassen.
- Den Teig zu einem 4 mm starken Blatt ausrollen, die Tortenform damit auslegen. Den Boden mehrmals mit einer Gabel einstechen, den Rand mit den Gabelzinken eindrücken.
- Die Aprikosengelatine mit 1 EL Wasser aufkochen und den Tortenboden mit der Hälfte des Gelees bestreichen.
- Die Äpfel waschen, schälen, das Kerngehäuse entfernen und das Fruchtfleisch in feine Spalten schneiden. Die Apfelspalten mit dem Zitronensaft beträufeln und den Tortenboden damit in konzentrischen Kreisen leicht überlappend belegen, bei jedem Kreis die Richtung der Apfelspalten wechseln. Mit Zucker bestreuen.
- Im vorgeheizten Backrohr bei 180° 35–40 Minuten backen. Aus dem Rohr nehmen und etwas abkühlen lassen. Die lauwarme Torte mit der restlichen Gelatine bestreichen und auf einer Platte anrichten, mit den kandierten Veilchen verzieren.

1

2

Den Tortenboden mit der Hälfte der Aprikosengelatine bestreichen (1), die Äpfel schälen, in Spalten schneiden (2) und die Torte belegen (3).

3

Karottentorte

Torta di carote

ZUBEREITUNGSZEIT:
1 Stunde 10 Minuten + Ruhezeit

Zutaten für 8 Personen:
250 g Karotten;
70 g Kartoffelstärke;
200 g geschälte, im Backrohr leicht geröstete Mandeln;
150 g Kristallzucker;
80 g Butter;
4 Eier;
1 Päckchen Backpulver;
1 Gläschen Maraschino

Zum Verzieren:
2 mittelgroße Karotten;
150 g Kristallzucker;
einige Minzeblättchen;
300 g Puderzucker

Zusätzliche Küchenutensilien:
1 Tortenform von 24 cm Durchmesser

Karottentorte

Torta di carote

- Die Torte zubereiten: Die Karotten abbürsten oder dünn schälen und fein raspeln. Die Mandeln mahlen, die Butter bei Zimmertemperatur weich werden lassen, die Eier trennen. Die Butter mit dem Zucker in einer Schüssel verrühren, dabei die Eidotter einen nach dem anderen zugeben, die Karotten, die Mandeln, die mit dem Backpulver zusammengesiebte Kartoffelstärke und schließlich den Maraschino zugeben.
- Die Eiklar zu Schnee schlagen und vorsichtig unterheben, die Masse in die mit Butter ausgestrichene und bemehlte Form füllen und im vorgeheizten Backrohr bei 180° etwa 40–50 Minuten backen.
- Aus dem Rohr nehmen, 15 Minuten ruhen lassen, stürzen und ganz abkühlen lassen.

Verzieren:

- Den Puderzucker in einer Schüssel mit 3–4 EL Wasser zu einer glatten, eher dicken Creme verrühren und die Hälfte davon auf die Torte gießen. Die Glasur gleichmäßig über Oberfläche verteilen und an einem kühlen Ort etwa 1 Stunde lang fest werden lassen. Die restliche Glasur auf die Mitte der Torte gießen (1) und wieder gleichmäßig über die gesamte Oberfläche verteilen, diesmal auch die Seitenwand damit überziehen. Wieder 1 Stunde fest werden lassen.
- In der Zwischenzeit die Karotten dünn schälen und mit einem dafür geeigneten Gemüsehobel oder einem scharfen Messer der Länge nach fünfmal einschneiden (2), die Abstände zwischen den Einschnitten sollen regelmäßig sein. Die Karotten in 1 cm dicke Scheiben schneiden. Mit einem spitzen Messer die Scheiben ausgehend von den Einschnitten zur Mitte hin schräg bis zur Hälfte der Stärke der Scheiben einschneiden.
- Nun mit der Messerspitze von der Mitte ausgehend die so entstandenen kleinen Dreiecke abschneiden (3). So erhält man Karottenblüten und -dreiecke.
- In einer Kasserolle 2 dl Wasser mit dem Zucker aufkochen. Die Karottenblüten und -dreiecke darin 5 Minuten kochen, mit einem Sieblöffel herausheben und auf Küchenpapier abtropfen lassen, darauf achten, dass die Teile nicht zusammenkleben. Die Karottenblüten mit einer Pinzette auf die Mitte der Torte setzen (4), den Rand mit den Dreiecken verzieren (5), mit einigen Minzeblättchen vollenden.

1

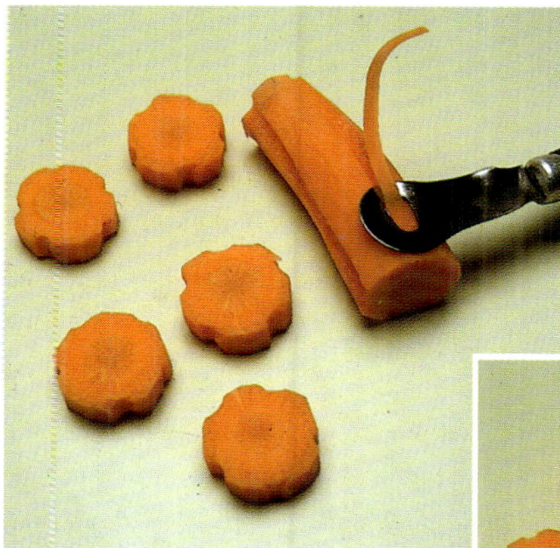
2

3

4

5

Apfelkuchen mit Madeira

Crostata con purea di mele al madera

ZUBEREITUNGSZEIT:
1 Stunde + Ruhezeit

Zutaten für 6–8 Personen:

Für den Teig:
200 g Mehl; 50 g Kristallzucker; 100 g Butter; 1 Ei; 1 Prise Salz

Für die Fülle:
1 kg Äpfel; 30 g Butter; 90 g Rohrzucker; 4 EL Madeira; 1 Prise Muskatnuss; 1 Ei

Zusätzliche Küchenutensilien:
1 Springform von 24 cm Durchmesser

- Die Form sorgfältig mit Butter ausstreichen und leicht bemehlen. Die Butter bei Zimmertemperatur weich werden lassen.
- Das Mehl auf die Arbeitsfläche sieben und eine Mulde in die Mitte drücken. Die in Stückchen geschnittene Butter, den Zucker, das Salz und das Ei hineingeben. Alle Zutaten rasch mit den Fingerspitzen vermengen, den Teig nicht zu stark durchkneten. Eine Kugel formen, in Frischhaltefolie einschlagen und mindestens 1 Stunde im Gemüsefach des Kühlschranks ruhen lassen.
- Den Teig wieder zur Hand nehmen, zwei Drittel davon ausrollen und die Tortenform damit auslegen. Den Boden mit einer Gabel mehrmals einstechen. Im vorgeheizten Backrohr bei 180° etwa 15 Minuten backen. Nach 7 Minuten Backzeit kontrollieren, ob sich Blasen gebildet haben, nötigenfalls mit der Hand flach drücken. Aus dem Rohr nehmen und abkühlen lassen.
- In der Zwischenzeit die Fülle zubereiten: Die Äpfel schälen, das Kerngehäuse ausstechen und das Fruchtfleisch in Scheiben schneiden. Die Apfelscheiben in eine Kasserolle legen und zugedeckt 25–30 Minuten schmoren lassen, bis ein dickes Mus entstanden ist. Die Butter, 70 g Kristallzucker, den Madeira und die Muskatnuss dazugeben und noch 5–6 Minuten weiter köcheln lassen, dabei ständig rühren. Vom Feuer nehmen und das leicht aufgeschlagene Ei dazugeben. Abkühlen lassen und über den Tortenboden verteilen.
- Den restlichen Mürbteig ausrollen und mit einer gezahnten Ausstechfom von 3 cm Durchmesser mehrere Scheiben ausstechen. Diese über den Apfelkuchen verteilen und mit dem restlichen Rohrzucker bestreuen. Im vorgeheizten Rohr bei 180° noch etwa 30 Minuten backen. Lauwarm oder kalt servieren.

Weintorte

Torta al vino

ZUBEREITUNGSZEIT:
1 Stunde

Zutaten für 8 Personen:

Für den Teig:
140 g Mehl;
30 g Kristallzucker;
50 g Butter;
3 EL Milch;
½ Päckchen Backpulver;
1 Prise Salz

Für die Fülle:
120 g Puderzucker;
15 g Butter;
1 dl trockener Weißwein;
½ EL Mehl;
1 TL Zimt

Zum Garnieren:
20 g gehobelte Mandeln;
1 Zuckerblüte;
1 EL Aprikosengelatine

Für die Form:
20 g Butter;
20 g Mehl

Zusätzliche Küchenutensilien:
1 Springform von 22 cm Durchmesser

- Die Form sorgfältig mit Butter ausstreichen und leicht bemehlen.
- Den Teig zubereiten: Die Butter bei Zimmertemperatur weich werden lassen. Das Mehl mit dem Backpulver in eine Schüssel sieben und eine Mulde in die Mitte drücken. Die in Stückchen geschnittene Butter, den Zucker und das Salz hineingeben. Alle Zutaten rasch mit den Fingerspitzen vermengen, der Teig soll krümelig werden. Dann die Milch in die Mitte gießen und rasch einarbeiten, nicht zu stark durchkneten. Den Teig zu einem 3 mm dicken Blatt ausrollen. Die Tortenform damit auslegen, den über den Rand ragenden Teig mit einem gezahnten Teigrädchen abschneiden. Den Boden mit einer Gabel mehrmals einstechen.
- Die Fülle zubereiten: Den Zucker, den Zimt, das Mehl und den Wein in eine Schüssel geben, alles gut vermengen und in die Tortenform füllen. Einige Butterflöckchen darauf verteilen und im vorgeheizten Backrohr bei 180° 35–40 Minuten backen. Aus dem Rohr nehmen und ganz abkühlen lassen.
- Zum Verzieren die Aprikosengelatine mit 1 EL Wasser (ersatzweise helles Tortengelee mit 1 EL Aprikosensaft aus der Dose) erhitzen. Den äußeren Rand der Torte etwa 2–3 cm breit damit bestreichen. Diesen Rand schuppenartig überlappend mit den gehobelten Mandeln belegen. Die Zuckerblüte mit einem Klecks Aprikosengelatine, der zuvor mit fünf Mandelblättchen belegt wurde, auf der Oberfläche der Torte fixieren.

Blätterteigschnitte mit Ananas

Sfogliata all'ananas

1

2

3

ZUBEREITUNGSZEIT:
50 Minuten

Zutaten für 8 Personen:
200 g Blätterteig; ½ frische Ananas;
80 g Aprikosengelatine;
2 kandierte Kirschen

- Den Blätterteig etwa 2 mm dick ausrollen und ein Quadrat von etwa 25 cm Seitenlänge ausschneiden, auf ein angefeuchtetes Backblech legen und entlang der Seiten des Quadrates mit einem scharfen Messer je einen 1 cm breiten Streifen abschneiden. Den Rand des Quadrates mit etwas Wasser bepinseln, die Streifen darauf legen und den Rand entlang mit den Zinken einer Gabel eindrücken, die Ecken spiralig eindrehen. Den Teig mit einer Gabel mehrmals einstechen.
- Im vorgeheizten Backrohr bei 220° 20 Minuten backen, bis der Teig schön goldbraun geworden ist. Aus dem Rohr nehmen und ganz abkühlen lassen.
- Die Ananas schälen und quer in 5 mm dicke Scheiben schneiden, diese vierteln und den Strunk entfernen. Mit Küchenpapier trockentupfen. Die Aprikosengelatine mit 2 EL Wasser (ersatzweise helles Tortengelee mit 2 EL Aprikosensaft aus der Dose) erhitzen und den Blätterteigboden dünn damit bepinseln. Mit den Ananasscheiben belegen und mit den kandierten Kirschen verzieren. Die Früchte mit der restlichen Aprikosengelatine bestreichen.

***Variation:** Noch feiner wird diese fruchtige Schnitte, wenn man den Blätterteig zuerst mit Vanillecreme überzieht und dann erst mit den Ananasstücken belegt.*

Den Blätterteig mehrmals mit einer Gabel einstechen (1) und goldbraun backen, die Ananasscheiben darauf legen (2) und mit Aprikosengelatine überziehen (3).

Walnusstorte

Torta di noci

ZUBEREITUNGSZEIT:
1 Stunde 30 Minuten

Zutaten für 12 Personen:

Für die Torte:
150 g Walnüsse; 140 g Butter;
7 Eier; 1 Päckchen Vanillin;
1 Prise Zimt; 60 g Löffelbiskuits;
140 g Kristallzucker; 1 Prise Salz

Für die Füllcreme:
1 Eiklar; 100 g Kristallzucker;
170 g Butter; 60 g Walnüsse

Für die Schokoladekuvertüre:
100 g Kochschokolade; 50 g Sahne

Zum Garnieren:
30 g ungesüßtes Kakaopulver;
1 Walnusskern

Zusätzliche Küchenutensilien:
1 Tortenform von 24 cm Durchmesser

- Die Butter mindestens 30 Minuten vor der Verwendung bei Zimmertemperatur weich werden lassen. In der Zwischenzeit die Walnüsse fein hacken und die Form sorgfältig mit Butter ausstreichen und bemehlen.
- Die Butter, den Zucker, den Zimt und das Vanillin in einer Schüssel mit einem Holzlöffel schaumig rühren. Die Eier trennen, die Dotter nacheinander unterrühren. Die Löffelbiskuits zerkrümeln und mit den gehackten Walnüssen vermischen, ebenfalls zu der Masse geben und alle Zutaten gut vermengen. Die Eiklar zu steifem Schnee schlagen und mit einem Holzspatel von unten nach oben unter die Masse heben.
- Die Masse in die Form füllen und im vorgeheizten Backrohr bei 160° etwa 1 Stunde backen.
- In der Zwischenzeit die Füllcreme zubereiten: 60 g Kristallzucker in ein Pfännchen geben, mit wenig Wasser übergießen und erhitzen, bis die Temperatur 120° erreicht hat. Das Eiklar mit dem restlichen Zucker zu steifem Schnee schlagen und den kochend heißen Zuckersirup unter ständigem Rühren mit einem Schneebesen einfließen lassen. Weiterrühren, bis die Masse vollkommen erkaltet ist. Die Butter dazugeben und mit dem Schneebesen weiterrühren, bis eine glatte, homogene Creme entstanden ist. Zum Schluss die gehackten Nüsse dazugeben.
- Die Torte stürzen und abkühlen lassen.

1

2

3

Die Torte quer in drei Scheiben schneiden (1), auf die erste eine Schicht Creme (2), die restliche Creme auf die zweite verteilen und mit der dritten bedecken. Die Schokoladekuvertüre auf der Torte verstreichen (3) und mit Kakaopulver bestreuen (4).

4

Mit einem scharfen Messer zweimal quer durchschneiden. Auf den ersten Tortenboden eine Schicht Creme streichen, den zweiten Tortenboden darauf legen und wieder mit Füllcreme bestreichen, mit dem dritten Tortenboden bedecken.
- Die Creme für den Schokoladeüberzug zubereiten: Die Kochschokolade fein hacken und in eine Schüssel geben. Die Sahne in einer kleinen Kasserolle aufkochen, sofort über die gehackte Schokolade gießen und umrühren, bis sie sich ganz gelöst hat. Etwa 1 Minute abkühlen lassen, dann über die Torte gießen und zu einer gleichmäßig dünnen Schicht verstreichen.
- Die Oberfläche der Torte mit dem Kakaopulver bestreuen, den Walnusskern in die Mitte setzen.

Früchtekuchen mit Datteln

Torta di datteri e arance

ZUBEREITUNGSZEIT:
1 Stunde 20 Minuten

Zutaten für 6–8 Personen:
250 g Mehl; 1 Päckchen Backpulver;
100 g Kristallzucker; 1 Ei;
300 g frische Datteln;
125 g Butter;
abgeriebene Schale einer
unbehandelten Orange;
1,5 dl Milch; 150 g Orangeat

Zum Garnieren:
einige frische Datteln;
Schale einer unbehandelten Orange;
50 g Kristallzucker

Für die Form:
20 g Butter; 20 g Mehl

Zusätzliche Küchenutensilien:
1 Rechteckform 20 x 8 x 6 cm

- Die Form sorgfältig mit Butter ausstreichen und leicht bemehlen.
- Die Butter bei Zimmertemperatur weich werden lassen. Die Datteln entkernen und grob hacken, das Orangeat auch hacken. Das Mehl mit dem Backpulver in eine Schüssel sieben, die in Stückchen geschnittene Butter dazugeben und mit den Fingerspitzen vermengen, bis eine krümelige Konsistenz entsteht. Den Zucker, die abgeriebene Orangenschale, das Ei und die Milch dazugeben und mit einem Holzlöffel so lange rühren, bis alle Zutaten gut vermengt sind. Zum Schluss die Datteln und das Orangeat untermischen und die Masse in die Form füllen. Auf der mittleren Schiene im vorgeheizten Backrohr bei 180° etwa 1 Stunde backen. Aus dem Rohr nehmen, auf eine Platte stürzen und abkühlen lassen.
- Zum Verzieren die Orangenschale in feinen Streifen abziehen, in eine Kasserolle geben, mit kaltem Wasser übergießen und aufkochen. Abgießen und den Vorgang wiederholen damit die Bitterstoffe gelöst werden. Die Orangenschalenstreifen wieder in die Kasserolle geben, 1 dl Wasser und den Zucker dazugeben und neuerlich aufkochen, ab und zu umrühren. Kochen lassen, bis die Orangenschalen glasig sind und der Sirup sehr dickflüssig geworden ist. Zum Abtropfen auf ein Gitter legen und abkühlen lassen. Die Datteln der Länge nach aufschneiden, den Kern herausnehmen und in jede Dattel einige der kandierten Orangenschalenstreifen legen. Mit den so gefüllten Datteln den Kuchen verzieren.

»Novembertorte«

Torta novembrina

ZUBEREITUNGSZEIT:
1 Stunde 15 Minuten

Zutaten für 14 Personen:
180 g Kochschokolade;
120 g Butter; 3 Eier;
160 g Kristallzucker;
30 g Mehl;
60 g geschälte Haselnüsse;
4 EL Grand Marnier;
1 Prise Salz;
½ Päckchen Backpulver

Für die Kuvertüre:
40 g Puderzucker;
1 nussgroßes Stück Butter;
2–3 EL Milch;
150 g Milchschokolade

Zum Garnieren:
50 g Kochschokolade;
30 g Orangeat;
14 Schokoladeblätter

Für die Form:
20 g Butter;
20 g Mehl

Zusätzliche Küchenutensilien:
1 Tortenform von 24 cm Durchmesser

- Die Tortenform mit Butter ausstreichen, den Boden mit Backpapier auslegen. Auch dieses mit Butter bestreichen und bemehlen, die Seitenwand ebenfalls bemehlen.
- Die Haselnüsse im vorgeheizten Backrohr bei 180° kurz rösten, aus dem Rohr nehmen und die braune Haut mit einem Tuch abreiben. Die Haselnüsse mahlen, die Schokolade in Stücke brechen und im Wasserbad zusammen mit der Butter schmelzen. Die Eier trennen. Die Eidotter in eine Schüssel geben und mit 100 g Kristallzucker schaumig rühren. Die geschmolzene Schokolade, das mit dem Backpulver gesiebte Mehl, die gemahlenen Haselnüsse und den Grand Marnier unterrühren. Alle Zutaten gut mit einem Holzlöffel vermengen.
- Die Eiklar mit dem Salz zu nicht zu festem Schnee schlagen, den Zucker dazugeben und ganz ausschlagen. Ein Drittel des Eischnees unter die Masse rühren, damit sie weicher wird, den restlichen Eischnee unterheben. Die Masse in die Form füllen und im vorgeheizten Backrohr bei 180° 35–40 Minuten backen. Sollte die Torte unregelmäßig aufgegangen sein, kann man die zu hohen Stellen mit den Händen vorsichtig flach drücken. Zum Abkühlen auf ein Kuchengitter stellen.
- Die Kuvertüre zubereiten: Die Schokolade in Stücke brechen und mit der Milch, der Butter und dem Puderzucker in eine Kasserolle geben. Auf kleiner Flamme im Wasserbad zerlassen, immer wieder vorsichtig umrühren. Auf die Torte gießen und mit einem Spatel gleichmäßig auf der Oberfläche und der Seitenwand der Torte verteilen. Ganz abkühlen lassen.
- Zum Verzieren das Orangeat in etwa 5 mm breite und 3 cm lange Streifen schneiden. Die Schokolade in Stücke brechen, im Wasserbad schmelzen und in eine kleine Tüte aus Backpapier füllen. Die Spitze abschneiden und in die Mitte der Torte einen kleinen Kreis mit 3 cm Durchmesser, einen weiteren großen Kreis auf den äußeren Rand der Torte dressieren. Die 14 Tortenstücke ebenfalls mit Schokolade vorzeichnen. Die Seitenwand mit Längsstreifen verzieren. Auf jedes Tortenstück ein Schokoladeblatt legen, die Orangeatstreifen strahlenförmig in der Mitte der Torte anordnen.

Doppelt gerollter Strudel

Rotolo doppio ripieno

ZUBEREITUNGSZEIT:
1 Stunde 20 Minuten + Ruhezeit

Zutaten für 8–10 Personen:

Für den Teig:
300 g Mehl; 2 Eier;
80 g Butter; 3 EL Kristallzucker;
10 g Bierhefe; 6 EL Milch;
1 Prise Salz;
abgeriebene Schale einer 1/2
unbehandelten Zitrone

Für die Fülle:
30 g kandiertes grünes Zitronat;
30 g Orangeat;
30 g gehobelte Mandeln;
35 g Sultaninen;
30 g Trauben-Rosinen;
30 g Pignolen;
30 g Kochschokolade;
1 Ei; 1 Eiklar;
1 Prise Zimt;
1 Prise Nelkenpulver;
40 g Kristallzucker;
20 g Butter

Für das Backblech:
20 g Butter; 20 g Mehl

- Das Backblech mit Butter bestreichen und bemehlen.
- Den Teig zubereiten: Die Milch mit der Butter in einer Kasserolle erhitzen. Den Zucker und die abgeriebene Zitronenschale dazugeben und alle Zutaten gut vermischen. Vom Feuer nehmen und abkühlen lassen. Die in einer Tasse mit etwas lauwarmem Wasser aufgelöste Hefe in die lauwarme Milchmischung geben. Das Mehl mit dem Salz in eine große Schüssel sieben. Die Eier und die Milchmischung dazugeben und mit einem Holzlöffel gut untermengen. Den Teig 20 Minuten lang energisch durchkneten, dabei immer wieder kräftig gegen die Unterlage schlagen, damit er elastisch wird. Wenn der Teig glatt, weich und elastisch wird und sich leicht von den Händen löst, ist er fertig. Mit einem Tuch bedecken und an einem warmen Ort mindestens 30 Minuten gehen lassen. Danach nochmals durchkneten, um den Gärvorgang zu unterbrechen. In eine große Schüssel geben – der Teig darf höchstens ein Drittel ihres Volumens einnehmen – und mit einem leicht angefeuchteten Tuch bedecken. 12 Stunden im Gemüsefach des Kühlschranks oder an der am wenigsten kalten Stelle ruhen lassen.

1 2 3

Den Teig mit der zerlassenen Butter bestreichen (1), die Fülle gleichmäßig darauf verteilen (2), den Teig von beiden Seiten der Länge nach einrollen (3) und auf das Backblech legen.

- Die Fülle zubereiten: Die Trauben-Rosinen und Sultaninen waschen und trockentupfen. Die kandierten Früchte in kleine Würfel schneiden, die Schokolade hacken. Rosinen, Früchte und Schokolade zusammen mit den Pignolen, dem Zucker, dem Nelkenpulver und dem Zimt in eine Schüssel geben und vermischen. Das Eiklar zu Schnee schlagen und unter die Trockenfrüchtemischung heben. Den Teig zu einem etwa 1 cm dicken rechteckigen Blatt ausrollen.
- Die Butter zerlassen und den Teig damit bestreichen. Die Fülle gleichmäßig darauf verteilen. Das Teigblatt der Länge nach von beiden Seiten bis zur Mitte einrollen. Den Strudel auf das Backblech legen und an einem warmen Ort nochmals 40 Minuten gehen lassen. Das Ei in einem tiefen Teller mit einer Gabel etwas aufschlagen und den Strudel damit bestreichen. Im vorgeheizten Backrohr bei 180° etwa 45 Minuten backen.

Mohntorte mit Fruchtfülle

Torta con semi di papavero

ZUBEREITUNGSZEIT:
1 Stunde 20 Minuten

Zutaten für 8–10 Personen:

Für die Torte:
80 g Mehl; 80 g Kristallzucker;
3 Eier; 40 g Butter; 30 g Mohn

Für die Fülle:
200 g Heidelbeeren;
300 g Äpfel; 100 g Kristallzucker

Für den Sirup:
25 g Kristallzucker;
1 EL Maraschino

Zum Garnieren:
1 EL Aprikosengelatine;
30 g Heidelbeeren;
1.5 dl Sahne; 15 g Mohn

Für die Form:
20 g Butter; 1 EL Mehl

Zusätzliche Küchenutensilien:
1 Tortenform von 24 cm Durchmesser

- Die Form sorgfältig mit Butter ausstreichen und leicht bemehlen.
- Die Eier und den Zucker in einer Schüssel schaumig rühren. Das gesiebte Mehl, den Mohn und zum Schluss die zerlassene Butter mit einem Holzlöffel unterrühren. Die Masse in die Tortenform gießen und im vorgeheizten Backrohr bei 180° 30–40 Minuten backen, bis die Oberfläche eine schöne goldbraune Farbe aufweist. Aus dem Rohr nehmen, stürzen und ganz abkühlen lassen.
- In der Zwischenzeit den Sirup zubereiten: Den Zucker mit 3 EL Wasser in eine Kasserolle geben und aufkochen, 2–3 Minuten kochen lassen, ab und zu umrühren. Wenn der Zucker ganz aufgelöst ist, vom Feuer nehmen, etwas abkühlen lassen und den Maraschino unter den lauwarmen Sirup rühren.
- Die Fülle zubereiten: Die Äpfel schälen, das Kerngehäuse entfernen, das Fruchtfleisch in Würfel schneiden und in eine Kasserolle geben. Die Heidelbeeren rasch in Eiswasser waschen und vorsichtig mit Küchenpapier trockentupfen. Die Heidelbeeren zu den Äpfeln geben, mit dem Zucker bestreuen und auf kleiner Flamme erhitzen. Etwa 15 Minuten köcheln lassen, vom Feuer nehmen und ganz abkühlen lassen.
- Die Torte mit einem scharfen Messer quer durchschneiden. Die Schnittfläche der unteren Hälfte mit Sirup bestreichen, das Fruchtpüree darauf verteilen und mit der oberen Hälfte bedecken.
- Zum Verzieren die Heidelbeeren rasch in Eiswasser waschen und vorsichtig mit Küchenpapier trockentupfen. Die Aprikosengelatine mit 1 EL Wasser (ersatzweise helles Tortengelee mit 1 EL Aprikosensaft aus der Dose) aufkochen und die Oberfläche der Torte damit bestreichen. Die Sahne schlagen und je 1 EL in eine blütenförmige, kalt ausgespülte, etwa 1 cm hohe Ausstechform füllen, mit einem Messer glatt streichen, die Form am Rand auf die Torte setzen und wieder anheben, sodass eine Sahneblüte auf der Oberfläche zurückbleibt. Beliebig oft wiederholen. Auf jede Sahneblüte ein paar Körnchen Mohn streuen. In die Mitte ein Häufchen Heidelbeeren setzen und mit der restlichen Gelatine bestreichen.

Quarktorte mit Rosinen

Torta di ricotta e uvetta

Die Oberfläche der Torte zuerst mit Zimt bestreuen, dann Vanillezucker über eine Schablone durch ein Sieb darüber streuen.

ZUBEREITUNGSZEIT:
1 Stunde 15 Minuten

Zutaten für 6 Personen:
500 g *ricotta romana* oder Quark;
5 Eier;
abgeriebene Schale einer unbehandelten Zitrone;
80 g Kristallzucker;
60 g Paniermehl;
1 EL Rum;
30 g Korinthen

Zum Garnieren:
1 EL Vanillezucker;
2 TL Zimt

Für die Form:
30 g Butter

Zusätzliche Küchenutensilien:
1 Tortenform von 24 cm Durchmesser

- Die Form mit Butter ausstreichen, den Boden mit Backpapier auslegen, auch dieses mit Butter bestreichen und mit Paniermehl bestreuen, dann den Rand der Form ebenfalls mit Paniermehl bestreuen.
- Die Korinthen im Rum einweichen. Die *ricotta* zweimal durch ein Sieb streichen. Die Eier trennen, die Eidotter mit dem Zucker und der abgeriebenen Zitronenschale schaumig rühren, nach und nach die *ricotta* zugeben und alles gut vermengen.
- Die abgetropften Korinthen mit dem Paniermehl vermischen und ebenfalls unter die Masse rühren. Die Eiklar zu Schnee schlagen und unterheben.
- Die Masse in die Form füllen und im vorgeheizten Backrohr bei 160° etwa 50 Minuten backen. Aus dem Rohr nehmen und auf eine Platte stürzen. Das Backpapier vorsichtig abziehen, die Torte abkühlen lassen.
- Die Torte mit dem Zimt bestreuen. Aus einem ausreichend großen Blatt Papier einen Stern ausschneiden, die Schablone auf die Torte legen und mit Vanillezucker bestreuen. Die Schablone vorsichtig abnehmen und die Torte servieren.

Kleingebäck

Mandeltorteletts

Tartellette alle mandorle

ZUBEREITUNGSZEIT:
1 Stunde

Zutaten für 6 Personen:
250 g fertiger Mürbteig;
100 g Butter;
1 dl Sahne;
150 g Kristallzucker;
150 g gehobelte Mandeln;
1 Eidotter;
75 g Honig

Zum Verzieren:
40 g Puderzucker;
40 g gehobelte Mandeln; 24 ganze Mandeln

Für die Förmchen:
40 g Butter;
25 g Mehl

Zusätzliche Küchenutensilien:
6 Tortelettförmchen von 12 cm Durchmesser

- Die Förmchen mit Butter ausstreichen und leicht bemehlen. Den Teig zu einem etwa 3 mm dicken Blatt ausrollen. Die Förmchen damit auslegen und den Boden mehrmals mit einer Gabel einstechen. Die Teigreste aufbewahren.

Mandeltorteletts

Tartellette alle mandorle

● Die Butter, den Zucker, die Sahne und den Honig unter ständigem Rühren mit einem Holzlöffel aufkochen und etwa 2 Minuten kochen lassen. Die Mandeln hinzufügen und weitere 2 Minuten kochen lassen, dabei ständig rühren. Das Ganze in die Förmchen gießen, mit einem Spatel glatt streichen und im vorgeheizten Backrohr bei 180° etwa 20 Minuten backen. Aus der Form lösen und ganz abkühlen lassen.

● In der Zwischenzeit die Teigreste kurz verkneten und zu einem 3 mm dicken Blatt ausrollen. Mit einer Ausstechform sechs Scheiben von 4 cm Durchmesser ausstechen und mit einem Messer in Viertel schneiden (1). Ein Backblech mit Butter bestreichen und leicht bemehlen, die Mürbteigspalten darauf legen. Den Eidotter mit einer Gabel etwas aufschlagen und die Mürbteigspalten damit bestreichen. Im vorgeheizten Backrohr bei 180° etwa 10 Minuten backen, aus dem Rohr nehmen und abkühlen lassen.

Verzieren:

● Aus der Mitte eines Blattes Backpapier einen Kreis von etwa 5 cm Durchmesser ausschneiden. Diese Schablone auf die Törtchen legen und durch ein Sieb den Puderzucker darüber streuen (2). Die Schablone vorsichtig abnehmen. Auf jedes Törtchen vier Mürbteigspalten setzen (3), in die Zwischenräume die ganzen Mandeln legen (4). Einige Mandelblättchen in die Mitte jedes Törtchens legen (5).

1

2

3

4

5

Aprikosentorteletts

Tartellette di albicocche

1

2

Die gewaschenen, entsteinten Aprikosen vierteln (1) und die Törtchen strahlenförmig damit belegen (2).

ZUBEREITUNGSZEIT:
50 Minuten + Ruhezeit

Zutaten für 6 Personen:

Für den Teig:
150 g Mehl; 90 g Butter;
60 g Kristallzucker; 2 Eidotter;
abgeriebene Schale einer
unbehandelten Zitrone;
1 Prise Salz

Für die Fülle:
300 g Aprikosen;
80 g Aprikosengelatine oder
Aprikosenkonfitüre

Zum Garnieren:
je 6 Marzipanblüten und -blätter

Für die Förmchen:
40 g Butter; 30 g Mehl

Zusätzliche Küchenutensilien:
6 Tortelettförmchen von 10 cm
Durchmesser

- Die Förmchen sorgfältig mit Butter ausstreichen und leicht bemehlen. Die Butter bei Zimmertemperatur weich werden lassen.
- Den Teig zubereiten: Das Mehl auf die Arbeitsfläche sieben und eine Mulde in die Mitte drücken. Die in Stückchen geschnittene Butter, den Zucker, die Eidotter, die abgeriebene Zitronenschale und das Salz hineingeben. Alle Zutaten rasch mit den Fingerspitzen vermengen, den Teig nicht zu stark durchkneten. In Frischhaltefolie einschlagen und 1 Stunde an einem kühlen Ort oder im Gemüsefach des Kühlschranks ruhen lassen.
- Den Teig wieder zur Hand nehmen und zu einem 3–4 mm dicken Blatt ausrollen. Sechs Scheiben von 12 cm Durchmesser ausstechen und die Tortenförmchen damit auslegen. Den Boden mit einer Gabel mehrmals einstechen. Im vorgeheizten Backrohr bei 190° etwa 10 Minuten backen.
- In der Zwischenzeit die Fülle zubereiten. Die Aprikosen sorgfältig waschen, abtrocknen, vierteln und entsteinen. Die Hälfte der Gelatine oder Konfitüre in einer Kasserolle mit 1 EL Wasser aufkochen und die Böden der Torteletts damit bestreichen. Strahlenförmig mit den Aprikosenvierteln belegen und auf ein Blech setzen. Im vorgeheizten Backrohr bei 180° 25–30 Minuten backen. Aus dem Rohr nehmen und abkühlen lassen. Mit den Marzipanblüten und -blättchen verzieren.

Baba mit Rum

Babà al rum

ZUBEREITUNGSZEIT:
1 Stunde + Ruhezeit

Zutaten für 6–8 Personen:

Für den Teig:
250 g Mehl; 110 g Butter;
75 g Kristallzucker; 15 g Bierhefe;
4 Eier; ½ l Milch;
1 unbehandelte Zitrone;
1 Prise Salz

Für den Sirup:
200 g Kristallzucker;
1 unbehandelte Orange;
1 unbehandelte Zitrone;
1 dl Rum; 1 Vanilleschote;
2 Gewürznelken;
3 EL Aprikosengelatine

Zusätzliche Küchenutensilien:
einige Babaförmchen von 4 cm Durchmesser

- Die Butter bei Zimmertemperatur weich werden lassen. Die Förmchen sorgfältig mit Butter ausstreichen und bemehlen.
- Den Teig zubereiten: Die Zitrone sorgfältig waschen, abtrocknen und die Schale abreiben (nur die gelbe Haut). Das Mehl in eine angewärmte Schüssel sieben. Die Hefe in der leicht erwärmten Milch auflösen und mit dem Mehl vermischen. Die in Stückchen geschnittene Butter, den Zucker, das Salz, die abgeriebene Zitronenschale und eines nach dem anderen die Eier zugeben. Alle Zutaten kräftig verkneten, bis der Teig homogen und weich geworden ist.
- Mit einem Tuch bedecken und an einem warmen Ort gehen lassen, bis sich das Volumen verdoppelt hat. Die Förmchen zu zwei Drittel ihrer Höhe mit dem Teig füllen. An einem warmen Ort nochmals gehen lassen, bis der Teig bis zum Rand der Förmchen reicht. Im vorgeheizten Backrohr bei 200° etwa 30 Minuten backen.
- In der Zwischenzeit den Sirup zubereiten: Die Zitrone und die Orange sorgfältig waschen und abtrocknen. Mit einem scharfen Messer die Schale abziehen (nur die gelbe bzw. orangefarbene Haut). ½ l Wasser in eine Kasserolle gießen, den Zucker, die Orangen- und Zitronenschale, die Vanilleschote und die Nelken dazugeben. Bei mäßiger Hitze aufkochen und einige Minuten kochen lassen, bis sich der Zucker aufgelöst hat. Vom Feuer nehmen und den Rum dazugeben, 1 EL zurückbehalten.
- Die Babas aus dem Rohr nehmen, aus den Förmchen lösen und mit einem Sieblöffel in den heißen Sirup tauchen, zum Abtropfen auf ein Kuchengitter legen. Die Aprikosengelatine oder -konfitüre mit 2 EL Wasser und dem restlichen Rum erhitzen und die Babas damit überziehen. Kalt servieren.

Aprikosenmeringen

Meringhette alla frutta

ZUBEREITUNGSZEIT:
2 Stunden

Zutaten für 6–8 Personen:
2 Eiklar; 50 g Kristallzucker;
50 g Puderzucker;
50 g geschälte, gemahlene Mandeln;
70 g pürierte Aprikosen;
80 g gehobelte Mandeln

Für das Backblech:
50 g Butter; 15 g Mehl

- Das Backblech mit Butter bestreichen und mit Backpapier auslegen, auch das Papier mit Butter bestreichen und bemehlen.
- Den Kristallzucker in einer Schüssel mit dem Puderzucker vermischen. Die Eiklar mit einem elektrischen Handrührgerät mit der Hälfte der Zuckermischung zu festem Schnee schlagen, anschließend unter ständigem Rühren mit einem Holzlöffel nach und nach den restlichen Zucker dazugeben. Die gemahlenen Mandeln und das Aprikosenpüree vorsichtig untermischen. Die Arbeitsfläche mit den gehobelten Mandeln bestreuen und löffelweise die zuvor zubereitete Masse darauf verteilen.
- Die Häufchen mit einem Löffel in den Mandeln wälzen, vorsichtig auf das Backblech setzen und im vorgeheizten Backrohr bei 100° 1½ Stunden backen. Eigentlich ist backen nicht der richtige Ausdruck, die Meringen sollen keine Farbe annehmen, sondern einfach nur trocknen. Vom Blech lösen, abkühlen lassen und in Konfektschälchen aus Papier setzen.

1

2

3

Die gemahlenen Mandeln (1) und das Aprikosenpüree (2) in die Eischneemasse geben, sorgfältig vermengen, die Masse häufchenweise auf die gehobelten Mandeln setzen und darin wälzen (3).

Mandel-Kaffee-Schnittchen

Pasticcini di mandorle e caffè

ZUBEREITUNGSZEIT:
1 Stunde

Zutaten für 6–8 Personen:
250 g geschälte Mandeln;
200 g Kristallzucker;
3 Eiklar;
2 EL Löskaffee

Zum Garnieren:
1 EL Puderzucker

Für das Backblech:
20 g Butter;
1 EL Paniermehl

- Das Backblech sorgfältig mit Butter bestreichen und mit Paniermehl bestreuen.
- Die Mandeln 1 Minute in kochendem Wasser überbrühen, abgießen, die Haut abziehen, abtrocknen und fein hacken. Den Zucker mit 3 EL Wasser in eine kleine Kasserolle geben, aufkochen und den Zucker auflösen, die gehackten Mandeln und den in 1 EL heißem Wasser gelösten Löskaffee dazugeben. Alle Zutaten mit einem Holzlöffel gut vermengen. Vom Feuer nehmen und zu den zu Schnee geschlagenen Eiklar geben, vorsichtig unterheben.
- Die Masse auf das Backblech gießen und mit einem Spatel glatt streichen. Im vorgeheizten Backrohr bei 170° etwa 40 Minuten backen. Aus dem Rohr nehmen, stürzen und abkühlen lassen. Mit einem scharfen Messer regelmäßige, rechteckige Schnittchen zuschneiden und vor dem Servieren mit dem Puderzucker bestreuen.

Kaffee-Eclairs

Éclairs al caffè

ZUBEREITUNGSZEIT:
1 Stunde

Zutaten für 6 Personen:

Für den Teig:
150 g Mehl; 120 g Butter;
6 Eier; 1 Prise Salz; 1 Vanilleschote

Für die Creme:
6 Eidotter; 150 g Kristallzucker;
½ l Milch; 40 g Mehl;
½ Päckchen Vanillin;
1 EL Löskaffee

Zum Garnieren:
100 g Puderzucker;
etwa 2 EL starker Kaffee

- Das Backblech mit Butter bestreichen und bemehlen.
- Den Teig zubereiten: 2 dl Wasser in eine Kasserolle gießen und die Butter, das Salz und die Vanilleschote dazugeben. Aufkochen und nach dem Aufwallen das gesamte Mehl zusetzen. Vom Feuer nehmen und kräftig mit einem Holzlöffel rühren. Die Kasserolle wieder auf den Herd setzen und unter ständigem Rühren solange erhitzen, bis der Teig sich von Topfboden und -wänden löst, eine Kugel formt und hörbar zu »brutzeln« beginnt.
- Vom Feuer nehmen, in eine Schüssel geben und etwas abkühlen lassen. Die Vanilleschote herausnehmen und die Eier eines nach dem anderen in den lauwarmen Teig einarbeiten, ein Ei muss jeweils ganz aufgesogen sein, bevor man das nächste zugibt. Den Teig in einen Spritzbeutel mit glatter Tülle füllen und in 5 cm langen, 2 cm breiten Streifen auf das Backblech dressieren, dazwischen genügend Abstand lassen. Im vorgeheizten Backrohr bei 180° etwa 20 Minuten backen, bis die Eclairs eine schöne goldgelbe Farbe angenommen haben. Aus dem Rohr nehmen und ganz abkühlen lassen. Anschließend mit einem scharfen Messer eine Öffnung in jedes der Eclairs schneiden.
- In der Zwischenzeit die Creme zubereiten: Die Milch in einer Kasserolle aufkochen. Den Löskaffee dazugeben und vom Feuer nehmen. Die Eidotter, den Zucker und das Vanillin in einer Schüssel gut verrühren. Nach und nach das gesiebte Mehl unterrühren, anschließend die kochend heiße Milch durch ein Sieb hineingießen. Die Masse in eine Kasserolle gießen und unter ständigem Rühren bei mäßiger Hitze zum Kochen bringen. Zugedeckt auf ganz kleiner Flamme 7–8 Minuten kochen, vom Feuer nehmen und abkühlen lassen. Die Kaffeecreme in einen Spritzbeutel mit schmaler Tülle streichen und die Eclairs damit füllen.
- Für die Kuvertüre den Kaffee in eine Schüssel geben und nach und nach mit dem gesiebten Puderzucker verrühren, bis eine dickflüssige Masse entstanden ist. Die Eclairs mit der Kaffeekuvertüre überziehen und bis zum Servieren kühl aufbewahren.

Die Eclairs durch den zuvor gemachten Einschnitt mit Kaffeecreme füllen (1), anschließend jedes davon mit einer kleinen Menge Kaffeekuvertüre überziehen (2).

1

2

»Unförmige« Mandelmakronen

Brutti ma buoni

ZUBEREITUNGSZEIT:
50 Minuten

Zutaten für 6 Personen:
200 g geschälte Mandeln;
170 g Puderzucker; 100 g Eiklar;
30 g Kristallzucker;
1 nussgroßes Stück Butter
für das Blech

- Ein Backblech mit Backpapier auslegen und dieses mit Butter bestreichen.
- Die Mandeln im vorgeheizten Backrohr etwa 3 Minuten rösten, grob hacken, in eine Schüssel geben und mit dem Puderzucker vermischen.
- Die Eiklar zu Schnee schlagen, zum Schluss den Kristallzucker einrieseln lassen und ausschlagen. Die Mandeln mit dem Puderzucker vorsichtig untermengen.
- Die Masse häufchenweise auf das Backblech setzen, zwischen den Häufchen genügend Abstand lassen.
- Im vorgeheizten Backrohr bei 130° etwa 30–40 Minuten backen. Aus dem Rohr nehmen und noch warm mit einem Spatel vom Backblech lösen. Abkühlen lassen.

1

2

3

Den Puderzucker mit den grob gehackten Mandeln vermischen (1), die Mischung vorsichtig unter die Eischneemasse heben (2) und häufchenweise auf das Backblech setzen (3).

Erdnussplätzchen

Biscottini alle arachidi

ZUBEREITUNGSZEIT:
35 Minuten

Zutaten für 6 Personen:
180 g Mehl;
200 g geschälte Erdnüsse;
150 g Kristallzucker;
70 g Butter;
1 dl Sahne;
50 g kandiertes Zitronat;
2 Eidotter;
1 Prise Salz

Zum Garnieren:
50 g Kochschokolade;
30 g geschälte Erdnüsse;
30 g kandiertes Zitronat

- Ein Backblech mit Butter bestreichen und leicht bemehlen. Die Butter bei Zimmertemperatur weich werden lassen. Das kandierte Zitronat in Stückchen schneiden. Die Erdnüsse fein hacken und in eine Schüssel geben, das gesiebte Mehl, den Zucker, das Salz und das Zitronat dazugeben. Eine Mulde in die Mitte drücken und die in Stückchen geschnittene Butter, die Eidotter und die Sahne hineingeben. Alle Zutaten gut vermengen und aus der Masse haselnussgroße Bällchen formen.
- Die Bällchen auf das Backblech setzen, dabei genügend Abstand dazwischen lassen, damit sie während des Backens nicht aneinander kleben bleiben. Im vorgeheizten Backrohr bei 180° etwa 15 Minuten backen. Aus dem Rohr nehmen und abkühlen lassen.
- Zum Verzieren die Erdnüsse teilen, aus dem kandierten Zitronat kleine Dreiecke ausschneiden. Die Schokolade in kleine Stücke brechen und im Wasserbad schmelzen, in eine Tüte aus Backpapier füllen und über jedes Plätzchen einen Schokoladestreifen ziehen.
- Die Erdnusshälften auf die Plätzchen setzen, dabei ein wenig andrücken, damit sie an der Schokolade haften, mit den Dreiecken aus kandiertem Zitronat ebenso verfahren. Die Plätzchen an einen kühlen Ort stellen, bis die Schokolade fest geworden ist.

Gefüllte Plätzchen mit heller und dunkler Schokolade

Cemelli al cioccolato bianconero

ZUBEREITUNGSZEIT:
1 Stunde

Zutaten für 8 Personen:

Für den Teig:
200 g Mehl; 100 g Butter;
80 g Kristallzucker; 1 Ei;
1 TL Backpulver;
1/2 Päckchen Vanillin; 1 Prise Salz

Für die dunkle Schokoladecreme:
80 g Kochschokolade; 40 g Butter;
1 Ei; 20 g Kristallzucker

Für die helle Schokoladecreme:
100 g weiße Schokolade;
1 EL Sahne; 1 EL Orangenlikör

Für das Backblech:
20 g Butter; 20 g Mehl

- Das Blech mit Butter bestreichen und leicht bemehlen.
- Den Teig zubereiten: Die Butter bei Zimmertemperatur weich werden lassen. Das Mehl mit dem Zucker, dem Salz, dem Backpulver und dem Vanillin auf die Arbeitsfläche sieben und eine Mulde in die Mitte drücken. Die in Stückchen geschnittene Butter und das Ei hineingeben. Alle Zutaten vorsichtig mit den Fingerspitzen verkneten. Den Teig zu einem 5 mm dicken Blatt ausrollen und mit einem runden Ausstecher von 4–5 cm Durchmesser runde Plätzchen ausstechen. Auf das Backblech legen und mit einer Gabel ein paar Mal einstechen.
- Im vorgeheizten Backrohr bei 180° 15–20 Minuten backen, bis die Plätzchen eine leicht goldbraune Farbe angenommen haben. Aus dem Rohr nehmen und vorsichtig vom Blech lösen, ganz abkühlen lassen.
- Die dunkle Schokoladecreme zubereiten: Das Ei trennen. Die Kochschokolade grob hacken und im Wasserbad auf kleiner Flamme schmelzen. Die in Stückchen geschnittene Butter dazugeben und mit einem Holzlöffel unterrühren. Vom Feuer nehmen und den Eidotter ebenfalls unterrühren. In der Zwischenzeit das Eiklar zu steifem Schnee schlagen, den Zucker dazugeben und noch etwas weiter schlagen, dann den Schnee unter die Schokolademasse heben. Die Creme bis zur Verwendung im Kühlschrank aufbewahren.
- Die helle Schokoladecreme zubereiten: Die weiße Schokolade im Wasserbad auf kleiner Flamme schmelzen. Die Sahne separat erhitzen. Die heiße Sahne mit einem Holzlöffel unter die geschmolzene Schokolade rühren. Vom Feuer nehmen und den Likör dazugeben. Nochmals gut durchrühren und abkühlen lassen. Die beiden Schokoladecremes mit einem Spatel auf die flache Seite der Hälfte der Plätzchen verteilen, mit den restlichen Plätzchen bedecken und leicht festdrücken.

Schokolade-Igel

I ricci di cioccolato

ZUBEREITUNGSZEIT:
40 Minuten + Ruhezeit

Zutaten für 6–8 Personen:
125 g Milchschokolade;
125 g Kochschokolade;
1,5 dl Sahne;
1 EL Kristallzucker;
2 EL Rum;
150 g Löffelbiskuits oder trockene Plätzchen;
30 g ungesüßtes Kakaopulver

Zum Garnieren:
80 g Pignolen;
10 g kandierte Kirschen;
30 g weiße Schokolade;
20 g Milchschokolade

- Die Löffelbiskuits in Stückchen schneiden und beiseite stellen. Die Milchschokolade und auch die Kochschokolade grob hacken und in eine Schüssel geben. Den Zucker in einer kleinen Kasserolle in 1 EL Wasser auflösen, die Sahne dazugeben und unter ständigem Rühren mit einem Holzlöffel zum Kochen bringen. Vom Feuer nehmen, über die Schokolade gießen und stehen lassen, bis die Schokolade aufgelöst ist. Die Löffelbiskuits dazugeben und abkühlen lassen. Zum Schluss den Rum hinzufügen.
- Wenn die Masse fest zu werden beginnt, nochmals durchrühren und in den Kühlschrank stellen, bis sie sich ganz verfestigt hat. Aus dem Kühlschrank nehmen und mit einem Holzlöffel durchrühren. Mit den Händen eine Rolle von etwa 4 cm Durchmesser formen, in 6 cm lange Stücke schneiden und jedes der Stücke zu einem kleinen Igel mit spitzer Nase und rundem hinteren Ende formen. Mit dem Kakaopulver bestreuen.
- Nun die Igel verzieren: Mit einer Pinzette die Pignolen als Stacheln einsetzen, das Nasenende frei lassen. Kleine Scheibchen aus den kandierten Kirschen ausschneiden. Die weiße Schokolade im Wasserbad schmelzen und in eine Tüte aus Backpapier füllen, die Spitze abschneiden und auf jeden der Igel zwei Tröpfchen für die Augen setzen, die Scheibchen aus kandierten Kirschen auf die Tröpfchen drücken.
- Auch die Milchschokolade schmelzen und in eine Tüte aus Backpapier füllen, damit einen Tropfen an die Stelle der Schnauze setzen. Die Schokolade-Igel auf eine Platte setzen und bis zum Servieren kühl aufbewahren.

Blätterteigtorteletts mit Himbeeren

Tartellette sfogliate ai lamponi

ZUBEREITUNGSZEIT:
55 Minuten + Ruhezeit

Zutaten für 6–8 Personen:
200 g fertiger Blätterteig;
200 g Himbeeren;
2 EL Aprikosengelatine;
1 EL Puderzucker;
¹/₄ l Sahne

Zusätzliche Küchenutensilien:
einige Tortelettförmchen von 2,5–3 cm Durchmesser

- Den Blätterteig zu einem 2–3 mm starken Blatt ausrollen und mit einer Ausstechform von 5–6 cm Durchmesser einige Scheiben ausstechen. Die Förmchen mit wenig kaltem Wasser auspinseln, mit den Teigscheiben auslegen und den Boden mehrmals mit einer Gabel einstechen. 30 Minuten ruhen lassen.
- Die Förmchen wieder zur Hand nehmen, jedes mit Alufolie auslegen und mit ungekochtem Reis füllen. Im vorgeheizten Backrohr bei 200° etwa 15 Minuten backen. Die Förmchen aus dem Rohr nehmen, den Reis ausleeren, die Alufolie entfernen, die Torteletts vorsichtig aus den Förmchen lösen und abkühlen lassen. In der Zwischenzeit die Himbeeren rasch in Eiswasser waschen und zum Abtropfen auf Küchenpapier legen.
- Die Sahne mit dem Puderzucker schlagen, in einen Spritzbeutel mit Sterntülle füllen und auf die Torteletts dressieren. Auf jedes davon fünf Himbeeren setzen. Die Aprikosengelatine mit 1 EL Wasser (ersatzweise helles Tortengelee mit 1 EL Aprikosensaft aus der Dose) aufkochen und die Himbeeren damit bestreichen. Kalt servieren.

1

2

3

Die Böden der Torteletts mehrmals mit einer Gabel einstechen (1), die fertigen Torteletts mit Sahne füllen (2) und die Himbeeren darauf setzen (3).

Kleine Erdbeercharlotten

Piccole charlottes di fragole

ZUBEREITUNGSZEIT:
35 Minuten + Zeit zum Kühlstellen

Zutaten für 8 Personen:
200 g kleine Löffelbiskuits;
250 g Erdbeeren;
125 g Kristallzucker;
1/4 l Sahne;
12 g Blattgelatine

Zum Verzieren:
100 g kleine Erdbeeren;
20 g Aprikosengelatine;
100 g Vanilleeis

Zusätzliche Küchenutensilien:
Souffleeförmchen von etwa 8 cm Durchmesser

Kleine Erdbeercharlotten

Piccole charlottes di fragole

- Die Gelatineblätter in einer Schale mit kaltem Wasser einweichen. Die Förmchen mit den nach Bedarf zugeschnittenen Löffelbiskuits auslegen, den Boden strahlenförmig belegen. Die Erdbeeren rasch in Eiswasser waschen, vorsichtig mit Küchenpapier trockentupfen und entstielen.
- Die Erdbeeren im Mixer pürieren oder durch ein Sieb streichen. Den Zucker dazugeben und mit einem Holzlöffel untermengen. Die Gelatine gut ausdrücken und im Wasserbad schmelzen. Zum Erdbeerpüree geben und gut vermischen. Die Sahne schlagen und ebenfalls unter das Erdbeerpüree heben.
- Die Charlotten mit der Erdbeersahne füllen, mit einer Lage Löffelbiskuits abschließen und mindestens 2 Stunden in den Kühlschrank stellen. Vor dem Servieren die Charlotten auf eine Platte stürzen.

Verzieren:

- Die Erdbeeren rasch in Eiswasser waschen und vorsichtig mit Küchenpapier trockentupfen. Mit einem scharfen Messer der Länge nach in Scheiben schneiden (1). Die Aprikosengelatine mit 2 EL Wasser (ersatzweise helles Tortengelee mit 2 EL Aprikosensaft aus der Dose) aufkochen und die Oberfläche der Charlotten mit einem Teil davon bestreichen (2). Die Erdbeerscheiben in konzentrischen Kreisen leicht überlappend darauf setzen (3) und mit der restlichen Gelatine bestreichen.
- Zum Schluss auf jede Charlotte eine kleine Kugel Vanilleeis setzen, die man am besten mit einem kleinen Kugelausstecher formt (4).

2

3

1

4

Katalanische Mandelküchlein

Pastine alla catalana

ZUBEREITUNGSZEIT:
1 Stunde + Ruhezeit

Zutaten für 6–8 Personen:

Für den Teig:
150 g Mehl; 75 g Butter;
1 Eidotter; 40 g Kristallzucker;
abgeriebene Schale einer ½ unbehandelten Zitrone;
½ Päckchen Vanillin

Für die Fülle:
75 g geschälte Mandeln;
100 g Kristallzucker;
50 g Butter; ½ EL Mehl;
2 ganze Eier; 2 Eidotter;
1 EL Kirsch

Zum Garnieren:
70 g Kochschokolade

Für die Förmchen:
30 g Butter; 30 g Mehl

Zusätzliche Küchenutensilien:
Tortelettförmchen von 4 cm Durchmesser

- Die Förmchen mit Butter ausstreichen und bemehlen.
- Den Teig zubereiten: Die Butter bei Zimmertemperatur weich werden lassen. Das Mehl mit dem Vanillin auf die Arbeitsfläche sieben und eine Mulde in die Mitte drücken. Die in Stückchen geschnittene Butter, den Zucker, die abgeriebene Zitronenschale und den Eidotter hineingeben. Alle Zutaten rasch mit den Fingerspitzen vermengen, den Teig nicht zu stark durchkneten. Eine Kugel formen, in Frischhaltefolie einschlagen und mindestens 1 Stunde im Gemüsefach des Kühlschranks ruhen lassen.
- In der Zwischenzeit die Fülle zubereiten: Die Mandeln im Backrohr leicht rösten und fein hacken. Die Butter zerlassen. Die gehackten Mandeln, den Zucker, das Mehl, die Eier, die Eidotter und den Kirsch in eine Schüssel geben und mit einem Holzlöffel gut vermengen. Schließlich die zerlassene Butter vorsichtig unterrühren.
- Den Teig zur Hand nehmen und zu einem 3 mm dicken Blatt ausrollen. Mit einer gezahnten Ausstechform Scheiben von etwa 6 cm Durchmesser ausstechen. Die Förmchen damit auslegen, den Boden mit einer Gabel mehrmals einstechen. Die Fülle in einen Spritzbeutel füllen und in die Torteletts dressieren. Im vorgeheizten Backrohr bei 180° etwa 25 Minuten backen, bis die Oberfläche schön goldbraun geworden ist. Aus dem Rohr nehmen, aus den Förmchen lösen und abkühlen lassen.
- Zum Verzieren die Schokolade grob hacken und im Wasserbad schmelzen. In eine Tüte aus Backpapier füllen, die Spitze abschneiden und die Küchlein damit garnieren. Auf eine Platte setzen und servieren.

Brandteigkrapfen

Choux alla panna

1

2

Aus dem Brandteig nussgroße Häufchen auf das Blech dressieren, mit dem Hagelzucker bestreuen (1), einen Deckel von den gebackenen Brandteigkrapfen abschneiden (2), mit Sahne füllen (3) und den Deckel wieder darauf setzen.

3

ZUBEREITUNGSZEIT:
45 Minuten

Zutaten für 8–10 Personen:
150 g Mehl; 120 g Butter;
6 Eier; 1 Vanilleschote;
1 EL Vanillezucker; 3 dl frische Sahne;
1 EL Puderzucker; 70 g Hagelzucker;
1 Prise Salz

- Ein Backblech mit Butter bestreichen. 2 dl Wasser in eine Kasserolle geben und mit der Butter, dem Salz und der Vanilleschote aufkochen. Beim Aufwallen das Mehl zusetzen. Vom Feuer nehmen und mit einem Holzlöffel kräftig rühren. Wieder auf den Herd stellen und noch einige Minuten rühren, bis der Teig sich von Boden und Wänden des Topfs löst, eine Kugel formt und hörbar zu »brutzeln« beginnt.
- Vom Feuer nehmen und in eine Schüssel geben. Etwas abkühlen lassen, die Vanilleschote entfernen, den Vanillezucker dazugeben und gut vermengen. Dann die Eier eines nach dem anderen zugeben, ein Ei muss jeweils ganz aufgesogen sein, bevor man das nächste hinzufügt.
- Den Teig in einen Spritzbeutel mit glatter Tülle füllen und in nussgroßen Häufchen auf das Backblech dressieren, mit Hagelzucker bestreuen und im vorgeheizten Backrohr bei 180° etwa 20 Minuten backen. Aus dem Rohr nehmen und abkühlen lassen, in der Zwischenzeit die Sahne mit dem Puderzucker schlagen und im Kühlschrank aufbewahren.
- Einen Deckel von den Brandteigkrapfen abschneiden, mit einem Spritzbeutel mit Sterntülle mit der Sahne füllen und den Deckel wieder darauf setzen. Bis zum Servieren im Kühlschrank aufbewahren.

Blätterteigtörtchen mit Kirschen

Sfogliatine alle ciliegie

ZUBEREITUNGSZEIT:
30 Minuten

Zutaten für 4 Personen:
150 g fertiger Blätterteig;
250 g Kirschen; 1 Ei;
50 g Kristallzucker; 2 Zweiglein Minze

Zusätzliche Küchenutensilien:
4 niedrige Tortenförmchen von 8 cm Durchmesser

- Die Kirschen sorgfältig waschen, abtrocknen, entstielen und mit einem Kirschenentsteiner die Kerne herauslösen.
- Den Blätterteig etwa 4 mm dick ausrollen und mit einem runden Ausstecher von 10 cm Durchmesser Scheiben ausstechen. Die mit wenig Wasser ausgepinselten Formen damit auslegen. Den Teig in den Formen gut festdrücken, den Boden mehrmals mit einer Gabel einstechen. Das Ei mit ein paar Tropfen Wasser mit einer Gabel leicht aufschlagen und den Teig damit bestreichen.

1

- Die Törtchen mit den Kirschen belegen und mit wenig Zucker bestreuen, einige Kirschen zurückbehalten. Im vorgeheizten Backrohr bei 230° 10–12 Minuten backen, bis der Teig schön goldbraun geworden ist.
- In der Zwischenzeit die restlichen Kirschen in Ringe schneiden. Je zwei davon wie die Glieder einer Kette zusammensetzen und den Rand der Törtchen damit verzieren. Mit einigen Minzeblättchen garnieren und kalt oder lauwarm servieren.

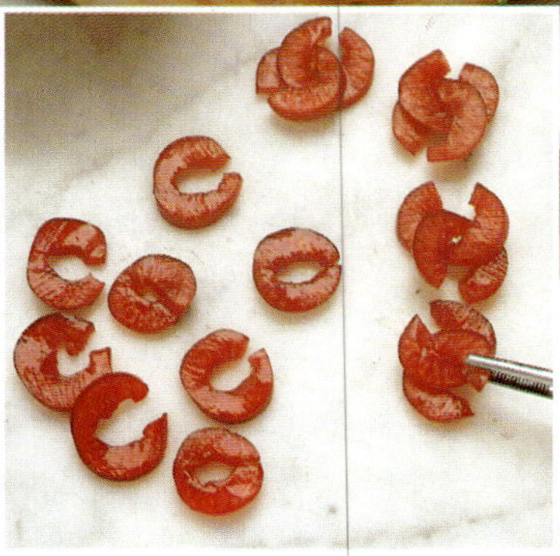

2

Die Törtchen mit den Kirschen belegen (1), die zurückbehaltenen Kirschen in Ringe schneiden und jeweils zwei davon zusammensetzen (2), den Rand der Törtchen damit verzieren (3).

3

Mürbe Plätzchen mit Heidelbeeren

Frollini ai mirtilli

ZUBEREITUNGSZEIT:
40 Minuten

Zutaten für etwa 250 g Plätzchen:
100 g Mehl;
80 g Butter;
70 g Puderzucker;
2 hart gekochte Eidotter;
½ unbehandelte Zitrone

Zum Verzieren:
150 g Heidelbeeren;
50 g Himbeeren;
50 g Aprikosengelatine

Für das Backblech:
20 g Butter;
1 EL Mehl

Mürbe Plätzchen mit Heidelbeeren

Frollini ai mirtilli

1

2

3

- Ein Backblech mit Butter bestreichen und bemehlen. Die Butter bei Zimmertemperatur weich werden lassen.
- Die Eidotter durch ein Sieb streichen (1). Die Zitronenschale abreiben (nur die gelbe Haut). Das Mehl auf die Arbeitsfläche sieben und eine Mulde in die Mitte drücken. Die in Stückchen geschnittene Butter, den Zucker, die Zitronenschale und die Eidotter hineingeben (2). Alle Zutaten rasch mit den Fingerspitzen vermengen, den Teig nicht zu stark durchkneten. In Frischhaltefolie einschlagen und 3–4 Stunden im Gemüsefach des Kühlschranks ruhen lassen.
- Den Teig anschließend zu einem etwa 3 mm dicken Blatt ausrollen. Mit einer runden Ausstechform von 5 cm Durchmesser Plätzchen ausstechen (3). Auf das Backblech legen und im vorgeheizten Backrohr bei 180° etwa 15 Minuten leicht goldbraun backen. Aus dem Rohr nehmen und abkühlen lassen, lauwarm mit einem Spatel vom Blech lösen und auf die Arbeitsfläche legen.

Verzieren:

- Die Heidelbeeren und Himbeeren rasch in Eiswasser waschen, vorsichtig mit Küchenpapier trockentupfen, nicht zerdrücken.
- Die Aprikosengelatine mit etwas Wasser (ersatzweise helles Tortengelee mit etwas Aprikosensaft aus der Dose) aufkochen. Die Himbeeren am breiten Ende mit wenig Gelatine bepinseln und je eine auf die Mitte jedes Plätzchens setzen (4). Auch die Heidelbeeren am Stängelansatz mit etwas Gelatine bestreichen und mit einer Pinzette rund um die Himbeeren auf die Plätzchen setzen (5). Nun alle Früchte mit der restlichen Gelatine bestreichen.

4

5

Eierplätzchen

Biscotti ovis

ZUBEREITUNGSZEIT:
40 Minuten + Ruhezeit

Zutaten für 6 Personen:
100 g Mehl;
80 g Butter;
40 g Puderzucker;
2 hart gekochte Eidotter;
½ unbehandelte Zitrone

Zum Garnieren:
1 EL Puderzucker

Für das Backblech:
20 g Butter;
1 EL Mehl

- Die Zitrone sorgfältig waschen, abtrocknen und die Schale abreiben (nur die gelbe Haut). Ein Backblech mit Butter bestreichen und bemehlen. Die Butter bei Zimmertemperatur weich werden lassen. Die Eidotter durch ein Sieb streichen.
- Das Mehl auf die Arbeitsfläche sieben und eine Mulde in die Mitte drücken. Die in Stückchen geschnittene Butter, den Puderzucker, die abgeriebene Zitronenschale und die Eidotter hineingeben. Alle Zutaten rasch mit den Fingerspitzen vermengen, den Teig nicht zu stark durchkneten. In Frischhaltefolie einschlagen und 3 Stunden im Gemüsefach des Kühlschranks ruhen lassen.
- Anschließend den Teig wieder zur Hand nehmen und zu einem etwa 3 mm dicken Blatt ausrollen. Mit einer gezahnten Ausstechform Plätzchen ausstechen, auf das vorbereitete Backblech legen und im vorgeheizten Backrohr bei 180° etwa 15 Minuten goldbraun backen.
- Aus dem Rohr nehmen, abkühlen lassen, lauwarm mit einem Spatel vom Blech lösen und ganz abkühlen lassen. Vor dem Servieren mit Puderzucker bestreuen.

Apfel-Vanille-Taschen

Fagottini di mele e crema

ZUBEREITUNGSZEIT:
55 Minuten

Zutaten für 4 Personen:
200 g fertiger Blätterteig;
2 große Äpfel; 30 g Butter;
4 TL Kristallzucker;
½ TL Zimt

Für die Creme:
3,5 dl Milch; 60 g Mehl;
40 g Kristallzucker;
1 EL Maisstärke;
1 Eidotter; 30 g Butter
1 Päckchen Vanillin;
15 g gehobelte Mandeln

Zum Garnieren:
1 TL Puderzucker;
1 TL Zimt

- Zuerst die Creme zubereiten: Die Hälfte der Milch in einer Kasserolle erhitzen. Das Mehl in eine Schüssel sieben und die Maisstärke und den Zucker dazugeben. Die restliche Milch langsam unter ständigem Rühren mit einem Holzlöffel zugeben, dann das Ganze in dünnem Faden in die heiße Milch einfließen lassen. Unter ständigem Rühren aufkochen und 6–7 Minuten kochen lassen. Vom Feuer nehmen und die Butter, das Vanillin und die Mandeln dazugeben.
- Die Äpfel schälen, das Kerngehäuse entfernen und das Fruchtfleisch in kleine Würfel schneiden. Die Butter zerlassen, die Äpfel dazugeben und etwa 10 Minuten schmoren lassen, ab und zu umrühren. Die Äpfel mit dem Zucker bestreuen und leicht karamellisieren, den Zimt untermischen und das Ganze in die Vanillecreme geben.
- Den Blätterteig zu einem etwa 2 mm dicken Blatt ausrollen und mit einem scharfen Messer vier Quadrate von 15 cm Seitenlänge zuschneiden. In die Mitte jedes Quadrates je ein Viertel der zubereiteten Fülle setzen. Die vier Ecken des Quadrates darüber klappen, die Ränder zusammendrücken und dekorativ zurechtzupfen.
- Die Taschen auf ein leicht angefeuchtetes Backblech legen und im vorgeheizten Backrohr bei 190° etwa 25 Minuten backen. Aus dem Rohr nehmen, auf eine Platte legen, mit dem mit dem Zimt vermischten Puderzucker bestreuen und heiß oder lauwarm servieren.

Schoko-Nuss-Schnitten

Tranci di cioccolato

ZUBEREITUNGSZEIT:
35 Minuten + Zeit zum Kühlstellen

Zutaten für 12 Personen:
450 g Kochschokolade;
70 g weiße Schokolade;
100 g Milchschokolade; ¼ l Sahne;
1 EL Weinbrand; 100 g Butter;
100 g gemischte kandierte Früchte;
70 g geschälte Haselnüsse;
70 g geschälte Mandeln

Zusätzliche Küchenutensilien:
1 rechteckige Kuchenform mit halbrundem Boden

- Die Haselnüsse und Mandeln im Backrohr kurz rösten und halbieren. Die Form mit Butter ausstreichen und mit Backpapier auslegen.
- 400 g der Kochschokolade und die Milchschokolade grob hacken. Die Sahne in einer Kasserolle erhitzen und die in Stückchen geschnittene Butter dazugeben. Aufkochen, vom Feuer nehmen und die gehackte Koch- und Milchschokolade dazugeben. Zugedeckt etwa 5 Minuten stehen lassen. Anschließend mit einem Holzlöffel rühren, bis sich die Schokolade ganz aufgelöst hat. Abkühlen lassen und den Weinbrand dazugeben.
- Ein Drittel der Masse in eine Schüssel gießen und mit den gehackten kandierten Früchten mit einem Holzlöffel gut vermengen. Die Mandeln und Haselnüsse unter den Rest der Schokolademasse mischen. Die Hälfte der Schoko-Nuss-Masse in die Form füllen und mit einem Spatel glatt streichen. Die Schokomasse mit den kandierten Früchten darüber gießen und ebenfalls glatt streichen. Mit der restlichen Schoko-Nuss-Masse abschließen und mit dem Spatel leicht andrücken, damit etwaige Luftblasen entweichen. 4–5 Stunden im Kühlschrank ruhen lassen.
- Anschließend die Masse an den Rändern mit einem in heißem Wasser erwärmten Messer von der Form lösen und auf die Arbeitsfläche stürzen. Das Backpapier vorsichtig abziehen. Die weiße Schokolade hacken, im Wasserbad schmelzen und die Süßspeise ganz damit überziehen. An einen kühlen Ort stellen, damit die Schokolade fest wird.
- Mit einem scharfen Messer ein regelmäßiges Gitter in den Überzug aus weißer Schokolade ritzen. Die restliche Kochschokolade grob hacken und im Wasserbad schmelzen, eine Tüte aus Backpapier füllen, die Spitze abschneiden und dünne Streifen entlang der mit dem Messer vorgezeichneten Linien ziehen.
- Bis zum Servieren im Kühlschrank aufbewahren, in Scheiben geschnitten anrichten.

Da es sich hier um eine besonders üppige Süßspeise handelt, müssen die Scheiben entsprechend dünn sein. Die angegebene Menge genügt daher für eine größere Personenanzahl.

Aprikosentorteletts

Medaglioni alle albicocche

ZUBEREITUNGSZEIT:
40 Minuten + Zeit zum Kühlstellen

Zutaten für 6–8 Personen:
150 g Löffelbiskuits;
1.5 dl Milch;
450 g Aprikosen;
100 g Kristallzucker;
2 Eidotter;
5 g Blattgelatine;
1.5 dl Sahne;
2 EL Aprikosengelatine

Zusätzliche Küchenutensilien:
Tortelettförmchen von etwa 5 cm Durchmesser und 3 cm Höhe

- Die Löffelbiskuits mit einem Messer zurechtschneiden und den Boden der Förmchen damit auslegen.
- Die Aprikosen waschen, in kochendem Wasser überbrühen, abgießen, häuten, teilen und entsteinen. Die Hälfte zum Garnieren zurückbehalten, den Rest im Mixer pürieren, beiseite stellen.
- Die Gelatine in einer Tasse mit kaltem Wasser einweichen. Die Milch erhitzen. Die Eidotter mit dem Zucker in einer Schüssel glatt rühren. Nach und nach die heiße Milch unterrühren. In eine Kasserolle gießen und unter ständigem Rühren mit einem Holzlöffel zum Kochen bringen, die ausgedrückte Blattgelatine dazugeben und unter Rühren auflösen. Vom Feuer nehmen und abkühlen lassen. Dann das Aprikosenpüree dazugeben und die separat geschlagene Sahne unterheben.
- Die Creme in die mit den Löffelbiskuits ausgelegten Förmchen geben, bis etwa 5 mm unter den Rand füllen. Mindestens 1 Stunde in den Kühlschrank stellen. Anschließend auf jedes Tortelett eine halbe Aprikose setzen.
- Die Aprikosengelatine mit 1 EL Wasser (ersatzweise helles Tortengelee mit 1 EL Aprikosensaft aus der Dose) bei mäßiger Hitze aufkochen, vom Feuer nehmen und abkühlen lassen. Mit der lauwarmen Gelatine die Oberfläche der Aprikosen bestreichen.
- Die Aprikosentorteletts bis zur Verwendung im Kühlschrank aufbewahren, vor dem Servieren kurz in lauwarmes Wasser tauchen, aus der Form lösen und auf einer Platte anrichten.

Dänisches Quarkgebäck

Pasticcini danesi con ricotta

ZUBEREITUNGSZEIT:
1 Stunde + Ruhezeit

Zutaten für 6–8 Personen:

Für den Teig:
300 g Mehl; 2 Eier;
100 g Butter; 3 EL Kristallzucker;
10 g Bierhefe; 6 EL Milch;
1 Prise Salz

Für die Fülle:
250 g *ricotta romana* oder Quark;
3 Eidotter;
100 g Kristallzucker;
60 g Sultaninen;
abgeriebene Schale einer unbehandelten Zitrone;
1 ganzes Ei

Zum Garnieren:
40 g Aprikosengelatine

Für das Backblech:
30 g Butter;
30 g Mehl

- Ein oder zwei Backbleche mit Butter bestreichen und bemehlen.
- Den Teig zubereiten: Die Milch mit der in Stückchen geschnittenen Butter in einer Kasserolle erhitzen, den Zucker dazugeben und mit einem Holzlöffel untermengen. Wenn sich die Butter aufgelöst hat vom Feuer nehmen und abkühlen lassen. Die Bierhefe in 2 EL lauwarmem Wasser auflösen und in die Milch geben. Das Mehl mit dem Salz in eine Schüssel sieben, die Eier und die lauwarme Milchmischung dazugeben. Alle Zutaten 10 Minuten lang kräftig durchkneten, bis ein weicher, elastischer Teig entstanden ist.
- Den Teig mit einem Tuch bedecken und an einem warmen Ort gehen lassen, bis sich das Volumen verdoppelt hat (etwa 1 Stunde). Den Teig aus der Schüssel nehmen und auf der Arbeitsfläche nochmals durchkneten, dann zu einem 2–3 mm dicken Blatt ausrollen und in Quadrate von etwa 12 cm Seitenlänge schneiden.
- Die Fülle zubereiten: Die Sultaninen in kaltem Wasser waschen, abgießen und in lauwarmem Wasser einweichen. Abgießen und mit Küchenpapier trockentupfen. Die *ricotta* zweimal durch ein Sieb streichen und in eine Schüssel geben. Den Zucker und die abgeriebene Zitronenschale dazugeben, alle Zutaten gut vermengen und die drei Eidotter nacheinander einarbeiten, zum Schluss die Sultaninen untermischen.
- 2 EL der Fülle auf jedes Teigquadrat setzen und glatt streichen, einen Rand von etwa 5 mm frei lassen. Die Ränder durch Eindrehen der Ecken etwas hochziehen. Das ganze Ei mit einer Gabel leicht aufschlagen und die Teigränder damit bestreichen. Auf das vorbereitete Backblech setzen und im vorgeheizten Backrohr bei 190° 15–20 Minuten backen.
- Die Aprikosengelatine mit 1 EL Wasser (ersatzweise helles Tortengelee mit 1 EL Aprikosensaft aus der Dose) aufkochen und das noch warme Gebäck damit bestreichen. Vor dem Servieren ganz abkühlen lassen.

Damenküsse

Baci di dama

ZUBEREITUNGSZEIT:
55 Minuten + Zeit zum Kühlstellen

Zutaten für etwa 20 Damenküsse:
70 g Mehl;
30 g geschälte Mandeln;
30 g geschälte Haselnüsse;
50 g Kristallzucker;
50 g Butter;
50 g Kochschokolade;
1 Prise Vanillin;
1 Prise Salz

- Die Butter bei Zimmertemperatur weich werden lassen. Die Mandeln in kochendem Wasser überbrühen, die Haut abziehen und ein paar Minuten im Backrohr trocknen. Auch die Haselnüsse kurz im Backrohr rösten und die braune Haut mit einem Tuch abreiben. Abkühlen lassen und zusammen mit den Mandeln fein hacken.
- Die in Stückchen geschnittene Butter, den Zucker, das Salz, das Vanillin und die gehackten Nüsse in eine Schüssel geben und alle Zutaten gut vermengen. Das gesiebte Mehl dazugeben und alles rasch mit den Fingerspitzen verkneten. In Frischhaltefolie einschlagen und mindestens 4 Stunden im Kühlschrank ruhen lassen.
- Ein Backblech mit Butter bestreichen und bemehlen. Den Teig aus der Frischhaltefolie nehmen und in etwa 5 g schwere Würfel schneiden, diese zwischen den Handflächen zu Kugeln rollen und auf das vorbereitete Backblech setzen. Im vorgeheizten Backrohr bei 160° 30 Minuten backen. Aus dem Rohr nehmen, auf ein Tablett legen und abkühlen lassen.
- Die Schokolade in Stücke brechen und im Wasserbad schmelzen. In eine Tüte aus Backpapier füllen, die Spitze abschneiden und je einen Tropfen Schokolade auf die Hälfte der Plätzchen setzen. Je zwei Plätzchen zusammensetzen.

Mandelschnitten

Sandwich alle mandorle

ZUBEREITUNGSZEIT:
1 Stunde + Ruhezeit

Zutaten für 6–8 Personen:
300 g Mehl; 3 Eier; 100 g Butter;
3 EL Zucker; 10 g Bierhefe; 1 dl Milch;
1 Prise Salz;
100 g karamellisierte Mandeln

Für die Creme:
3 Eidotter; 80 g Kristallzucker;
¼ l Milch; 20 g Mehl;
½ Päckchen Vanillin;
Schale einer ½ unbehandelten Zitrone

Für das Backblech:
20 g Butter; 20 g Mehl

- Das Backblech mit Butter bestreichen und leicht bemehlen. Die Milch mit der in Stückchen geschnittenen Butter in einer Kasserolle erhitzen, den Zucker dazugeben und rühren, bis sich die Zutaten aufgelöst haben. Vom Feuer nehmen und abkühlen lassen. Die in 2 EL lauwarmem Wasser gelöste Bierhefe in die lauwarme Milch geben. Das Mehl mit dem Salz in eine Schüssel sieben, zwei Eier und die Milchmischung hinzufügen und mit einem Holzlöffel gut vermengen.
- Den Teig 20 Minuten kräftig durchkneten und immer wieder gegen die Arbeitsfläche schlagen. Wenn er sich von den Händen löst und weich, glatt und elastisch wird, ist er fertig. Mit einem Tuch bedecken und an einem lauwarmen Ort mindestens 30 Minuten gehen lassen. Anschließend nochmals durchkneten, um den Gärvorgang zu unterbrechen. Wieder in die Schüssel geben (der Teig soll nicht mehr als ein Drittel des Volumens einnehmen), mit einem leicht angefeuchteten Tuch bedecken und im Kühlschrank 12 Stunden ruhen lassen.
- Den Teig wieder zur Hand nehmen und neuerlich kurz durchkneten, dann auf dem vorbereiteten Backblech zu einem etwa 3 mm dicken Blatt ausrollen. Das dritte Ei mit einer Gabel leicht aufschlagen und den Teig damit bestreichen. Die Mandeln grob hacken und über den Teig verteilen. An einem warmen Ort nochmals 15–20 Minuten gehen lassen, anschließend im vorgeheizten Backrohr bei 180° etwa 20 Minuten backen.
- In der Zwischenzeit die Creme zubereiten: Die Milch in eine Kasserolle gießen, die abgeriebene Zitronenschale dazugeben und aufkochen. Die Eidotter mit dem Zucker in einer Schüssel gut verrühren. Nach und nach das mit dem Vanillin gesiebte Mehl untermengen. Durch ein Sieb die kochend heiße Milch unter ständigem Rühren einfließen lassen, es sollen sich keine Klümpchen bilden. Das Ganze in eine Kasserolle gießen und bei mäßiger Hitze unter ständigem Rühren zum Kochen bringen. Zugedeckt 7–8 Minuten weiterkochen, öfters umrühren. Vom Feuer nehmen und abkühlen lassen.
- Den gebackenen Teig aus dem Rohr nehmen, stürzen und abkühlen lassen. Ein Rechteck von 20 cm Länge und 12 cm Breite zuschneiden, dieses der Länge nach halbieren. Eine Hälfte mit der Creme bestreichen, mit der anderen Hälfte bedecken. In 2 cm breite und 6 cm lange Schnittchen schneiden. Auf einer Platte anrichten und servieren.

Paradiesringe

Ciambelline paradiso

ZUBEREITUNGSZEIT:
45 Minuten + Ruhezeit

Zutaten für 8 Personen:
300 g Mehl; 100 g Kristallzucker;
3 EL Milch; 150 g Butter;
1/2 Päckchen Backpulver
1 Prise Salz;
1 EL Puderzucker

Für das Backblech:
20 g Butter; 20 g Mehl

Zusätzliche Küchenutensilien:
2 runde Ausstechformen mit gezahntem Rand von 5 und 2 cm Durchmesser

- Das Backblech sorgfältig mit Butter bestreichen und bemehlen.
- Die Butter bei Zimmertemperatur weich werden lassen. Das Mehl mit dem Backpulver auf die Arbeitsfläche sieben und eine Mulde in die Mitte drücken. Die in Stückchen geschnittene Butter, den Zucker, die Milch und das Salz hineingeben. Alle Zutaten rasch mit den Fingerspitzen vermengen und an einem kühlen Ort eine Weile ruhen lassen. Anschließend zu einem etwa 5 mm dicken Blatt ausrollen und mit den beiden Ausstechformen Ringe ausstechen. Die Teigreste rasch verkneten und neuerlich ausrollen, so fortfahren, bis der Teig aufgebraucht ist.
- Die Ringe auf das Backblech legen und im vorgeheizten Backrohr bei 180° etwa 10–12 Minuten backen. Aus dem Rohr nehmen, vorsichtig mit einem Spatel noch warm vom Blech lösen und ganz abkühlen lassen. Mit Puderzucker bestreuen und auf einer Platte anrichten.

Walnusstorteletts mit Pignolen

Tartellette con pinoli e noci

ZUBEREITUNGSZEIT:
45 Minuten + Ruhezeit

Zutaten für 6–8 Personen:

Für den Teig:
150 g Mehl; 50 g Butter;
50 g Kristallzucker; 1 Eidotter;
abgeriebene Schale einer ½ unbehandelten Zitrone;
30 g geschälte Mandeln

Für die Fülle:
150 g Walnüsse; 50 g Pignolen;
3 EL Kristallzucker;
4 EL Honig; 2 EL Sahne

Für die Förmchen:
40 g Butter; 40 g Mehl

Zusätzliche Küchenutensilien:
einige Tortelettförmchen von 3–4 cm Durchmesser

- Die Förmchen mit Butter ausstreichen und bemehlen.
- Den Teig zubereiten: Die Mandeln im Backrohr leicht rösten, abkühlen lassen und fein hacken oder mahlen. Die Butter bei Zimmertemperatur weich werden lassen. Das Mehl mit dem Zucker auf die Arbeitsfläche sieben und eine Mulde in die Mitte drücken. Die in Stückchen geschnittene Butter, den Zucker, die abgeriebene Zitronenschale, die gemahlenen Mandeln und den Eidotter hineingeben. Alle Zutaten rasch mit den Fingerspitzen vermengen, den Teig nicht zu stark durchkneten. In Frischhaltefolie einschlagen und mindestens 1 Stunde im Gemüsefach des Kühlschranks ruhen lassen.
- Den Teig anschließend wieder zur Hand nehmen und zu einem etwa 3 mm dicken Blatt ausrollen. Mit einer Ausstechform mit gezahntem Rand Scheiben von 5–6 cm Durchmesser ausstechen und die Förmchen damit auslegen. Den Boden mehrmals mit einer Gabel einstechen, mit Alufolie bedecken, mit ungekochtem Reis füllen und im vorgeheizten Backrohr bei 180° 10–15 Minuten backen. Aus dem Rohr nehmen, den Reis und die Alufolie entfernen, abkühlen lassen und aus den Förmchen lösen.
- Die Fülle zubereiten: Die Walnüsse grob hacken und mit den Pignolen mischen. Den Zucker in ein Pfännchen geben, mit wenig Wasser beträufeln und auf kleiner Flamme erhitzen, bis der Zucker goldgelb karamellisiert ist. Die Nussmischung dazugeben und rasch mit einem Holzlöffel durchrühren. Vom Feuer nehmen und den Honig dazugeben. Alles gut vermengen und die Sahne hinzufügen. Rühren, bis sich die Nüsse und Pignolen voneinander zu lösen beginnen. Abkühlen lassen und die lauwarme Fülle auf die Torteletts verteilen. Vor dem Servieren ganz abkühlen lassen.

Maismehlplätzchen

Gallette di farina di mais bianca

ZUBEREITUNGSZEIT:
1 Stunde 15 Minuten

Zutaten für 8–10 Personen:
250 g Weizenmehl;
1 Päckchen Backpulver;
½ TL Salz; 120 g Butter;
2 EL Kristallzucker;
2 zimmerwarme Eier;
¼ l Milch; 120 g weißes Maismehl;
1 EL Fenchelsamen

Zusätzliche Küchenutensilien:
1 niedriger, rechteckiger Bräter von 20 cm Breite und 40 cm Länge

- Den Bräter mit Butter ausstreichen. Die Butter bei Zimmertemperatur weich werden lassen.
- Das Weizenmehl mit dem Backpulver und dem Salz in eine Schüssel sieben. Die Butter mit dem Zucker in eine andere Schüssel geben und mit einem Holzlöffel schaumig rühren. Die Eier eines nach dem anderen dazugeben, danach die Milch und ¼ l Wasser abwechselnd mit dem Weizenmehl einrühren. Dann auch das Maismehl dazugeben.
- Ein wenig Teig in den Bräter gießen und mit einem Spatel gleichmäßig dünn auf dem Boden verteilen. Mit Fenchelsamen bestreuen und im vorgeheizten Backrohr bei 180° etwa 5–6 Minuten backen.
- Aus dem Rohr nehmen, mit einem scharfen Messer in Rauten schneiden und weitere 15 Minuten backen. Die Plätzchen zum Abtropfen auf Küchenpapier legen, die Form auswischen und den Vorgang wiederholen, bis der Teig aufgebraucht ist. Die Plätzchen kalt servieren.

Plätzchen nach normannischer Art

Sablé alla normanna

ZUBEREITUNGSZEIT:
40 Minuten + Ruhezeit

Zutaten für 6–8 Personen:
250 g Mehl; 200 g Butter;
100 g Puderzucker;
50 g Pignolen;
50 g Kristallzucker;
3 Eidotter;
½ Päckchen Vanillin

Für das Backblech:
20 g Butter;
20 g Mehl

- Ein Backblech mit Butter bestreichen, mit Backpapier auslegen und auch dieses mit Butter bestreichen und bemehlen.
- Die Butter bei Zimmertemperatur weich werden lassen. Die Pignolen mit dem Zucker im Mixer zu einer Paste zerkleinern. Die in Stückchen geschnittene Butter in eine Schüssel geben, den mit dem Vanillin gesiebten Puderzucker dazugeben und schaumig rühren. Einen nach dem anderen unter ständigem Rühren die Eidotter zugeben, dann die Pignolenpaste und nach und nach das gesiebte Mehl einarbeiten, alle Zutaten rasch zu einem homogenen Teig verarbeiten. Im Kühlschrank etwa 2 Stunden ruhen lassen.
- Den Teig wieder zur Hand nehmen und zu einem 4 mm dicken Blatt ausrollen. Mit einem Gitter oder einem gerillten Teigroller ein Gittermuster über den Teig ziehen, mit einem gezahnten Teigrädchen oder einem scharfen Messer Quadrate von etwa 3 cm Seitenlänge zuschneiden. Auf das vorbereitete Backblech legen und im vorgeheizten Backrohr bei 180° etwa 15 Minuten backen, bis die Plätzchen leicht goldbraun geworden sind. Aus dem Rohr nehmen und abkühlen lassen. Vorsichtig mit einem Spatel vom Blech lösen und auf einer Platte anrichten.

Kleine Soufflees von Mandarinorangen

Piccoli soufflés di mandaranci

ZUBEREITUNGSZEIT:
1 Stunde

Zutaten für 4 Personen:
60 g Kristallzucker;
60 g Mehl; 3 Eier;
4 Eiklar; ¼ l Milch;
4 EL frische Sahne;
25 g Butter;
3 EL Mandarinenlikör;
2 unbehandelte Mandarinorangen;
1 Vanilleschote

Zum Garnieren:
20 g Orangeat am Stück

Für die Förmchen:
30 g Butter;
30 g Kristallzucker

Zusätzliche Küchenutensilien:
4 Souffleeförmchen von 8 cm Durchmesser

- Die Förmchen mit Butter ausstreichen und mit Zucker bestreuen.
- Die Mandarinorangen sorgfältig waschen, abtrocknen, die Schale abreiben und beiseite stellen. Den Saft auspressen und ebenfalls beiseite stellen.
- Das Mehl, den Zucker, ein Ei, ein Eidotter, den Mandarinenlikör, die abgeriebene Mandarinorangenschale und den Mandarinorangensaft in eine Kasserolle geben und gut vermengen.
- In einer anderen Kasserolle die Milch mit der Sahne und der Vanilleschote aufkochen. Die Vanilleschote entfernen und das Ganze kochend heiß durch ein Sieb unter ständigem Rühren in die zuvor zubereitete Masse gießen.
- Die Kasserolle auf den Herd setzen, unter ständigem Rühren aufkochen und kochen lassen, bis die Masse glatt und gleichmäßig ist. Vom Feuer nehmen, die Butter und den Eidotter hinzufügen und etwas abkühlen lassen.
- In der Zwischenzeit die sechs Eiklar zu Schnee schlagen. Den Eischnee vorsichtig unter die lauwarme Masse heben. Auf die Förmchen verteilen und im vorgeheizten Backrohr bei 180° etwa 35 Minuten backen.
- In der Zwischenzeit feine Streifen vom Orangeat abschneiden. Die Förmchen aus dem Rohr nehmen, mit den Orangeatstreifen gefällig garnieren und sofort servieren.

Damit die Soufflees nicht zusammenfallen, sollten sie möglichst in den Backformen serviert werden.

Honig-Dattel-Nuss-Schnitten

Pasticcini al miele, datteri e noci

ZUBEREITUNGSZEIT:
50 Minuten

Zutaten für 4–6 Personen:
100 g Mehl; 1 Prise Backpulver;
1 Prise Salz; 200 g Datteln;
60 g Walnüsse; 2 Eier;
50 g Butter; 50 g Honig

Zum Garnieren:
1 EL Puderzucker

Für die Form:
20 g Butter

Zusätzliche Küchenutensilien:
1 quadratische Backform von 24 cm Seitenlänge

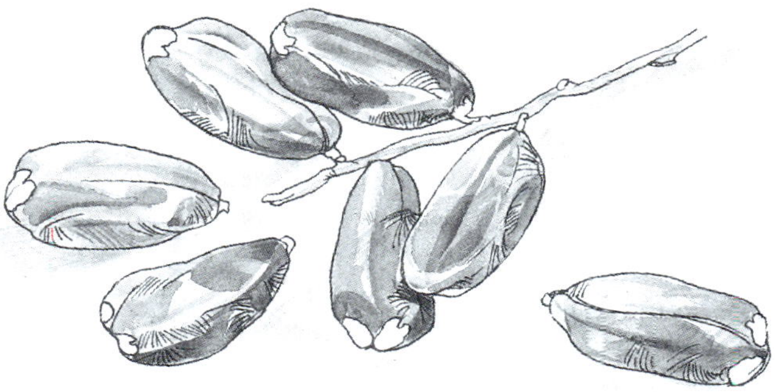

- Die Form sorgfältig mit Butter ausstreichen.
- Die Walnüsse hacken, die Datteln entkernen und grob hacken, beides in eine Schüssel geben, das Mehl mit dem Backpulver und dem Salz sieben und dazugeben. Die Butter zerlassen. Die Eier in eine Schüssel geben und mit einer Gabel leicht aufschlagen, die zerlassene Butter und den Honig hinzufügen und alles unter die Dattelmischung mengen. Mit einem Holzlöffel rühren, bis alle Zutaten gut vermischt sind.
- Den Teig in die Form füllen und im vorgeheizten Backrohr bei 180° etwa 30 Minuten backen, die Oberfläche soll schön goldbraun sein. Aus dem Rohr nehmen und sofort in rechteckige Schnitten von 2,5 cm Breite und 4–5 cm Länge schneiden, die schmalen Enden in Puderzucker tauchen. Kalt oder zimmerwarm servieren.

Die Schnitten können auch mit Schlagsahne aus dem Spritzbeutel garniert werden.

Piemonteser Hörnchen

Crumiri piemontesi

ZUBEREITUNGSZEIT:
40 Minuten + Ruhezeit

Zutaten für 6 Personen:
200 g feinstes Maismehl;
160 g Weizenmehl;
4 Eidotter;
1 Päckchen Vanillin;
200 g Butter;
100 g Kristallzucker

- Ein Backblech mit Butter bestreichen und leicht bemehlen. Die Butter bei Zimmertemperatur weich werden lassen.
- Das Weizenmehl auf die Arbeitsfläche sieben, das Maismehl dazugeben und eine Mulde in die Mitte drücken. Die in Stückchen geschnittene Butter, den Zucker, das Vanillin und die Eidotter hineingeben. Alle Zutaten rasch mit den Fingerspitzen vermengen, den Teig nicht zu stark durchkneten. In Frischhaltefolie einschlagen und etwa 30 Minuten an einem kühlen Ort ruhen lassen.
- Den Teig in einen Spritzbeutel mit Sterntülle füllen und Hörnchen von etwa 8 cm Länge auf das Backblech dressieren. Im vorgeheizten Backrohr bei 170° etwa 15 Minuten backen, bis die Hörnchen eine schöne goldgelbe Farbe angenommen haben. Aus dem Rohr nehmen, vom Backblech lösen und auf eine Platte legen. Abkühlen lassen und servieren.

Dieses ausgezeichnete Kleingebäck ist eine Spezialität aus Casale Monferato und schmeckt vorzüglich zu Tee, Kaffee oder Schokolade, eignet sich aber auch als Abschluss einer Speisenfolge mit einem guten, süßen Wein. In einer Blechdose kühl und trocken gelagert hält es sich einige Zeit.

Birnentorteletts mit Karamellsauce

Tartellette di pere con salsa caramellata

1

2

Die gekochten Birnenhälften in feine Scheiben schneiden, am oberen Ende nicht ganz durchschneiden (1), sechs Scheiben aus dem Blätterteig ausstechen (2) und jede mit einer halben Birne belegen (3).

3

ZUBEREITUNGSZEIT:
1 Stunde

Zutaten für 6 Personen:
200 g fertiger Blätterteig;
3 Birnen; 100 g Kristallzucker;

Für die Karamellsauce:
60 g Kochschokolade;
65 g Puderzucker; 1 dl Sahne

- Die Birnen waschen, schälen und beiseite stellen. Den Zucker in einem Pfännchen leicht karamellisieren, langsam ½ l Wasser dazugießen, bis ein klarer Sirup entstanden ist. Die Birnen darin auf kleiner Flamme zugedeckt 20 Minuten ziehen lassen. Die Birnen aus dem Sirup heben, mit Küchenpapier trockentupfen, halbieren, das Kerngehäuse entfernen. Den Sirup einkochen lassen, bis er leicht karamellisiert, dann vom Feuer nehmen.
- Mit einem scharfen Messer jede Birnenhälfte in feine Scheiben schneiden, am oberen Ende nicht ganz durchschneiden. Den Blätterteig zu einem dünnen Blatt ausrollen und mit einer Ausstechform Scheiben von 6 cm Durchmesser ausstechen.
- Mit Hilfe eines Spatels auf die Mitte jeder Blätterteigscheibe eine Birnenhälfte setzen (etwa 1 cm Rand soll frei bleiben), die Birnenspalten fächerartig aufklappen. Die Torteletts auf ein mit wenig Wasser bepinseltes Backblech setzen.
- Jede Birnenhälfte mit ein wenig des reduzierten Sirups bestreichen und im vorgeheizten Backrohr bei 200° etwa 15–20 Minuten goldbraun backen.
- In der Zwischenzeit die Karamellsauce zubereiten. Die Schokolade in kleine Stücke brechen, in eine Schüssel legen, den restlichen Birnensirup (etwa 8 EL) darüber gießen und im Wasserbad schmelzen. Aus dem Wasserbad nehmen und den Puderzucker und die Sahne dazugeben, mit einem Holzlöffel gut verrühren.
- Die Torteletts warm servieren, die Karamellsauce separat dazu reichen.

Teegebäck

Biscotti per il tè

ZUBEREITUNGSZEIT:
45 Minuten

Zutaten für 6 Personen:
150 g Mehl; 1 Ei;
1 Eidotter; 75 g Kristallzucker;
50 g Butter; 5 EL Milch;
½ dl Sahne;
1 Prise Salz;
½ TL Backpulver
abgeriebene Schale einer ½ unbehandelten Zitrone

Zum Garnieren:
100 g Milchschokolade

Für die Förmchen:
30 g Butter

Zusätzliche Küchenutensilien:
einige runde Backförmchen von etwa 3,5 cm Durchmesser

- Die Förmchen mit Butter ausstreichen.
- Die Butter bei Zimmertemperatur weich werden lassen. Das Ei, den Eidotter, den Zucker und das Salz schaumig rühren, die in Stückchen geschnittene Butter, die abgeriebene Zitronenschale und nach und nach das mit dem Backpulver gesiebte Mehl dazugeben, mit einem Holzlöffel alle Zutaten gut vermengen. Zum Schluss die Milch und die Sahne unterrühren. Die Masse auf die Förmchen verteilen und im vorgeheizten Backrohr bei 180° 15–20 Minuten backen, aus dem Rohr nehmen und abkühlen lassen.
- Zum Verzieren die Milchschokolade in kleine Stücke brechen, im Wasserbad schmelzen und in eine Tüte aus Backpapier füllen. Von oben beginnend mit der Schokolade je drei Dreiecke auf die Küchlein spritzen. Bis zum Servieren an einem kühlen Ort aufbewahren, damit die Schokolade fest wird.

Vanillehörnchen

Cornetti alla vaniglia

ZUBEREITUNGSZEIT:
40 Minuten

Zutaten für etwa 400 g Vanillehörnchen:
200 g Mehl; 150 g Butter;
70 g Kristallzucker; 1 Eidotter;
1 Päckchen Vanillin;
abgeriebene Schale einer unbehandelten Zitrone

Zum Garnieren:
2 EL Puderzucker;
2 Päckchen Vanillin

- Die Butter aus dem Kühlschrank nehmen und bei Zimmertemperatur mindestens 30 Minuten weich werden lassen. Ein Backblech mit Butter bestreichen und bemehlen.
- Das Mehl mit dem Vanillin auf die Arbeitsfläche sieben und eine Mulde in die Mitte drücken. Die Butter, den Zucker, die abgeriebene Zitronenschale, das Ei und den Eidotter hineingeben, rasch mit den Fingerspitzen vermengen, den Teig nicht zu stark durchkneten.
- Aus dem Teig Röllchen von etwa 1 cm Durchmesser formen, von diesen 4 cm lange Stücke abschneiden, zwischen den Handflächen rollen und die Enden zusammendrücken (Hörnchenform).
- Auf das Backblech legen und im vorgeheizten Backrohr bei 180° 10–12 Minuten backen.
- Aus dem Rohr nehmen, vorsichtig die noch warmen Hörnchen vom Blech lösen und abkühlen lassen. Auf einer Platte anrichten und mit dem mit dem Vanillin/Puderzucker bestreuen.

1

2

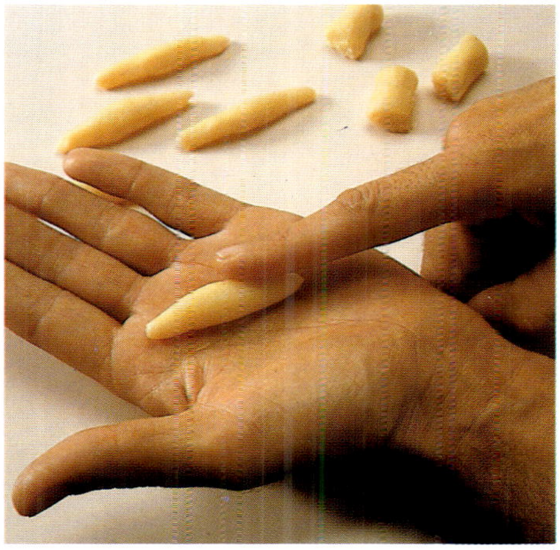

3

4

In die Mitte des mit dem Vanillin gesiebten Mehls die Butter (1) und die restlichen Zutaten geben, aus dem Teig Röllchen formen und 4 cm lange Stücke abschneiden (2), diese zwischen den Handflächen zu Hörnchen formen (3) und auf das Backblech legen (4).

Erdbeer-Mandel-Schnittchen »Alexandra«

Pasticcini Alexandra

ZUBEREITUNGSZEIT:
1 Stunde + Ruhezeit

Zutaten für 8–10 Personen:

Für den Teig:
250 g Mehl; 120 g Butter;
70 g Kristallzucker; 1 Eidotter;
abgeriebene Schale einer 1/2
unbehandelten Zitrone;
1/2 Päckchen Vanillin

Für die Fülle:
400 g Erdbeeren;
400 g geschälte Mandeln;
10 g Zimt; 1 TL Zitronensaft;
150 g Kristallzucker

Zum Garnieren:
40 g Puderzucker; 70 g Erdbeeren

- Ein Backblech mit Butter bestreichen und leicht bemehlen.
- Den Teig zubereiten: Die Butter bei Zimmertemperatur weich werden lassen. Das Mehl mit dem Vanillin auf die Arbeitsfläche sieben und eine Mulde in die Mitte drücken. Die in Stückchen geschnittene Butter, den Zucker, die abgeriebene Zitronenschale und den Eidotter hineingeben. Alle Zutaten rasch mit den Fingerspitzen vermengen, den Teig nicht zu stark durchkneten. In Frischhaltefolie einschlagen und etwa 1 Stunde im Gemüsefach des Kühlschranks ruhen lassen.
- In der Zwischenzeit die Fülle zubereiten: Die Erdbeeren rasch in Eiswasser waschen, vorsichtig mit Küchenpapier trockentupfen und entstielen. In eine Schüssel geben, den Zucker, den Zimt, die fein gehackten Mandeln und den Zitronensaft hinzufügen. Die Erdbeeren mit einer Gabel zerdrücken und alle Zutaten zu einer dicken Masse vermengen.
- Den Teig zu zwei 3 mm dicken Blättern ausrollen. Eines davon auf das vorbereitete Backblech legen, die Fülle darauf verteilen und mit dem zweiten Teigblatt bedecken. Im vorgeheizten Backrohr bei 180° etwa 30–40 Minuten backen. Aus dem Rohr nehmen und abkühlen lassen.
- Nun die Schnittchen verzieren: Die Erdbeeren rasch in Eiswasser waschen, vorsichtig mit Küchenpapier trockentupfen, entstielen und in Spalten schneiden. Mit einem scharfen Messer rautenförmige Schnittchen zuschneiden und mit reichlich Puderzucker bestreuen. Auf jedes Schnittchen eine Erdbeerspalte legen und auf einer Platte anrichten.

1

2

3

Die Erdbeeren mit dem Zucker, dem Zimt, den Mandeln und dem Zitronensaft in eine Schüssel geben und mit einer Gabel zerdrücken (1), auf eines der Teigblätter streichen (2), mit dem zweiten bedecken und rautenförmige Schnittchen zuschneiden (3).

Rezepte in alphabetischer Reihenfolge (Italienisch)